Korean Unification and National Integration

한민족 통일과 분단국 통합론

金容郁 著

한민족통일과 분단국 통합론

金 容 郁 著

전예원

한·민·족·통·일·과·분·단·국·통·합·론

지은이/ **김용욱**
펴낸이/ **양계봉**
만든이/ **김진홍**

펴낸곳/ 도서출판 **전예원**

주소/ 서울 서초구 우면동 476-2 · 우편번호/ 137-140
대표전화/ 571-1929 · 팩스/ 571-1928
등록/ 1977. 5.7 제16-37호

2001년 2월 21일 인쇄
2007년 2월 28일 발행

ISBN 89-7924-096-1 93340 값 22,000원

증보판을 내면서

2001년 벽두에 서서 올해도 지난해에 이어 우리 민족의 통일사(統一史)에 큰 획을 긋는 특별한 한 해가 되기를 마음 속 깊이 희원(希願)한다. 아울러 이 책의 전정(全訂)증보판 서문을 쓰게 된 데 작은 보람을 느끼며 새삼 하나님의 은총에 감사 드린다. 우리 시대의 보편적 주제인 통일문제를 논의하면서 나에게 끊임없이 격려를 주시고 지도편달을 해주신 선배, 동료, 학자, 전문가들에게 이 자리를 빌어 이 저서의 증보판 출간의 기쁨을 나누고 싶다.

저자가 이 책에 담은 모든 주장과 서술 내용은 개인적인 영감이나 어떤 신비적 발상에서 나온 것이 아니고, 많은 학자들의 고견과 주장을 곰씹어 저자 나름대로 소화해낸 것이기 때문에 이 책이 거둔 학문적 기여가 있다면 그 공(功)을 전적으로 그분들에게 돌리고자 한다. 다만 그러한 지식과 고견(高見)을 저자의 잣대와 사고의 틀 속에 넣어 거르는 과정에서 혹시 오류가 생겨났다면 그것은 전적으로 필자의 책임임을 밝힌다.

이 증보판에서는 지난 초판에서 부실했던 책 제작상의 미비점을 많이 보완했으며, 특히 오자(誤字), 탈자(脫字)를 바로잡는데 마음을 썼고, 본문 중에서 인용했거나 저자가 크게 참고했던 저서와 논문들을 책 후미에 참고문헌으로 모두 정리해 보았다. 이 증보판에서는 또 현 정부의 대북 정책과 관련해서 남북관계를 평가하고 논의하는 내용을 제 10장으로 추가하였다. 특히 제 10장 4절에 2000년 6월 13일부터 15일까지 평양에서 열린 역사적 남북정상회담을 계기로 급류를 타기 시작한 남북한 관계의 새로운 변화를 기대하면서 소위 '6·15 남북공동선언'과 관련된 몇 가지 이슈에 대한 저자의 생각을 덧붙였다.

이 책의 증보판을 출간하도록 저자가 의욕을 갖도록 늘 진심 어린 격려를 해주신 학내외의 동료들과 이 책을 읽어준 독자들에게 감사한다. 증보판에 즈음하여 책의 미비점을 보정(補正)하기 위해 전 내용을 통독하고 참고문헌을 낱낱이 정리해준 원광대 정치학과 박사과정의 박상만 통일연구소 연구원의 노고를 치하해마지 않는다. 아울러 양서를 출판하기 어려운 문화환경 속에서도 흔쾌히 증보판을 발행할 수 있도록 해준 한국외대 김진홍 박사의 우정과 후의를 잊지 못하겠다.

2001년 1월　　저자 김 용 욱

머 리 말

이 책은 저자가 지난 30여 년 동안 대학에서 자신의 전공분야인 정치학을 연구하고 가르치면서, 우리 한민족의 숙원인 통일문제에 관심을 갖고 통일관계 학술회의나 강연회에서 발표한 내용과 강연초록 그 일부분을 발췌하여 펴낸 것이다.

이 내용 중에는 최근의 것도 있고 2, 3년 또는 십여년 된 것도 있다. 지난 것은 고쳐 쓸까 하는 생각도 가져 보았지만, 그것이 당시의 상황과 논리를 말해주기 때문에 그 나름의 의미도 있을 것 같고 또, 더러는 그때의 생각이 지금도 같기 때문에 그대로 두었다.

보는 바와 같이 책제목이 『한민족통일과 분단국 통합론』이어서 개념정의에 깐깐한 성향의 독자들의 시각에서 보면 '통일(統一)'과 '통합(統合)'의 개념은 분명히 다른 것인데, 왜 혼용했을까 하는 생각을 하게 될는지도 모른다. 그러나 필자는 의도적으로 이 제목을 사용했다. 그것은 한민족통일이란 개념이 우리의 大理想 大命題이고, 분단국 통합이라고 말할 때의 통합의 개념은 정치뿐만 아니라 경제・사회・문화 등의 모든 영역에 두루 적용할 수 있는 '사회과학적' 개념으로 생각되었기 때문이다.

한반도가 남북한으로 분단되어 55년을 지나오는 동안 「6・25전쟁」을 비롯하여 남북한간에 크고 작은 수많은 갈등과 대결이 있어왔고, 그 결과 수백만의 인명이 희생되었고 우리 민족은 많은 피와 땀을 흘려야 했다. 통일에 관한 논의와 주장도 수없이 많이 있어왔지만 한민족의 소원인 통일은 아직까지 이룩하지 못하고 있다. 이는 남북 양측의 통일에 관한 입장과 시각이 서로 다르고 또한 여기에 기득권에 매인 남북의 정권담당자들과 주변 4대 강국들의 이해관계가 서로 엇갈리고 있기 때문이다.

그러나 저자는 한민족의 통일은 하나님의 뜻과 역사의 섭리(攝理)에 따라 우리 모두의 노력을 바탕으로 반드시 이룩될 것이라고 확신하면서 통일을 염원하는 사람들 모두가 보다 균형감있고 합리적으로 통일문제에 접근하는데 조금이나마 기여하고자 이 책을 엮었다. 이 책에서는 또 이미 통일을 이룩한 베트남, 독일, 예멘, 그리고 중국과 대만간의 소위 "兩岸問題"의 경험을 살펴보고 이에 비추어 한민족의 남북분단의 현실과 통일문제, 북한의 체제문제를 다루어 보기 위해 이 부분을 덧붙였다.

이 책에서의 저자의 논의는 이 분야의 많은 석학 교수 전문가들의 연구에 크게 힘입었음을 밝히면서 이분들께 마음으로부터 감사를 드린다. 그리고 집필내용 선별, 원고정리, 색인 등을 맡아 이를 깔끔하게 처리해준 원광대 대학원 정치학 박사과정의 박상만 통일문제연구소 연구원과 원고를 숙독하고 편집을 도운 박현모 박사의 노고에 감사한다. 아울러 도서출판 전예원에서 이 책을 출판할 수 있도록 해준 한국외대 신문방송학과의 金鎭洪박사의 후의에 깊이 감사드린다.

2001년 새해를 맞으며

원광대 사회대 정치외교학과 교수연구실에서

김 용 욱

한민족통일과 분단국 통합론

차 례

제1장 통일의 動力 : 한국민족주의의 생성과 역동성

서기 2천년을 목전에 둔 오늘날 세계화 · 국제화는 "지구촌(Global village)시대"를 지향하는 우리시대의 지배적 담론이 되고 있다. IMF 같은 국제금융이 국경을 넘나들면서 주권국가들의 경제를 흔들고, 때로는 정권자체를 붕괴시키기도 한다. 그러나 다른 한편 舊소련이 붕괴된 독립국가연합(CIS) 내에서도 민족간의 갈등이 드세어지고 있으며, 발칸반도에서도 민족주의 대립이 첨예화되고 있다. 또한 多民族국가로 형성된 몇몇 예외를 제외하고는, 민족국가(nation state) 또는 민족공동체(national community)간의 치열한 경쟁 속에서 인류는 살아왔으며 살아가고 있다. 그 정신적 원동력인 민족적 자아 내지 민족주의도 역동성 있는 이데올로기이다.

19세기에 민족주의는 독일 · 이탈리아 등에서의 통일지향 이념으로서 유럽을 지배했고, 제2차 대전 이후부터 20세기 중엽이후 아시아 · 아프리카지역에서 이 민족주의가 수 십 개의 주권국가의 독립을 결과했듯이 앞으로도 민족주의는 국가가 존재하는 한 개별국가의 행동을 규율할 것이다.

더구나 외세에 의해 또한 내부의 분열적인 요소에 의해서, 분단을 체험하고 민족간의 자해행위(自害行爲)를 계속해온 분단국가의 경우에 있어서는 민족의 재결합, 재통일을 이룩하기 위해서는 민족주의가 아무리 강조되어도 지나치지 않다. 다만 그러한 민족주의가 외부세계나 타민족국가와의 조화와 협력을 이룩하기 위해 개방적이고 선린적(善隣的)이어야 함이 전제된다. 이러한 개방적인 민족주의는 우리의 경우에 있어서도 남북간의 분단을 종식시키고 통일을 이룩하는 원동력이 될 것이다.

이러한 의미에서 필자는 이 책의 서두가 되는 이 장에서 조선조 말(구한말) 외세들의 개입과 민족 내부의 분열이 치열했던 당시의 상황에서 한국민족주의가 어떻게 생성 · 전개되었는가 그 실상과 역동성을 논의하고자 한다. 그리고 이러한 논의는 분명히 한국인들의 민족적 자아와 민족주의를 제고시키는데 도움이 될 것이다.

여기에서는 한국에 있어서 근대민족주의가 1876년 조선조 말 개항전후부터 1910년 한일합방 때까지 약 반세기동안 어떻게 생성 · 전개되었는가를 집중 논의하려고 한다. 소위 민족주의라고 규정지을 수 있는 사상적 맥락과 내용이 무엇이며, 그 운동의 주체 · 집단 · 계층적 기반, 그리고 이 기간에 일어났던 정치적 대사건 속에서 드러난 그 운동의 성격을 규명해 보고자 한다. 달리 말해서, 조선조 말의 정치·경제·사회적 격변기에 갖가지 명분을 내걸고 투쟁했던 몇 가지 유형의 정치세력(political forces)을 민족주의적 시각에서 평가하려고 한다.

먼저 변혁기나 위기상황으로 파악되었던 조선시대 말의 정치·경제·사회적 현실을 몇 가지 차원에서 분석하고, 그러한 체제현실 속에서 서로 대립·갈등하면서 당면한 문제들을 풀어나가려고 했던 세력과 운동을 몇 갈래로 상정해 보았다.

그 첫째는 사회내부의 모순과 갈등, 그리고 외래세력의 도전 속에서 비틀거리면서 이른바 '存亡' 의 위기를 맞고 있었던 조선의 구 체제를 창업 초의 理想型으로 철저히 복귀시키려 했던 유림(儒林)의 위정척사(衛正斥邪)운동이 있었다. 그 둘째로는 구 체제의 모순과 병폐를 제거하고 외래문명을 여과·수용하여 체제를 개혁해 나가려했던 개화파의 체제개혁운동이 있었다. 그리고 셋째는 수 백년을 지속시켜온 기존체제를 뒤엎고 새 질서를 수립하려 했던 동학민중혁명운동이 있었다. 이 세 갈래의 운동은 상호 갈등하기도 하고, 시기적으로 그 이니셔티브를 각각 달리하면서도 수 천년을 이어 온 한민족의 독자적 政治圈을 유지하려 했던 것만큼은 공통적이었다. 그러나 이러한 세 갈래의 운동은 외세에 대한 인식이 각기 달랐다. 어떤 경우는 외세에 대한 체질적 저항적 태도를 보이기도 했고 편승하는 경우도 있었지만, 결국 세 갈래의 운동은 모두 외세의 막강한 물리적 힘에 의하여 좌절당했다.

이상의 세 갈래의 대립적인 민족주의 운동이 집권층의 부적절한 대응과 외세의 개입으로 좌절되자, 이미 일본에 의하여 타율적으로 진행됐던 체제개혁을 피할 수 없다는 것을 인식한 재야 개화지식인은 超 신분적인 獨立協會를 구성하고 주체적인 체제근대화와 자강운동(自强運動)을 벌였다. 그러나 이러한 민주화·민족주의운동도 기득권 상실을 우려했던 집권수구세력의 위기의식과 일본의 제국주의정책에 의하여 좌절되고 말았다. 이에 다시 한국의 보수세력인 유림(儒林)은 의병운동(義兵運動)을 주도하였는데, 이 의병운동은 보수 양반층에 국한되지 않고 그 전개과정에서 상민(常民), 천인(賤人)까지 참여한 반일반제적(反日反帝的)인 저항적 민족주의운동으로 발전했으나, 이 역시 조선조의 붕괴를 극복하지 못하였다. 그러나 이러한 저항적 민족주의는 1919년 3·1 독립운동을 계기로 상해임시정부의 수립과 日帝 植民統治에 저항했던 독립외교, 무장투쟁의 원동력이 되었다.

이러한 몇 갈래의 한국의 근대민족주의 운동이 개항 이후 어떻게 생성해서 전개되었는가를 제3절에서 집중적으로 살펴보기 전에, 먼저 제1절에서는 민족주의가 대체로 어떠한 이념인가를 음미하고, 나아가서는 그러한 민족주의가 세계의 도처에서 어떠한 형태로 전개되었는가를 역사적으로 살펴보고, 제2절에서는 한국의 근대민족주의가 대두하게 된 조선조 말의 체제적 위기상황을 조명하고자 한다.

제1절 민족주의의 의미와 諸 정향

민족주의란 한스 콘(Hans Kohn)이 지적했듯이 민족국가가 가장 이상적인 형태의 정치조직이고, 민족만이 문화적 생활과 경제적 복지의 원천이며, 민족만이 최고의 충성의 대상이 된다는 심정상태(心情狀態)이다.[1]

민족주의는 더러 국제주의자나 코스모폴리탄에게는 낡고 진부한 논리이며, 시대에 뒤떨어진 논리로 인식되기도 했다. 그것은 민족주의가 경제적으로나 정치적으로 점점 상호의존적으로 되어 가는 하나의 세계에서 더러는 민족의 배타적 이익을 내세워 국제적 긴장의 합리적 해결을 위협하는 독선적·분열적 세력으로 기능하기도 했기 때문이다. 그러나 다른 한편으로 민족주의는 한둘의 강대국에 의하여 全地球的 또는 지구상의 어느 지역에 대한 패권수립을 획책할 때 이를 저지하려는 신념체계나 운동으로 역할하기도 한다. 이러한 관점에서 볼 때 민족주의는 강대국의 논리가 약소국들에게 강요되는 획일성(劃一性)에 대한 하나의 저항형태이며, 호혜적인 다양성이나 집단적 개성 또는 집단적 자유(liberty of collective group)의 보루이기도 한 것이다.[2]

흔히 민족주의는 민족이라는 이름 아래 인간들을 독자적인 정치적 공동체로 결속시키는 가장 끈끈한 이념적 접착제(굴레)로 작용한다.[3] 그러나 민족주의가 포괄하는 가치나 추구하는 내용은 지역마다 시대의 변천에 따라 다양하다. 죠지(A. Gyorgy)의 말대로 민족주의는 "시간과 장소에 따라 그 의미를 어느 정도는 달리하는 고도의 상대적 개념" 이다.[4]

일반적으로 민족주의를 생성케 하는 데에는 객관적 요소와 주관적 요소가 있다. 객관적 요소는 종교나 인종이 같다든지, 동일한 언어를 쓴다든지, 동일한 과거(역사)를 가졌다든지 하는 공동의 권역(圈域)을 가지는 경우를 말하며, 주관적 요소는 하나의 국가나 정부 밑에서 함

---

1) Hans Kohn, *The Idea of Nationalism* (New York : The Macmillan Company, 1969), pp. 17~18.
2) Hans Kohn, "Nationalism," *International Encyclopedia of the Science*, Vol. 11 (The Macmillan Co., The Free Press, 1979), p. 69.
3) Roy C. Macridis, *Contemporary Political Ideologies* (Boston : Little, Brown and Company, 1983), p. 267.
4) 고재식, 「사회문제와 기독교 윤리」(대한기독교출판사, 1984), p. 239.
Andrew Gyorgy and George D. Blackwood, *Ideologies in World Affairs* (Waltham Mass. : Blasisdell Publishing Co. 1967), p. 170.

께 살려는 의지, 바꾸어 말하면 自決權(self-determination)을 의미한다. 객관적 요소가 민족주의의 생성을 가능케 하는 원인요소라면, 주관적 요소는 민족주의를 이념적·운동적 실체로 끌어올리는 에너지이며 이 주관적 요소가 충족되어야만 비로소 민족주의가 하나의 실체로서 또는 운동체로서 모습을 드러내게 되는 것이다.

민족주의는 민족마다 처한 현실이 다 같지 않으므로 현실적으로 다양하고, 때로는 서로 상반되고 대립되는 이데올로기들 속에서 표출되기도 할뿐만 아니라, 이를테면 아프리카나 中東에서는 '아프리카 個別性'(African personality)이나 '아랍 일체성'(Arab unity)과 같은 형태로 나타나기도 한다.

모든 형태의 민족주의는 민족주의가 전개되는 사회의 사회구조, 지적 전통(intellectual tradition)과 문화, 그리고 지리적 위치에 따라 조건 지워진다. 그러므로 민족주의의 역사를 돌이켜 볼 때, 민족주의는 자유주의·보수주의·자본주의·사회주의·공산주의 등의 諸이데올로기와 각각 접목되어 그들 특정 이데올로기를 정치운동 목표나 체제이데올로기로 내세우기도 했다. 그러므로 자유주의나 사회주의의 기치 하에서 전개된 어떠한 국제주의자들의 운동도 민족주의를 억제하는 데 효과적이지 못했다는 것을 우리는 역사적 경험을 통해서 알 수 있다.

모든 정치이데올로기와 같이 민족주의는 한 국가 내에서 어떤 세력이 정치권력을 획득하거나 새로운 주의를 내세워 정치권력을 정당화하는 수단으로 역할하기도 했다. 또한 정치적인 자아가 없는 주민들에게 '우리'(we)라는 공동체 의식을 일깨워 주었으며, 새로운 지도자와 지도층 아래 시민을 동원하는 이데올로기로서 기능하기도 했다. 민족주의는 과거도 그랬지만, 현재도 새로운 정치엘리트에 대한 감정적 지지·찬양·희생·충성을 제공하며, 공동체를 단결케 하고, 획일 체제를 수립케 하며, 시민 개개인을 국민국가(國民國家)의 생활과 목적에 동화시키는 하나의 전체주의적 이데올로기로 역할을 하는 경우도 있다.[5] 특히 두 차례에 걸친 세계대전을 통해 드러난 민족주의의 전체주의적 징후는 국가의 사회화, 경제정책의 국유화(國有化), 민족주의에 의한 영토적 팽창 등의 요소로 집약할 수 있다.[6]

민족주의가 하나의 이념체계나 이데올로기 또는 가치로 추구되기 시작된 것은 17세기 이후의 유럽의 정치상황이었다. 르네상스나 종교개혁이 있기 이전의 유럽사회를 지배한 것은 기독교적 보편주의나 중세적 봉건질서였으나 16세기 이후 절대주의체제가 國家主權과 國家理性

---

5) *Ibid.*, p. 268.

6) E. H. Carr, *Nationalism and After* (London : Macmillan, 1968), p. 26.

(raison d'état)을 강조하면서 中世的·地方分權的 봉건체제를 파괴하고 중앙집권화와 重商主義(mercantilism)를 추구하게 되자, 絶對王政이라고는 하지만 사실상 국왕의 관료세력과 도시산업 부르주아가 연합해서 체제를 주도하는 근대적 정치조직이 형성되었다.7) 여기에서 우리는 근대민족주의 형성의 기반을 발견할 수 있다.

17세기 영국에서는 청교도혁명과 의회권력의 확립으로 전제군주의 절대주의체제가 무너지고, 권리장전(Bill of Rights)을 통한 개인의 권리와 자유가 보호되고, 도시 부르주아가 새로운 사회세력으로 등장하게 되자 정부권력 분립과 인민의 동의에 기초한 制限王政하에서 근대민족주의가 형성되었다.8)

한편 유럽대륙에서는 영국보다 한 세기 늦게 프랑스혁명을 계기로 프랑스는 물론 全유럽에 민족주의가 파급되었다. 프랑스혁명 이전의 프랑스 군주제는 17~18세기 유럽 諸 지역의 絶對主義體制의 모범이 되었으나9), 프랑스혁명으로 舊 체제가 무너지고 人民主義, 被治者의 동의에 기초한 정부수립, 종교의 世俗化, 그리고 종래의 낡은 종교적·봉건적 충성에서의 이탈 등을 특징으로 하는 혁명적 공화정이 들어서게 되자 주변의 전제군주국들과 충돌하게 되었다.

당시 나폴레옹의 군사 카리스마에 의해서 단행된 프랑스와 유럽 專制國들과의 전쟁(1799~1814)은 유럽의 구석구석에 혁명과 자유주의의 씨앗을 뿌렸으나, 반면에 이들 지역에서 저항적인 문화적 민족주의를 촉발시켰다. 특히 1848, 1849년 全 유럽을 휩쓴 혁명운동의 실패와 그로 인한 자유주의 선풍의 퇴조는 유럽의 연대(連帶)보다는 중부와 동부유럽에 있어서 개별국가 차원의 민족주의의 확산을 가져 왔으며, 각국 인민의 각성을 결과하여 종래의 앵글로색슨형의 민족주의에서 추구된 개인의 자유는 이제 새로 일어나는 국민적(집단적) 자기주장과 權力意志사조 속에 침몰하게 되었다.10)

1861년의 이탈리아통일, 1871년의 독일통일은 강렬하게 추구된 민족주의에 의한 민족국가형성을 의미한다. 그 후 독일의 경우는 프러시아의 군국주의 체제와 나치정권에 의하여 민족주의가 인종적·문화적 편견을 배경으로 하여 대외적 팽창을 기도하는 제국주의형태를 취하게 되었다. 영국과 프랑스 역시 국내적으로는 개인주의, 종교적 자유, 민주적 헌정을 추구하였지만, 대외적으로 특히 아시아·아프리카인에 대해서는 '白人의 부담'(white man's burden), '명백한 天命'(manifest destiny)을 내세워 그들의 정치적·경제적 제국주의를 은

7) *Ibid.*, pp. 2~6.
8) Hans Kohn, *op. cit.*, pp. 178~183.
9) *Ibid.*, p. 192.
10) *Ibid.*, p. 67.

연중에 정당화하였다.11) 특히 독일인들은 1914년의 제1차 세계대전을 중부유럽을 지배하기 위한 민족주의의 제국주의 형태인 汎 게르만이즘과 汎 슬라비즘의 패권다툼으로 규정 지우기까지 했다.

제1차 세계대전의 결과는 적어도 유럽지역에서만은 소수민족의 민족국가형성을 자극하였으나, 윌슨의 민족자결주의는 아시아・아프리카 지역에서 빛깔 좋은 외교적 발언에 머물렀다. 따라서 이후의 아시아・아프리카 지역에서의 민족해방운동은 '마르크스・레닌주의'(Marx-Leninism)에 의해서 고무되었고, 크게 영향을 받았다.

마르크시즘은 한때 서구의 식민지에서 독립을 추구했던 많은 식민지 엘리트들을 매료시켰다. 그것은 마르크시즘이 식민지에서의 제국주의 수탈과 동일시되었던 자유주의적 자본주의를 거부하고 평등과 번영을 기약하는 새로운 세계에 관한 비전을 제시하고 있었기 때문이었다. 특히 레닌은 서구열강의 제국주의에 대한 예리한 분석을 통해서 그 모순을 지적했고, 1920년의 제3인터내셔널 제2차 회의에서 '민족'과 '식민지' 문제에 대해 본격적으로 문제를 제기하고, 식민지가 "자본주의의 연결고리 중에서 가장 약한 부분" 이라고 지적했으며, 이러한 식민지의 민족해방운동에 대한 소비에트의 지원을 선언하였다. 식민지 해방운동의 전략으로 토착식민지역의 민족주의를 중시하고 공산주의자로 하여금 이들 민족주의 진영과의 연합을 권장하였으며, 또한 이들 지역이 아직 농업사회인지라 중산층과 프롤레타리아트의 역할이 거의 없었으므로 농민에게 직접 호소하거나 잘 조직된 당(vanguard party)이 인민의 動員과 투쟁을 지도하는 결정적인 역할을 담당할 것을 강조하였다.12)

특히 전략적 차원에서 레닌은 자체 소비에트연방내의 諸 民族간의 유대를 강화하고 전세계적인 反 資本主義鬪爭 대열에 민족주의자들을 끌어들이기 위하여 "민족국가들간의 평등과 개별민족 자신의 문화적 특징을 지닐 권리"를 강조하였다.13) 1920년대부터 제2차 세계대전 이후 냉전시대에 이르기까지 소비에트의 이러한 정책은 반제・반 서구・反 식민지적인 아시아・아프리카지역 민족해방운동에 일조를 하였다.

2000년대를 앞둔 이 시점에서도 민족주의는 여러 지역의 긴장과 내란, 국가간의 友敵關係를 야기하는 지배적 이데올로기임이 틀림없다. 오늘날 세계가 경제적 이익이나 문화적 전통, 또는 종교적 일치에 의해서 '블럭화'되고 있으나 개별국가의 국가주의・국민주의・민족주의의

---

11) Macridis, *op. cit.*, pp. 273~274.

12) *Ibid.*, p. 278.

13) 田溶憲 譯 (H. B. 데이비스 著), 「마르크스주의와 민족주의」 (서울 : 박영사, 1990), p. 86.

장벽을 뛰어 넘기에는 근본적인 한계가 있는 것으로 생각된다. 그러나 민족주의는 세계도처에서 개발도상국가의 근대화와 정치발전·경제발전의 원동력으로,[14] 전통문화의 보존세력으로 또는 각종 개혁의 선도하고 촉진하는 요인으로 작용하여 왔다. 또한 민족주의는 외세에 의해 분할·분단된 민족에게는 통합의 상징이며 지상명제가 되고있다.

민족주의는 그 이념정향에 있어 일반적으로 상반된 두 경향이 있다. 그 하나는 닫힌 사회(closed society)에 상응하는 민족주의이며, 다른 하나는 열린 사회(open society)에 상응한 민족주의이다.[15] 닫힌 사회의 민족주의, 즉 닫힌 민족주의의 사례는 게르만이즘(Germanophilism)과 슬라비즘(Slavophilism)에서 그 특징을 볼 수 있으며, '열린 민족주의'(open nationalism)는 英·美의 예에서 찾을 수 있다. 이러한 특징이 실제의 개별국가의 민족주의 현실에서 판에 찍은 듯이 명백하게 표출된다기보다는, 다만 상대적으로 그러한 성향을 두드러지게 나타나는 것을 의미한다. 이 두 가지 유형의 민족주의의 특징을 요약하면 다음의 〈표 1〉과 같다.

〈표 1〉 닫힌 민족주의와 열린 민족주의 비교

비교기준 \ 민족주의 유형	닫힌 민족주의	열린 민족주의
국가 구성원	조상과 혈통을 같이 한 동족·인종의 순수성 강조	혈통과 인종과는 관계가 없는 일정한 정치사회 내의 시민
理想的 사회형태	종족적·전근대적인 특성을 가진 과거와 그 문화에 집착, 그 영광의 재현	과거의 발전적 止揚, 미래지향
지 배 구 조	강력한 集權化된 정부, 카리스마에 의한 지배	立憲的 自由 추구, 온전한 制限政府
사회와 개인간의 관 계	전통문화와 토착적 관습 중시, 집단주의	개인의 해방, 同化, 移動의 자유중시, 개인주의
史 觀	생물학적·역사적 決定論	個體의 자유중시, 자결주의
국가의 대외관계	非理性主義 토대 위에서 閉鎖的· 敵對的 帝國主義 추구	합리주의 토대 위에서 개방적· 타협적·상호 호혜적 국제관계
이데올로기성향 (사회변동과 관련해서)	守舊와 保守	進步와 改革

14) 하경근, 「後進國政治論」 (서울 : 일조각, 1976), pp. 55~61, 78~83.
15) Hans. Kohn, "*Nationalism,*" p. 67.

제2절 조선말의 총체적 위기

鮮末은 조선조체제를 정치·경제·사회적 차원에서 지탱했던 諸 구조적 메커니즘이 변질되고 사회적 모순과 부패가 심화되어 총체적 위기를 맞이하게 되었다.

이러한 체제적 위기를 몇 가지 차원에서 살펴보면, 먼저 체제위기의 내부적 요인으로는 ① 외척문벌(外戚門閥)의 권력전횡에 의한 '합의제적 묘당'(合議制的 廟堂)기능의 無力化, ② 관료제의 구조적 모순과 그 역기능으로 인한 권력기반의 공동화(空洞化)와 그로 인한 정치권력의 정통성 저하, ③ 전통사회의 사회적 관계를 총체적으로 규율했던 신분제도의 문란과 변질, ④ 지배층 내의 정치적 충원기반이며 정치적 커뮤니케이션의 채널로 기능을 했거나 비판세력이었던 在野儒林의 타락과 大院君의 書院 철폐로 인한 그 기능의 無力化, ⑤ 행정부패로 국가재정구조의 악화와 全 사회의 총체적 부패 등을 열거할 수 있다.

한편 체제를 결정적으로 마비·붕괴시킨 체제 외부적 요인으로는 ① 조선조 말기에 유입된 서구의 종교이며 이데올로기인 카톨릭과 개신교의 선교로 인한 유교적 체제이데올로기의 무기력화, ② 일본의 상업자본주의 침투로 인한 토착토지경제의 파탄 등을 例示할 수 있다.

1. 외척문벌(外戚門閥)의 권력전횡

조선조는 건국 초부터 국가의 주요 정책결정은 국왕의 主宰下에 政府堂上官(정3품 上階 이상의 관료, 30~40명 내외) 이상의 重臣이 合座하여 토론을 통해 '合意' 하는 것이 원칙이었다. 여기에 또한 三司의 비판·諫爭機能이 늘 수반되었다. 조선조의 역대 탁월한 관료 유학자인 정도전(鄭道傳), 조광조(趙光組), 이황(李滉), 이이(李珥) 등도 국왕의 '관료에 대한 국정위임론', '관료의 보필론', 국왕·대신·대간(臺諫) 3세력간의 역할분담론 등을 체계적으로 논의하였다.[16] 이러한 조선조의 합의제적 정책결정 원리가 그 후기에 와서 몇몇 왕실외척의 손에 권력이 집중되어 유명무실해졌다. 전통적인 유교의 士林정치에서는 外戚門閥(일반적으로 왕가의 外戚을 말함)의 권력전횡을 인정치 않는다. 鮮初부터 많은 관료유학자들이 외척의 정치개입을 경계했으며, 율곡(栗谷)도 외척의 피해를 논하고, 그들을 사나운 짐승이나 도깨비에

16) 고려대학교 민족문화연구소, 「大典會通」(국역), 吏典 京官職 議政府, 備邊司條 : 古典刊行會 편, 「增補文獻備考」, 卷 216, 職官考三, 議政府.

비유했다.

"辭大司諫兼 陳洗滌東西疏, "外戚多執權炳……爲世大患, 甚者至於 魚肉士林 故外戚二字 士類視乏, 有同豹虎鬼."[17]

조선조 후기 영조(1725~1776)말년에 외척 홍인한(洪麟漢)·김귀주(金龜柱)·김한록(金漢祿) 등이 정권을 전횡한 이래 정조(1776~1800)때는 홍국영(洪國榮, 정조의 외조부 洪鳳漢의 族孫)이, 순조(1801~1883), 헌종(1834~1849), 철종(1849~1863), 3왕 63년 동안에는 安東金氏 一門(憲宗在任 중기에는 安東金氏와 豊壤趙氏 門閥간의 연합)의 권력전횡이 계속되었다. 고종(1863~1901)때도 즉위 직후 대원군 섭정 10년간을 제외하고는 驪興閔氏의 전횡이 閔妃弑害 때까지 계속되었다.[18]

이와 같은 鮮末 150여 년간 문벌세도 내지 門閥의 권력전횡은 조선조가 바람직한 정치모델로 추구했던 '儒家的 理念官僚政治'(confucian ideo-bureaucracy)에서 크게 이탈한 것이며, 이는 바로 정치권력의 정통성의 저하를 초래하였다. 특히 철종 이래로 三政(田政, 軍政, 還穀政)이 극도로 부패하여 三南 각처에서 수십, 수백의 민란이 일어나 부패척결과 개혁이 반드시 요청됨에도 불구하고 지방행정의 首長으로 임명된 자들의 거의 전부가 문벌정권에 뇌물을 주고 관직을 산 자이거나 그 族閥亞流들이었기 때문에 어떠한 개혁도 실효를 거둘 수가 없었다.

2. 관료충원의 구조적 모순과 그 부정

유교의 주요 정치목표의 하나는 清新한 인격 엘리트인 士林에 의해 관료정치가 행해지는 것이었다. 과거시험에 의하여 능력 있는 자의 관료충원이 가장 바람직한 것이었지만, 功臣이나 正3品 이상의 고위직 관료자제를 특별 채용하는 '門蔭制'가 성행했으며,[19] 또 常民出身 과거합격자는 임용되기까지는 복잡한 추천과정이 요구되었다. 그리고 현실적으로 많은 特別科試가 門蔭출신의 관직임명을 위한 요식 절차로 이용되었다. 이와 같이 과거실시 과정에서 기존 집권지배층이나 그들 문벌에게 관료충원상의 특혜를 줌으로써 과거제가 공정성과 형평성을 잃게 되었다.

---

17) 李珥, 「栗谷集」 (韓國의 思想大全集 12) (서울 : 동화출판공사, 1972), p. 411.
18) 震檀學會, 「韓國史」 (最近世篇) (서울 : 을유문화사, 1963), pp. 29~32.
19) 丁若鏞, 「經世遺表」, 天官修制 三班官制.

과거제의 理想이 사회계층의 밑바닥으로부터 참신한 하층 엘리트를 충원 받아 지배권력의 동맥경화·경직화를 방지하고 민심을 쇄신하겠다는 것이었는데, 이러한 본래의 취지에서 벗어나 기득권을 가진 지배층의 권력 확대와 그 재생산을 위한 장치로 전락하게 되었다. 특히 조선조 후기에 와서는 科擧不正이 성행하였으며,[20] 賣官·賣職이 공공연하게 이루어졌다.[21] 일단 賣官을 한 지방수령은 단기간 내에 賣官대금 회수와 그 자신의 退官후의 생계보장을 위해 부정을 자행하게 되어 결국 부정부패가 악순환 하게 되었다.[22] 더욱이 賣官守令과 대를 이어 세습적으로 지방행정실무에 종사해온 衙前과의 결탁은 필연적으로 官의 구조적 부패를 만연시켰다.

3. 신분제의 와해

조선조는 유교사회(confucian society)로서 양반·中人(衙前)·常民·賤民 등의 신분상의 位階(hierarchy)와 우월자·열등자간의 차별이 공인된 신분사회였다.

양반은 소위 지배계급으로 집권관인집단이거나 在野에서 집권세력을 견제하는 '淸論'(지배층 내의 정치적 커뮤니케이션)을 일으켰으며, 이들은 정치적 충원을 待望하면서 지방수령의 牧民과 衙前의 행정실무를 감시하는 留鄕所의 주도세력인 儒林이었다. 양반 다음의 신분인 中人은 신분의 수직적 이동이 불가능한 세습적 행정계급으로 중앙정부나 지방에서 행정실무를 담당하였다.[23] 이들 아전은 지배계급과 피지배계급인 民衆(民草)을 연결하는 中間子로서 그 역할이 대단히 중요했으며, 또한 그에 못지 않게 역기능도 컸다.[24]

한편 제3신분이라 할 수 있는 常民은 주로 농업에 종사하는 피지배민중이며, 이들은 중인계층보다 신분은 낮지만 中人과 같이 신분이 고정되지 않고, 과거를 통해 신분의 상승이 가능했다. 그러나 실제로 생업을 방치하고 과거에 전념할 수 없는 경제적 조건 때문에 신분상승이 어려웠다. 그리고 신분의 최하위계급인 賤人은 官衙에 예속되어 사역 당하거나 宮廷이나 私人(兩班家)에 부속된 노비들이었다. 이들은 일체의 공직에 참여할 수 없는 노예적 신분이었다.

---

20) 李肯翊, 「燃藜室記述」(卷21, 光海君), 科場行私之弊 ; 국사편찬위원회, 「備邊司謄錄」(서울 : 동국문화사, 1960), 憲宗 14年 (1848) 9月 20日 ; 金泳謨, "李氏王朝時代의 支配層의 形成과 移動에 관한 硏究," 中央大論文集, 제12집(1967), p. 184.

21) H. B. Hulbert, *The Passing of Korea* (New York : Hillary House, 1962), pp. 50~51.

22) 丁若鏞, 「牧民心書」, 卷9, 考功.

23) 丁若鏞, 「牧民心書」, 卷8, 束吏.

24) Hulbert, *op. cit.*, pp. 52~54.

이와 같은 신분구도는 조선조 후기에는 신분질서의 문란으로 붕괴되었다.

기존 신분질서에 변화를 준 첫째 요인은 신분을 달리하는 男과 女의 交婚이었다. 조선조의 양반에게는 一夫一妻制 외에 예외적으로 一夫多妻制가 용인되었다. 그러나 正妻 이외의 妻는 妾이라 하여 사회적 신분이 낮았다. 이 妾의 신분이 常民(良民)出身인 경우는 良妾, 천민출신인 경우는 賤妾이라 했고, 그 良妾의 所生은 서자(庶子), 賤妾의 소생은 얼자(孽子)라고 했다. 국초부터 國憲에 의해서 이들 서얼의 과거 응시자격을 박탈하였고, 이후 이 문제가 계속 정책적 쟁점으로 대두되어[25] 선조 16년에는 납미부거법(納米赴擧法, 일정한 米 또는 돈을 내고 과거응시자격을 얻는 것)을 제정해서 제한적으로 응시를 허용했으며, 숙종 22년에는 완전히 허용하였다.[26] 그러나 근본적으로 유교의 禮的 차원에서 嫡庶의 구분과 차별은 조선시대 내내 族譜나 가족내의 諸 慣行에서는 변하지 않았다.[27]

그러나 일반 良人과 賤人간의 交婚의 경우에 있어서 그 출생자녀의 신분은 국가정책(지배계급의 이해관계)에 의해서 신분이 법으로 여러 차례 바뀌었다. 태종 14년(1414)의 종부법(從父法), 세조 14년(1468)의 종천법(從賤法), 영조 7년(1731)의 종모법(從母法) 등이 실시되었는데,[28] 이러한 특별법은 지배층이 良役人口나 奴婢人口(私奴婢)의 증가 또는 감소를 조절하기 위해서 그때그때 제정 또는 개폐하였다.

신분변화의 다른 요인으로는 전란 시에 賤人이 軍役과 戰功으로 免賤 또는 신분을 상승시키는 경우와 공식적인 매관매작(賣官賣爵, 納栗受職, 功名帖 발급)에 의한 신분상승의 경우가 있었다. 후자의 경우는 조선조 후기에 국가재정난 타개책의 일환으로 성행하였다.[29]

신분와해의 또 다른 요인으로는 경제적 궁핍, 重稅, 軍役에 시달려 많은 良民戶가 兩班家의 노비로 편입되는 사례를 들 수 있다. 대체로 조선조의 후기에 와서는 경제적 부를 통해서 신분의 상향과 하향이 가능했다. 국초의 4계층의 신분이 후기에 와서는 가진 계층과 가지지 못한 계층으로 二分化되는 현상을 볼 수 있었으며, 地主層(中央門閥의 대지주와 각 지방의 중소지

25) 經國大典, 禮典, 諸科條.

26) 송준호, "朝鮮時代의 科擧와 兩班 및 良人," 「歷史學報」, 제69집, p. 117, 136.

27) 상게논문, p. 112.

28) 太宗實錄, 太宗 14年 6月 戊辰條 "上旨曰, 公私婢子 嫁良夫所在 竝皆從父 爲良" ; 李相栢, "賤者隨母考," 「 震檀學會」, 第25・26・27 合輯(1964) ; 韓榮國, 朝鮮中葉의 奴婢結婚樣態(上)," 「歷史學報」, 第75・76 合輯, 1977, pp. 178~186.

29) 김용섭, "朝鮮後期에 있어서의 身分制의 動搖와 農民所有," 「朝鮮後期 農業史硏究」, p. 412 ; 黃玹 (李章熙 譯), 梅泉野錄(서울 : 대양서적, 1973), pp. 57~65 ; 宣祖實錄, 宣祖 33年 10月 癸酉 ; 光海君日記, 光海君 12年 6月 癸丑 ; 純祖實錄, 純祖 25年 11月 壬午 ; 備邊司謄錄, 第227冊, 憲宗 5年 6月 2日 ; 備邊司謄錄, 第228冊, 哲宗 3年 3月 4日.

주)과 小作人 層으로 이분화 되어 갔다. 다만 아전계층은 처음부터 非 정치계급으로 그들에게 씌워진 사회적 제약 때문에 그 신분적 특성을 특별히 유지할 수 있었다. 아전은 조선조체제가 체제유지능력이 있을 때까지는 양반지배층과 연합했으며, 그 체제가 붕괴되는 과정에서는 새로운 체제와 흐름에 쉽게 적응할 수 있었던 신분계층 이었으며 이들은 鮮末에는 개화 개혁세력으로 변신했다.

4. 지배층 내의 정치적 공론(公論)의 봉쇄

儒林 또는 士林이란 전국 각처에서 양반신분으로 儒家的 學問을 專修하는 儒生들로, 특히 小科(進士 및 生員의 자격시험)에 합격한 豫備官僚群과 이미 관료경력이 있는 退官儒者들을 지칭한다. 이들 유림이 국정에 대해 개별적 또는 집단적으로 제기한 上疏에 대해서는 국왕도 승정원을 통해 이를 공식적으로 접수하여야 했고, 지방에서는 관찰사가 이를 접수하여 중앙부처에 이송해야 했으며, 그 내용에 대해서 국왕도 응답할 의무가 있었다.

鮮初부터 이러한 유림의 구심체로 기능 할 수 있는 유향소(留鄕所)가 각급 지방행정단위(州·府·郡·縣)에 설치되어 향리감찰(鄕吏監察), 풍교돈후(風敎敦厚), 행정규찰의 임무를 맡아 일종의 準 地方議會 내지 자문기관의 기능을 수행하였다. 유향소의 운영은 그 지역의 유력한 儒者들이 모여 결성하는 형식을 취했으며, 유향소를 주도해 나갈 有司(任員)는 京在所(在京)에서 유력한 지방인물 중에서 선발하였다.[30] 경재소는 전국에 있는 각급 지방행정기관의 在京 대리기관으로 그 지역에 연고가 있는 유력한 在京高位官職者들로 임명되었다.

유향소는 국초부터 老劣한 은퇴관료의 소굴로 변하여 지방수령을 비방하고 배척하는 역기능을 드러내 몇 차례 朝廷에서 폐지하기로 결정했으나, 다시금 생명력 있게 부활되었다.[31] 이와 같이 유향소가 命脈과 활동이 이어져 내려온 이유는 그것이 순기능적인 것이었든 역기능적이었든 간에 유교적 정치과정에서 대단히 중요했기 때문이었다.[32] 儒林은 전국 각처에서

---

30) 成宗實錄, 成宗 13年 1月 辛酉條 : 京在所 擇其居鄕士姓 明品官 奸吏所犯 互相糾察 維持風俗.

31) 朝鮮朝實錄, 太宗 6年 6月 大司憲 許應 등의 주장으로 革去(폐지) ; 世宗 10年 6月 禮曹의 건의로 復設 ; 世祖 13年 2月 李施愛亂을 계기로 폐지 ; 成宗 19年 5月 大臣會議에서 尹弼商 등의 주장으로 復設 ; 燕山君 4年 8月 柳子光의 건의로 留鄕所의 새 경쟁집단인 司馬所의 폐지 건의 ; 또 宣祖 元年 5月 11日 掌令 李憲國은 京在所, 留鄕所 등 二所의 폐지를 건의했으나, 司憲 柳希春은 폐지보다는 不法行爲에 대한 司憲府의 감찰을 주장함.

32) 李珥도 儒林(士林)의 역할을 절대적으로 강조함 ; 李珥, 栗谷集(韓國의 思想大全集 12) (서울 : 동화출판공사, 1972), p. 490 上端 ; 辭大司諫兼 陳洗滌 東西疏 (己卯), "……自古 國家之所持者 士林也 士林者有 國之元氣也, 士林盛而和 則其國治, 士林激而分 則其國亂, 士林則而盡 則其亡國."

지배층 내에 여론을 일으켜 그들의 요구를 지방관아와 수령의 행정에 반영시키고, 중앙정부의 고위정책결정에 영향을 미쳐 정책의 질을 높이고 공정성·형평성을 유지할 수 있게 했다. 넓은 의미에서 儒林은 일종의 비판적인 在野 정치세력으로서 기능을 했으며, 현대적 관점에서 볼 때 하층 엘리트집단(the lower stratum of political elite)으로 역할하였다.

조선조 중종 때부터 留鄕所의 역기능을 自淨하기 위하여 官이 鄕約을 권장·실시하였다. 향약은 民을 형벌로 다스리기 이전에 禮로써 교화시킬 목적으로, 鄕村의 수준에서 시행한 자치규약(自治規約)을 말하며,[33] 그 목적은 「잘못을 서로 규제하고(過失相規), 어려움을 당할 때 서로 돕고(患難相恤), 덕을 쌓는 일을 서로 권장하여(德業相勸), 禮와 世俗事가 서로 만나게 하는데(禮俗相交)」 있었다.

또한 조선조 중기 이후 官學의 피폐와 잦은 당쟁으로 인한 士林이 緣故地에 安住하려는 傾向이 있어 이것이 전국 각처의 書院 설립에 큰 영향을 미쳤다. 이후부터 서원은 지방유림의 본거지가 되었다. 지역적 연고가 있는 一門 중에 유력한 퇴역 고위관료는 그 지역의 유향소와 서원을 통해 公論을 주도하였다. 서원은 원래 유가적 관료를 육성하는 사설 고등교육기관이면서 先代의 儒家聖賢을 숭모하여 제사 드리는 종교적 기능을 하였으므로 사회적으로 그 역할이 크게 인정되어 국가로부터 院生의 병역면제, 田畓 및 노비제공, 면세, 그리고 院內 문제에 대한 지방수령의 관할권 배제 등 상당한 특전을 부여받았다.

서원이 국가의 특혜를 받게 되자 조선조 후기에 남설(濫設)되어 고종 때에는 전국의 서원이 858개(그중 王의 賜額書院이 246개)나 되었다.[34] 1770년이래 각 書院의 원생 정원은 賜額書院은 20명(非賜額書院은 15명)이었으므로, 이 수치대로 계산하면 서원 유생의 총 정원은 14,100명이나 된다. 그러나 실제로는 정원의 2배 이상 선발했다고 한다. 이러한 서원의 입학은 兩班家의 성년 남자에 한하여 개방되었고, 그 지방출신만이 서원의 임원과 유생이 될 수 있었다. 서원의 이러한 성격은 서원으로 하여금 유력한 양반을 주축으로 한 지역단위로 지방문화형성의 주체가 되도록 하였으며, 17세기이래 관료의 政治的·知的 파벌주의(political intellectual factionalism)를 형성시킨 모태가 되었다. 관료간의 파쟁의 시발인 西人과 東人의 대립은 외척 심의겸(沈義謙)과 신진사류 김효원(金孝元)의 개인감정에서 출발한 것이었지만, 그 후 파벌구성이 지역적 기반을 들어내어 서인세력은 畿湖士林을 그 지지기반으로 하였고, 동인세력은 김종직(金宗直) 이래 嶺南士林에 기반을 가지게 되었으며, 이러한 분열적인

---

33) 유홍렬, 「韓國社會思想史論巧」 (일조각, 1980)에 수록된 "退溪의 禮安鄕約"과 "栗谷의 西原鄕約" 참조
34) 유홍렬, 상게서, pp. 112~113.

관료의 파벌형성은 각처의 서원과 상호 연계하여 정치적 갈등구조를 확대·재생산해 나갔다.

서원은 국가의 특혜집단으로 인정되었을 뿐만 아니라, '院保'라는 형식으로 지방관아나 부유한 양민들에게 일종의 準租稅를 부과할 정도로 위세가 당당하여 그 역기능이 매우 심하였다.[35] 이러한 역기능 때문에 고종 때 대원군은 유림의 강력한 반대에도 불구하고 47개의 서원만을 남겨 놓고 전국의 서원을 모두 강제로 철폐하였다. 대원군의 '서원철폐' 정책은[36] 麗末鮮初에 崇儒抑佛의 일환으로 많은 佛寺를 철폐하였던 경우와 비교될 수 있다. 서원의 철폐는 곧 在野엘리트 집단인 유림의 정치체계에 대한 投入機能을 억제·봉쇄하는 효과를 가져 왔는데, 이러한 현상은 결국 儒家的 士林政治의 理想에서의 이탈을 의미하는 것이다.

5. 삼정(三政)의 부패

삼정이라 함은 국가재정의 원천이 되는 田政·軍政·환곡정(還穀政)을 말한다. 田政은 토지관리와 조세추출을 위한 행정을 말하며, 군정이란 양반을 제외한 상민(15세~60세)을 軍籍에 등록시켜 五營軍門에 입영하게 하여 복무케 하거나 비복무자에게는 일정한 軍布(일종의 병역세)를 징수하는 행정이다. 그리고 환곡정이란 정부가 영세하고 곤궁한 백성(細窮民)을 구제하고 농업생산비로 쓸 수 있도록 무이자로 양곡을 빌려 줬다가 추수기에 환수 받는 제도로서, 이는 물가조절기능과 군량미 비축에도 그 목적이 있었다. 이것이 점차 이자는 물론 여기에 수수료와 잡부금까지 첨가되어 나중에는 정부에 의한 영리사업으로 변모되었는데, 이를 환곡정이라 한다. 이러한 三政이 조선조 중기 이후 문란·부패하여 각처에서 일어난 민란의 원인이 되었다. 19세기 중엽 이후부터 이러한 민란이 만연·상습화되었는데, 그 중 가장 결정적인 것이 東學民衆蜂起이다. 삼정문란의 실상을 간단히 살펴보면 다음과 같다.

첫째, 田政의 기본인 토지의 소유형태와 그에 따른 조세정책을 보면, 조선조의 科田法하에서의 토지소유형태는 私田과 公田의 두 가지 형태가 있었다. 私田은 국가가 그 收租權을 功臣이나 王都에 거주하는 현직관료(1品에서 18品까지) 또는 지방의 유력자들(閑良)에게 지급한 것으로, 소위 양반신분에게만 토지사유가 보장되었으며, 準私田의 형태로는 왕실소유의 토지, 寺院田, 書院田이 있었다.[37] 公田의 경우는 국가가 軍需, 중앙관서의 유지비용, 또는 지방관

35) 哲宗實錄, 哲宗 13年 3月 25日, 5月 6日.

36) James B. Palais, *Politics and Policy in Traditional Korea* (Cambridge, Massachusetts : Harvard University Press, 1975), pp. 110~131.

아의 운영과 그 관리·보수에 충당하기 위해서 농민으로부터 국가가 직접 收租하는 토지이다. 그러나 국가가 그 수조권자인 공전의 경우를 제외하고는 모든 수조권자는 국가에 일정한 稅를 납부해야만 했다. 賤人은 물론 全 인구의 다수인 常民은 수조권이 없었다.

공전과 사전은 모두 '租'를 每結 30斗로 고정시켜 收租率은 수확량의 10%이었다. 그러나 사전의 수조권자들은 법령을 어겨 '半收'(田主가 수확량의 50%를 받는 것)를 고집했다. 이는 無田農民과 유랑민이 많아 이들이 생존을 위해서 이러한 부당한 여건을 감수하면서도 小作을 할 수밖에 없었던 사회적 조건 때문이었다. 세종 때 科田法에 규정한 토지매매금지가 해제되고, 예종 때 병작반수(竝作半收)의 폐단이 부활되자,[38] 이후 토지겸병(大土地私有의 확대)과 차경(借耕)이 성행하였다. 특히 국가가 權門勢家의 황무지 개간을 권장하고 그 개간토지의 사유를 인정했기 때문에 이것이 대 토지 사유의 확대추세에 일조를 하였다. 또한 여기에 편승하여 조선조 중기 이후에는 지방에서 새로운 정치세력으로 자리를 굳혀갔던 士林들에 의해 토지의 사유화가 진행되어 이들이 中小地主層을 형성하였다.

조선조 중기 임진왜란으로 전국의 田土가 황폐화되자 이후 정부의 계속적인 개간 권장정책에도 불구하고 戰前의 수준에 이르지 못했고, 말기에 와서는 은결(隱結, 토지대장에서 경작지를 고의로 누락시켜 조세를 내지 않게 되는 田土)이 국가재정상의 막대한 손실을 가져 왔다. 예컨대, 임진왜란 직전 선조 24년(1591)에 토지대장에 등재된 전 국토 총면적은 151만 5천 5백結 이었으나 전란 후 선조 35년(1602)에 조사한 바에 의하면 겨우 30만結 밖에 되지 않았다.[39] 또한 정조 18년, 순조 14년, 고종 31년 때 토지대장을 조사해 본 결과, 등재된 토지 총면적 중에서 각각 47%, 44%, 54%만 세금을 부과하였을 정도로 조세의 부정부패가 구조화되었다.[40] 소위 隱結의 수법으로는 20년마다 토지를 평가 측정할 때에[41] 토지의 일부를 원적(原簿)에 편입하지 않거나 간척지를 황무지로 보고하거나, 또는 실제 경작한 토지를 재전(災田)이라고 보고하는 사례가 비일비재했다.

한편 還穀政은 조선조 후기에는 본래의 목적인 민생구휼과 복지에서 이탈하여 전국을 官營高利貸組織의 투망 하에 놓여지게 하였으며, 지방의 官長(監司와 守令)과 행정을 담당하는 아

---

37) 천관우, 「近世朝鮮史硏究」 (서울 : 일조각, 1979), pp. 190~192.
38) 世宗實錄, 世宗 6年(1460年) 3月 己亥 ; 睿宗實錄, 睿宗元年(1469年) 6月 甲子.
39) 宣祖實錄, 宣祖 35年 辛丑 8月 5日, 領議政 李恒福 上啓 : 此於國初 則減而亂 後八道田結 僅三十萬結 則不及平時全羅道矣.
40) 김운태, 「朝鮮朝行政史」 (서울 : 박영사, 1970), p. 215.
41) 經國大典, 戶田, 量田條.

전서리가 협잡하였으며 농민을 수탈하는 부정부패의 온상이 되었다.[42] 그리고 軍政 역시 조선조 말기에는 상민이 가혹한 稅政과 천재지변·역병으로 유민화 하거나, 軍役을 피할 목적으로 서원이나 양반가의 노비로 자진 편입하는 사태가 빚어져 군역을 필할 壯丁이나 군포를 낼 대상이 격감하였으며 또한 군역면제 문제를 놓고 각 지방 아전의 부정과 작폐가 심하였다. 실로 삼정의 문란과 부패는 내부적으로는 조선조의 재정구조를 파산케 했고, 민중을 生과 死의 갈림길에서 방황케 했다.

鮮末에 와서 극에 달한 체제내부의 총체적 위기는 외부의 결정적인 충격을 받아 체제가 붕괴되었다. 그 충격들이 외래 이데올로기인 천주교와 기독교(개신교)의 선교, 그리고 일본 상업자본주의의 침략이었다.

6. 外來이데올로기와 土着이데올로기 간의 갈등

17세기경 조선에 전래된 당시의 천주교는 처음에는 신앙의 차원에서보다는 비교 종교학적인 또는 서양문물에 대한 연구차원에서 識者들의 관심을 끌었다. 이것이 중앙정계에서 밀려난 남인세력에 의하여 신앙적 형태로 바뀌자 이를 공격한 老論僻派 및 攻西派에 의하여 정쟁으로 이끌어졌고,[43] 소위 황사영 백서사건(黃嗣永 帛書事件)이 일어나 조선의 지배층에 충격을 주었다. 황사영 백서란 1801년(순조 1년) 천주교도에 대한 신유박해(辛酉迫害)를 피한 천주교도 황사영이 조선정부의 천주교 탄압실태를 北京교구의 주교 탕사선(湯士選 : De Gouvea)에게 보고하고 외세를 끌어들여 천주교를 재건할 것을 간청한 내용이다. 그 핵심내용은

① 서양 여러 나라에 애걸하여 資金을 마련할 것.

② 교황이 청나라 황제에게 글을 보내어 조선이 선교사를 받아들이도록 할 것.

③ 조선을 청국의 속국으로 하여 청의 친왕(親王)이 조선을 감독케 할 것,

④ 외국배 수백 척에 5, 6만의 군사와 무기로 조선을 위협하여 선교사를 받아들이도록 할 것 등이다.[44]

실로 황사영 백서사건이 상징하는 바와 같이 당시 서구의 제국주의 정책의 힘을 배경으로 한 천주교의 선교전통은 조선조 체제와 정면으로 갈등하게 되었다.

---

42) 홍이섭, 「丁若鏞의 政治經濟思研究」 (서울 : 한국연구도서관, 1959), p. 141.
43) 震檀學會, 「韓國史」 (最近世篇) (을유문화사), pp. 104~105 ; 純祖實錄, 純祖 元年 1月 11日.
44) 黃嗣永, 「黃嗣永帛書」 (정음사, 1975), pp. 15~16.

그러한 갈등으로 순조 1년(1801)에 일어난 신유옥사(辛酉獄事)에서 300여명의 천주교도가 희생되었고, 헌종 5년(1839)의 기해교난(己亥敎難)에서는 130여명의 교단수뇌부와 신도의 순교했다. 그리고 고종 2년(1866) 병인교난(丙寅敎難)에서 외국인 신부와 敎의 지도자 8천 여명이 순교하게 되자 조선의 집권층은 천주교의 이 엄청난 도전에 충격을 받아 위기감에 사로잡히게 되었고, 이것이 체제개방(개국)을 지연시키게 하였다.45)

결국 1876년 일본의 砲艦외교에 의하여 朝日丙子修好條約이 체결되어 체제개방이 이루어졌고, 1882년에 미국, 1883년에 영국과 독일, 1886년에는 프랑스 등 서구 여러 나라와 우호조약이 체결되면서 사실상 외래종교의 활동이 인정되었다.46)

외래종교의 선교활동이 성공을 거둔 것은 그 동안 처절한 순교활동을 전개한 천주교(舊敎)라기보다는 개신교였다. 朝美修好通商條約 체결 직후 1880년대에서 1890년대에 조선에 진출한 개신교 교단은 미국의 보수적인 南長老敎와 北長老敎, 監理敎, 그리고 캐나다 宣敎會 계통이었다. 이들은 한결같이 비정치적인 福音主義(evangelicalism)를 내세웠기 때문에 선교과정에서 조선조의 기존체제와의 충돌을 피할 수 있었다.47) 특히 개신교는 교파별로 지역을 분할하여 선교하는 이른바 네비우스(Nevius) 선교방법을 채택하여 교파간의 마찰을 기독교는 피했다.48) 네비우스 선교방법이란 당시 중국지역 선교사였던 존 네비우스(John Nevius) 목사가 조선 선교사 회의에서 교파간의 불필요한 경쟁과 중복을 피하기 위하여 조선의 선교대상지역을 각 교단간에 분할할 것을 제의한 것이다. 지역분할에 있어서 미국의 南長老會는 전라도와 충청도를, 濠州 長老會는 경상남도, 캐나다 선교회는 함경도, 미국의 北長老會는 평안도와 황해도 및 경상북도를 각각 배정 받았다. 그리고 北長老會와 監理敎는 함께 선교할 것을 합의했으며, 원칙적으로 인구 5,000명 이상의 邑 이상의 지역에서는 두 교파가 함께 선교하지만 그 이하의 지역에서는 피차 기득권을 인정한다는 선에서 분할을 실시하였다. 이후 각 교파는 본의 아니게 지역적 기반을 달리하게 되었다.

한편 이러한 기반 하에서 적극적인 선교전략적 일환으로 교육사업을 벌여 기독교를 통한 조선사회의 변혁을 추구하였다. 1885년 8월 아펜젤러에 의하여 培材學堂이 설립된 이래 1909

45) 李能和, 「朝鮮基督敎 及 外交史」(上編), pp. 181~182.
46) 고려대학교 아세아문제연구소, 「舊韓國外交文書」, 第10卷, 美案 1, p. 353 ; 第11卷, 美案 2, p. 364 ; 第19卷, 法案 1, pp. 60~61.
47) 민경배, 「韓國基督敎會史」(대한기독교서회, 1973), pp. 128~139.
48) C. A. Clark, *The Korean Church and the Nevius Methods* (New York : Fleming and Revell, 1930), pp. 33~34.

년까지 기독교계 학교의 교파별 통계를 보면, 장로교가 605개교로 학생수가 14,708명이나 되었으며, 감리교가 200개교로 학생수가 6,423명이었으며, 여기에 성공회와 천주교, 안식교 등을 합하여 총 950여 教가 설립·운영되었다.[49] 장로교 교육의 특징이 크리스천 양성에 있었다면, 감리교는 복음전도와 아울러 일반교육과 여성교육에 특히 여성지위향상에 공헌이 컸다.

기독교의 선교와 그 학교교육은 이후 종래의 각 지방의 관립 유학교육기관인 鄕校와 私學인 書院(서원은 1871년 대부분 철폐 됨)의 정치사회화 기능(political socialization function)을 점차 대신하게 되었다. 이는 곧 유학(유교)의 체제이데올로기로서의 절대적 지위의 상실을 의미하는 것이다.

7. 日本商業資本에 의한 土着土地經濟의 붕괴

1876년 2월 27일에 체결된 朝日修好條規와 그 第11款에 근거해서 협정한 동년 7월 6일 조규부록은 부산 초량(草粱)을 비롯해서 원산·인천의 개항(수호조규 第4款), 兩 국민의 자유무역(同 第9款), 일본인의 土地貸借(부록 第3款), 개항장에서 일본인의 화폐통용(同 第7款)이 허용되어[50] 이후 일본의 상품과 자본이 조선에 대량진출 하였다. 예컨대, 조약체결 직전 수년 동안의 부산항(유일한 무역창구)의 對日 수출·수입액은 매년 대략 5만원 내지 6만원 정도에 불과했는데, 개항 후 1877년 7월 1일부터 1883년 6월 20일까지 6년간의 조선의 對日 무역총액은 수입이 460만 3,637圓, 수출이 510만 4,859圓으로 급증하였다.[51]

이러한 조·일간의 무역추세에 놀란 淸은 조선을 강압하여 1882년 8월 '朝淸常民水陸貿易章程'을 체결하여 淸과 조선이 屬邦관계임을 확인하고, 조선의 개항지에 청의 常駐常務委員이 설치, 중국상인의 治外法權, 개항지 무역은 물론 '內地采辨'(일정한 세금을 내고 중국상인이 조선의 국내시장에 진출하는 것)까지도 조선 정부로부터 보장받아 일본과 치열하게 대결하였다.[52] 당시 일본상인들도 조선의 독점상인(客主·旅閣)의 횡포를 피하여 조선의 전 연안지역의 未開港地와 낙동강 상류까지 내륙 깊숙이 침투하여 조선의 민간상인들과 밀무역에 종사하였다.[53] 또한 일본은 자유무역을 내세워 외교루트를 통해 조선의 御用獨占體制의 철폐를 요

---

49) 민경배, 전게서, p. 198.
50) 노계현, "韓日修好條規研究," "韓日修好 條規附錄研究," 「韓國外交史研究」 (해문사, 1968), pp. 97~117.
51) 김준보, 「農業經濟學 序說」 (고려대학교 출판부, 1976), p. 151.
52) 박수이, 「李朝貿易政策論巧」(민중서관, 1980), pp. 572~576.
53) 한우근, 「開港期 商業構造의 變遷」(한국문화연구소, 1970), pp. 60~76.

구하였다.[54] 나아가서는 일본은 1878년에 그들 第一銀行의 朝鮮 부산지점을 설치한 이래 원산・인천・서울・목포・진남포・군산 등지에 지점을 잇달아 개설하여 조선에 진출한 일본상인을 재정적으로 뒷받침하였다.[55]

1894년 청일전쟁 승리 이후, 그리고 결정적으로는 1905년 러일전쟁에 승리한 일본은 조선에서 토지겸병(土地兼併)에 본격적으로 착수하였다. 1905년에서 1908년 사이에 창설된 일본의 동양척식회사(東洋拓殖會社)를 비롯한 21개의 대규모 日人기업농은 조선의 중요 곡창지대를 장악하였으며, 그 관할소재지는 부산・김해・밀양・진주・목포・군산 등의 삼남지역은 물론, 경성・황해도의 사리원・황주까지 미쳤다. 1907년에는 금강・동진강・만경강유역의 30만 정보의 대평원의 1/10이 벌써 일본인의 소유가 되었다는 기록이 있다.[56] 당시 이미 조선은 일본경제에 사실상 종속되었으므로 그 뒤 수년 후에 있은 1910년 한일합방은 하나의 예정된 절차에 불과한 것이었다.

제3절 총체적 위기 극복을 위한 諸 민족주의운동

조선조 체제가 당면한 위기들을 극복하기 위한 몇 갈래의 대응과정에서 한국의 민족주의 생성의 실체를 찾아 볼 수 있다.

1. 儒林의 체제보수운동 : 衛正斥邪運動

위정척사운동을 전개했던 주도세력은 당시 조선조체제의 집권엘리트가 아니라 권력엘리트의 代替勢力으로 항상 在野에서 활동한 儒林이었다. 이들은 주지하다시피 각 지역의 서원이나 유향소에 뿌리를 둔 전국 각처의 鄕黨勢力이다. 이들 재야유림세력은 조선을 '小中華'로 자부하고 漢族이 이룩한 유교적 전통(특히 주자학)과 이데올로기를 철저히 숭배하고, 이러한 입장에서 벗어난 이질문화를 철저히 배척했던 전통지향적 보수세력이며, 기존 유교적 체제이데올

---

54) 고려대학교 아세아문제연구소편, 「舊韓末外交文書」, 日案 ; 明治 23年 7月 9日, 11日, 18日 日本代理公使 近藤眞金助 照會.

55) 김준보, 전게서, p. 167.

56) 朝鮮農會編, 「朝鮮農業發達史」(서울: 景仁文化社,1989), 第3次 統計十年報의 韓末 日本人 農事會社 實態.

로기의 해설집단이며 실천자들이었다. 이들의 이데올로그로서의 철저한 면모와 속성은 17세기 이래 중국대륙의 강력한 지배국가인 '淸'에 대해서 권력현실의 차원에서는 '事大'를 다하면서도 淸을 문화적으로 卑下하고 그들이 멸망시킨 明나라의 年號를 고집하려한 행태에서 찾을 수 있다. 지상에서 이미 국가의 실체가 없어진(망해버린) 송나라와 명나라를 동일시하고, 그들의 유교적 문화유산과 정치이상(confucian political ideas)을 숭배하고 실천하려고 했다. 이러한 조선조였던지라 이들은 18세기 후반이래 조선에 진출한 천주교라는 이질종교 문화와 외래사조를 유교문화의 전통과 국가체제를 파괴하려는 反 인륜적 적대세력으로 보고 이를 철저히 물리치려는 일종의 문화적 위기감에 사로잡혀 있었다.

위정척사운동은 1876년 조선조의 開港을 전후해서 벌인 개항반대 상소에서 극적으로 나타났으며, 그 뒤 일련의 정치적 역모사건, 壬午軍亂, 義兵運動을 통해서 잘 드러났다. 먼저 개국에 적극 반대한 위정척사자들의 논지를 요약하면 다음과 같다. 척사론의 대표적 인물 華西 李恒老는 그의 「尊中華論」과 「洋禍論」에서[57] "中華를 높이고 夷狄들을 물리치는 것은 천지가 다 될 때까지의 대 원칙이며, 夷狄과 中華의 분별이 있는 것은 천하의 대세이며, 서양의 說은 모두 재화의 융통이나 戀事의 방법에 관한 것이다. 仁義를 막고, 惑世誣民하는 말은 어느 시대에도 있지만, 서양의 것과 같이 참혹한 것은 없다" 고 서양문화를 통렬하게 비난했다.

"洋賊과 和交하자는 주장은 賊人의 說이다. 공격하면 풍속을 보전할 수 있고, 和交하면 인류가 금수(禽獸)의 땅에 빠진다"는 논리로 강경주전론을 폈다.[58] 여기에서 위정척사론자들의 반제국주의적·저항적 민족주의의 면모를 볼 수 있다. 이항로는 1866년 9월 프랑스함대가 강화도를 점령하여 국가가 위기에 빠졌을 때, 74세의 재야유림으로 노령에도 불구하고 일약 同副承旨로 발탁되어 조정에서 강력히 斥和主戰論을 펴면서 洋夷(불란서함대)의 내침에 대한 방어책을 논했다. 그는 먼저 군주가 敬信하여 체통을 세울 것, 三司(정부간쟁기관) 밖에까지 言路를 확대할 것, 유력한 將帥를 선발할 것, 전국적으로 '義旅'(일종의 在鄕義兵)를 일으킬 것 등을 제시하였다.

당대에 이항로와 유림의 쌍벽을 이루었던 기정진(奇正鎭)도 성리학적 입장에서 서양을 綱常倫理를 滅하는 非常 '妖氣'로 보고 洋夷가 愚民을 꾀어 淫慾의 私利를 채우려 하고 있다고 비난하였다. 그는 당시 조선과 서양과의 관계를 乾淨한 '理'와 淫慾의 私利인 '氣'의 대립관계로 보고, 양자간에는 和解와 通交가 있을 수 없다는 논리를 폈다. 특히 洋夷는 君父를 배반하

57) 李恒老, (金胄熙 대역), 「華西集」(대양서적, 1973), p. 324. (卷10尊 中華)
58) 李恒老, 상게서, p. 383. (卷2 洋禍)

는 교리(천주교를 지칭)로써 무뢰한을 모아 유인하고 남녀유별을 어지럽히므로 철저히 막아야 한다고 강조하였다.[59)]

이와 같이 이항로나 기정진의 위정척사론에는 윤리적·문화적·인종적 위기의식이 크게 작용하였다. 1876년 朝·日수호조약 체결을 결사적으로 반대한 최익현(崔益鉉)이 '도끼를 가지고 궁궐에 엎드려 화의를 배척한 상소'(持斧伏闕斥和議疏)에서는 그의 사상적·문화적·경제적 위기의식이 보다 구체적으로 나타나 있다.[60)]

최익현은 그가 斥和하는 이유를 5가지로 설명하였다.

첫째, "和(修交)하자는 것이 저들의 '걸인(乞憐)'에서 나온 것이라면 强한 쪽이 바로 우리이기 때문에" 별로 문제가 되지 않지만, 和를 하자는 것이 우리의 弱한 입장 때문에 나온 것이라면 그때 權은 이미 저들에 있는 것이므로…… 저들의 욕심을 채워줄 수 없게 된다는 논리를 내세우고 있다. 최익현은 현실적으로 "우리의 物貨는 有限한데 저들의 욕구는 그침이 없어서 거기에 副應하지 못하는 것이 하나라도 있게 되면 저들의 노여움은 우리를 침략하고 유린함으로 우리의 前功은 깨어질 것" 이라고 말했다.

둘째, "일단 結和(修交)하게 되면 賊들의 욕심은 物貨를 교역하는 데 있는데, 저들의 物貨는 모두 사치스런 手工生產品이므로 그 量이 무궁한데 反하여 우리의 物貨는 모두 民命이 달려있는 土地生產品으로서 그 量이 유한하다.……(만일 수교를 한다면) 몇 년 안가 東土(우리땅) 수 천리는 황량한 田畓과 가옥으로 변하고, 이에 나라는 망할 것이다."라고 주장하며, 수교 후에 밀려오는 일본의 상품과 그 상업자본주의가 조선의 토착토지경제의 침탈을 미리 예견하고 경계하였다.

셋째, "(和의 상대가) 겉으로 倭라 하지만, 실은 洋賊(서양)들이다. 그러므로 일단 和事(修交)가 이루어지면 邪學의 書冊들이 天主의 像과 함께 섞여 들어오게 될 것이다. 그렇게 되면 師·生간에 傳授를 거쳐 邪學이 온 나라에 퍼질 것이다. ……장차 집집마다 사학(邪學)에 물들게 되어 이들의 아들은 그 아비를 아비라 아니하고, 신하는 그 人君을 인군으로 여기지 않게 되고, 의상(衣裳)의 범절은 진흙구덩이에 빠지게 되고, 인류로서의 품성은 금수(禽獸)로 타락할 것이다." 라고 주장하며 천주교 등의 사상의 유입이 유교적 綱常의 윤리를 크게 해칠 것을 우려했다.

넷째, "和好가 되면 저들이 입국하여 常駐하게 될 때 재백(財帛)과 婦女를 빼앗고 겁취하게

---

59) 奇正鎭, 「盧沙集」, 卷5, 丙寅疏.
60) 崔益鉉, "持斧伏闕擲梱議疏," 최창규, 「韓末憂國名上疏文集」(서문당, 1975), pp. 12~20.

될 것이다. 저들은 人面에다 짐승의 마음을 가지고 있어 사람을 저들은 죽이고 짓밟을 것이다. 이렇게 되면 烈婦와 孝子들은 애통하여 하늘에다 대고 복수하기를 호소할 것이다. 그러나 위에서(위정자들은) 失和가 두려워서 감히 그 호소를 들어주지 못할 것이다."라고 주장하여 인륜차원에서 外來人들이 들어오면 풍속훼손과 사회적 퇴폐가 있을 것을 경계하였다.

다섯째, "오늘의 賊들은 丙子講和때의 淸人들과는 다르다. 淸人들과 講和는 비록 義롭지는 않으나 그들 淸人들은 仁義의 이름을 빌어 중국의 伯主 노릇을 흉내냈으므로 以小事大하면서 피차 交好했지만, 오늘의 저들 적(賊)은 다만 貨色만 알고 人理는 조금도 모르는 금수(禽獸)들이다. 어찌 사람과 금수가 和好하여 무리 질 수 있느냐"고 강변하였다. 여기에서 "利"(interest)에 모든 것을 거는 약육강식의 서양의 제국주의 속성에 대한 경계를 엿볼 수 있다.

이상에서 논의한 바와 같이 척사론자들은 한결같이 위기를 극복하기 위해 윤리적 기강확립과 武備와 養士論을 통한 自衛를 강조했으며 일본의 상업자본주의를 경계하여 개방을 반대하였다. 그러나 구체적으로 체제내부의 모순이나 제도개혁에 대해서는 거의 언급한 바 없었다. 그들은 오로지 구체제 구제도를 그대로 온존시키려 했을 뿐 변화하는 시대와 역사적 현실에 照應하는 어떠한 개혁안도 제시하지 않았다는 점이 그들이 보인 취약점이다.

위정척사를 부르짖는 재야유림의 거센 저항에도 불구하고 조선 정부는 박규수(朴珪壽) 등의 진보적 개국파와 민규호(閔奎鎬) 등의 親淸·閔妃외척세력들이 주도하여 청의 이홍장(李鴻章)의 외교적 지원을 받아 일본과 수교를 관철하였다.

일본과 수교한 뒤에도 수년동안 유림세력은 위정척사의 논리를 고수하면서 정부를 공격하였다. 특히 1880년 일본에 수신사로 다녀온 김홍집(金弘集)이 朝鮮策略을 가져와 이것을 조정은 물론 재야에까지 유포시키자, 이를 빌미로 삼아 이퇴계(李退溪)의 후예 이만손(李晩孫)과 前 參判 강진규(姜晋奎) 등 영남의 유림 1만 명이 집단상소를 통하여 척족문벌정권의 개화정책에 정면으로 도전했다.[61] 이들이 제기한 집단상소에서는 邪教邪學의 배척과 攘夷政策이 조선왕조의 일관된 국책이며, 朝鮮策略을 쓴 황준헌(黃遵憲)은 邪門亂賊이며, 이런 책자를 전파시킨 인물의 제거와 책자의 소각을 주장하였다. 여기에 가세해서 武科 출신자 황재현(黃載顯), 홍시중(洪時中) 등은 苛政과 群盜의 횡행으로 국가가 위기에 처해있고 망국의 징조가 있음을 상소하였다. 萬人疏와 武科出身者上疏에 이어서 경기·강원·충청·전라 등의 전국 각처에서는 유림이 계속 斥邪疏를 올리고 伏闕이 늘어나자, 정부는 대책에 부심 했다. 먼저 斥

61) 홍순창, 「韓末의 民族思想」(서울 : 탐구당, 1975), pp. 163~172.

邪倫音을 선포하고, 유림의 상경을 단속하는 명령을 내려 유림의 집단행동과 전국적 연대(連帶)를 저지하려 했다.

특히 강원도 유생대표 홍재학(洪在鶴, 이항로의 門人)이 국왕에 보낸 척사상소문(斥邪上疏文)이 고종을 비롯한 당시의 집권세력의 격분을 사, 상소자 홍재학이 능지처단 당하는 등 사태가 매우 심각했다. 당시 홍재학은 상소에서 고종이 위정척사를 위해 아무 한 일이 없음을 질책하고, 왜(倭)와 양(洋)은 일체이며 양학(洋學)은 천지를 어지럽히고 인륜을 멸한다고 주장했으며, 전수지계(戰守之計)의 결정, 오영군제(五營軍制) 부활, 양이(洋夷)의 제거, 軍卒의 급료후대를 주장하면서 국왕은 무당이나 부처에 대한 기도를 금지하고 연극이나 잔치에 안주하지 말 것을 주장하면서 국왕의 과오를 혹독하게 비난하였다.[62)]

이후 국왕을 비롯한 집권층의 단호한 응징에도 불구하고 유림의 斥邪上疏는 계속되었다. 민비 중심의 외척정권은 위정척사운동의 진압에 매우 고심했던 바로 이 시기에 1881년 討倭를 빙자한 이재선(李載先, 大院君의 庶長子)을 국왕으로 추대하려는 쿠데타음모가 적발되자 이를 계기로 민씨척족 정권은 대원군 세력 및 斥邪上疏의 주도세력인 유림에 대해 대대적인 탄압을 가하였다. 음모의 주모세력이 안기영(安驥迎, 前承旨), 권정호(權鼎鎬), 강달선(姜達善) 등 南人系의 영남유림으로 밝혀지자 이 大逆獄事를 계기로 민씨척족 정권은 위정척사운동을 제압하는 승기를 잡았다.

1882년 고종 19년 6월 5일(陰) 宣惠廳 都捧所에서 武衛壯禦營소속의 구식병사들이 봉급체불과 조악한 대우에 불만을 품고 군란을 일으키자 또다시 사태는 반전하였다. 병사들이 민씨 척족대신들을 습격해서 죽이는 등 4~5일간 폭동이 계속되자 결국 이 난국수습의 권한을 고종으로부터 위임받은 대원군이 하야 9년만에 다시 정계에 복귀하였다. 그러나 민비 측과 내통한 조선주재 清將 마건충(馬建忠)이 대원군을 그의 병영에 유인하여 "조선왕의 권력은 清帝가 부여한 것이므로 대원군의 집권은 왕에 대한 반역이고, 이것은 또한 清帝에 대한 반역이 되므로 용서할 수 없다"고 질책하고,[63)] 대원군을 즉시 체포하여 北京의 保定府로 압송하여 4년간 유폐시켰다. 이로써 대원군과 연합한 보수유림은 정치권에서 완전히 밀려났다.[64)] 임오군란 당시 일본도 공사관의 호위와 거류민 보호를 내세워 파병하게되자, 이후 조선의 정치는 청·일 양국의 상호 견제와 그들의 군사적 압력 하에 놓여지게 되었다.

---

62) 최창규, 상게서에 수록된 "萬人疏" 참조.

63) M. Frederick Nelson, *Korea and The Old Orders in Eastern Asia* (New York : Russell & Russell, Co., 1967), pp. 153~154.

64) 채중묵, "近代朝鮮의 開國政策과 外勢의 侵入," 「극동논총」, 제3집 (전북대, 1975), pp. 110~111.

이렇게 하여 1876년 조선의 개국은 온건개화집권세력의 의지와 淸의 권고에 의하여 이루어졌다. 개국 후에는 계속된 대원군의 집요한 견제와 유림의 맹렬한 위정척사운동에 의하여 정치적·군사적으로 수세에 밀린 민씨 정권은 임오군란을 계기로 그들 정권의 안전을 위해 결국 외세(淸)를 끌어들이게 된 것이다.

2. 開化派의 體制改革運動

개항 전후의 개화파의 논리와 운동은 위정척사론자들의 체제보수적 논리와 실천에 반하는 '利用厚生學的' 입장에 선 것이며, 그것은 대체로 서구나 일본으로부터의 외래문물의 무조건적 수용이 아니라 선별적 수용을 논하고 있다.[65]

이 개화운동의 주도세력은 '改新儒家知識人'들로서 일찍이 실학의 전통을 이어받은 박규수(朴珪壽) 문도들이 주축을 이루었다.[66] 그 대표적인 인물로는 김윤식(金允植), 유길준(兪吉濬), 김옥균(金玉均) 등으로 이들은 한결같이 중국이나 일본을 통해서 서구의 새로운 지식과 문물을 받아들여 체제를 개혁하려 했다.

당시 개화파들이 받아들이려 했던 대상은 '道'(예컨대, 西洋宗教나 서구정신)가 아니라 器(서양의 산업과 기술)였다. 이것은 조선조의 체제이상인 유교나 정치체제 유지의 기본운영방식에는 큰 변경을 가하지 않다는 소위 '東道西器'형의 개화논리였다.[67] 이는 일본 명치유신에서와 같은 '脫亞論'이나 歐美의 모방과 같은 완전한 외래문화의 수용이 아니었다.[68] 당시 대부분의 개화세력은 점진적인 개화를 추진하려 했으나, 1879년 소수의 젊은 양반관료들은 중앙의 수준에서 개화당이라는 정파를 형성하여 급진적으로 개혁을 추진하였다. '개화당'이라고 이름하는 이들 급진개혁분자들이 극적으로 등장한 甲申政變 이전까지의 改新儒家들의 개화의 논리는 매우 온건했으며, 점진적인 서양의 기술도입과 富强論이었다.[69]

1882년 6월 임오군란 직후 1개월간 지속된 대원군의 보수정권이 무너지고 개화파가 정계에 다시 복귀하게 되자, 고종은 개혁정치를 선언하고 전국에 널리 의견을 求하였다. 당시 고종은 100여건의 改革상소문을 받았는데, 그 중 대부분이 '崇明學'(유학진흥), '立紀綱'(사회질

65) 유길준, 「西遊見聞」(續) (박영사, 1976), pp. 112~122, 제14편 開化의 等級論.
66) 兪吉濬, 「兪吉濬全書」, 第5卷, 論文編, 1971, p. 161.
67) 이택휘, "韓末의 斥邪衛正論議," 「韓國政治研究」(서울대학교 한국정치연구소, 1987), p. 15.
68) 한배호, 「日本近代化研究」, 고려대학교 아세아문제연구소, 1975, pp. 110~111.
69) 이광린, 「韓國開化史研究」(일조각, 1980), p. 54.

서 확립), '興學敎', '書院復設'(학교교육진흥), '冗官'(불필요한 관직)의 폐지 등이었는데 이는 유가적 일반론이었다. 다만 17건만이 개화관계 서적간행(朝鮮策略, 易言, 萬國公法 등), 외국어 교육, 외국교사 초청을 통한 기술교육, 탄광채굴, 商會所와 국립은행 설립, 군사무기제도와 군함의 도입, 군항설치 등의 구체적 정책내용을 담은 것이었다.70) 이 17건의 상소내용에는 온건 改新儒者들의 논리가 잘 나타나있다.

그러나 정계 일각의 소수 급진적인 개화파들은 민씨척족 정권이 내세우는 온건개화내용이 기득권층 때문에 도저히 성사될 수 없다고 믿고, 민씨 척족세력을 쿠데타를 통해 제거하고 급진적 개혁을 추진하려 했다. 이것이 1884년의 갑신정변이다.

1884년 12월 4일(음력 10월 17일) 개화당의 지도자 김옥균, 홍영식, 박영효, 서광범 등은 郵政局 개국축하연에서 반대정파들을 척살하려 했으나, 여의치 않자 고종을 밤중에 景佑宮으로 옮겨다 놓고 외부와 차단하고 사대집권파인 한규직(韓圭稷), 윤태준(尹泰駿), 심상훈(沈相熏), 민영목(閔泳穆), 조영하(趙寧夏), 민태호(閔台鎬) 등의 6大臣을 입궐케 하여 척살하고, 대원군계의 이재원(李載元)을 수반(영의정)으로 홍영식(洪英植)을 부수반(좌의정)으로 하는 내각을 구성하고 改革施政要綱 14조를 선포하였다.71)

그 내용의 핵심으로 제 1조는 대외관계에는 있어서 대원군의 귀환(北京으로부터)을 요청하고 조공폐지를 주장한 것은 임오군란 이후 계속된 淸의 내정간섭의 배제와 자주독립을 선언한 것이다. 제2조에서 문벌폐지와 인민평등권을 규정한 것은 조선조의 차등적 신분구조와 후기의 門閥의 권력전횡을 타파하기 위한 것이다. 또한 제3조의 토지조세개혁과 제6조 환곡제 폐지, 제12조에서 모든 국가재정을 戶曹관할로 일원화한 것 등은 체제위기를 가져 온 최대문제인 官의 부정부패와 국가재정의 정상화를 기하기 위한 결단으로 평가할 수 있다.

또한 제13조와 제14조에서 大臣과 參議가 의정부회의에서 政令을 결정하고, 행정은 정부六曹에서 전담할 것을 규정하였다. 이는 오랫동안 파행적으로 진행되어 왔던 특정 문벌집단의 정권전횡을 타파하고 유교적 관료정치에의 복귀를 선언한 것이다.

이상의 개혁요강에는 한국의 근대민족주의의 대전제인 대외적 주체성, 대내적 평등성과 民本性, 그리고 제한적이지만 최고국정기관의 합의제 운영의 의지가 천명되었다. 그러나 결국 개화당의 이러한 근대국가 건설의지는72) 3일 천하로 끝나고 말았다. 그 이유는 국왕의 확고

70) 이광린, 상게서, pp. 49~56.

71) 金玉均, "甲申日錄," 金玉均·박은식외, 「韓國의 近代思想」(삼성출판사, 1977), pp. 39~86 ; 韓國學文獻研究所編, 「魚允中全集」 (서울 : 아세아문화사, 1979), pp. 860~861.

한 개혁의지가 없었는데, 국왕을 위협하여 결행했고, 반대정파에 대한 유혈 척살이 국왕과 민비의 뜻에 反하는 것이었다.[73] 이로 인해 국내외의 인심을 잃었다. 더욱이 그들의 거사가 민중적 차원이나 전국적 규모의 지지기반을 가지지 못했으며, 보다 결정적으로 정변이 실패한 요인은 그들의 거사가 조선에 주둔한 소수의 일본군에 의존하려 했다는 점이다. 갑신정변에는 당시 조선에 공사관 보호명목으로 파견된 200여명의 일본군이 동원되었으나, 이보다도 10배 이상의 병력을 가진 청군이 당시 漢域에 주둔하고 있어 청군의 개입으로 정변 3일째 되는 날 일본군이 패퇴하자, 개화당 내각은 침몰하였다.[74] 이와 같이 체제개혁과 정권수립을 외세에 의존했던 것이 급진적 개화운동의 역사적 한계였던 것으로 생각된다.

3. 민중의 동학혁명운동

체제 혁명적 동학운동의 주체는 조선조 후기의 삼정의 문란과 신분사회의 질곡 속에서 시달렸던 常民·賤人들이었다. 이들은 천주교의 전래, 일본 상업자본주의의 침투, 1860년대 이래의 서구열강에 의한 中國租借와 경제적·군사적 침략에 위기의식을 느꼈다. 이러한 위기상황 속에서 최제우(崔濟愚)가 창교한 동학의 '輔國安民', '齊世蒼生', '人乃天' 사상[75]은 방황하는 민중의 심령에 파고들어 새 삶의 지표를 제시해 주었다.

1861년 창교 이래 교세가 포교 3년만에 三南전역에 떨치게 되자 그들은 지방의 儒林과 吏胥의 혹독한 탄압을 받았다. 그들 지도자 최제우가 1864년 대구감영에서 사형 당하자 동학은 지하로 들어갔다. 이후 2대 교주 최시형(崔時亨)의 지하포교를 통해 교세를 강화하자, 1893년(고종 30년) 동학교단의 지도자 서인주(徐仁周), 서병학(徐丙鶴), 손천민(孫天民), 손병희(孫秉熙) 등이 주도해서 교주의 허락을 받아 11월 1일 전라도 삼례(參禮)에서 신앙의 자유를 요구하고 지방의 官衙吏胥의 탐학을 규탄하는 집회를 열었다. 이어서 그 3개월 후인 1894년 2월 10일 동학교도 4~5천명이 漢城南部의 南山洞에 모여 連3일간의 철야 군중집회를 갖고, 그들 대표 朴光浩 이하 40여명이 광화문전에서 伏閤상소를 통해 신앙의 자유를 청원하였다. 이러한 집회와 청원에 대한 정부의 반응이 여의치 않자 당시 최시형, 손병희 등의 동학지도층

72) 한국정치외교사학회編, 「甲申政變研究」(평민사, 1985), pp. 154~157.
73) 尹致昊, (宋炳基譯), 「尹致昊 國漢文日記」(上) (탐구당, 1976), pp. 283~284.
74) 魚允中, 「從政年表」韓國史叢書, 第6) (국사편찬위원회간행), 1971, p. 169.
75) 신복룡, 「동학사상과 한국민족주의」 (평민사, 1977), pp. 77~82, 114~177.

은 또 다시 충청도 報恩에서 斥倭·斥洋·倡義를 내걸고 연 20여일간 수만 명 동학교도들을 규합하여 대중집회를 가졌다.[76] 이 때의 동학집회는 종래의 교조신원(敎祖伸寃) 청원이나 신앙의 자유 확보라는 종교적 차원에서 벗어나 민중적 차원의 정치집회로 변모했다. 이때의 동학운동은 임오군란·갑신정변 이후 날로 심화되어 가는 외세의 간섭과 조선정부의 비자주성을 견제하고 응징하려는 밑으로부터 제기된 '저항적 민족주의'의 한 형태로 평가할 수 있다. 실로 동학운동은 洋夷와 일본, 보다 포괄적인 의미의 서양문명, 서구세력의 제국주의에 반발·대항한 민족주의의 발로였다.[77]

3차에 걸친 동학민중세력의 요구가 끝내 정부에 의해 거절당하자 동학도들은 체제에 대한 불만이 팽배했다. 이것이 전라도 일대에서 古阜군수 조병갑(趙秉甲)의 탐학이 계기가 되어 全琫準(동학 南接의 대표)을 비롯한 손화중(孫華仲), 김개남(金開南), 김덕명(金德明) 등의 동학지도층에 의하여 무장의거로 나타났다. 동학의거군은 2차에 걸쳐 관군을 패퇴시키고 전라도 일대를 석권하였다. 당시 조선정부는 동학군의 해산을 위한 적극적인 설득활동을 벌이자는 議政府의 결정을 보았으나,[78] 정부 내의 실세인 민씨척족인 外務독판 민영준(閔泳駿)은 조선주재 청국의 상무총판 원세개를 통해서 비밀리에 청군의 파병을 요청하였다.[79]

한때 정부와 동학진영간에 화해가 이루어져 1894년 5월에서 9월까지 동학도의 개혁의지는 전라도 일대에서 하나의 실천으로 나타났다. 전봉준은 전라감사의 초청을 받아 지방행정의 자문에 응했고, 동학산하 郡단위의 집강소(執綱所)는 투옥된 양민을 석방하고 衙前과 양반토호들의 불법수탈과 그 행패를 견제하는 역할을 했다.[80] 이는 종래의 유향소의 기능에 대체되는 민중적 차원에서의 지방행정에 대한 새로운 견제기능이라고 평가할 수 있다.

한편 문벌척족세력이 주도한 무능한 정권은 조선에 진주한 청·일 양군의 철병외교를 폈으나, 일본은 조선의 내정개혁에 개입하였고, 관군과 연합하여 토착민중민족세력을 원천적으로 제거할 목적으로 호남지역에서 동학도의 색출·토벌에 나섰다. 이에 전봉준을 비롯한 동학도들은 재집결·항전하게 되었다.[81]

이 2차 동학봉기는 체제를 지탱할 능력을 상실한 집권층이 외세와 연합하여 그들의 생존을

---

76) 신복룡, 전게서, pp. 67~70.
77) 노태구, 「韓國民族主義의 政治理念」 (서울 : 도서출판 새밭, 1981), p. 148.
78) 日本外務省, 日本外交文書, 第27卷, 第2冊, p. 152.
79) 日本外務省, 日本外交文書, 第27卷, 第2冊, pp. 153~154.
80) 김의환, 「全琫準傳記」 (정음사, 1974), pp. 183~196 ; 金庠基, 「東學과 東學亂」 (대성출판사, 1974), p. 102.
81) 김의환, 상게서, pp. 196~260.

철저히 유린하려 했기 때문에 혁명적이고 반체제적일 수밖에 없었으며, 아울러 침략세력인 일본군과의 생존을 건 대결이었기 때문에 반외세적·저항적 민족주의의 성격을 드러냈다. 이 2차 봉기는 결국 南北接의 동학연합군이 북상 중 公州大會戰에서 官軍·日軍에 의해 결정적으로 패퇴했다. 그러나 봉기에 참여한 동학民軍 활동은 전라·충청지역은 물론 영남·近畿·海西지방에까지 파급되었으며, 그 규모도 20만 명이나 되었다.

동학의 재차 봉기의 성격은 근대 민족주의적 차원의 三重革命이다. 그것은 체제의 대외적 자주성을 확보하려는 정치혁명, 지배층의 부정한 수탈체제와 개항 이후 쇄도해 오는 일본의 상업자본주의에 대항하는 경제혁명, 그리고 신분적 차별에서 비롯되는 온갖 사회적 불평등과 병폐를 일소하려는 사회혁명이 복합된 것이다.

그러나 이러한 동학운동은 결국 근대적인 兵器를 갖춘 일본군의 진압에 의하여 압살되고 말았으며, 이후 일본의 간섭에 의해 1895년 조선정부의 '甲午更張'이 시도되었으며 이로 인해 조선에 대한 일본제국주의의 입지를 강화시켜 주는 빌미를 주었다.

4. 체제근대화·민주화운동과 항일의병구국운동

1876년 개국을 전후한 재야유림의 체제복고적 위정척사운동은 1882년 임오군란을 계기로 집권의 주체로서의 극적인 등장을 시도했으나, 기득권을 사수하려는 문벌척족 집권세력과 온건개화집단의 연합정권의 저항으로 좌절되었다. 그 뒤 2년 후 지배층 내의 급진적인 개화당세력의 체제개혁의지는 1884년 갑신정변으로 표출되었으나 그것도 3일 천하로 끝났다. 그 후 10년이 경과하는 동안 사회적 아노미 상태에서 체제의 구조적 모순이 극에 달하자 피해민중들이 自救的인 체제변혁운동(혁명)을 일으켰다. 그러한 동학운동도 기득권적 지배세력에 의해서 좌절당했다.

이들 세 가지 유형의 민족주의 운동은 적어도 몇 년의 시차를 두고 차례로 진행되었다. 앞에서 논의한 바와 같이 이들 운동은 각기 운동주체의 계층이나 이데올로기 지향이 달랐고, 집권을 위해서 구사했던 방법이 또한 각기 달랐다. 그들 상호간의 연합이나 협력이 없었고 오히려 어느 운동이 진행될 때 他 운동주체들은 공개적으로 또는 묵시적으로 적대시하기까지 하였다. 그러나 이들 운동은 다같이 기득문벌 집권세력이 끌어들인 외세의 물리적 힘에 의해서 결정적으로 패배를 경험했다. 심지어 외세(일본)의 힘을 이용하려 했던 갑신정변마저도 다른 외세(淸)의 개입에 의해서 좌절당했다.

이들 세 운동은 그 주체나 운동의 성격이 각기 달랐지만, 외세와의 대결과정에서 저항적 민족주의 형태를 취할 수밖에 없었다. 특히 위정척사운동과 동학운동에서 그러한 성격이 전형적으로 드러났다.

그러나 청일전쟁(1894. 7~1985. 4)의 결과 일본이 조선에서의 우월권이 확보되고, 그들의 개입으로 東學民衆革命(1894. 2~9)은 좌절되었다. 이어서 일본에 의해 '지도되고 강요된' 내정개혁이 '甲午更張'(1895. 1)이라는 이름으로 실시되자, 좌절된 위정척사, 개화・동학 등의 세 갈래의 운동은 새롭게 두 유형의 민족주의 운동으로 재편성되어 갔다. 그 하나가 개화세력과 민중이 연합한 自强民主化・민족운동이며, 다른 하나가 보수유림세력과 민중이 연합한 救國義兵運動이다. 自强民主化를 위한 민족운동에서는 독립협회가 그 주체로서 역할을 했으며, 여기에는 갑오개혁 정부에 참여치 않은 재야개화세력이 다수 참여하였다. 그 지도자들은 서재필(徐載弼), 이상재(李商在), 안경수(安絅壽), 윤치호(尹致昊), 남궁억(南宮檍), 정교(鄭喬), 이건호(李建鎬), 나수연(羅壽淵) 등의 각계 각층의 지식인이었으며, 그 회원은 정부고관에서 일반상민들에 이르기까지 다양했다.

독립협회는 우선 가시적인 상징물로 독립문・독립공원・독립관의 건립에 착수했으며 독립신문을 발간했다. 1897년 8월 29일부터 매주 1회씩 토론회를 열어 정부에 정책대안을 제시하고 민중을 계몽하였다. 그 중요한 내용들은 자주국권론, 열강의 이권침탈 반대, 중립외교, 국민평등권(신분제도 철폐와 남녀평등론), 立憲代議政體論, 近代國防論, 사회의 제반영역에 있어서의 개혁 등 실로 다양했다.82) 이러한 내용들을 총체적으로 표현하면 그것은 자주적 근대화 문제였다. 특히 독립협회가 중심이 되어 개최한 '萬民共同會'는 1898년 3월 10일・12일 양 차에 걸쳐 수도권 내에서 수만 명 규모의 대중집회를 열어 러시아의 絶影島 조차를 반대하고, 러시아의 군사교관・재정고문・露韓銀行의 철수를 주장하는 한편, 일본의 석탄고 기지의 철수를 요구하여 관철시키기도 했다.

이러한 만민공동회의 대규모의 정치집회는 당시 정부는 물론 駐朝鮮外國公館들에게 충격을 주었으며 한때 열강간의 세력균형에도 일조를 했다. 이는 한반도에서의 러・일간의 1898년 4월 25일 소위 '로젠-니시(西)'협상(Rosen-Nishi Protocol) 체결로 나타났다.

로젠-니시협상이란 駐日러시아 공사 로젠(Romanovich R. Rosen)과 일본의 외상 西德二

82) 신용하, 「獨立協會硏究」 (서울 : 일조각, 1990), pp. 145~249.

郎이 합의한 3개 조항으로 된 議定書(Protocol)이다. 의정서에서는 러·일 양국이 한국의 주권독립을 확인하고(제1조), 러·일이 한국의 요구에 의해서 연병교관이나 재정고문관을 파견할 때는 서로 협의하며(제2조), 특히 러시아가 한국에 있어서의 일본의 상공업의 우위를 인정해준다는 것(제3조)을 규정하고 있다. 이 협상이 독립협회의 압력에 의해 이루어졌다는 논의도 있었다. 한편 당시 러시아와 일본간에 만주와 한국을 상호 교환하려는 의도였거나 英日同盟의 성립을 간접적으로 방해하기 위한 러시아의 의도가 작용했다는 주장도 있다.

독립협회는 저들에게 유리한 국제적 상황의 전개에 힘입어 그들이 제기한 모든 개혁대안이 실행되기 위해서는 親러 수구파정권의 퇴진이 필요하다고 확신하고, 전면적인 정부개편을 요구하는 상소시위운동을 궁궐 앞에서 벌였다. 1898년 10월 1일부터 연 12일간 벌인 시위는 결국 국왕을 움직여 박정양(朴定陽), 민영환(閔泳煥)을 중심으로 한 개혁파정부를 새로 출범시켰다. 새 개혁파 정부는 독립협회가 제기한 의회창설案을 받아들이고 종래의 中樞院을 발전적으로 개편하여 의회를 설립할 것을 결정·공포하였다. 그러나 親러 수구파세력은 의회설립과 과감한 개혁으로 결국 그들의 기득권이 박탈당할 것을 두려워 한 나머지 의회설립 하루 전인 11월 4일 밤 '匿名書'를 만들어 독립협회가 박정양(朴定陽)을 대통령, 윤치호(尹致昊)를 부통령으로 내세워 共和政을 만들려고 한다는 유언비어를 퍼트렸다.[83)]

이에 고종과 그 측근들은 극도의 위기감에 사로잡혀 독립협회에 대해 즉각적으로 해산령을 내리고 그 임원들을 체포하는 한편, 개화파정부를 출범 22일만에 제거하고 조병식(趙秉式)을 중심으로 한 수구파정권을 또다시 내세웠다. 결국 의회창설 등의 정치개혁 프로그램을 추진하던 체제개혁 지향적 민주화운동은 좌절당했다. 이러한 좌절당한 체제민주화운동은 그 뒤 비정치적인 여러 갈래의 애국계몽운동으로 전환되어 갔다. 예컨대, 그것은 신교육구국운동, 실업구국운동(민족산업진흥운동), 국채보상운동으로 나타났다.

독립협회의 체제민주화운동은 이 이전의 1884년 갑신정변을 주도한 개화당의 운동과 비교할 때, 개화당이 음모적 비밀결사의 형태를 취한 데 비하여, 그들은 수천 수만 명을 동원하는 대중집회·대중시위를 할 정도로 공개적이고 대형화되었다. 또한 독립협회가 在野의 입장에 있었지만 정부의 정책이나 내각구성에도 압력을 넣을 정도로 영향력이 컸으며, 열강(露·日)에도 영향을 줄 정도였다. 그러나 그들의 운동은 밑으로부터의 대중운동을 전개한 종래의 동학운동이나 전국 각처에서 아직도 유교적 개혁을 강조하는 士林과의 연계가 전혀 없었다. 그

83) Chong-Sik Lee, *The Politics of Korean Nationalism* (Berkeley : University of California Press, 1963), pp. 64~66.

들의 활동은 수도권에 국한되었으며, 확고한 제도적·재정적 기반도 마련되지 않았을 뿐 아니라 정부와의 확실한 개혁채널을 형성하지 못했기 때문에 결국 실패했다. 이것이 독립협회가 가졌던 취약점이다.84)

독립협회의 體制民主化·민족운동과는 달리, 또 하나의 민족주의운동의 형태로써 전개된 것이 항일의병운동이다.

최초의 의병운동은 1895년 10월 조선주재 일본공사관과 그 낭인배에 의하여 閔妃가 시해되고 갑오경장을 주도한 개화친일정권이 단발령을 내렸을 때 이에 반대하여 각처의 유생과 과거 동학혁명운동에 참여했던 농민이 합세하여 일으킨 反日·反開化 운동에서 비롯되었다. 그러나 이 운동은 1896년 2월 11일 親러 세력에 의해서 소위 고종의 아관파천(俄館播遷)이 이루어지고, 고종이 갑오경장 개화파 관료들을 역적으로 규정하고 의병운동의 忠義를 인정하면서 해산을 강력히 종용하자 1896년 5월까지 모두 해산했다. 이후 정국의 주도권은 또다시 독립협회의 체제개혁민주화운동에 넘어 가자, 의병운동은 한동안 주춤했다. 그러나 의병운동은 독립협회의 체제민주화운동의 실험이 실패하고 러일전쟁이 발발하여 일본이 조선에 대한 지배야욕을 더욱 노골적으로 드러내게 되자 全 민족적 차원의 구국운동으로 재차 확대·전개되었다.

1904년 2월 10일 러·일 전쟁 발발 직후부터 일본은 노골적으로 한국정부를 위협하여 동년 2월 23일 제1차 韓·日 議定書를 체결하여 일본군의 軍用地 수용과 조선주재 사령부편성을 단행했다. 1904년 6월 6일에는 일본의 조선 황무지개간 요구 및 경의선 철도부설과 도로보수를 위해 조선인을 강제징발 했으며, 7월 20일에는 그들의 '軍事警察訓令'에 의해 일본군이 조선의 치안을 담당하게 됐다. 그리고 8월 22일에는 "한·일 外國人顧問 용빙에 관한 협정서"를 체결하여 조선정부의 각 부처에 일본인 고문을 임명하는 등 일련의 조치를 통하여 조선지배의 기반을 닦았다.

특히 러일전쟁에서 승리한 일본은 1905년 11월 17일 조선과 을사5조약을 체결하여 한국의 외교권을 박탈하고, 1906년 2월 1일 일제 統監府를 설치하여 한국을 일본의 사실상의 식민지로 편입시키자, 전국 각처에서 의병운동이 일어났다. 이 때의 의병운동은 在野유림이 주도했지만, 여기에는 전직고위관리, 농민, 상인, 砲手, 철도·광산노동자, 농업노동자, 舊軍人, 승려, 賤人 등 모든 계층이 참여하는 超 계급적 운동으로 전개되었다.85) 더욱이 일본이 1907

84) Gregory Henderson, Korea : *The Politics of the Vortex* (Harvard Univ. Press, 1968), pp. 66~67.
85) 김호성, 「韓末義兵運動史硏究」(고려원, 1987), p. 176, 177, 230, 231.

년 7월 19일 고종을 강제 퇴위케 하고, 李完用 매국내각이 일본과 7월 24일 '丁未7條約'을 체결하여 일본인의 次官政治를 본격화하자 의병운동은 전국적으로 확대되었으며, 이미 7월 13일 해산된 대한제국 군대가 가담하게 되자 더욱 치열하게 전개되었다.

1907년 11월 이인영(李麟榮), 허위(許蔿), 이강연(李康年), 박정빈(朴正斌) 등이 13道倡義大陣所(연합의병 부대)를 결성하여 1만여 명의 병력을 규합하여 일본군과 수십 차례에 걸쳐 전투를 벌였으며 두 차례에 걸쳐 首都점령을 시도했으나 결국 일본군의 압도적인 화력에 밀려 실패하였다.

당시 연합의병부대 軍師長 허위(許蔿)가 나서서 1908년 5월 통감부(서울)에 통보한 '30개조의 의병 측 요구조건'을 통보하였다.[86] 그 주요 내용은 고종의 복위, 外交權還歸, 軍用地還歸, 지방의 일본군 兵站 철거, 일본은행권 시행 반대 등으로 그것은 대체로 일본이 강탈한 국권과 이권을 철회를 요구하는 것이었다. 거기에는 아울러 교육권의 자유, 출판권의 자유 등의 개화사상의 내용이 포함되어 있어 이 때의 의병운동은 이미 위정척사의 틀을 벗어나 개혁개화세력과 연합하고 있었음을 알 수 있다. 특히 일부지역의 농민출신 의병들이 소작료 납부를 거부하고, 평소 수탈과 행패를 심하게 한 지방양반과 친일적 관료들을 응징했던 사례는 이미 의병운동이 위정척사의 체제보수논리를 극복하고 새로운 反帝反封建的 성향의 민족운동으로 진전되고 있었음을 입증하는 것이다.[87]

의병구국운동은 1907년 8월에서 1909년 말까지 2년여 동안에 일본군과의 치열한 據點戰과 유격전을 벌였다. 실로 그 교전횟수는 1907년 8~12월 사이에 323회, 1908년에는 1,451회, 1909년에는 898회나 되었다.[88] 이 기간에 일본군의 막강한 戰力과 일제통감부의 지휘에 따르는 조선정부의 탄압에 의해서 의병은 총 17,563명의 전사자와 3,646명의 부상자를 내고 패배하고 말았다.[89] 그러나 1910년 한일합방 이후 이 의병구국운동은 만주와 露領에서 항일무장독립운동으로 전환했다. 의병운동이 '反侵略'과 自主를 표방했다는 점에서 이는 분명히 한국의 저항적 민족주의의 또 다른 형태라고 말할 수 있다.[90]

이상에서 논의한 다섯 갈래의 한국의 근대민족주의운동의 성격을 도표로 요약하면 다음의 〈표 2〉와 같다.

---

86) 신용하, 「韓國近代民族運動史硏究」 (서울 : 일조각, 1988), p. 73.
87) 김호성, 상게서, p. 22, 260.
88) Chong-Sik Lee, ibid., p. 81, Table 1.
89) 송건호, "韓國民族主義의 歷史的 背景," 「韓國의 民族主義」 (現代思想社, 1976), p. 117.
90) 노태구, 전게서, p. 30.

〈표 2〉 한국 근대민족주의운동의 제 형태 비교

한국 근대민족주의 운동의 제 형태 / 비교기준	위정척사운동	개화운동	동학운동	체제민주화운동	의병운동
운 동 주 체	재야유림	일부청년관료, 일부中人	농민, 천민	고위관료, 지식층, 청년상인	일부재야유림, 농민, 상인, 舊 군인, 노동계층
운 동 목 표	조선조체제 유지	"위로부터" 체제개혁	"아래로부터"체제 변혁 : 혁명	정치적 민주화, 근대화 : 대외적 자주, 열강의 이권반대	국권회복
운 동 수 단 (방 법)	상소, 伏闕	쿠데타 및 위로부터의 "숙청"	민중집회, 무장봉기	정책비판, 대중집회, 시위	의병부대창설, 진지전, 유격전
정치적 사건	1876년 병자수호조약 반대 1881년 이재선 쿠데타 실패와 1882년 임오군란	1884년 갑신정변 1896년 갑오경장	1894년 4월 1차 농민봉기 9월 2차 봉기(혁명)	1897년 독립협회결성, 1898년 만민공동회 개최·운영	1895년 : 을미의병운동, 1905~1910년 : 구국의병운동
史 觀 (사회변동에 관한)	보수 (전통과 봉건)	개혁(동도서기)	변혁 내지 혁명	진보와 제도개혁	체제개혁지향
대 외 관 계	외세배격 (華夷論)	외세수용 및 연합	외세배격 : 자주	외세견제 : 자강	외세배격 : 斥倭洋
理想的 政體모델	유교적 신분관료 국가	근대적 개혁왕정	신분타파적 평등국가 및 지역자치	입헌왕정 (내각과 의회 중심)	反제국주의 反봉건체제

제4절 결 론

한국의 근대적 의미의 민족주의의 생성과 전개는 조선조에 대한 열강의 제국주의적 침략에 대한 저항에서 출발한 것이었으므로 反제국주의적·反식민주의적 형태를 취했지만, 그것이 또한 조선조 체제내부의 구조적 모순과 갈등과 맞물리어 진행되었기에 체제개혁적·사회혁명적 과제를 지닌 근대화 민족주의(nationalism for modernization)의 속성도 아울러 지니게 되었다.

그러나 한국의 민족주의는 前근대적인 엄격한 신분적 差等構造를 파기시키지 못한 채 그러한 신분구조 위에서 전개되었으므로, 민족주의운동의 추진주체 역시 기득권 상층에서부터 소외되고 억압당하기만 했던 하층 농민 수준에 이르기까지 다양했으며, 각기 자기들 類의 세계관과 방식대로 민족주의를 추구하였다. 이것이 이른바 위정척사 민족주의, 개화세력의 민족주의, 東學民衆的 민족주의이다. 이들 세 가지 유형의 민족주의운동은 그들의 비전을 체제적 차원으로 승화시키기 위하여 상소, 집단시위운동, 정변, 혁명 등의 여러 방식을 통해서 체제변화와 집권을 시도했으나, 추진주체들간의 상호갈등과 주변 강대국간의 제국주의적 패권다툼 속에서 희생양이 되었다.

이러한 세 갈래의 민족주의 운동이 좌절된 이후 한국의 근대민족주의는 민족의 自主·自强과 민족내부의 체제민주화를 동시에 추구하는 '獨立協會'와 '萬民共同會'로 상징되는 '정치적 근대화' 민족주의로 나아갔다. 정치적 근대화 민족주의는 국민의 자유와 평등, 참정권의 확보, 그리고 왕권을 제한하는 근대적 의회의 구성 등이 그 핵심 내용이었다.

정치적 근대화 민족주의운동은 그 추진주체가 특정계급에 한정되지 않았고 상층에서부터 常民 이상의 신분이 다같이 연합했으며, 나중에는 일종의 '시민적 연대'의 차원에까지 이르렀다. 그러나 이 운동의 영향은 대체로 중앙정치권에 머물렀고, 전국 각지에까지 지역적으로 확산되지 못했으며, 또 계층적으로는 밑바닥의 民草인 농민의 수준에까지 파급되지 못한 것이 그 역사적 한계였다. 이 운동은 한때 온건개혁파 집권세력과의 대화와 타협 속에서 그들의 노력이 가시화 되는 듯 하였으나 기득권 보수에 집착하는 집권세력과 그들과 결탁한 외세에 의하여 또 다시 좌절당하였다.

결국 평화적 체제민주화 개혁운동이 좌절되고, 일본의 정치적·경제적·군사적 지배와 그 폭압이 거세 지자, 이러한 식민지적 상황을 극복하기 위해서 다음단계로 추구된 것이 항일구국의병운동이다. 여기에서 한국의 저항적 민족주의의 극치를 찾아볼 수 있다.

한국의 근대민족주의의 생성과 그 전개과정에 대한 조명을 통해서 얻은 잠정적 결론을 요약하면 다음과 같다.

먼저 한국의 민족주의운동이 추진주체, 그 목표와 이데올로기 성향이 각기 다른 몇 갈래의 형태로 추구되었는데, 그들이 상호 갈등하여 힘의 소모를 가져 왔고, 결국 이에 대처하기에 무능한 事大的 족벌집권세력이 불러들인 외세의 강압에 의하여 각기 성향이 다른 여러 갈래의 민족주의운동은 모두 좌절되었다. 만일 당시 '밑으로부터의' 동학민중적 민족주의운동이나 '옆으로부터의' 개화지식인들의 정치적 근대화를 지향하는 민족주의운동이 최고지배자의 결단에 의하여 체제 내에 수용되었더라면 조선의 國體는 그것이 制限 왕정이든 立憲君主政이든 간에 유지되었을 것이며, 일본의 35년의 식민통치를 겪지 않고 민주적인 민족국가를 발전시켜 나갈 수 있었을 것이다.

그러나 최고집권층은 족벌적 이익이나 구체제에서의 신분적 기득권에 사로잡혀 어떠한 결단도 내리지 못하였다. 예컨대, 그러한 결단의 내용으로는 일반민중의 참여를 제도화하는 민주적 대의제를 정부수준에서 수용했거나 전통적 신분구조를 완전히 철폐시켜 사회적 평등을 실현하거나 또는 온갖 비리와 부정의 근원이 된 토지제도의 대개혁을 통한 소유와 경제구조를 재편성하는 작업등을 지적할 수 있다. 그러나 실제 그 중 어느 하나도 결단하지 못하였다.

한국의 이러한 근대민족주의운동은 1910년 국권이 일본에 의해 빼앗긴 뒤에는 국권을 다시 찾으려는 1919년의 3·1독립운동으로 이어졌고, 3·1운동 직후 상해에서 수립된 대한민국 임시정부에 의해 주도된 독립외교와 무장독립투쟁은 한국민족주의를 反日反帝反植民主義를 특징으로 하는 저항적 민족주의로 결집되었다.

日帝 植民地시대 그리고 그 反面인 상해임정의 독립투쟁기(1920년대~40년대)의 한국의 민족주의운동은 그 운동의 주체, 이념지향, 일제에 대한 저항의 강도, 국제적으로 연대하고 있는 세력 및 국가와의 관계, 활동무대가 국내냐 국외냐에 따라서 여러 노선으로 구분할 수 있다. 그것들은 대체로 ① 上海臨政을 이끌었던 김구, 김규식, 조소앙 등의 중도노선, ② 일제 식민통치하에서 교육, 문화, 自治를 내세웠던 改良主義노선, ③ 소련의 볼셰비키와 코민테른과 지원을 받은 계급투쟁과 독립투쟁을 동시적 과제로 삼은 급진左派노선, ④ 미국을 배경으로 국제사회에서 독립외교를 전개했던 이승만을 비롯한 右派노선, ⑤ 남만주와 한·만 국경지대에서 항일무장투쟁을 벌였던 군사노선 등으로 집약할 수 있다. 한편 일제하의 민족주의운동을 좌우익의 이념적 분열 차원에서 분석하고 상해임시정부의 주도권과 코민테른의 전략과 연관시켜 파악하려는 입장도 있다.[91)]

1945년 미국과 소련에 의하여 한국은 해방과 동시에 민족이 분단되어 남북의 체제대결 속에서 한국민족주의는 좌절과 위축을 경험해 왔다. 그러나 1980년대 후반에 들어서 전세계적인 탈냉전추세와 동유럽 공산진영의 몰락과 쇠퇴로 남북한의 국제사회에서의 지위향상, 특히 남한의 정치적·경제적 성장과 위상강화는 한국민족주의의 새로운 地平을 예고하고 있다. 그러한 지평은 2000년대에 이르러 '열린 민족주의'(open nationalism)에 의하여 민족통일(최소한 국가연합의 형태로라도)로 발전·구체화될 것으로 전망된다.

---

91) 김재홍, 「한국정당과 정치지도자론」, 나남, 1992, pp. 101~113, 161~206.

제2장 남북분단과 대한민국의 정통성

1945년 8월 15일 한민족은 일제로부터 해방되었지만, 해방의 감격은 일순간이었고 민족과 그 생활터전인 국토가 분단된 지 어느 사이에 반세기가 지났다. 한민족은 자신도 모르게 미·소 강대국의 분단음모에 휘말리고, 게다가 민족 자주역량의 부족으로 민족공동체가 두 쪽으로 갈라져 냉혹한 국제권력정치의 波高 속에서 정작 그 분단의 주역국가들에게 매달리고 사정하면서 서로 대결하는 비극을 이 날 이 때까지 계속하고 있다.

세계가 화해와 공존의 방향으로 나아가고 있는데, 남한과 북한만이 최후의 냉전지대로 남아 있다. 1950년 북한의 도발로 겪은 동족상잔의 민족적 비극을 계속 후비면서 군사적 대치를 지속시키고 있다. 한편으로는 민족통일이라는 대의명분 때문에 또는 정권안보의 필요에 의해서 그간 간헐적으로 남북간의 대화도 튼바 있다.

그간 남북간에는 정치·경제·사회 등의 모든 분야에 있어서 체제의 이질화가 심화되어 왔다. 그것은 강대국들이 남북한에 심은 기득권을 계속 유지·강화하려는 정책을 추구해왔고 통일문제를 국제 공산주의 운동의 일환으로 생각하고 한반도의 적화(赤化)를 획책해 온 북한 공산주의 집단의 야욕, 그리고 통일문제를 민족내부의 화합이나 대화보다는 강대국의 후견이나 그들의 권력정치에 의존하려는 사대주의자들의 작태들이 민족통일의 저해요인으로 작용해왔다.

1970년대 말 이후 북한이 제의한 북한·미국·한국의 3자 회담이나, 1970년 벽두부터 국내외의 국제주의자들이 기회 있을 때마다 강조해 온 한반도 평화정착과 통일을 위한 미·일·중·소(러시아) 등의 '4대국 보장론'(四大國 保障論)과 여기에 남북을 포함시킨 '6자 회담' 등을 논의해 왔는데 이것이 최선의 접근방법일 수 없다. 민족통일문제를 강대국의 정책에 의존하고 그 향배에 따라 조율하려는 국제주의자들은 그들 자신을 위대한 현실주의자로 자부할 것이지만, 그들은 한반도 분단이 강대국에 의해서 저질러진 것이라는 이른바 '외세의 원죄성(原罪性)'을 망각한 비주체적 몰 역사주의자(沒 歷史主義者)들이다.

한반도의 평화정착과 통일을 위해서는 현실적으로 주변 강대국의 역할과 그들의 정책을 고려하지 않을 수 없겠으나 되도록이면 강대국의 영향력을 최소화하고 남과 북이 주체적 입장에

※ 이 글은 1986년 전국 대학통일문제연구소 협의회가 주관한 「연구소장 경주 하계 워크샆」에서 저자가 "민족분단과 대한민국의 정통성"이란 주제로 발표한 내용을 가필·보완한 것임.

서 대화하고 화합하여 주변 상황을 극복해 나가는데 그 관건이 있다.

여기에서는 민족의 생존권인 한반도가 분단된 경위와 아울러 미·소의 점령정책을 밝히고, 분단의 제약 속에서 수립된 남북한 兩 체제의 정통성 문제를 논의하고 우리 체제의 정통성 제고를 위한 몇 가지 제언을 하고자 한다.

제1절 韓半島 분단과 美·蘇의 전략

한민족의 오랜 생활 무대가 된 한반도는 그 위치가 아시아대륙의 동북부에서 일본열도를 향해 돌출한 반도(半島, rimland)로서 대륙과 해양간의 육교라는 지정학(geopolitics)적 위치에 있다. 그러한 위치 때문에 대륙과 해양 어느 일방에서 강력한 국가가 등장할 때는 한반도가 그 정복의 진입로로서, 또는 교두보로 이용되어 왔음을 역사가 증거 한다. 대체로 한국의 역대왕조는 중국의 왕조와 사대관계(事大關係, 책봉(冊封))를 맺음으로써 '예속 속에서 평화'를 유지해 왔지만, 대륙과 해양세력이 서로 팽팽하게 맞서 힘의 교착상황이 빚어질 때는 한반도를 놓고 강대국간에 분할문제(分割問題)가 논의되었다.[1] 역사적으로 그러한 논의는 중국과 일본, 제정러시아와 일본간에 있어 왔다.

한반도 분할에 대한 최초의 논의는 임진왜란 당시 명·조선연합군과 일본군간의 전세가 교착상태에 들어가자, 1593년 조선정부도 알지 못하는 가운데 일본의 풍신수길(豊臣秀吉)이 명고옥(名古屋)에서 명(明)의 평화교섭사절 사용재(謝用梓)와 서일관(徐一貫)을 맞이하는 자리에서 8道 중에 한강 이북의 4道는 조선에 귀속시키고, 그 이남의 4道는 일본의 세력 하에 두자는 협상案을 제시한 데서 비롯되었으며, 이에 대응해서 明의 위학증(魏學曾)이 조선의 영토를 명과 일본이 분할하는 안(案)을 제시했으나 두 안(案)은 전부 明의 조정과 조선의 반대로 결국 좌절되었다.[2]

그 후 300년이 경과한 뒤, 1894년 청·일간에 조선에 대한 지배권을 놓고 서로 다투는 청·일 전쟁이 임박했을 때, 전통적으로 국제관계에 있어서 세력균형자로써의 역할을 자임해 왔던 영국의 킴벌리(John W. Kimberly) 외상이 청·일간의 거중조정안(居中調整案)으로

1) 국제정치학자 모겐소도 세력균형(balance of power)의 시각에서 한반도 문제를 논의한 바 있다. Hans. J. Morgenthau, Politics among Nation's, 4th ed. (New York : Alfred A. Knopf, 1966), p. 171.

2) 宣祖實錄 卷 三七, 선조 26년 4월 乙酉·丙戌 ; 盧啓鉉, 「韓國外交史硏究」 (해문사, 1968), pp. 154~158.

평양 이남북(以南北)으로 양국이 한반도를 분할할 것을 제의했으나, 이를 일본이 받아들이지 않아 성사되지 못했다.

1896년 러・일간이 조선에 대한 지배권을 놓고 다툴 때, 마침 러시아의 황제 니콜라이 2세(Nicolas Ⅱ)의 대관식에 참석했던 일본의 군벌 야마가다(山縣有朋)는 러시아의 로바노프(Lobanov) 외상에게 북위 38도선으로 러・일이 한반도를 분할하여 지배할 것을 제의하였다. 그러나 러시아는 일본의 제의를 거부하고 일・러 양국이 공동보호령으로 할 것을 주장하였다.[3] 또 1903년 駐日러시아공사 로오센은 북위 38도선 이북을 중립지대로 하고 그 이남에서 일본의 특수이익을 보장할 것을 일본측에 제의했으나, 일본은 이미 러시아와의 개전의지(開戰意志)를 굳히고 있었으므로 이에 응하지 않았다.[4] 이와 같이 한반도의 분단논의는 멀리는 16세기부터 가까이는 19세기말까지 강대국간에 수 차례에 걸쳐 있었으나 모두 성사되지 못하였다. 그러나 한반도의 분단이 한민족에게 하나의 현실로써 밀어닥친 것은 미국이 일본과의 전쟁(1941. 12~1945. 8) 과정에서 전쟁 후반에 일본의 패전이 가까워지자, 미국이 전쟁을 속히 종결하기 위해서 소련의 참전을 요청하고, 그 참전의 대가로 소련에게 분할을 제안한 데서 비롯된다.

흔히들 종래 미・소 강대국의 입장을 너그럽게 보아주던 친미주의자・친소주의자들은 한반도의 분단을 대일전을 수행, 또는 종결시키기 위한 "작전상의 분할"임을 강조해 왔으나, 한반도의 분단을 "장래에 기대되는 한반도에 대한 미・소간의 국가이익의 안배"라는 시각에서 보아야 할 것이다.

한반도에 대한 분할(분단)이 공식화된 문서는 美 트루만 대통령이 재가해서 연합군 최고사령관 맥아더(MacArthur)에 보낸 '一般命令 第1號' 이다. 거기에는 북위 38도선을 경계로 한반도를 미・소가 각기 분할하여 일본군의 항복을 접수한다는 내용이 포함되어 있다.[5]

그 일반명령 제1호 가운데 한국에 관계되는 부분은 다음과 같다.

① "만주, 북위 38도선 이북의 한국, 화태 및 千島列島에 있는 일본의 선임지휘관과 모든 육・해・공군 및 그 보조부대는 소비에트 극동군 최고사령관에게 항복할 것, ② 일본군 大本

---

3) 노계현, 전게서, pp. 161~165.

4) Harold M. Vinacke, *A History of Far East in Modern Times* (New York:F.S. Crofts and Co., 1936), p. 180.

5) United States Department of State, *Foreign Relations of the United States, 1945* (Washington D. C. : United States Government Printing Office, 1969), Ⅳ, p. 1039.

營 및 일본본토, 이에 인접한 諸小島, 북위 38도선 이남의 韓國, 琉球列島 및 필리핀諸島에 있는 일본군의 선임지휘관 및 모든 육·해·공군 및 그 보조부대는 美태평양 육군총사령관에게 항복할 것" 등이다.

이러한 최종적인 분할점령案이 미국의 트루먼 대통령의 제안과 소련의 스탈린의 수락에 의하여 확정되어 공포되기까지는 미·소간의 상호탐색이 있었고, 특히 미국 측에서는 국무성·국방성 등 다양한 수준의 정책수립자들간에 협의가 있었던 것으로 현재 밝혀지고 있다.

미국은 그의 연합국들과 전후처리를 협의하는 자리에서 한반도에 대한 문제를 최초로 제기하였다. 1945년 2월 얄타회담 당시 미국의 루즈벨트(F. D. Roosevelt)는 처칠과 스탈린에게 미·영·소·중 등 4개국이 한반도를 신탁통치할 것을 제의하였다. 루즈벨트는 필리핀이 미국의 위임통치(委任統治)를 50년간 받은 것을 고려할 때, 이미 일본의 식민통치를 받은바 있는 한국에는 20년~30년 정도의 신탁통치가 필요하다는 입장을 밝혔다. 이에 대해 스탈린은 처음에는 반대했으나 처칠의 조정에 의하여 신탁통치기간을 단축시키자는 입장으로 물러섰고 이를 미국이 동의하여 잠정적으로 합의했다.[6] 루즈벨트가 한국의 즉각적인 독립을 고려하지 않은 것은 당시 미국인들과 미국정책수립자들의 對韓인식이 반영된 것이다.

일찍이 駐朝鮮 초대 미국전권공사 푸트(Lucicus H. Foot)는 한국은 침체하고 빈곤하며, 오랫동안 중국과 일본의 억압을 받았으므로 한국인은 무기력하다고 본국에 보고한 바 있다. 더욱이 親韓 선교사였고 일찍이 한국인의 自主를 두둔했던 알렌(Horace N. Allen) 後任공사까지도 1904년에 한국인들은 자치능력이 없으므로 일본에 속해야 한다는 뜻을 밝힌 바 있다.[7] 또한 직접적으로 루즈벨트의 생각에 영향을 준 1942년 2월 당시 미국무성 極東局職員 윌리엄 랭돈(William Langdon)의 메모에도 이러한 논의가 있다.[8] 동 메모에서 랭돈은 한국사람의 대부분이 문맹이고, 정치적 경험이 없으므로 열강의 보호를 받아야 하며, 미국은 중국·소련과 상의한 뒤에 對韓정책을 정해야 한다는 주장을 밝히고 있었다.

일본의 진주만 공격이 있자, 1942년 1월 2일 이승만(李承晩)은 미국무성에 대한민국 임시정부의 승인과 대일참전(對日參戰)을 위해 원조해 줄 것을 요청했다. 당시 미국무성은 이승만의 요청을 받고 중경(中慶)에 있는 駐中미국대사에 알려 중국정부의 의견을 들었는데, 당시

---

6) Foreign Relations of the United States, *The Conference at Malta and Yalta, 1945* (Washington D. C. : U. S. Government Printing Office, 1955), p. 770.

7) George M. McCune and John, A Harrison eds., *Korean-American Relations,* Vol. Ⅰ, (Foote to Freylinghuysen, May 26, 1883), p. 5.

8) James Irving Matray, Reluctant Crusade : *American Foreign Policy in Korea, 1940~1950* (Honolulu : University of Hawaii Press, 1985), pp. 8~9.

중국은 한국의 임시정부를 그리 대단치 않은 존재로 평가했다고 한다.[9]

임시정부 승인을 받기 위한 이승만의 맹렬한 노력은 임시정부(臨時政府)내의 諸 정파간의 파벌싸움과 미국현지에서의 중·한 민중동맹(中·韓 民衆同盟) 대표를 자칭하는 한길수(韓吉洙)의 집요한 방해공작 때문에 임정이 미국무성이나 의회지도자, 정보기관에 매우 부정적으로 비쳐 뜻을 이루지 못했다. 심지어 한길수는 만일 미국이 이승만이 주도하는 임정을 승인한다면, 그가 임정에 대항할 것이며, 또 다른 정부를 수립하겠다고 공언하여 미국의 임정승인을 좌절시켰다고 한다.[10]

美·日 전쟁 초기에 남태평양에서 한때 후퇴했던 미군의 軍수뇌부들은 한반도가 일본의 후방에 있는 반도였기 때문에 처음에는 한반도의 전략적 가치를 인정치 않았다. 다만, 전쟁 말기에 한반도와 만주에 있는 일본관동군의 戰力을 의식하여 소련의 對日참전이 필요했으므로 이후 미국은 한반도에 대해 주목하게 되었고 소련의 정책과 관심을 의식하게 되었다. 아울러 이 지역에서 전통적으로 후견국을 자임해 온 중국의 입장까지도 고려하여 얄타회담에서 미국은 이들 중·소를 포함한 미·영·중·소에 의한 한반도 신탁통치안을 내놓게 된 것이다.

당시 태평양지역 미군사령관 맥아더는 소련이 만주를 공격하기 전에는 미국이 일본본토의 상륙작전을 시작할 수 없다고 공언할 정도로 소련의 참전을 절실히 원했다.[11] 소련을 참전시키려는 미국의 이러한 집요한 의도 때문에 미국은 1945년 2월 얄타회담에서 스탈린이 요구한 사할린 남부와 쿠릴열도(千島列島)를 넘겨주었고 대련·여순항(大連·旅順港)의 이권과 만주철도의 공동운영권 등을 승인해 주었다.

1945년 7월 점령지 독일의 포츠담회담에서는 미·소간의 군사국방관계 막료수준에서 만일 소련이 對일 참전을 하게 될 경우, 미·소가 해군과 공군의 작전범위를 일본의 동북부로부터 한반도의 북단을 연결하는 선으로 나눌 것을 협의했으나, 그때까지는 지상군의 작전범위에 대해서는 거론하지 않았다고 한다.[12]

포츠담회담이 있은 뒤부터 한반도지역에 대한 미·소간에 작전범위의 분할에 관해서 본격적으로 논의되었다. 그러나 포츠담회담 이전의 얄타회담(1943. 2. 4~11) 직후 2월 16일에 미국은 자체적으로 美국방성 작전국(Operation Division)에 의해 한반도에 대한 4대국 분

9) 李庭植, "남북의 분단과 그 현실," 「한국사시민강좌」, 제5집, (1989), p. 113.

10) 이정식, 상게논문, pp. 113~116.

11) Michael C. Sandusky, *America's Parallel*, (*Alexandria* Va. : Old Dominion Press, 1983), pp. 151~152.

12) Young Whan Kihl, *Politics and Policies in Diveded Korea* (London : Westview Press, 1984), p. 29.

할안(四大國分割案)을 구상한 바 있었다.[13)]

그 내용은 소련이 원산을 제외한 함경남북도를 점령하고, 영국은 평안남북도와 황해도, 미국은 원산을 포함한 함경남북도 일부와 강원도, 경기도, 충청남북도, 경상남북도, 중국은 충청남도와 전라남북도, 제주도를 각각 점령하기로 되어 있었다.

이 분할점령안(分割占領案)의 특징을 보면, 미국이 그 점령구역 안에 한반도의 중심인 서울은 물론, 한반도의 군사전략적 요지인 원산·인천·부산 등의 3대 항구를 포함시켰다는 점이다. 이로 미루어 보아 4대국 분할이라고는 하지만 미국이 한반도 경영을 황해와 동해의 해양파워(sea power)를 통해서 주도하려는 전략구상이 엿보인다. 또 영국이 한반도 서북부를 장악하도록 고려한 것은 여순·대련을 포함한 南만주 지역에 대한 소련의 지배를 견제하려는 효과를 노린 것으로 생각된다. 이는 또한 얄타에서 협의된 미·영·중·소의 신탁통치안(信託統治案)을 구체적으로 실천하려는 계획으로도 생각된다.

그러나 1945년 8월 8일 소련의 對日參戰으로 소련군이 만주지역에서 신속히 남하를 시작하자 국무·전쟁·해군 삼성조정위원회(國務·戰爭·海軍 三省調整委員會)(State-War-Navy Coordinating Committee : SWNCC)에 전쟁성측 대표로 파견된 링컨 소장은 그의 주도하에 그의 참모 본스틸(C. H. Bonesteel)대령과 러스크(Dean Rusk)대령과 협의하여 8월 10일 밤부터 11일 새벽 사이에 북위 38도선을 경계로 하는 한반도 분할시안을 작성하게 되었다.

이러한 분할시안이 합동참모부와 3省의 장관들의 합의를 거쳐 최종적으로 대통령의 결재를 받았으며, 이어서 소련의 응낙을 받게 되었다. 당시 미국 측 자체 내에서도 국무성과 국방성간에 분할선(分割線)을 놓고 서로 입장을 달리했다. 국무성은 극동지역에서 미국의 권익확보를 위해 미군이 한반도의 더 북쪽에서 일본군의 항복을 접수하기를 원했으나, 국방성은 분할논의 당시 미군의 주력부대가 필리핀 지역에서 작전하고 있었으므로 그러한 국무성의 기대에 부응할 수 없다고 판단했으며, 더욱이 미국 군부는 대체로 한반도에 대한 군사적 가치를 별로 인정치 않았다. 특히 미국은 일본군의 막강한 병력이 있는 만주와 한반도 점령에 큰 희생을 치르는 것을 원하지 않았다.

그러나 당시 駐소 미국대사 해리만(A. Harriman)과 모스크바 미국特使 폴리(Polly)는 소련의 만주와 한반도에 대한 야심을 간파하고, 본국정부에 한반도 전역은 물론 만주의 공업지대를 미군이 속히 점령할 것을 건의했으나, 트루먼은 미군의 희생을 최소화하기 위해 이를 받

---

13) 신복룡, 「韓國政治史」 (박영사, 1991), pp. 410~411.

아들이지 않았다.[14] 이러한 이유로 결국 미국은 소련의 참전을 강력히 유도했고, 더욱이 히로시마 나가사끼에 원자폭탄까지 투하하면서까지 전쟁을 속히 종결시키려 했다.

또한 막상 미국은 소련이 참전하는 대가로 일본분할안을 제기할까 염려해서 미국이 일본을 단독 점령하는 대가로 한반도분할점령을 소련에게 양보했던 것으로 생각된다. 당시 소련은 얄타회담에서 양해된 바 있는 "소련의 전후 동구라파 지역에 대한 그들의 정치적 후견 역할"을 이용하여 폴란드에서 '민주주의 연립정부'를 수립하려는 폴란드인들의 뜻을 거부하고 공산주의 위성국가를 수립해 버렸다. 이로써 폴란드에 대한 소련의 영토적 야욕이 노골적으로 드러났다. 당시 미국의 외교당국자들은 "폴란드사태"와 비슷한 상황이 동북아시아의 한반도에 '재판'되지 않을까 하는 의구심을 가지고 소련의 팽창주의를 경계했다.[15] 이러한 우려는 소련주재 미국대사였으며, 폴란드 연립정부수립과정에 직접 관여했던 해리만 같은 외교전략가는 물론, 스팀슨(Herry L. Stimson)국방장관도 같은 생각을 가졌다. 이와는 달리 美육군 참모본부나 맥아더 사령관 등은 한반도의 전략적 가치를 고려하지 않고 일본본토 공략에만 미군 병력을 집중시키려는 전략으로 일관했다.[16] 이러한 생각은 1950년 한국전쟁이 발발하기까지 계속되었다.

이러한 미국 측의 우려와는 달리, 소련은 만주지배의 숙원을 달성한 이상, 滿洲를 보호할 그 외곽으로서 한반도의 북부지역을 확보하는 것으로 우선 만족하였다.[17] 이는 동북아 지역에서 소련의 전통적인 정책을 고려할 때 소련에게는 불만스러운 것이었다. 그러나 이미 소련은 동부 유럽에서 서방측(미·영)으로부터 많은 권익을 양보 받았기 때문에 아시아지역에서 새삼스럽게 미국과 맞서 갈등하는 것을 원하지 않았던 것으로 생각된다.

이상의 한반도 분할과정에 대한 고찰을 통해서 얻은 교훈은 국제정치는 바로 강대국간의 국가이익의 흥정과정이며, 따라서 약소국이나 약소민족의 운명은 강대국의 지도자나 군사안보관계 정책수립자의 판단에 의해서 좌우되고 있다는 사실을 확인할 수 있다. 특히 한반도 분할은 미국이 일본과의 전쟁을 수행하는 과정에서 소련의 참전을 유도하기 위한 보상으로 제시된 것이다. 또한 미국은 그들의 일본에 대한 집중적 관심 때문에 상대적으로 한반도에 대해서는 무관심하게 나왔고, 그나마 한반도의 분할이라는 소극적인 정책을 지속시킨 것도 일본열도를

14) Harry S. Truman, *Memoirs I* (Year of Decisions) (New York : Doubleday & Co., 1965), pp. 433~434.
15) 이정식, 상게논문, pp. 118~119 ; Ito Takayuki, "The Genesis of the Cold War : Confrontation over Poland, 1941~1944", in Yonosuke Nagai and Akira Iriye (eds.), *The Origins of the Cold War in Asia* (New York and Tokyo, 1977), pp. 147~202.
16) Michael C. Sandusky, *ibid.*, pp. 168~174.
17) 이정식, 전게서, p. 123.

보호하기 위한 하나의 방편으로 한반도를 생각했기 때문이었다.

한반도에 진주한 미・소는 남북한에 각기 점령체제를 구축한 뒤에 1945년 12월 미・영・소 등의 모스크바 三相회담을 열어 얄타에서 이미 합의한 바 있는 '한반도에 대한 신탁통치원칙'을 확인하고 5개년의 시한을 정했다.[18] 이러한 강대국의 신탁통치안은 모스크바의 지령에 따라 움직이는 공산주의자들을 제외하고서는 당시 한민족 모두가 반대하였다.

당시 남한과 북한의 미・소 주둔군사령부 차원에서 신탁통치를 위한 단일정부를 구성할 목적으로 개최한 미・소 공동위원회는 신탁통치문제를 협의할 한국인의 정당사회단체 선정 문제를 놓고, 소련대표가 反託을 주도한 우익단체들을 제외할 것을 주장하는 등의 의견대립으로 회의가 결렬되었다. 이후 다시 한번 재개되었으나 협상은 이루어지지 못했다.[19] 이리하여 이후 국제적 신탁통치하의 남북한 통일정부의 성립은 기대할 수 없게 되었다.

종전 직후 한반도에 진주한 미・소 양국의 점령정책에는 큰 차이가 있었다. 북한에 진주한 소련군 제25군사령부는 그들을 따라 들어온 러시아化한 韓人과 김일성 일파로 구성된 약 300명의 정치・행정요원을 내세워 반공・친일세력을 배제한 소위 민족통일전선을 결성하고, 북한을 소위 '민주기지'로 할 것을 밝혔다. 처음에 그들은 조만식 등의 민족주의자들을 끌어들여 5도 인민위원회를 결성하고, 이어서 5도 행정국으로 개편하여 연립정부형태를 취하도록 배후에서 조종했으며, 소련군 당국은 전면에는 나서지 않았던 것이 그 특징이다.[20]

이와 같이 소련군 사령부는 북한에 공산당의 단독정권을 수립하려는 김일성 세력을 일사불란하게 지원하고 있었으나, 남한의 미군사령부는 한국인들의 의지에 역행해서 1945년 9월 8일 맥아더 포고 제1호로 남한지역에 대한 군정실시를 선포하였다. 미군정은 해방 직후 민족의 구심체가 될 수 있는 대한민국 임정의 정통성을 부인했으며, 또한 과도정부역할을 자임한 여운형(呂運亨)의 건국준비위원회도 '사기꾼이나 괴뢰집단'으로 몰아 부쳐 한국인의 진정한 정치적 리더십의 형성을 저해했다.

더욱이 美군정청은 정치적 중립주의나 자유를 표방하여 일제에 협력한 친일파를 군정의 행정요원으로 기용하고, 혁명적 전투정당인 남로당의 활동까지도 허용했다. 당시 이러한 미군정의 失策과 無政見이 정치과열과 정국의 혼란만을 결과하였다. 더욱이 미군정은 남한지역에서 민족세력과 우익세력이 총동원하여 반탁운동을 벌이고 미・소 공동위원회도 결렬되자, 신탁

---

18) Claude A. Buss, *The United States and The Republic of Korea : Background for Policy*, Hoover International Studics (Stanford Univ. Press, 1982), p. 30.
19) 중앙선거관리위원회, 「大韓民國政黨史」 (寶晋齋, 1968). p. 173.
20) 김학준, 「韓國問題와 國際政治」 (博英社, 1976), pp. 27~30.

통치의 실시가 불가능하다고 판단하여 결국 이승만이 주도한 우익세력의 단독정부수립운동을 지원하게 되었다.

당시 미국이 뒤늦게나마 남한만이라도 단독정부수립을 지원하게 된 것은 전후 동서냉전이 시작되어 미・소가 전략적으로 대결상태에 들어가게 되고 이러한 국제적 흐름을 기민하게 파악한 이승만이 2차에 걸친 訪美外交를 통해 미국정계를 설득한 것도 크게 작용하였다. 또한 남한 내에서 미군정이 후원하여 김규식(金奎植), 여운형(呂運亨) 등의 중도세력(온건좌우익)이 주도했던 좌우합작운동(1946. 6. 6~12. 4)이 실패로 돌아간 데도 그 요인이 있었다.

이상에서 살펴본 남북 분단과정과 그 이후의 미・소 점령정책이 시사해 주듯이, 미국은 자국의 이익차원에서 한반도를 분할하였고, 한국이 일본으로부터 당연히 주권을 회복해야 함에도 불구하고 한국인의 자주역량을 무시하고 신탁통치까지 결행하려고 서둘렀다. 특히 당시 미군정은 대한민국 임시정부의 존재까지도 인정하지 않았다.

그러나 1919년 9월에 출범한 대한민국 임시정부는 3・1운동 직후에 수립된 한성임시정부, 상해임시정부, 露領대한국민회 등 3개의 정부를 통합한 민주공화제 정부로서, 각계 각층의 민족적 총의를 모아 1945년 8월 광복시까지 26년간을 일관성 있게 독립외교, 항일무장투쟁을 전개한 한민족의 유일한 임시정부였다. 이러한 임정을 과소평가하고 인정치 않은 것은 美점령당국의 돌이킬 수 없는 역사적 과오이다.[21]

요컨대, 미・소 연합군은 한반도에서 일제식민통치를 종식시키고 처음에는 이 지역을 강대국의 공동신탁통치하에 두려고 했으나 그것이 여의치 않게 되자, 남북에서 각기 3년여간의 군사지배 끝에 1948년 8월 15일과 9월 9일에 각기 거의 동시에 적대하는 두개의 정권이 성립하는 것을 도왔다. 그리하여 두개의 체제는 상호 대립하면서 지금까지 분단을 지속시켜 오고 있다. 이렇듯 한민족의 분단은 흔히 비교되는 중국과 대만의 분열, 동・서독의 분단, 그리고 베트남의 분단과는 사뭇 다르다.

중국의 경우는 국민당정부가 1920년대, 1930년대, 1940년대에 걸쳐 중국공산당과의 오랜 내전 끝에 1949년 중국대륙을 빼앗기고 대만에 몰려간 것으로[22] 그것은 일종의 중국인의 자생적 내부분열이었으므로, 장래 그 분열의 종식도 중국인 자신의 의지와 결단에 맡겨질 문제이다.

이에 비하여 전후 동・서독의 분열은 양차 세계대전을 일으켜 세계의 패권을 잡으려 했던

---

21) 허재일・정차근, 「해방전후사의 바른 이해 」(평민사, 1992), pp. 13~30.
22) 강병규, 「現代外交政策論」 (중앙대학교 출판부, 1967), pp. 146~161.

독일의 재기를 철저하게 방지하려는 연합국 측(미·영·불·소)의 확고한 계획에 의하여 분단되었으므로 세계사적 의미를 가지며, 이는 독일인의 의지에 반하는 분단사례이다.

또한 1975년 4월 통일된 베트남의 경우는 중국과 독일의 경우와도 다르다. 1954년 제네바협정에 의한 북위 17도선 상의 베트남의 분단은 북부의 항불·반식민지적 토착공산세력과 남부의 親佛 토착세력간에 벌어진 1946년 이래의 9년간의 처절한 민족해방전쟁의 결과이다.[23] 이것이 1960년대 초부터 북부의 보다 강화된 월맹 공산정권과 미국의 지원으로 지탱되는 남부의 권위주의체제 내지 군사독재간의 대결로 변모되었다.

더욱이 남부 베트남은 반정부적인 베트콩(베트남 민족해방전선)에 의하여 도전 받게되어 이중적 내전을 15년간 끌다가, 결국 부패와 군사쿠데타의 악순환 그리고 만성적인 사회불안으로 체제가 흔들리다가 미군의 철수로 월맹에 의해 무력으로 공산화되고 말았다.[24] 월맹의 입장에서 볼 때 反帝反植民主義 투쟁과정에 있어 북위 17도선 상에서의 남북분단은 반쪽만의 실지회복이고, 1975년의 통일은 나머지 반쪽까지도 포함하는 완전한 실지회복이라고 규정할 수 있다.

이러한 다른 나라의 분단·분열사례에 비추어 볼 때 한민족의 분단은 중국의 분열과 같이 내부에서 제기된 것도 아니고, 독일의 경우처럼 독일인의 세계제패 야욕을 철저히 근절하기 위한 연합국 측의 의도된 타율에 의한 것도 아니며, 또한 1954년 토착민족 세력과 외세와의 갈등과정에 의해 분단된 베트남의 경우와도 다르다.

한반도의 분단은 한민족의 의지와는 전혀 무관한 강대국의 對日戰의 수행과 강대국간의 전후처리과정에서 빚어진 부산물이었다. 남북한의 분단상황은 미·소의 정책에 의하여 빚어졌지만, 계속되는 오늘의 분단상황은 일본과 중국의 영향도 받고 있다.

인접 미·소·중·일 등 소위 4강의 한반도정책(對남한정책 또는 對북한정책)은 각기 그들의 他 강대국에 대한 정책의 일환(종속변수)으로 취급되어 왔음을 미루어 볼 때,[25] 한반도에 대한 분단의 타율적 제재를 걷어치우고 민족분단을 자율적으로 종식시키기 위해서는 민족 내부의 화합과 민족역량을 제고시켜야 할 것이다. 이러한 민족역량의 제고는 무엇보다도 먼저 체제의 정통성에서 찾아야 하고 또 거기에 기초해야 할 것이다.

---

23) 구종서, 「민족과 세계」 (나남, 1989), pp. 305~307.

24) 민병천, "越南共産化의 要因에 대한 考察", 「통일정책」, 第6卷, 第2號 (평화통일연구소, 1980), pp. 23~24.

25) 여기에서는 4强의 對韓半島政策에 대한 논의는 생략하겠다. 이 관계는 다음 文獻에서 자세히 다루고 있다.
韓培浩, "美國의 亞細亞政策과 韓美關係", 「韓國·美國·日本」 (亞細亞政策硏究院, 1977),
; 安秉萬, "美·日安保協力關係의 發展과 韓國安保", 「통일정책」, 第4卷, 第1號 (平和統一硏究所, 1978).

제2절 남북한의 정통성 문제

남북한 양측의 정통성을 논의하기에 앞서 먼저 정치체제와 정치권력의 정통성에 대한 일반적 개념을 논의할 필요가 있다. 「스턴버저」에 의하면 어떠한 체제의 정통성(legitimacy)이란 일반적으로 정부의 권력행사의 기초로써, 정권의 차원에서는 정부가 지배권을 가지고 있다는 정부의 意識이며, 피지배 민중의 차원에서는 그러한 지배권력에 대한 민중의 同意를 의미한다.[26] 요컨대 정통성은 체제의 주체인 정권의 존립기반이며 존재이유이기도 하다. 정통성의 추구는 모든 인민공동체에 뿌리 박혀 있으므로 역사의 전면에 등장한 어떠한 정부도 그의 존립에 대해서 광범하고 확실한 인정을 받으려고 노력한다.[27]

일반적으로 국가나 정치체제의 정통성은 선거와 같은 전통적 방법에 의하여 획득되기도 하지만, 혁명에 의하여 새롭게 정통성이 확립되는 경우가 있으므로 이러한 경우는 기존 정통성과는 다른 유형의 정통성이라고 말할 수 있다.[28] 따라서 정통성은 한번 인정받으면 도전 받지 않고 영속될 수 있는 성질의 것이 아니라 계속적으로 保守되거나, 아니면 새롭게 확립될 수 있는 것이다.

현대국가에 있어서는 정통성의 의미를 베버(Max Weber)가 제시한 바 있는 합리성이나 합법성과 같은 것으로 파악하기도 하고 슈미트(Carl Schmitt)가 지적한 바와 같이 '민주적 리더십에 대한 世論의 정당화'로 이해할 수 있다. 그러나 엄밀하게 생각하면 정통성을 여기에 국한시킬 개념은 아닌 것이다. 페레로(Guglielmo Ferrero)가 지적한 바와 같이 민주적 정통성(democratic legitimacy)이란 다수와 소수, 또는 정부와 이에 반대하는 세력이라는 두 개의

---

26) Dolf Sternberger, "Legitimacy", *International Encyclopaedia of the Social Sciences* (The Macmillan Company & The Free Press, 1979), Vol. 9, p. 244.

27) 역사적으로 국가의 정통성의 의미를 詳考해볼 때, 여러 가지로 정의되어왔다. 플라톤은 정치적 권위와 권력의 정통성을 正義(最適의 善, 道德)에, 아리스토텔레스는 共同善에, 기독교의 教父 아우구스티누스(Augustinus, AD. 354~430)는 정치적 정통성을 그리스도教의 실천에 두었으며, 中世紀末의 마르실리우스(Marsilius of Padua, AD. 1275~1342)는 아우구스티누스의 정통성 논의에 반대하고, 국민의 동의에 의한 합법적 지배를 지배자(군주)의 정통성으로 파악하였다. 이후 근세의 록크(John Locke, AD. 1632~1704)와 같은 사회계약론자들은 정치권력과 체제의 정통성은 개인들간의 사회계약이나 협약에 두었으며, 한편으로는 이러한 협약을 위반하는 지배자에 대한 저항권·혁명권도 인정하였다. 제퍼슨(Thomas Jefferson, AD. 1743~1809)은 정통성을 자유와 평등, 인간의 기본권 보장에 두었으며 현대의 서구민주주의자들은 정치적 정통성을 국민의 동의(同意)나 의회민주주의 절차와 그 합법성에 두고 있다.
신인항, "大韓民國臨時政府의 政治的 正統性에 관한 硏究", 경북대 대학원 정치학박사 학위논문, 1992. 12. pp. 7~14 참조.

28) Dolf Sternberger, *ibid.*, p. 244.

기둥에 놓여진다는 것이다. 이러한 주장은 루소類의 일반의사(volente generale)라는 假定의 매력을 깨뜨리고 민주주의의 본질을 다수의 지배로만 생각하는 약점을 덮어 준다.29) 이러한 관점에서 비추어 볼 때 정통성은 화석화(化石化)되고 경직된 일방적인 신념이나 주장이 아니고, 반대편을 의식하고 반대의견에 설득력 있게 대비하는 유연하고 상대적인 개념이며, 변증법적 과정을 통하여 새로이 정립될 수 있는 것이기도 하다.

이상에서 간략하게 논의한 정통성에 대한 개념을 통해서 대한민국정부와 북한(소위 조선인민공화국)정부의 정통성을 대비해서 생각해 보고자 한다. 1940년대 말 미・소 공동위원회의 주도하에 한국인들의 협의에 의하여 정부수립이 불가능하자, 미국은 한국문제를 유엔에 넘겼다. 이렇게 해서 UN총회는 그 결의 제195호(Ⅲ)에 따라30) UN임시한국위원회의 감시 하에 한반도 전역에 자유총선거를 실시할 예정이었다. 그러나 북한지역에서 공산주의자들이 선거를 거부함으로써 선거가 가능한 남한지역에서만 1948년 5월 10일 선거가 실시되어 동년 8월 15일 대한민국 정부가 수립되었다. 이후 대한민국 정부는 UN총회의 결의에 의하여 자유선거를 통해 이룩한 한반도에서의 유일한 합법정부임을 자임하면서 이를 정권의 정통성으로 내세웠다. 이러한 '유일 합법정부'의 논리는 1964년 한・일 기본조약 제3조에서도 확인된 바 있다.31)

한편 북한 공산주의자들은 1948년 8월 15일 대한민국정부가 출범하자 1946년 사실상의 정부기관으로 수립한 북조선 임시인민위원회를 1948년 9월 9일 명칭만 바꾸어 대외적으로 정부수립을 선언하고, 북한을 민주기지로 삼아 남한을 해방시킨다는 소위 '프롤레타리아트 혁명'을 그들의 정통성으로 내세웠다. 그러나 그들의 정권기반이 민주적인 자유선거에 있지 않고 반대세력을 전혀 허용하지 않고, 다원주의적 의회민주주의를 부인하는 일당독재이므로 본질적으로 정통성을 결여한 것이다.

이와는 대조적으로 남한의 경우는 북한의 경우와는 달리 자유선거를 통해서 그 정부가 수립되었으므로 정권의 정통성은 북한에 비해서 우위에 있지만 중도세력이 제헌국회를 구성하는 1948년의 5・10총선거를 거부했고, 38도선 이북지역에 그 관할권이 미치지 못했으므로 그 정통성에 다소 흠이 있었다. 그러나 북한에 의해 1950년 6・25남침을 계기로 세계적・보편적 국제기구인 유엔이 북한을 침략자로 규정하고 유엔군을 파병하여 대한민국을 지원함으로

29) Dolf Sternberger, *ibid.*, p. 247.
30) 배재식, "大韓民國의 唯一合法性에 관한 法的 究明", 「民族史的 正統性硏究」 (국토통일원, 1986), pp. 321~328.
31) 박동희, "大韓民國의 正統性에 관한 法的 硏究", 「民族史的 正統性硏究」 (국토통일원, 1986), p. 317.

써 대한민국의 정통성은 더욱 국제적으로 확고해졌다.

이와 같이 유엔의 권능에 힘입어 대한민국의 정통성은 강화되었다. 그러나 1970년대 초 미·중 관계가 개선되고, 1960년대 70년대 후반부터 유엔에서 북한의 제3세계국가에 대한 발언권이 강화되고 이들이 북한측에 편향하는 투표행위를 하게 됨으로써 유엔의 판도가 한 때 북한에 유리하게 돌아가자, 대한민국정부는 그 정통성을 유엔의 결의와 권위에 더 이상 의존할 수 없게 되었다.32)

그리하여 1960년대 말, 1970년대 초부터 대한민국은 그 체제의 정통성의 근거를 근대화와 경제발전을 통한 체제능력(political system's capability)의 향상에 돌리게 되었다. 그 결과로 나타난 것이 남에 의한 북과의 과감한 체제경쟁의 추구였다. 그 구체적인 예가 1970년 8·15의 체제경쟁 제의, 남북대화의 시작(1972. 7. 4), 그리고 1973년 박대통령의 소위 '6·23선언'이다. 특히 6·23선언에서는 평화통일원칙, 상호내정불간섭 및 불가침, 국제기구에의 동시가입, 남북간의 상호문호개방, 남북한의 자유총선거를 제의하여 종래 우리가 국제기구나 국제적 승인에 우리의 정통성을 의존했던 것에서 탈피해서 남북한간의 문제를 자율적인 민족내부문제로 과감하게 전환해 가려 했다. 이러한 남의 통일정책은 참으로 획기적인 정책변화였다. 그러나 그러한 남한의 통일정책을 주관하는 정권이 권위주의적 유신체제였으므로 그 권력기반의 비민주성으로 인하여 국민간이나 북한에 대하여 설득력이 약했다. 그러나 1986년 6·10민주화운동의 결과 민주적 선거에 의한 민주화정부가 들어서면서 남한체제의 정통성은 보다 확고해졌다.

한편 북한은 1948년 2월 그들이 날조했던 남북 諸 정당·사회단체지도자 연석회의를 개최한 이래 지금까지 계속해서 정당·사회대표로 구성된 '대민족회의'의 개최를 제의해 왔으며, 1960년부터는 '남북연방제'(가칭 고려연방제)를 주장해 오고 있다. 특히 북한은 1978년 유엔군의 깃발이 내려진 이후 휴전협정에 대신하여 남한이 제시하는 남북한불가침조약을 거부하고 미국에 대하여 평화협정 체결을 제의하고 있다.33) 이러한 북한의 일련의 주장은 남한의 체제와 정권의 정통성을 인정치 않겠다는 의도일 뿐 아니라, 1945년 해방 이후의 남한을 일제를 계승한 '미제의 강점지역'으로 보는 기본적인 인식이 그 저변에 깔려 있다.34)

또한 북한이 주장하는 연방제의 기본골격은 잠정조치로 남북한의 지역자치를 허용하는 통일기구로써 연방정부를 먼저 구성하자는 것으로서, 이는 남북간의 이질화가 심화된 현재의 적

32) 이한기, "韓國統一問題와 UN의 機能", 「大韓國際法學會論叢」, 通卷 第39·40 合號 (1976), pp. 204~206.
33) 양호민, "南北聯邦論", 「分斷國家 統合理論硏究」 (국토통일원, 1986), pp. 339~357.
34) 양호민 외 4인, 「分斷과 統一 그리고 民族主義」 (박영사, 1984), p. 167.

대상황 속에서는 지나치게 급진적이고 비현실적인 주장이다.

1982년 1월 22일 남한이 북한에 제의한 '민족화합 민주통일방안'에서는 통일을 이룩할 때까지의 실천조치로써 '남북기본관계에 관한 잠정협정'에 의하여 남북 쌍방의 현존정치질서와 사회체제의 인정 및 내부문제 불간섭, 그리고 현존 휴전체제 유지, 상호교류와 협력, 쌍방의 현존조약존중을 제의하고 있다. 이는 1974년 8월 15일 남한이 제의한 불가침조약체결 제의와 함께 남북간의 정통성 경합을 유보하고 남북간의 평화공존을 주장한 내용으로 바람직한 것이기는 하나, 이를 제안한 '제5공'의 당국자들이 '화합'이나 '민주'를 말할 자격이 없는 비민주적 정권이었기 때문에 그러한 제안이 실효적일 수 없었다.

이제 남북한간의 정통성문제는 현실적으로 평화적 공존을 지향하면서 체제경쟁을 벌이는 방향으로 나아가지 않을 수 없게 되어 가고 있다. 또한 체제경쟁에서의 우열은 어느 체제가 보다 민주적인가, 의회민주주의체제 지향적인가, 복지국가 지향적인가, 체제성원들의 삶의 질을 높여 주느냐 하는 문제에서 판가름날 것이다.

제3절 통일을 위한 체제 정통성 提高 방향

우리 체제는 정부수립 이후 북한에 비하여 적어도 체제의 대내적·대외적인 정통성에 있어서 상대적 우위를 점하여 왔는데, 민족통일을 위한 기반으로서 체제정통성 제고방안을 살펴보면 다음과 같다.

첫째, 이데올로기 면에서 남한(대한민국)이 북한의 경직된 전체주의적 공산주의체제 이데올로기를 변증법적으로 극복하고, 우리의 자유민주주의적 이데올로기와 그 이상을 실현할 수 있도록 이데올로기적 유연성을 견지하여야 한다. 해방 이후 50년간 보수해 온 자유주의체제 내에서 반대의 소리, 고도산업 사회의 길목에서 하층대중이나 진보세력의 요구를 체제 내에 수렴할 수 있는 체제이념적 유연성과 탄력성이 요청된다.

우리의 자유민주주의의 정치이데올로기인 개인의 기본권존중, 언론·집회·결사의 자유, 대의제, 경쟁적 다당제 등은 어떠한 상황 속에서도 결코 양보할 수 없지만, 자본주의의 경제구조와 그 운영방식은 당면한 문제점을 수렴해서 적절하게 개혁·수정해야 할 것이다.

대기업의 만성적인 재무구조상의 취약성과 부실운영, 중소기업의 위축, 근로자의 노동조건의 열악 및 산업민주주의의 실현문제, 산업구조의 이중성, 지나친 대외경제에 대한 의존과 차관상환부담 등으로 자본주의경제체제의 취약점이 드러나고 있다. 이러한 모순의 근본적 개혁은 보수체제 내에서 민주사회주의적 경제방식의 부분적인 수렴을 통해서 가능할 것이다. 이는 영국의 노동당이나 독일의 사민당노선과 유사한 것일 것이다. 이들의 경우는 자본주의체제의 모순을 개선시키는 데 중요한 역할을 할뿐만 아니라 그들 국가 내의 공산당을 견제하고 압도하는 데도 결정적인 역할을 하고 있다. 이러한 이데올로기의 수렴은 장래 남북간에 평화적 정치투쟁을 전개하게 될 때, 우리 체제의 자본주의의 강점을 드러내 보이고, 북한 공산주의의 계급독재와 그 관급계획경제의 명분이 설 수 없도록 하게 할 것이다. 이렇게 되면 결국 남북간의 대화와 교류가 지속됨에 따라 우리의 이데올로기가 북한주민에게까지 침투·확산하게 될 것이다. 이렇게 될 때 이데올로기 면에서 통일을 위한 '민주적 정통성'이 제고될 수 있다.

둘째, 통일외교는 脫이데올로기적 민족자주성에 기초해야 한다. 어떠한 체제와 이데올로기를 지향하는 국가와도 국교관계를 개선하여 냉전적 제약에서 벗어나야겠다는 의지가 정부의 대외정책 수립 및 추진 과정에서 심화되어야 할 것이다. 우리는 이미 중국과 러시아와의 수교를 통해서 이를 기본적으로 성취했다.

셋째, 우리 체제가 통일을 주도하고 북한공산체제와의 관계에 있어서 비교우위를 견지할 수 있도록 민주화와 정치발전을 기필코 달성해야 한다. 흔히 남북간에 경제역량의 격차가 결국 남북대결을 판가름해 줄 것이라는 주장도 있으나, 그것이 남북관계에 있어서 중요변수의 하나인 것은 인정하지만, 본질적으로 우리 체제가 민주적 이념과 보다 충실한 민주체제운영에 접근할 때 통일을 주도할 수 있을 것이다. 현재 우리 체제의 구성원은 우리 체제가 북한공산체제와 비교해서 훨씬 자유스럽고 민주적이라는 것은 확신하지만, 선진민주주의체제의 시각에서 볼 때는 거기에 미치지 못하는 요소도 있음을 인정하지 않을 수 없다. 우리 체제의 민주화 및 민주성의 공고화는 對북한과의 관계에 있어서도 우리가 우선된 고지에 설 수 있을 뿐만 아니라, 우방과의 관계에 있어서도 우방의 일방통행적 요구를 견제하고 상호 수평적 관계에서 국익을 교량 할 수 있게 할 것이다.

넷째, 우리 체제의 통일에 대한 민족적 자각과 자율을 제고시키고, 민족주의를 프롤레타리아트 계급의식에 종속시키려는 북한체제를 극복하기 위해서는 특히 젊은 세대에 대한 보다 적극적이고 체계화된 민족주의를 지향하는 통일교육이 요청된다. 중·고교과정은 물론 대학에서의 교양교육과정에서의 통일교육내용을 전부 검토해 본 결과, 그 가운데 남북분단의 경위, 주변강대국의 對한 정책, 평화통일의 당위성을 논의하는 과정에서 '국제주의적 논리해설'에 많은 질적·양적인 비중을 두면서도 민족주의의 이념과 논리에 대해서는 별로 강조하고 있지 않다.[35] 이러한 강대국 편향적인 소위 국제주의적인 논리는 민족주의를 흐리게 하여 통일의지를 위축시킬 우려가 있다.

사실 민족주의와 국제주의는 서로 보완적인 관계이면서 '야누스의 얼굴'과 같이 상치되는 양면이 있음을 부인할 수 없다.[36] 통일의 의지를 제고시키는 데는 강한 민족주의(민족의식)의 정립이 우리에게 필요하지만, 통일로 가는 과정에서 한반도의 지정학적 특수성과 남북이 각기 주변 강대국의 역학관계를 고려하지 않을 수 없기 때문에 국제주의 또한 현실적으로 무시할 수 없다. 그러나 통일을 위해서는 우리에게 민족주의는 본질가치이며, 목표가치이고, 국제주의는 수단가치이다.[37] 그러므로 우리의 민족주의는 본질가치와 수단가치를 잘 연결시키는 개방적 민족주의(open nationalism)를 지향하여 인접국가들과 조화와 협력을 이루어 나가야 할 것이다.

---

35) 국민윤리학회 편, 「國民倫理」 (형성출판사, 1983), 제2부 제5장 참조.

36) 정용석, "統一安保外交와 民族主義", 「통일문제논문집」, 제1집 (원광대학교 통일문제연구소, 1982), pp. 5~6.

37) 김용욱, "大學에서의 통일교육의 內實化方向", 대학이데올로기 批判教育教授協議會, 전남・북지역학술회의 주제논문 책자 (1984), p. 10.

제3장 동북아 4大國 정책변화와 남북한 관계의 역동성

제1절 미·일·중·소(러)의 對 한반도정책
제2절 남북한 관계의 새 국면 : 1990년 남북총리회담의 쟁점
제3절 통일을 위한 새로운 思考
제4절 남북한 경제교류협력의 실태

1980년대 후반부터 한국은 소련을 비롯한 동유럽과 중화인민공화국 등의 공산권을 상대로 정치·경제적 관계개선과 협력체계를 구축하려는 소위 "북방정책"을 열심히 추구해 왔다. 특히 중·소와 공식적인 외교관계를 열고 이들로 하여금 밀접한 관계에 있는 북한에 압력을 넣어 북한을 개방케 하고, 나아가서는 50년간 지속되어 온 남북간의 적대관계를 청산하려는 노력을 기울여왔다. 이러한 한국의 노력이 점차 눈에 보이게 실효를 거두고 있는 것은 동서 화해라는 세계질서의 지배적 추세와 특히 중·소의 한반도에 대한 그들의 기본적 인식과 이해관계가 달라지고 있기 때문이다. 이들 중·소는 한반도를 군사적 대결장이나 그들의 전략적 방패나 이데올로기의 선전장으로 생각해 왔던 기존의 인식을 바꾸고 한반도를 국가의 실리를 나누는 파트너가 있는 지역으로 인식하고 있다.

이에 북한도 그들의 기존 동맹국인 중·소의 향배를 의식하고 국제적 고립과 패쇄사회의 정체성으로부터 탈피하기 위하여 개방 쪽으로 기울어지고 있다. 다만 현 시점에서 북한은 김일성 사망 후 김정일 세습체제의 유지에 결정적인 손상이 가지 않는 방향으로 개방을 늦추고 북한주민에게 호전적인 체제에서 개방·화해체제로 가지 않을 수 없다는 명분과 실리를 찾기에 골몰하고 있다. 이러한 북한의 정책변화는 먼저 지난 1990년 9월 5일 남북한 총리회담으로 나타났다. 그후 1994년에 미·북간의 핵 갈등과 그 타결 등으로 이어졌다.

주지하다시피 한국이 타파하여야 할 남북분단을 포함한 동북아 기존 국제질서는 전후에 연합국의 일원으로 일본을 상대로 함께 싸운 당시의 연합국이었던 미·소가 만든 작품이다. 미국은 종전 수개월 전 얄타회담(1945. 2)에서 소련에게 한반도에 대한 미·영·중·소 4개국의 신탁통치를 제의하고, 그 뒤 소련의 對일 참전의 대가로 한반도를 분할 할 것을 소련에 제의하여 수락을 받아낸 것이 오늘의 남북분단이다. 그 후 중국공산당은 1949년 중국대륙을 석권하고 소련과 함께 한국전쟁(1950~1953)에 개입하여 북한과 함께 강력한 사회주의의 국제체제를 형성하였다. 이러한 '북방 3각 체제'에 대항하여 미국은 피점령국인 일본과 강화조약을 체결한 후 미·일 안보체제를 구축하고 남한과 더불어 '남방 3각 관계'를 지속시켜 왔다.

※ 이 글은 저자가 미국 버클리대학 교환교수로 재직시 美州 한국일보(The Korea Times San Francisco)의 요청에 의하여 특별 기고한 "남북 분단의 주변상황과 통일지향적 체제향방"(1989. 6. 14) 및 "한·미관계 - 상호인식의 격차와 문제점"(1990. 1. 1. 신년특집) 이라는 글에, 1990년 9월 21일 전주에서 韓國自由總聯盟 주최 自由守護 학술세미나에서 「동북아질서와 남북한 관계의 새 전개"라는 주제발표 내용을 합치고 여기에 이후의 남북한 경제교류 실태를 추가한 것임.

동북아의 이러한 북방 3각 관계와 남방 3각 관계의 대치·대결상황은 1950년대, 1960년대, 1970년대 후반까지 지속되다가 1980년대에 들어서서 이완되기 시작하여 1980년대 후반부터는 인접 미·일·중·소 4大國이 각기 개별적으로 또는 교차적으로 남북과의 관계개선을 모색해 왔다. 이러한 상황이 남북한의 대외적인 행동반경과 주체적 외교를 증폭시키고 있다. 군사적 대치가 동북아 질서의 기본적 틀로써 아직은 잔존하고 있기는 하나, 적어도 現 상황의 4大國간의 정책목표 내지 그 정책성향은 이데올로기보다는 경제적 이해관계가 그 본질을 이루고 있다.

남한의 중·소에 대한 접근인 소위 북방정책을 미국이 현실적으로 인정한 상징적인 사례는 1990년 6월 워싱턴에서 미·소 정상회담을 마치고 귀로에 오른 고르바초프가 한·소 정상회담을 샌프란시스코에서 개최하도록 미국의 朝野가 분위기를 조성한 사실이라든지, 한국이 정부적·정당적 수준에서 이룩한 對蘇外交의 성과를 연내에 마무리 짓도록, 한·소 외무장관 회담을 1990년 10월 뉴욕에서 개최하는 것을 측면에서 지원한데서 찾을 수 있다.

한편 한·소의 접근은 미국이 자유스럽게 對북한 관계개선을 모색할 수 있는 명분을 주었다. 이러한 흐름을 재빨리 포착하고 일본정부도 야당인 사회당을 통해서 對북한 관계개선에 노력하고 있다. 이후부터는 정부차원에서도 북한과 평양주재 연락사무소 개설을 협의하고 있다. 중국도 한국과의 경제교류를 가속시키면서도 북한과의 기존관계를 의식하여 한·중 수교를 늦추기는 하였으나 결국 외교관계를 수립하였다.

이러한 동북아질서의 변화논리를 이해하기 위하여 한반도 주변 4대국의 對한반도정책과, 남북한간의 기왕의 관계와 분단종식을 위한 노력을 살펴보고, 결론적으로 남북한관계의 개선을 위한 몇 가지 제언을 하고자 한다.

제1절 미·일·중·소(러)의 對 한반도정책

1. 미국의 한반도정책 포인트의 변화

미국의 전후 對 한반도 정책은 미국의 세계전략 내지 안보와 관련된 국가이익적 인식에 기반을 둔 것으로, 1940년대, 50년대, 60년대까지는 전략적·군사적 고려가 경제적 이해에 우선하였다. 한반도에 대한 미국의 국가이익 차원에서의 최초의 검토는 對日종전처리 과정에서 부수적으로 제기되었다. 그 이전까지 미국의 한반도정책은 무관심의 차원을 넘어서서 1905년 가스라·태프트협정 이래 일본의 세력권 내지 식민지로 인정해 줄 정도였다. 일본과의 전쟁중에 미국이 그의 동맹국들과 가진 일련의 회담에서, 특히 1943년 3월 루즈벨트와 이든 英외상간의 워싱턴회담, 1943년 11월 카이로회담, 1943년 11월 테헤란회담, 1945년 2월 얄타회담, 1945년 7월 포츠담회담 등에서 밝힌 정책방향을 살펴 볼 때 미국은 한국인의 자주역량을 별로 평가해 주지 않았으며, 기껏해야 한반도가 미·중·소의 이해가 相交하는 완충지대라는 지정학적 위치만을 고려하여 강대국의 공동후견(joint tutelage) 내지 신탁통치하에 두려고 하였다.[1]

이러한 미국의 한반도에 대한 기존의 구상에 큰 변화를 가져온 것은 전후 냉전상황이 유럽에서 시작되고, 특히 중국대륙이 공산당에 의해 장악되자 일본열도의 중요성을 점차 인지하면서부터였다. 1950년 한국전쟁 발발 수개월 전에 있은 美 애치슨 국무장관은 내셔널 프레스클럽의 정책성명에서 미국의 태평양지역방위선에서 한국을 제외할 정도로 한반도의 전략적 가치는 낮게 평가하였다.[2] 그러나 한국전쟁이 발발하자 뒤늦게 미국은 한반도를 일본의 안전을 위한 외곽의 보조전선 정도로 평가했다. 1953년 7월 미국이 舊 38도선과 크게 틀리지 않는 現 휴전선에서 휴전을 성립시킨 것도 미국이 한반도를 대륙진출의 전진기지로서 보다는 남북한의 현상유지 속에서 일본방위가 그들의 1차적 목표였기 때문이다.

한반도 현상유지정책과 한국방위를 일본방위를 위한 것으로 수단시한 미국의 정책은 1965년 한·일 기본조약이 체결되도록 일본의 배후에서 압력으로 작용하였다. 나아가서는 성사를 위해 일본에 압력을 가한 것은 한국방위의 책임을 일본에 분담시키려는 의도였다.[3] 미국의 이러한 일련의 정책과 연관해서 1969년에 미국은 월남에서의 美지상군개입의 한계를 절감하고 미국의 동아시아 전략에 있어 일대전환을 모색하였다. 이것이 소위 '닉슨 독트린'(Nixon Doctrine) 이다.

닉슨 독트린의 주요내용은 첫째 한국·일본·태국·필리핀·오키나와 등지에서 미군이 부분적 철수를 단행하고, 둘째 이러한 미군철수의 보완책으로 아시아의 동맹국들의 자조능력을 강화시키고 제한전쟁·국지전쟁에서의 미국의 방위역할을 일본에 분담시키며, 셋째 미국이 아시아지역의 분쟁지역에 美지상군의 직접개입은 회피하면서 계속적으로 군사적·경제적으로 지원을 할 것과 미국의 핵우산에 의한 보호를 선언한 군사전략 방침이다.[4] 좀더 부연한다면

---

1) 한배호, "미국의 아시아 정책과 한미관계", 「한국·미국·일본」 (아세아정책연구원, 1977), p. 48.
2) Lawrence S. Kaplan, *Recent American Foreign Policy* (Homewood, Ⅲ. : Dorsey Press, 1968), pp. 119~123.
3) 김용욱, 「국제환경과 한국정치」 (법문사, 1986), p. 409.
4) 한배호, 전게논문, p. 38.

이 닉슨 독트린은 미국이 군사비를 절감하고 미국인의 생명의 위험부담을 줄이면서 동아시아 지역에서 미국의 패권을 계속 유지하는 한편, 아시아지역에서 미국에 대신하는 일본의 역할을 강조한 것이다. 특히 여기에는 일본의 자위대를 증강시켜 일본을 미국의 동북아시아전략에 참여시키려는 의도가 함축되어 있다. 또한 닉슨 독트린은 아시아지역에서 미군개입의 자제 및 유연성을 견지하고 오키나와의 일본반환을 통해서 對 중국과 화해하기 위한 포석이기도 하다.

닉슨에 이어 1976년 새로 취임한 카터 미대통령은 그 자신이 추구하는 인권외교와 국가예산의 절감정책 때문에 점진적으로 해외개입을 축소시키는 정책을 추구하였다.[5] 특히 그는 대통령선거에서 한국에서의 미군철수를 분명히 선거공약으로 내세웠지만 대통령에 당선된 뒤에는 철군여론이 비등했어도 집권후기에 駐韓지상군의 일부만을 철수시키고 駐韓 美공군과 핵무기만은 한국에 계속 잔류시켰다. 이는 미군의 잔류가 곧 미국의 동북아시아 지역에서의 군사전략상 긴요하다고 뒤늦게 판단했기 때문이다. 만일 미국이 남한에서의 군사적 역할을 포기한다면 그것은 곧 일본의 재무장(핵 군비를 포함한)을 촉진시킬 것이며, 이는 결국 일본에 대한 미국의 영향력 상실까지도 결과할 것이라고 보았기 때문이다. 또한 일본의 재무장은 중국을 자극할 것이다.

1980년대 이후 레이건과 부시 행정부의 한반도정책은 이상에서 논의한 군사 전략적인 차원은 물론 남한에 뿌리를 내린 미국의 경제적 기득권의 유지·확장에 집착하고 있다. 이제 수입개방, 군사무기 판매, 방위비 분담 등의 문제가 한·미 관계에 있어 주요한 정책현안이 되고 있다. 남북한의 총리회담에서 상호 군축문제와 한·미 팀스피리트 중지문제가 논의되고 있을 때에도 미국은 페르시아灣 파병(걸프전쟁)에 따른 군사비 지원을 한국 정부에 요구한 바 있다. 이러한 예가 미국의 對韓정책의 현 위치를 상징해 주는 것이다.

2. 일본의 한반도정책과 군사대국화

일본의 對한반도정책은 미·일 안보체제의 제약 하에 있으며 그 정책지향은 1960년대 말 1970년대의 미·일간의 일련의 수뇌회담에서 확인되어 왔다. 1969년 11월 닉슨·사또(佐藤)회담에서는 남한의 안전이 일본의 안전에 긴요하다는 것을 밝혔고, 1975년 8월 포드·미끼(三木)회담에서는 남한의 안전이 한반도의 평화유지에 긴요하며, 한반도의 평화유지는 일본을 포함한 동아시아의 평화에 긴요하다고 밝혔다. 또한 1977년 3월 카터·후꾸다(福田)회담에서는 한반도의 평화유지가 일본과 동아시아 전체의 안전을 위하여 계속 중요함을 합의한

5) 정용석, "카터 행정부의 대외정책과 미국내 영향", 「통일정책」, 제3권, 제3호 (평화통일연구소, 1977), p. 113.

바 있다. 이러한 일련의 내용을 검토할 때 일본은 그 정책대상을 남한과 일본에서 한반도와 일본, 나아가서는 동아시아와 일본으로 점차 확대시키고 있다. 이는 일본의 對韓정책이 미·일 관계를 골간으로 하여 對중·對소·對북 정책과 상호관련 속에서 모색되고 정립될 수 있는 것임을 시사한 것이다.

일본의 대한정책의 핵심은 첫째 한반도에 있어서 전쟁재발의 방지, 둘째 중·소의 반발을 초래할 對韓정책의 지양(예컨대, 군사적 협력체제와 같은 내용), 셋째 남한에 있어서의 일본에 대한 非敵性정부의 계속 유지 등으로 요약된다.[6] 한 마디로 말해서 일본은 지금까지 한반도의 현상유지를 바래 왔다. 따라서 일본은 남한과의 경제협력을 지속시키면서 일방으로는 부단히 북한에 접근하였으며, 이른바 일본의 외교상표인 '남북한 등거리 실리외교'가 그것이다.

일본은 1970년대에 들어서서 중·소의 세력신장과 특히 주한미군의 철수에 따른 美극동군사전략의 변화에 대응해서 세계 제3위의 경제대국에 걸맞은 자위력을 증강시켜 왔다. 1977년 이후 일본의 방위계획의 기본방향은 미국의 핵 보호 하에 계속 잔류하면서 기본방위력을 갖춘 채 계속 경제대국으로 성장을 도모한다는 것이다. 그러나 1989년 현 수준의 일본의 방위비는 450억 달러로 일본 GNP의 1.5%, 서방 2위, 세계 3위로 부상했다. 이제 일본의 군사능력은 이미 방위지향형을 넘어선 공격지향형의 수준이 되었다.[7] 이렇게 되지 않을 수 없었던 요인으로는, 부존자원이 없는 일본이 세계도처에서 자원수입의 계속적인 확보를 위해 해운항로에 있어 일본 수송선단에 대한 군사적 보호가 필요하다는 것, 전후에 소련령으로 편입된 북방 4도인 에토로후·쿠리시리·시코탄·하보바이를 반환 받기 위한 對소 견제력 강화의 필요성, 국제사회의 외교는 군사력에 의해서 뒷받침된다는 일반적 인식, 그리고 날로 심해지는 미·일간의 경쟁적 관계 등을 거론될 수 있다.

1970년대 후반부터 일본은 군사대국으로 등장하는 데 장애요인으로 많이 거론되었던 일본헌법 제9조에 규정된 "전쟁의 방기"(放棄) 내용을 개정하는 문제,[8] 自民黨정권의 비핵정책, 핵 확산 방지조약에의 가맹, 기존 핵 강대국(특히 미국)의 핵무기 억제 등의 문제[9]는 일본의

---

6) Nathan White, "Japan Security in Korea", *Asian Survey*, Vol. XIV (April 1976), p. 300.

7) 정구종, "GNP 1.5%, 세계 3위의 일본군사비", 「일본평론」, 제1집 (1990. 5), pp. 102~111.

8) 소위 전후 평화헌법으로 일컬어지는 日本國憲法(1946년 11월 3일 공포)의 제9조는「일본국민은 正義와 秩序를 기조로 하는 國際平和를 성실히 희구하고 國權의 發動인 전쟁과 武力에 의한 威嚇 또는 무력의 행사는 국제분쟁을 해결하는 수단으로서는 영구히 이를 放棄한다.」「前項의 목적을 達하기 위해서는 陸海空軍과 그 외의 전력을 保持하지 않는다.
한배호, 「日本近代化硏究」(고려대학교 출판부), 1975 〈附錄2〉, p. 286.

9) 안병만, "미·일 안보협력관계의 발전과 한국안보", 「통일정책」, 제4권, 제1호 (평화통일연구소, 1978), pp. 196~198.

군비증강의 현실 앞에서 점차 힘을 잃어가고 있다. 현재 일본의 막강한 방위력의 확보와 그 증강추세로 보아 만일 주한미군이 한반도에서 철수하는 상황이 벌어진다면 일본이 남한에서 미국의 代役을 해야 한다는 논리적 개연성보다는, 오히려 일본은 장래 한반도에서 남북한간의 중립적 조정역할을 자임하고 나올 가능성도 있다. 현재 일본은 1970년대부터 모색해 온 남북한 등거리외교를 현실화하고 있다. 일본은 북한의 對日청구권 요구도 현실적으로 검토하고 있으며, 북한주재 연락사무소 개설을 북한과 합의한다면 가까운 시일 내에 이것을 공식적인 수교단계로 끌어올릴 전망도 보인다.

특히 주목되는 것은 세계의 주요국가들이 전부 국방비 절감의 추세에 있는 데 비하여, 유독 일본만은 군비증강 일로에 있어 이것을 중·소는 물론 미국까지도 우려하고 있는 실정이다. 실제로 일본의 보수우익의 소위 新민족주의자들은 은연중에 패권의식을 갖고 동맹국인 미국에 도전하고 있다.10)

예컨대, 이시하라 신타로(石原愼太郎)와 모리타 아키오(盛田昭夫)는 "NO 라고 말할 수 있는 일본"에서 일본이 對日 무역적자를 만회하기 위한 미국의 압력에 강경하게 대응할 것을 주장하였다. 특히 '이시하라'는 일본이 보유한 첨단기술(hi-tech)을 군사기술화하여 소련에게도 제공할 수 있다는 일본의 입장을 보여 주어야 하며, 일본기업의 對美 투자나 기업매수에 대한 미국내의 비난은 일종의 인종적 편견임을 강조하였다. 또한 '모리타 아키오'는 미국의 對日 무역적자의 근본적 원인으로 미국내의 산업에 있어 제조산업(2차 산업)의 쇠퇴, 기업경영의 단기적 이익의 중시, 주력산업이 군수산업임을 예리하게 지적한 바 있다.

요컨대, 일본의 점증하는 군사력과 패권의식으로 미루어 생각할 때 아시아지역에서의 종래 미국이 했던 역할을 일본이 대신하겠다는 정책은 필연적이며, 여기에 지리적으로 일본과 인접해 있는 한반도 문제에도 예외는 아닐 것이다. 일본은 남북한의 대결·대치상황을 그들의 국가이익을 위해 최대한 이용하려 할 것이며, 장래 남북한이 통일되어 강력한 민족국가로 등장하는 것이 두려워서 견제하려 할 것이다.

3. 중국의 한반도정책과 '실용주의'

중국은 전통적으로 한반도를 그들의 세력범위로 생각해 왔고, 예나 지금이나 중국지도층은 한반도를 중국안보의 제1선으로 간주하고 순망치한(脣亡齒寒)의 관계로 비유했다. 한반도의 지정학적 위치는 방어적 입장에서는 만주의 산업지대와 화북의 정치적 심장부를 보호하는 전

10) 김호섭, "일본의 신민족주의", 「일본평론」, 제1집 (1990), pp. 204~252.

초적 방패이며, 공격적 입장에서는 일본열도 및 태평양 진출을 위한 전초기지라고 말할 수 있다. 이러한 인식의 저변에는 '중국형 먼로주의'(Chinese Monroeism)가 작용하고 있다. 전후 중국은 대륙석권과 정권수립 1년만에 한국전쟁에 개입하였으며, 1953년 휴전협정체결 시에는 북한과 함께 협정체결의 일방의 당사국이 되었다. 또 1954년 한국문제에 관한 제네바 정치회담에서 중국은 북한·소련과 함께 공산 측의 일원으로 참여하여 1950년대, 1960년대를 특징 지운 미국의 對중국봉쇄전략에 강력히 맞섰다.

중국은 1961년 5월 남한에 강력한 反共군사정부가 들어서자 이에 대응하여 북한과 상호원조조약을 체결하였다. 특히 북한 쪽에서도 1964년 한국의 월남파병, 1965년 한일기본조약체결, 1966년 아시아·태평양 각료회의의 결성 등의 일련의 사건을 미·일·남한의 동맹형성의 조짐으로 간주하고 미·일의 제국주의를 맹렬히 비난했다. 특히 1969년 11월 닉슨·사또 성명을 계기로 미·일 동맹이 강화되고 미국에 대신해서 한반도에서의 일본의 역할이 강화되는 것을 의식하여 1970년 4월 중국의 주은래는 평양을 방문하여 김일성과 反美공동투쟁과 반미제국주의투쟁을 결의하기도 했다.11)

1950년 한국전쟁이래 20년 이상 지속된 한·중간의 적대관계는 70년대에 들어서서 1971년 10월 유엔총회에서 대만이 축출되고 그에 대신해서 중국이 유엔안전보장이사회의 상임이사국으로의 등장하고, 1972년 2월 닉슨의 중국방문을 통한 미·중간의 극적 화해에 힘입어 점차 완화되었다. 이에 따라 중국의 한반도정책도 현상을 인정하는 방향으로 정책이 전환되었다. 중국의 이러한 정책전환의 동기는 이념갈등과 영토분쟁관계에 있는 소련을 견제하기 위하여 미·일(특히 미국)과의 협력이 필요했으며, 보다 적극적인 차원에서는 그들의 당면한 국가사회의 '현대화'를 위해서 미·일 등 서방측의 자본과 기술협력·원조가 절실했기 때문이다. 이러한 정책지향은 1970년대 후반에 소위 실용주의적 공산주의노선을 추구하는 등소평이 중국의 새 집권세력으로 등장하면서 중국 대외정책의 기본방향으로 굳혀졌다.

중국은 1980년대에 들어서서 농업·공업·국방·과기 등 4개 부분을 현대화하기 위해 과감한 대외개방정책을 추구해왔다.

1980년 8월 26일 중국 국무원은 '광동성 경제특구례'를 제5차 전국인민대표자대회 상임위원회 제15차 회의에서 통과시켜 이후 심천(深川)·산두(汕頭)·주해(珠海)·하문(廈門) 등의 경제특구를 설치하고 합작투자, 외국인의 단독투자, 선진공업국의 기술도입을 적극 유치하고 있다. 이어 1984년 4월 6일에는 북쪽 연안의 대련에서 시작하여 천진·상해·광주 등의 14개 중요거점 연안도시를 완전히 개방하였다. 연안도시의 개방과 공업화는 연안지역의 경제

11) 김용욱, 전게서, p. 417.

발전은 물론 그 후배지인 내륙지방의 경제활동까지도 자극하여 국민경제의 도약을 다지고 있다.[12] 특히 경제개혁의 일환으로 기업자치권의 확대, 생산노동자에 대한 물질적 인센티브의 부여, 물자공급 및 제품가격에 대한 중앙통제의 완화, 민간투자의 장려, 민간중소기업의 장려, 국영기업의 민간불하 등을 과감히 추진해 왔다. 이는 분명히 기존 사회주의에 대한 수정주의 노선이며, 자본주의로의 접근인 것이다.

한편 중국은 1979년의 '中外合作企業 경영법'을 제정하여 외국기업의 직접투자를 권장하고 있다. 그 이유는 첫째, 외국기업이 직접 투자하게 되면 원리금 상환을 부담하지 않으면서도 자본형성에 기여하고, 이와 함께 선진기술 및 기업경영의 移轉효과도 예상되며, 여기에는 이들 기업의 모회사(외국기업)의 국제적 판매망을 이용할 수 있다는 계산도 작용하고 있다. 둘째, 중국의 연안도시의 개방은 이들 지역의 공업화라는 경제적 동기도 있겠지만, 나아가서는 이들 연안도시에 '1국 2체제'의 정책을 적용하여 장래 홍콩, 마카오 그리고 장기적으로는 대만까지도 무리 없이 중국에 편입시키려는 실용주의적 정치적 포석이 깔려 있다.[13] 그러한 1국 2체제 구상의 첫 실천사례가 深川 경제특구이다. 이 특구는 시장경제를 主로 하고 계획경제를 從으로 하고 있으며, 자유시장 가격이 형성되고 있다. 예컨대 심천특구의 중앙은행은 중국 국내의 은행으로부터 독자적으로 자금을 차입하고, 국제금리의 변동에 따른 유동금리제와 독자적인 특구통화의 발행권을 갖고 있다.

중국의 이러한 경제특구는 사회주의국가 내에서 일종의 제한적 의미의 국가자본주의 형태를 인정하는 것이다. 이 특구 제도는 자본주의 국가와의 경제협력을 가능케 하는 연결고리가 되고, 나아가서는 자본주의국가와 사회주의국가간의 국제분업을 가능케 하는 것이다.

중국은 개방의 문호를 미·일 등의 서방뿐만 아니라 한국에도 활짝 열어 놓고 있어 한국기업의 중국진출과 합작투자가 늘고, 무역량도 매년 증가해 왔다. 초기에는 '정부간 불합작·국민간 합작' 이라는 비정치적 차원의 상호교류와 제3국을 통한 간접무역이 성행하였다.[14] 그러나 1989년 6월 천안문사태 이후 중국에 대한 미·일의 자본투자가 줄어들었기 때문에 한국으로부터 더 많은 투자를 기대했으며 적어도 교차무역 내지 지방정부수준에서의 무역관계가 공식화되고 있다.

---

12) 文正九, "中共의 경제개발정책과 그 문제점", 「중국연구」, Vol. 6 (건국대학교 중국문제연구소, 1987), pp. 103, 104.

13) 안석교, "중국개방정책의 실상과 문제", 「사회과학연구」, Vol. 13 (경희대학교 사회과학연구소, 1987), pp. 15~16.

14) 이항재, "韓國과 中共간의 관계개선을 위한 방안", 「정책과학논총」, Vol. 3 (전주대학교 정책과학연구소, 1987), pp. 35~44.

중국은 그 동맹국인 북한과의 이데올로기와 지정학적 전략적 유대를 소홀히 할 수는 없지만, 남한으로부터의 자본과 기술의 협력이 그들의 당면한 현대화 경제발전에 긴요하기 때문에 이제 중국의 한반도정책은 1950년대, 1960년대의 이데올로기적·군사안보적 차원보다는 국가의 경제발전이나 현대화를 달성하기 위한 경제적 차원으로 우선 순위가 옮아가고 있다. 한국과의 수교 이후에는 남북에 대해서 과도적으로 1국가 2체제 논리와 정경분리정책을 통해서 경제교류와 합작투자 등의 협력관계를 증진시켜 나가고 있다.

지리적으로 근접한 한국의 서해안 경제권과 중국의 소위 環발해경제구(북으로는 단동(丹東)·대련으로부터 남으로 청도에 이르는 연안도시지구)가 산동반도 지역과 함께 하나의 광역경제권을 형성할 때 황해를 內海로 한 다분야의 국제적 분업체제도 가능할 것이다.[15]

4. 러시아의 한반도정책과 '글라스노스트'

대통령이 등장하기 이전의 러시아(舊 소련)의 한반도 정책을 살펴볼 때, 러시아는 역사적으로 帝政러시아 이래로 한반도와 지리적으로 連接하고 있어서 한반도에 특별한 이해관계를 가진 국가이다. 제정러시아는 조선말에 한반도 지배를 획책했으며, 조선이 국권을 상실한 일제시대에는 사회주의자들은 물론 일부 민족주의자들까지도 '독립'이라는 지상과업 때문에 소련에 원조를 구하기도 했다. 소련 역시 국제공산주의운동의 일환으로 조선공산당의 결속을 지원했지만, 독립운동을 하는 민족세력에게도 접근하였다. 1919년 레닌이 상해임시정부 국무총리 이동휘(李東輝)에 정치자금을 제공하고, 沿海州에 근거를 둔 소위 이르쿠츠크파 공산주의자들을 지원한 사례가 그 전형적인 예이다.

전후 소련은 미·소간의 합의로 북한에 진주하여 그들의 후견 하에 공산정권을 수립하여 이후 소련은 북한에 절대적 영향력을 행사했다. 1950년 한국전쟁시에 중국이 북한을 지원하는 의용군을 파병하여, 이후 중·소·북한간에는 삼각관계가 형성되었다. 1960년대 중·소 분쟁이 격화되자 중·소는 한때 북한에 대해서 영향력 경합을 벌였으며, 이 틈새에서 북한은 자주노선을 추구하기도 했다.[16] 중·소 분쟁이 미온적인 현 시점에서도 중국과 러시아의 북한에 대한 영향력 경합이 잔존하고 있으나, 그것이 중·소간의 대결적 상황까지 야기 시키지는 않는다.

---

15) 박두복, "中共 對韓半島政策의 新趨勢와 韓·中共關係", 「외교」, 제6호 (1988. 7), pp. 56~57.

16) 김용욱, "중·소분쟁과 공산주의의 지역화" (箕堂 李漢基博士 華甲紀念論文集), 「대한국제법학회논총」, 제22권, 제1·2호 합병호 (1977. 12), pp. 61~85.

1969년 닉슨 독트린 이후 동아시아지역에서 미국이 일부 군사력을 일부 철수시키고 일본을 대역으로 내세우려는 상황 속에서 소련은 이 지역에서 해군력을 강화했다. 특히 소련은 한반도의 군사적 균형에 있어서 큰 변수가 되는 주한미군의 존재에 대하여 부정적이지만, 그 즉각적인 철수는 요구하지 않았다. 그것은 주한미군의 철수가 곧 일본의 재무장을 자극할 것이기 때문이다. 소련도 대체로 여타 주변강대국과 같이 한반도의 현상유지와 한반도 평화정착을 원해 왔다.

1985년 3월 (Mikhail Gorbachev)가 집권한 이후 소련체제의 대 개혁을 추구하였다. 그것은 대내적으로 소련의 정치·사회·경제제도의 전면적인 개혁을 의미하는 '페레스트로이카'(Perestroika)와 민주화를 의미하며, 대외적으로는 개방(Glasnost)의 추구로 對 서방유화정책, 군축 및 경제·기술교류확대를 의미한다.[17] 페레스트로이카를 부연 설명하면 그것은 경제면에서는 종래의 중앙집권적 계획경제제도와 그 통제방식을 과감히 탈피하여 경제의 자율과 *私有*를 확대하는 시장사회주의(market socialism)의 도입을 의미한다. 특히 일부 소비재 생산과 서비스분야에서 개인기업을 허용하고, 개인이 국가로부터 장기간 토지, 건물 등의 부동산임대가 가능하도록 제도를 개혁했다. 또한 1989년 국가 기업법에 의해 모든 공기업에 기획·생산·판매 등의 자율권과 독립채산제를 허용했으며, 서방자본주의국가의 기업들과 합작·경제협력도 추진하고 있다.

또한 정치부문에서는 1988년 말 소련연방최고회의에서 헌법과 선거법을 개정하여 최고회의를 서방의 의회제도와 같은 기능으로 바꾸고, 선거에 있어 복수후보·자유경선제를 보장하여 스탈린식 독재와 관료체제의 독주를 견제하는 한편, 자유언론, 반대나 비판의 자유를 허용하는 등 이른바 '위로부터의' 결단에 의해 혁명적 개혁을 추구하였다. 이것이 페레스트로이카이다.

페레스트로이카는 대외적으로는 소련의 대외정책의 일대전환을 의미하는 신사고를 낳았다. 신사고에 의한 소련외교정책의 변화는 1986년 2월 제27차 소련공산당전당대회에서 에 의해 강조되었다. 그 중심내용으로 핵전쟁불가론, 미·소 양국간의 균형적인 군비축소, 세계질서의 다극체제(multipolar system) 조성과 상호의존적인 '하나의 세계' 지향 그리고 적대적인 '절대안보'(absolute security)에서 '상호공동안보'(mutual common security)로의 전환 등으로 요약할 수 있다.

소련의 신사고에 의한 대외정책은 유럽에서는 독일 통일과 동유럽 여러 나라의 체제민주화를 결과했으며, 아시아에서는 동북아시아의 새 질서와 한반도의 남북한관계에 큰 영향을 주었

---

17) 문홍호, "한·소관계의 발전 과제와 전망", 「전환기의 남북한관계」 (대왕사, 1990), pp. 39~40.

다. 1986년 7월 의 블라디보스토크 연설에서, 소련이 태평양국가와의 경제협력을 강화하고 소련의 극동지역 개발을 위해 대외적으로 개방할 것을 선언했다. 이어서 1988년 9월 16일에는 동시베리아의 끄라스노야르스크 연설에서는 경제협력의 대상국으로써 한국도 포함시켰으며, 동북아시아 지역에서의 경제특구 설치구상을 펼쳤다.

이후 한·소 양국의 학자, 전문가, 경제인, 관료간의 왕래를 시작으로 하여 무역사무소 개설을 거쳐 외교관계가 맺어져 이제 한·소간에는 무역량이 이미 상당한 수준에 이르고 있으며, 단순교역뿐만 아니라 다각적인 합작투자와 시베리아의 천연자원 개발문제가 협의되고 있다.

이상에서 개략적으로 논의한 바와 같이 남북한을 둘러싼 4강국의 한반도정책은 1980년대 후반 이후부터 획기적인 변화를 기록하고 있다. 자본주의니 사회주의니 하는 이념적 대립이나 갈등, 또는 군사적 대결을 통해서 남북한관계를 조율하려 하지 않고 오직 국가의 경제적 이익에 비추어 남북관계를 새로이 모색·정립하려는 방향으로 나아가고 있다. 대체로 이러한 추세를 脫이데올로기적·脫냉전적이며 실리 지향적이라고 말할 수 있다.

제2절 남북한 관계의 새 국면 : 1990년 남북총리회담의 쟁점

1980년대 후반부터 일기 시작한 소련을 비롯한 동구의 민주화 개혁이 기폭제가 되어 자본주의 진영과 사회주의 진영의 화해와 교류를 낳았다. 이러한 국제적 환경이 동서독의 통일을 도왔다. 전후 얄타국제체제의 부산물인 분단국의 문제는 이제 한반도 통일문제만이 남았다. 베트남은 이미 1975년 미국의 군사적 패권의 포기로 통일되었고, 중국과 대만과의 통합은 형식상 미결이라고는 하지만 사실상 인적 왕래가 자유롭고, 무역은 물론 자본이동·합작투자가 이루어지고 있는 상황이므로 앞으로 어떠한 형식으로 통일할 것인가 하는 문제만 남았다.

앞에서 논의한 바와 같이 이제 남·북한의 주변환경인 동북아질서는 남·북의 통일에 장애요인으로 작용하지 않고 오히려 촉진요인으로 다가서고 있다. 전통적으로 북한의 후견세력이었던 중·소가 한국과의 경제협력을 날로 증대시키고 있으며, 미국이 북한에 정부차원의 연락사무소 설치를 합의했으며, 장래 여기에 일본도 동조할 것이다.

그러므로 1990년대 초기는 남·북한이 화합하고 통일을 모색할 수 있는 좋은 기회였다. 이러한 의미에서 1990년 9월 5일, 6일 서울에서의 이틀간의 남북한 총리회담은 큰 의미가 있는 것으로 평가되었다. 분단 45년만에 처음으로 남북고위층이 만나 남북관계에 있어서 무엇이 문제인가 서로 쟁점을 제기하고 서로의 입장을 7천만 민족 앞에서 공개적으로 밝힌 것은 당장 어떠한 큰 합의가 없었다하더라도 그 역사적 의의가 매우 컸다.

1. 남북간의 주요 쟁점사항

1990년 9월 남북한의 총리간의 주된 의제(agenda)는 '남북한의 정치군사적 대결상황해소와 다각적인 교류협력실시문제'였다.[18] 당시 이 의제를 놓고 남쪽의 강영훈(姜英勳) 국무총리와 북쪽의 연형묵(延亨默) 정무원총리가 밝힌 기조연설내용을 분석하면, 첫째, 강총리는 정치적 대결을 해소하기 위한 방안으로, 통일을 이룩할 때까지 상호간에 체제를 인정·존중하며, 모든 문제에 대화와 협상으로 임한다는 입장을 보였다. 그러나 연총리는 '두개의 조선'을 인정할 수 없으며 남한에서 통일에 배치되는 법률·제도적 장치 및 물리적 장벽을 제거할 것을 주장하였다. 이러한 연총리의 연설은 그 연설의 다른 부분에서 밝힌 "북과 남이 서로 다른 사상과 제도를 그대로 두고" 하나의 국호를 가진 고려민주연방공화국을 창립할 것을 주장한 내용과는 서로 배치되는 것이다.

한편 UN가입문제에 대해서는 남한은 남북이 동시가입을, 북한은 통일 후 가입할 것을 주장하면서 만일 통일 전에 가입한다면 단일의석으로 가입할 것을 각각 주장하였다. 그러나 이 문제는 이후 남과 북이 유엔에 동시가입 함으로써 해소되었다.

둘째, 남북간의 군사적 대결상태를 해소하기 위하여서는 南은 정치적·군사적 신뢰구축, 불가침선언, 군비감축, 현 휴전체제를 남북간의 평화체제로 전환할 것과 남북한과 한반도 관련 국가들과 국제적 평화보장조치 등을 제안하였다. 한편 北은 신뢰조성을 위해서 군사훈련 연습제한, 군사분계선 비무장지대를 평화지대로 설정, 北南의 무력감축(병력감축, 군사장비축소·폐기), 외국무력철수(미군과 핵무기), 조선반도의 비핵지대설치 등을 주장하였다.

셋째, 다각적 교류·협력실시 방안으로, 남에서는 직교역, 자원의 공동개발, 합작투자, 공동대외협력사업, 京義線 복원, 우편·전신개통, 통행·통신·통상 등의 3통합의, 경제공동협력기구 설치를 주장하였다. 이에 대하여 북은 경제적 합작과 교류, 대외경제관계 협력도모, 교통통신망 연결 등을 거론하였다.

넷째, 인적 교류문제에 관해서는 남은 책임 있는 당국자간의 대화, 창구의 단일화를, 북은 정당사회단체 등 각 계층의 자유로운 참여와 창구의 다원화를 각기 주장하여 대조적이었다. 남은 우선적으로 60세 이상인 경우에 있어서의 남북자유왕래와 이산가족 상호방문에 비중을 두었으나, 북은 정당사회단체와 인민의 자유왕래를 내걸었다.

---

18) 동아일보, 1990년 9월 6일.

이상의 내용을 남과 북이 각기 제시한 뒤에 南의 총리는 경제·인도적 문제를, 北의 총리는 정치·군사문제협의와 그 우선적 타결을 주장하였다.

제4차 남북한의 총리들이 각기 제기한 정치·군사문제에 대한 제안내용은 다음의 〈표 3〉과 같다.

〈표 3〉 제1차 남북총리회담 시 남북한이 각기 제의한 정치·군사적 신뢰구축방안

	남 한	북 한
정치	①상호정치체제를 인정·존중하는 바탕 위에서 상대방에 대한 공격, 비방, 중상, 전단 살포 및 휴전선 일대의 확성기 방송을 일체 중지. ②신문, 라디오, TV 및 출판물 상호개방 ③상호 긴밀한 협의·연락을 통해 남북관계를 개선, 서울과 평양에 상주 연락대표부 설치	①상호비방 중지, 대결을 고취하는 정치행사 금지 ②민족적 단합과 통일에 배치되는 모든 법률적·제도적 장치 폐지 ③상대방 소개 출판자유와 상대방의 사상을 신봉하는 사상자유를 보장 ④북과 남의 물리적 장벽을 제거 ⑤각 정당, 단체들과 각계각층 인민들의 자유로운 내왕과 접촉을 실현 ⑥국제정치무대에서 북과 남이 공동으로 진출·협력 ※ 정치적 대결상태 해소를 위해 시급히 해결해야 할 2가지 문제 ⓐ유엔에 북과 남이 단일의석으로 공동가입. 남쪽만 가입하려는 것은 조국통일의 전도를 흐리게 하는 것 ⓑ문익환 목사, 림수경 학생, 문규현 신부 석방
군사	①군인사 상호방문 및 교류실시 ②군사정보 상호공개 교환 ③특정규모 이상 부대의 이동 및 기동훈련에 대해 45일전에 상대방에게 통보 ④우발적인 무력충돌을 예방하고 이것의 확대 방지를 위해 대한민국 국방부장관과 조선민주주의 인민무력부장관간의 직통전화를 즉각 설치, 운영 ⑤비무장지대의 진정한 비무장화를 실현 ※이상과 같은 방안을 통해 군사적 신뢰구축을 이룩하며 불가침선언 채택	①북과 남은 군사훈련과 연습을 제한 ⓐ외국군대의 모든 합동연습과 훈련의 금지 ⓑ사단급 이상 규모의 군사훈련·연습을 금지 ⓒ군사분계선 일대에서 군사연습을 금지 ⓓ자기영역내의 외국군대의 군사연습 불허 ②북과 남은 군사분계선 비무장지대를 평화지대화 함 ⓐ비무장지대에 배치한 모든 군사인원과 군사장비 철수 ⓑ비무장지대 안에 설치한 모든 군사 시설물 해체 ⓒ비무장지대의 민간인들에게 개방, 평화목적에 이용 ③북과 남은 우발적 충동과 그 확대를 막기 위한 안전장치 마련 ⓐ쌍방고위당국자 사이에 직통전화를 설치·운영 ⓑ군사분계선 일대에 일체 군사적 도발 금지

※ 위 내용은 정연선, "남북한 통일방안 新考", 원광대학교 「통일문제논문집」 제11집(1991), pp. 27~28에 제시된 내용을 발췌한 것임.

그리고 회담 둘째 날 북한의 연형묵 정무원 총리는 상호간의 '내정불간섭'을 운운하면서 정치적 대결 상태를 해소하기 위해서는 시급하게 해결해야 할 전제조건 3가지를 들고 나와 회담

진행에 쐐기를 박았다. 그 내용은 유엔에서의 남북한 동시가입 반대, '팀스피리트' 한미합동군사연습 중지, 문익환 목사·문규현 신부·임수경 양의 석방 등이었다. 이러한 전제조건들은 항간에서 우려하듯이 남쪽이 들어준다고 해도 자유민주주의체제 유지에 지장을 주는 것이 아니며, 실제로 그렇게 어려운 일도 아니라고 본다. 다만 유엔가입문제는 이미 동시가입 된 상태여서 남은 것은 두 가지 문제인데, 팀스피리트 군사연습중지는 남측이 북측과 군사적 신뢰구축을 입증하기 위해서도 필요한 것이며, 이는 미국의 페르시아전쟁의 군비일부를 부담하는 한국정부이기 때문에 미국과 오해 없이 사전합의가 가능한 문제로 생각된다. 또한 방북인사 석방문제는 정국의 향배와 관련해서 당시는 매우 미묘한 문제제기이기는 했지만, 야당과 재야의 요구에 의해서 이미 대부분의 방북인사는 석방된 상태이다.

2. 인적 자유왕래문제

군사·정치·경제 등의 제반문제는 양측체제의 이질성과 이해관계를 상호·조정하여야 하므로 절차와 시간을 요하지만, 남북간의 인적 자유왕래문제는 남·북 양측 당국의 결단만 내려진다면 용이할 것이다. 그러나 이것처럼 상호간의 불신해소와 신뢰회복을 가져오는 데 더 큰 효과를 거둘 수 있는 것은 없을 것이다.

만일 남북간에 자유왕래나 서로 지속적이고 대규모의 상호방문·교류 없이 남·북 양측 당국에 의해서 어떠한 절묘한 협상이나 타협에 의하여 兩 체제의 통합이 극적으로 이뤄진다 하더라도 통일체제는 반목과 적대로 혼란에 빠질 우려도 있으며, 또 어느 한 쪽에 의해 다른 쪽의 기득권 층이 숙청과 보복의 대상이 될 가능성도 있다.

1975년 베트남이 적화통일 된 후 2~3년간 재교육이란 명분으로 과거 사이공정부의 지지층이었던 150만 명의 중·상층을 강제로 소집하여, 그 중 5백만 명을 산지나 오지개발에 투입했다.[19] 이와는 대조적으로 동·서독의 경우는 1972년 기본조약 및 교통조약체결 이후 해마다 약 200만에서 300만이 서독에서 동독을 방문했고, 동독에서 서독으로 150만 명, 그리고 통일 직전에는 각기 수백만 명이 서로 방문·교류하여 동·서독인은 서로 다른 체제 속에서 살고 있었지만 독일인으로서의 일체감이 조성되었다.[20] 또한 동·서독은 청소년교류계획에 의하여 1984년에는 3만 6,000명, 1985년에는 6만 8,000명의 서독청소년들이 동독을

19) 이은호, "통일 직후 남북베트남의 통합시도과정," 「전환기의 통일문제」 (대왕사, 1990), pp. 138~141.
20) 권무수, "동서독의 통일정책," 「전환기의 통일문제」, pp. 168~169.

방문했다. 이후 그 수효는 해가 갈수록 늘어났다. 그러므로 분단국의 경우 통일정부가 들어섰을 때 민족성원간의 갈등과 숙청을 방지하고 서로의 적대감을 해소하기 위해서는 인적 교류가 그 무엇보다도 선행되어야 한다.

남북주민의 왕래는 적극적인 차원에서 볼 때 동족상쟁이 남긴 상처와 경직된 이데올로기의 피해의식을 치유할 수 있는 기회가 될 것이며, 남북한 7천만 민족성원이 양 체제의 비교우위를 직접 현장에서 체험하고 확인할 수 있으며, 상호간의 빈번한 인적교류는 장기적으로는 양 체제간의 상호 수렴을 가능하게 할 것이다.

인적 교류가 매우 중요함에도 불구하고, 남북이 지난 50여 년 동안 상호 제기했던 통일방안이나 통일된 국가의 권력구조나 통일절차에서 상당히 정교한 구상을 서로 제시한 바 있으나, 남북교류에 대해서는 어떠한 본격적인 논의를 하지 못했다. 이것이 동·서독의 통일접근방식과 우리가 근본적으로 다른 점이다.

3. 통일방안에 관한 쟁점

남북총리회담에서 양측이 제시한 통일방안 논의에서는 그간 남북이 주장해 온 내용들을 공식화하였다. 북한측의 주장 속에는 그간 그들이 종래 주장했던 내용들이 모두 망라되었다. 북한의 통일방안은 1980년 10월 10일 조선노동당 제6차 당 대회에서 김일성이 제안한 '연방제'로 그 공식명칭은 '고려민주연방공화국 창립방안'이다. 이는 1960년의 '남북조선의 연방제'와 1970년의 '고려연방공화국'을 보다 구체화시킨 것으로, 그 핵심 내용은 남북한이 동등한 자격으로 지역자치정부로서 기능하고, 그 상위에 이들을 지도할 최고민족연방회의(남과 북이 같은 수의 대표와 적당한 수의 해외대표로 구성)와 연방상설위원회를 구성한다는 것이다. 이것은 소위 '1국 2체제' 통일방식이다.

북한의 고려연방제에서는 남한사회의 반공법·국가보안법 폐지, 전쟁위험의 제거, 미국의 한반도에 대한 내정간섭 배제 등을 전제조건으로 제시하고 있다. 아울러 외국군대의 주둔이나 외국군사기지설치 불허, 전조선의 비핵지대화, 중립국가의 의무 등을 논의하고 있다.

북한의 이러한 통일방안에 대응해서 한국의 제6공화국은 '한민족공동체통일방안'을 제시하였다. 이 통일방안은 자유·평화·민족·민주의 통일기본원칙 아래, 먼저 생활권의 통합에서 시작해서 정치권의 통합으로 단계적으로 통합하자는 것이다. 그 첫째 단계로써 민족공동체헌장 제정을 위한 頂上회담 단계로서 이 단계에서는 평화통일을 위한 기본방안, 상호불가침문제, 남북연합기구의 설치와 운영에 관한 포괄적 합의사항이 포함된다. 그 다음 단계로 '남북연합단계'를 설정하고 있다. 이는 일반적으로 논의되는 국가연합이나 연방국가와는 성격을 달리하는 "공동체"와 흡사한 것으로, 비슷한 공동체생활권을 형성하는 완전한 정치적 통합 이전의 형태이다.

이러한 "제6공화국"의 정부차원의 '한민족공동체' 통일방안은 야당인 평화민주당의 '공화국연방제' 통일방안과 통일민주당의 '한민족연합체' 통일방안과도 비교된다.

평화민주당의 '공화국연합' 통일방안에서는 평화공존, 평화교류, 평화통일 등 소위 3단계 통일방안[21)]을 제시하고 있다. 그 첫 단계인 평화공존단계는 긴장완화의 단계로, 북한의 개방, 휴전협정의 평화협정으로의 전환, 주변 4강의 안전보장, 유엔 동시가입, 남북불가침협정체결, 단계적 미군철수, 북한의 남조선혁명전략포기, 한국군에 대한 미군의 작전권 이양, 남북정치·군사회담 등을 포함하는 단계이다. 그 다음 2단계는 신뢰와 동질성 회복단계로서, 비정치적 분야교류(서신왕래, 가족·친지방문, 학술·문화·체육·관광교류)와 경제교류, 물자교류, 통상 등을 포함하며, 이 단계에서 공화국연방제가 실시된다. 공화국연방제 하에서는 주권을 가진 이념과 체제가 다른 두 개의 완전한 공화국이 상호 인정하는 연방기구를 설립한다는 것이다. 이는 일종의 국가연합(commonwealth, confederation) 형태로 이해된다.

한편, 통일민주당의 '한민족연합체' 방안은 평화통일의 3대 원칙으로 자유·평화·민주를 제시하고, 군축과 남북교류를 실시하며, '한민족위원회'라는 상설기구의 설치운영을 제안하고 있다. 또한 이 방안에서도 평화공존 → 상호교류 → 남북합의를 거쳐 최종적으로 單邦制 또는 聯邦制의 결정을 제의하고 있다.[22)]

'한민족공동체'나 '공동국연방제' 또는 '한민족연합체'는 다같이 남북이 공존과 교류를 통하여 어느 정도 신뢰와 동질성이 회복된다면 실천할 수 있는 현실성 있는 방안이지만, 북한측의 '고려민주공화국案'은 가장 보편적인 논리인 연방제방안을 채택하고 있음에도 불구하고, 한국의 국가보안법 폐지, 주한미군의 철수, 중립국가로서의 의무 등 남한국민과 국제권력의 역학관계 때문에 실천되기 어려운 여러 가지 전제조건을 붙이고 있어 대외선전적 의미가 강하다고 생각된다.

---

21) 박실, "김대중씨 통일방안," 「민족지성」(1988. 4), pp. 102~109 ; 조순승, "평민당의 통일방안," 「평민당 정책 자료집」(1989), pp. 246~248.

22) 한승조, "對立하는 統一方案의 收斂可能性," 「統一問題硏究」, 제7집(목포대학교 통일문제연구소, 1989), pp. 6~7.

제3절 통일을 위한 새로운 思考

1989년 11월 9일 전세계가 지켜보는 가운데 실시된 동독정부에 의해서 결정된 전면적 國境개방조치는 전후 미・소가 주도한 냉전체제를 종식시키기 위한 독일인의 의지이며, 그것은 또한 동독공산당을 굴복시킨 독일민중의 위대한 승리로 영원히 역사에 기록될 것이다.

동・서독간의 국경개방이 계기가 되어 1990년 5월 18일 동서독간에 '통화동맹 경제・사회복지 공동체창설에 관한 조약'이 앞당겨 체결되고, 이로써 동독이 서독의 경제체제에 편입되는 경제적 통일이 성취되었다. 이는 5개월 후 1990년 10월 3일 동서독의 정치적 통일로 가는 초석이 되었다. 이러한 시기에 한국에서는 문익환 목사의 방북사건과 임수경 양의 평양세계청년학생대회 참석 및 판문점을 통한 귀국이 불법적이라고 재판이 진행되고 있었다. 이것이 당시 통일을 위한 남북교류의 걸림돌이 된다고 보는 견해도 있었다. 당시 남북교류에 관한 남북대표회담에서는 상호방문자의 수를 백으로 할 것인가, 2백 몇십 명으로 할 것인가를 놓고 남북이 서로 티격태격한 것은 참으로 유감스런 일이었다.

1989년부터 천주교사제단・불교계 등 종교인들이 합법적인 방북을 요청하고 있으며, 당시 학계에서는 이미 원광대학교가 국내학술회의에 북한학자의 초청을 통일원으로부터 허가 받은 바도 있고, 고려대학교가 학처장 회의에서 김일성 종합대학을 비롯한 북한의 3개 대학과의 매년 학생교류를 결의하고 국토통일원에 허가를 받아 로스앤젤레스에 있는 고려대 동창회 지부장을 통해서 북한과 교섭한 바 있었다. 이는 남북교류에 대한 국민적 열망을 드러낸 사례들이기도 하다. 당시 국민들은 박철언씨의 비밀방북시비, 정주영씨의 공개적 방북 등과 관련해서 특수신분이나 재벌총수 등은 실정법의 제약 없이 방북 하는 등 '누구는 가고, 누구는 못 가냐' 하는 식의 불만과 비판이 팽배했다. 남북교류 그것이 남북한 통일정부로 곧바로 이어지는 것은 아니라고 하겠지만, 인적 교류가 자유로워지면 통일정부의 수립은 시간이 해결해 줄 것이다.

동서독간에 통일 기반이 조성되었던 것은 양독간에 1972년 '기본조약'이 체결된 이래 매년 2~3백만 명씩 상호 방문했고, 거기에 부수된 경제교류・문화교류가 가져 온 결과인 것이다. 어느 의미에서는 남북한 정권담당세력이 공개적으로 국민의 주시 속에 통일논의를 하는 것은 바람직한 것이지만, 민간차원의 교류가 충분히 있기 이전에 당국자들간의 비밀접촉을 통해서 졸속 된 '정치적 담합'을 하여 통일에 접근하는 것은 바람직하지 않다. 우선 교류가 트여서 내왕하는 과정 속에서 남북한 양쪽의 밑으로부터 민중의 통일의지가 남북한 양측 체제에 수렴되는 과정에서 양측정부가 통일방안을 마련하고 합의할 때 민족적인 공감대를 얻을 수 있을 것이다. 그것은 한 마디로 先 교류 → 양측주민의 비교우위론적 평가 → 兩 체제의 상호수렴→ 兩 정부차원의 통일방안절충·협의 및 결정 → 통일연방공화국의 수립의 순서로 진행되어야 한다.

국외의 분단국 통일사례와 그 경험을 통해서 국민과 정부가 통일대업을 추구함에 있어서 새로운 사고(新思考)가 필요하다.

첫째, 남북간의 통일문제를 남북간의 '제로섬게임' 이나 어느 일방의 궁극적 승리로 귀결되는 문제로 볼 것이 아니라 남북한 양측 지역에 사는 같은 민족성원의 조건 없는 결합으로 생각해야 할 것이다. 적어도 통일문제에 접근하는 데에 있어서는 이데올로기적 제약이나 냉전적 논리에 매달려서는 안될 것이다. 남과 북은 양 체제의 이질화된 삶과 제도를 상호 깊이 인식하고 상호수렴을 통해서 점진적으로 연합하거나 화합하여야 한다.

이러한 수렴이 가능하도록 하려면 남북한 양당국이 먼저 인적 왕래를 포함한 다각적 교류를 실천해야 할 것이다. 남북한 양당국이 정부차원에서 통일방안을 본격적으로 논의하기 전에 남북한 주민간에 서로의 삶과 체제현실을 직접 체험적으로 인지하고, 나아가서 비교우위를 판단할 수 있도록 다면적 교류가 선행되어야 한다. 환언하면 先 민간수준의 다각적 교류, 後 정부수준의 통합방안논의가 있어야 할 것이다. 민족통일문제가 남북한 당국의 비밀협상의 대상이 되거나 집권세력수준의 당리당략의 대상이 될 수는 없다. 그것은 통일논의과정과 체제선호에는 남북한 주민(민중)의 총체적 의지와 희망이 반영되어야 하기 때문에 그 과정이 공개적이어야 한다. 아울러 남북한당국은 민간교류에 장애가 되는 현행관계법을 개정 내지는 폐지해야 할 것이다.

둘째, 자유민주주의체제의 이상은 적어도 의견과 신념이 다른 정치세력들에게도 폭력을 부정하고 민주적 토론과 절차에 따른다면 그들의 활동이 보장되는 체제일 것이다. 그러므로 장래 바람직한 '자유민주체제의 통일한국' 수립을 위해서 남북이 각기 주민을 특정 이데올로기에 편입하는 정치교육은 지양해야 하며, 진실로 통일을 위해서 극우나 극좌를 견제할 수 있는 중도적 좌파나 중도적 우파 또는 민족주의 세력이 배양되어 이들이 통일의 주역이 되어야 하며, 이것이 가능하도록 하기 위해서는 통일교육은 개방적이고 자유주의적인 시민교육에 기반을 두어야 한다.

셋째, 현행 남북의 이질적인 체제를 어떤 單一主權的 국가로 무리하게 통합시키려 노력한다고 해서 당장 되지도 않고 상호 갈등만을 초래할 것이기 때문에 양 체제의 주권이 보장되는

'국가연합'(national confederation)이나 '민족공동체'(national commonwealth) 같은 '느슨한' 형태로 통일을 시도하는 것이 바람직하다고 생각되며, 아울러 남북한 양 체제의 하위체제로서 상당한 자율성이 있는 광역지방자치단체(道수준)의 수립이 요청된다. 이렇게 하여 국가연합 — 남북한 양 체제 — 광역지방자치단체와 같은 삼층적 권력구조가 이루어질 때, 체제가 극심한 제로섬게임의 권력투쟁상태에 휩쓸리지 않고 다원적이고 이질적인 정치세력간에 상호 견제·공존하면서 통일의 신질서를 이룩할 수 있을 것이다.

넷째, 남북통일의 궁극적인 의미가 외세가 만든 질곡에서, 그리고 전쟁의 위협에서 남북한의 민중이 벗어나 공존공영의 번영을 추구하는 데 있기 때문에 외세에 의존하는 통일시도는 진정 우리의 바라는 바가 아니다. 따라서 우리의 통일외교정책을 중·소를 비롯한 舊 사회주의권과의 관계개선에 있어 주체적 입장에서 추구되어야 하며, 우방인 미·일의 관계에 있어서도 자주적으로 대응해야 한다. 우리는 통일을 위해서는 금후 인접 4강과 우리의 관계를 균형적 등거리관계로 발전시켜 나아가야 할 것이다.

제4절 남북한 경제교류협력의 실태

남북간의 관계는 1950년대의 전쟁과 60년대의 냉전시대를 거치는 동안 적대일변도와 단절로 특징 지워진다. 1970년대에 들어서서 1972년「7·4공동성명」을 계기로 남북한간에 적십자회담이 개최되었으나 도중에 중단되었다. 그후 남북간의 본격적인 대화의 시작은 1990년 9월에 개최된 제1차 남북고위급회담에서 비롯되었으며 이후 1992년 5월까지 연인원 630명이 내왕하면서 7차 회담까지 속개되었다. 이러한 남북간의 대화·협상대표들의 만남은 교류라기보다는 양 당사측간의 상호입장 표명과 정책의 탐색이라고 말할 수 있다.

순수한 의미의 민간차원의 최초의 교류는 1985년 9월 20일 남북간의 이산가족(예술단 포함한) 이 각각 151명씩 교류했고 1991년 5월에는 세계청소년선수권 축구대회 단일 팀 구성을 위하여 남북 양측 축구선수단이 교환 방문했다. 이외에도 종교인, 학자 등을 포함해서 1992년에서 1998년 7월 현재까지 남북간에 연인원 3,380명이 교류했다. 그중 북한에서 남한방문이 총 12건에 575명이었고 남한에서 북한방문이 총 362건에 3,236명이었다.[23] 남북간의 인적교류는 상호 신중했고 어느 의미에서는 기피하는 경향마저 있었으며 북한의 경우 더

23) 통일부 교류협력국,「월간 남북교류협력동향」제85호, pp. 10~12.

욱 그러했다. 그러나 경제교류(물자교류)는 남한이 1988년 對북한개방조치를 취한 이래 북한의 필요에 의해서 90년대 이후 점차 증대되어왔다.

북한은 자체경제를 소생시키기 위해서 외국자본의 투자와 남한의 민간자본의 투자도 환영하고, 적극 유치하려고 하고 있으나, 교류나 개방이 전면적인 것이 아니라 특정지역, 특정분야에 한정된 점진적 개방을 추구하고 있다. 북한은 정치적으로는 일당독재체제를 유지하되, 경제분야만은 개방하고 있으나 시장경제를 허용치 않는 '사회주의 소유 및 지배구조에 기초한 중앙집권적 계획경제체제'를 고수하려 하기 때문에 개방의 실효를 거두지 못하고 있다. 북한이 1984년 합영법을 제정한 이래, 1991년까지 외국기업과 합의한 합영사업 규모도 총140여건에 1억 5천만달러였으나, 지금은 20여건만 추진되고 있다.

'북·미核타결' 이후 외국기업이나 자본투자에 개방하고 있지만, 선진국가들이 사회간접자본 시설에 미비한 북한에 대한 투자에 소극적이어서 개방의 실효를 거두지 못하고 있다.[24]

1988년 경제개방 이후, 남북간의 경협 수준은 물자교역의 차원에 머물러 있으며, 그것도 홍콩, 일본, 중국, 싱가포르 등을 통한 간접교역에 의존하고 있다. 1994년까지의 남북교역 총액은 6억 9,802만 달러로서 이중 북한으로부터의 반입(수입)이 6억 5,398만 달러인 반면 북한으로의 반출(수출)은 4,404만 달러에 불과했다. 남한이 북한의 물품을 구매하는 형태가 주가 되었으며, 반출·반입한 품목을 살펴보면 1989년부터 1994년까지 북한이 남한에 반출한 품목 중 철강·금속제품(금괴, 아연괴, 은괴, 열연코일 등)이 전체반출의 79.8%이며, 농산물 6.4%, 섬유류 5.2%, 광산물 4.1%이었다. 또한 북한이 반입한 품목은 화학제품, 섬유제품이었다. 1994년까지 북한이 남한에서 반입한 품목의 누계에 의하면 섬유류의 비중이 44.8%, 화학제품이 31.6%, 철강재 5.1%, 농수산물 4.1% 순으로 나타났다.

남북교역에는 대부분의 대기업이 참여하고 있다. 1994년 남북교역참여업체는 160개 업체이며 이중에서 1994년까지 북한으로부터 상품을 반입(수입)한 누계가 500만 달러 이상인 업체는 18개 업체이며, 이중 1,000만 달러 이상인 업체는 삼성물산, 대우(주), 엘지상사, 서린금속, 효성물산, 현대종합상사, 쌍용(주), 선경(주) 등 8개 업체이다. 북한에 대한 반출(수출) 승인액의 누계가 100만 달러이상인 업체는 15개 업체이며 이중 엘지상사와 삼성물산은 1,000만 달러 이상을 상회했다.[25]

---

24) 우철구, "북미관계의 진전과 미국의 대한반도정책," 제40차 영남대학교 통일문제연구소 학술세미나 제3주제발표논문(1995, 9, 1), p. 11.

25) 최수영, 남북경협의 실상과 전망, 영남대학교 통일문제연구소 제40차 통일문제국제학술회의(제6주제논문), 1995, 9. 1. p. 4.

그간「북·미」핵 갈등도 불구하고 남·북간의 물자교류는 상당히 진전되었으나, 경제협력 문제는 중지상태에 있었다. 그러나 북·미 핵협정체결 이후 물자교류의 증대와 남한 기업의 북한진출은 꾸준히 모색되고 있다. 현재 정부로부터 승인 받은 우리기업의 협력사업은 다음과 같다. 대우(주)는 북한측 상대자인 삼천리 총회사와 남포공단에 셔츠, 블라우스(283만 달러), 재킷(115만 달러), 가방(114만 달러) 생산 등 총 512만 달러의 합영사업을 체결했고 기술자들이 방북 하였다. 고합물산(주)는 북한의 광명성 총회사와 의료·봉제(70만 달러), 직물(450만 달러), 이불·솜(66만 달러), 수지병(100만 달러) 등 4개 사업에서 총 686만 달러의 사업을 약정하고 있다.

또한 한일합섬(주)은 스웨터(250만 달러), 봉제(110만 달러), 모포(220만 달러) 등 총 580만 달러 투자규모의 3개 사업을, 국제상사(주)는 총 350만 달러 상당의 신발생산사업을 각각 추진하는 협력사업자로서 정부의 승인을 받았다. 두 기업의 투자예정지역은 남포이며, 투자지분과 투자유형은 북한측의 조선은하무역회사와 협의하여 결정하기로 했다.[26]

1989년에서1998년 7월말 현재까지 약 10년간의 남북한 교역에 있어서 반입(북으로부터 수입) 총액은 12억 9천 2백 55만 달러이고, 반출(수출)은 총액 2억 5천 3백 19만 달러였다.

이러한 남북한의 교류와 협력이 현재는 그 규모가 작지만 점차 증대되어 장래에 가서 남북간에 기업과 자본, 노동력이 엮어지면 아무리 북한이 체제적 차원의 규제를 강화해도 북한은 자본주의 시장경제의 충격과 거기에 묻혀 들어가는 자유의 물결을 거부할 수 없게 될 것이다.

또한 북한은 현재 한국과의 정부차원의 경제협력을 기피하고 있지만,「북·미간의 핵협정」의 이행사항인 경수로 건설에 한국 측의 비용분담비율이 70~80%(대략 40억 달러)로 예정되어 있고 한반도에너지개발기구(KEDO) 집행이사회가「한국전력」을 주계약자로 선정되었고 북한의「신포」에 한국 측의 인력이 경수로 건설에 착수하고 있음을 비추어 볼 때, 장래 이 경수로 건설사업이 앞으로 남북경제협력의 한 축을 형성하게 될 것으로 예상된다. 또한 1996년 북한의 수해에 대한 한국정부의 쌀 15만 톤의 원조를 비롯해서 민간수준에서 각계각층의 식량지원이 증가하고 있어 이러한 요소들이 결국 남북한 경협에 분명히 디딤돌이 될 것이다.

---

26) 통일원교류협력국,「월간남북교류협력동향」, 제47호, 제48호.

제4장 베트남의 분단과 통일사례

- 분단과 통합과정 그리고 통일후의 체제개혁 · 개방 -

제1절 프랑스의 식민통치와 베트남인의 독립운동(1858~1945)

제2절 제1차 베트남전쟁: 프랑스의 식민지 재건과 베트남인의 항전 (1954~1975)

제3절 제2차 베트남전쟁 :베트남의 분단과 미국의 개입 그리고 패배 (1954~1975)

제4절 베트남전쟁에 대한 평가와 교훈

제5절 통일후의 경제개혁과 사회통합과정

베트남은 아시아대륙 동남부에 있는 인도차이나半島의 동부해안을 따라 남북으로 길게 뻗은 국가이다. 북쪽으로는 중국의 雲南省, 서쪽으로는 라오스, 캄보디아와 육상경계를 이루고 있고, 동쪽으로는 南지나해를 사이에 두고 필리핀이 있으며, 남쪽으로는 보르네오海를 사이에 두고 말레이시아와 브루나이가 있다. 또한 서남쪽으로는 타이灣을 사이에 두고 타이 남부와 마주하고 있다. 특히 국토의 동남부와 남부의 해안선이 1,000마일 이상이나 길게 뻗은 지리적 조건을 가진 면적이 약 33만㎢이며, 1994년 현재 인구도 7,500만 명이나 된다.[1)]

인구의 대부분이 베트남族(Kinh Tribe)으로 이들은 북부의 송코이강 삼각주, 중부베트남의 해안고원지대, 남부의 메콩 삼각주(MeKong Delta) 등의 요지에 거주한다. 여타 54개의 군소 종족은 주로 산간오지에 살고 있다. 베트남은 인접국가들에 비하여 인구구성에 있어서 비교적 동질적이며, 베트남어를 사용하는 공동의 문화를 가지고 있다. 또한 베트남은 오랜 기간 강대국으로부터 침략 당한 경험을 가지고 있어 反외세적이며 민족의식이 강하다.

베트남은 중국대륙의 주변부(rimland)로서, 해양에 沿해 있는 지정학적 위치 때문에 중국대륙이 통일되어 팽창할 때는 그 영향을 받아 대륙세력에 종속되었다. 반대로 해외세력(예컨대, 프랑스, 일본, 미국)이 베트남을 거점으로 하여 대륙에 진출할 때도 전쟁에 휘말렸다.

베트남의 역사를 돌이켜 볼 때, 19세기 전반까지는 대륙세력인 중국의 잇따른 침략과 지배의 연속이었다. 1884년 이후 20세기 전반(1942년)까지 58년간 프랑스의 식민지로 있다가 태평양전쟁 초기에 일본에 의해 일시적으로 점령당하기도 했다. 그러나 일본의 패전 후 프랑스가 이 지역을 다시 지배하려다가 토착민족세력의 저항으로 패배하여 물러나게 되었다. 프랑

※ 이 글은 1994년 전국 대학통일문제연구소 협의회의「분단국 통합사례 연구」의 한 부분으로 제출한 바 있는 저자의 "통일베트남의 사회통합과정"에 관한 현지시찰보고서에, 베트남의 분단과 통일에 대한 저자의 평소 생각을 추가한 것임.

1) 베트남 내에는 55개 종족이 있는데, 그 중 절대다수가 베트남族(Kinh Tribe)으로 7,000여만 명이고, 그 중 규모가 큰 소수민족은 Tay族, Thai族, Hoa族(중국인) 등이 있다(Peregrine Capital Vietnam Ltd., Vietnam : An Introduction (statistics), (Feb. 1994)와 State Planning Committee, Statistics of Projects signed with Government of S.R. Vietnam, from 1988-2000. (Hanoi 1994) 참조.

베트남인은 현재로는 통일된 남북 베트남圈域을 확보하고 있으나, 전통적으로 이웃 캄보디아와 라오스를 자국의 세력범위로 두려는 패권의식이 잠재해 있다. 실제 베트남과 캄보디아 및 라오스간에는 인구이동이 자연적으로 또는 의도적으로 있어왔기 때문에 이를 주변국(중국과 태국)과 미국은 예의 주시하고 있다. 그러므로 언젠가는 인도차이나 반도의 베트남화(vietnamization)가 표면화될 것이라는 견해를 말하는 학자도 있다.

전경수, 「베트남일기」 (서울 : 뿌리文化社, 1993), pp. 79, 198, 199.

스에 대신하여 들어온 미국이 1950년대 중반 이후 남부베트남을 그 영향하에 두기 위해 부패한 독재·군사정권을 세워 후견하였으나, 미국도 북부베트남과 남부베트남 내의 반정부세력의 치열한 저항을 극복하지 못하고 패배, 남부베트남은 1975년 공산화되었다.

19세기 후반 베트남이 프랑스의 식민지로 편입되어 20세기 후반 남·북베트남이 통일되기까지의(1884~1975) 약 1세기에 걸친 베트남의 최근세사는 강대국에 의한 식민통치와 지배, 그리고 그들의 분할지배를 거부한 토착민족세력 내지 공산주의세력의 철저한 항전과정으로 특징지어진다.

특히 1954년 제네바협정 이후의 남북베트남의 분단을 베트남에 있어서 동서간의 이데올로기적 갈등이나 자유민주주의체제와 공산주의체제간의 갈등구조로 보는 경향도 있으나, 그것은 피상적인 관찰의 결과이고, 그 본질은 그 이전부터 추구되어 온 민족해방 내지 민족통일운동의 연속이었다고 볼 수 있다. 다만 남부베트남지역에서 내세워진 자유민주주의체제가 추악한 군사독재와 부패체제로 전락하여 체제존립의 정통성을 상실하자 이것이 남부베트남인들로 하여금 북베트남의 공산주의자들의 논리와 행동에 지지를 보내게 되어 결국 공산주의체제로 통일된 것이다.

제1절 프랑스의 식민통치와 베트남인의 독립운동(1858~1945)

19세기 후반까지 베트남은 중국을 사대의 대상으로 삼은 유교문화권국가(confucian international regional state)이었다. 베트남은 문화의 흐름이라는 관점에서 본다면 동북아의 유교를 중심으로 한 세력과 동남아의 힌두교를 중심으로 한 세력이 만나는 곳으로 남베트남의 경우에는 밑바닥에는 힌두교전통의 참파문화와 크메르문화가 깔려 있고, 그 위에 유교전통의 중국식 동북아문화가 결합되었다. 특히 중국과 인접한 북부베트남은 중국문화의 영향하에서 11세기이래 文廟(공자의 사당)건립, 국자감과 과거제 운용과 유학교육을 통해서 19세기 후반에 프랑스의 식민지로 전락하기까지 유교문화를 유지하였다.[2)]

정치사적으로 볼 때도 베트남은 B. C. 111년~939년과 A. D. 1408년~1428년에 걸쳐 1천여 년 동안 중국의 직접통치를 받았으며, 중국으로부터 직접통치를 받지 않았던 시대에도 중국에 대한 朝貢의 의무를 다하고 왕권의 정통성을 상징하는 책봉을 받아 중국과는 갈등하면

2) 전경수, 상게서, pp. 233, 309.

서도 종속적 지위를 크게 벗어나지 못했다.[3] 서세동점(西勢東漸)의 제국주의 세력의 일원인 프랑스가 1858년 중부 베트남의 해안거점인 다낭의 침공을 시작으로 베트남을 공략해 들어갔다. 당시 베트남을 지원할 종주국의 위치에 있었던 淸은 내란(태평천국의 난, 1850~1864)과 영국·프랑스 등 서구세력의 중국대륙 침략으로 스스로를 추스르기에도 힘에 부쳤기 때문에 베트남에 대한 외부의 침략을 방치했다. 결국 1884년 청·불 전쟁이 일어나 청이 패배하자 이후 베트남은 프랑스 식민지로 넘어갔다.

프랑스의 식민통치는 토착인들을 경제적으로 수탈하는 고전적 의미의 식민지체제를 구축하여 정치적으로는 총독에서부터 각 성·시·현의 경찰·교도·법무 등의 주요관직을 장악하고 '직접통치'를 실시하였으며, 토착봉건세력과 지방의 매판세력(買辦勢力)을 그들의 추종세력으로 편입시켰다. 식민지세력은 베트남을 프랑스 자본주의의 후배지(後背地)로 전락시켜 결국 이 지역에 제국주의에 대항하는 反식민·反帝투쟁의 씨앗을 뿌렸다

베트남에 있어서 프랑스의 반봉건적 식민지 체제에 저항하는 운동은 19세기 후반부터 전개되었다. 그러한 운동은 크게 세 갈래로 나눌 수 있다. 첫째는 근대화된 일본의 자본주의와 중국의 부르주아 민족주의를 모방하려 했던 판 보이 쩌우(Phan Boi Chau)와 그 추종자그룹, 또 하나는 서구의 부르주아 민족주의의 의회제도와 자유평등의 이상을 맹렬히 추구했던 판 쭈 찐(Phan Cho Trinh)과 르엉 반 깐(Luong Van Can) 그룹노선, 그리고 호앙 호아 탐(Hoang Hoa Tham)의 농민을 중심으로 지방에 거점을 둔 抗불 게릴라전 그룹 등이었다. 앞의 두 그룹의 운동은 프랑스의 식민통치에 타협적이었고, 자유주의적 노선을 추구했으며, 맨 나중의 抗불 게릴라 그룹은 봉건적 사상에 고취된 세력이었으므로 근대적 민족해방운동으로 보기에는 문제가 있었다.[4]

이러한 세 갈래의 운동이 프랑스 식민통치의 억압과 회유에 의해 대부분 좌절되자, 1925년 호찌민(Ho Chi Minh : 당시는 응 우엔 아이 쿠옥(Niguyen Ai Quoc)) 등은 베트남 청년혁명 동지회를 창설하여 새롭게 反帝反植民 투쟁을 시작했다. 그들은 베트남 전국에 각종 노동조합을 창설하고 1928년과 1929년 사이에 각종 파업을 지도하였다. 또한 토지약탈과 과중한 조세, 강제노역에 대한 저항 그리고 공유지의 공정한 분배를 요구하는 농민항쟁을 코친차이나(남베트남), 중부베트남, 통킹(Tongkin, 북베트남)의 몇몇 성에서 일으켰다.

프랑스의 가혹한 식민지지배수탈체제에 가중해서, 1929년부터 1933년 사이에 발생했던

3) 조재현, 第3次 印支戰爭硏究(경희대학교 대학원 박사학위논문, 1992), pp. 60~61.
4) 김종욱 옮김, 베트남공산당중앙위원회 마르크스레닌주의연구소 산하 베트남공산당사연구회 지음, 「베트남 공산당사」 (도서출판 소나무, 1989) p. 18.

전세계적인 경제공항의 여파가 프랑스 자본주의경제의 후배지인 베트남까지 흔들어 베트남의 농민·노동자는 물론 소상인·소지주에 이르기까지 극심한 실업과 파산에 직면하게 되었다.

이러한 상황 속에서 민족해방혁명을 주도하기 위해서 호찌민 등은 1930년 2월 베트남공산당을 창설하였다. 베트남공산당은 1930년과 1931년에 노동자·농민단체와 학생들의 폭동을 통해 처음에는 노동자 농민의 생계보장, 노동조건의 향상, 지주의 가혹한 수탈에 대한 저항, 수감된 그들 지도자의 석방운동을 전개했다. 그러나 후에는 그들의 운동목표를 민족해방과 토지재분배에 집중시켰으며, 각 지역수준에서 농민·노동자가 주도하는 소비에트의 창설을 획책하였다. 그것이 비록 일시적이었지만 대표적인 사례가 '응예 띤'소비에트(Nghe Tinh Soviet)이다.

이러한 혁명운동은 1930년대 전반기까지 프랑스정부의 가혹한 탄압과 테러에 의하여 일시적으로 침체기에 들어갔다. 또한 1936년 7월 국제공산당 제3 인터내셔널 제7차 대회를 기점으로 베트남공산당은 식민지 본국과의 직접적인 대결을 유예하고 공산종주국인 소비에트연방의 정책에 동조하여 反파시즘노선을 추구하였다. 그 결과 공산당이 비공산주의적 진보세력과 민족부르주아와도 연대하는 소위 통일전선(1936~1939)을 형성하여 국내적으로 합법적 또는 준합법적인 투쟁을 전개하였다.[5] 그러나 1939년 9월 제2차 세계대전이 발발하자 프랑스 식민체제는 토착식민지인들을 자신들의 제국주의 전쟁의 소모품으로 삼기 위하여 총동원령을 내리고 식민통치를 강화하려 하자 이에 베트남의 민족세력과 공산세력은 연합하여 궐기·저항하였다.

1940년 6월에는 히틀러 파시스트들이 프랑스 본국을 점령하자 아시아의 일본 파시스트들은 인도차이나를 공략하였다. 이 때 프랑스 식민당국은 일본에 항복하였으나 대부분의 베트남 민족주의자나 공산주의자는 다 같이 일치하여 항일저항운동을 벌였다. 이 운동의 주체가 1941년 호찌민이 결성한 베트남 독립동맹(The Vietnam Independence League), 즉 베트민(Vietminh)이다.[6] 베트민의 구국항일운동이 전국적으로 확대되어 나가자 파시스트들과 그 하수인들의 지배가 무력해지고, 1945년 3월 이후부터 폭동과 게릴라전에 의하여 전국 각처에서 二元化된 권력 구조가 형성되었다. 즉, 쩐쫑낌(Tran Trong Kim) 친일괴뢰정부가 있었지만, 이에 대립하는 인민의 권력이 지배하는 혁명기지와 해방구가 전국의 주요거점을 장악하였다.[7]

---

5) 김종욱, 상게서, pp. 31~33.
6) 이정복, "인도차이나 3국의 政府와 政治 : 베트남, 캄푸치아, 라오스", 「東南亞政治論」 (法文社, 1983), p. 286
7) 김종욱, 전게서, pp. 55~56.

1945년 8월 15일 일본이 연합국 측에 항복하자, 그 다음날인 8월 16일에 호찌민이 베트남민족해방중앙위원회 임시정부의 의장으로 선출되고, 9월 2일에는 베트남 민주공화국(The Democratic Republic of Vietnam)의 독립이 선포되었다.

제2절 제1차 베트남전쟁 : 프랑스의 식민지 재건과 베트남인의 항전(1946~1954)

호찌민 주도하의 베트남 공산당이 일본의 연합국 측에 대한 항복이 있은 후 베트남민주공화국을 수립하고 북부 베트남지역을 석권해 가고 있을 때, 연합국 측은 인도차이나의 북위 16도선을 경계로 그 以北에는 장개석(將介石)의 중국군이 베트남에 진주하고, 그 이남은 영국군이 진주하여 일본군의 무장해제를 받았다. 당시 프랑스는 전승국 자격으로 식민지배를 재확립하기 위하여 베트남에 총독과 군대를 파견하고 베트남의 자주정부 수립을 저지하려 하였다. 이에 토착민족주의적인 공산세력이 프랑스를 상대로 9년간의 처절한 게릴라전・진지전・정규전을 벌였는데, 이것이 소위 제1차 베트남전쟁(1946~1954)이다.[8)]

호찌민이 주도하는 베트남민주공화국은 베트남의 북부지역에 지배권을 확립하고 당면한 식량난을 해결하기 위해 프랑스 식민세력과 베트남 매판세력으로부터 토지를 몰수하여 빈민에게 분배하고, 모든 인민에 공유지의 공정한 분배, 노사분규에 있어서의 노동자의 보호 등의 과감한 시책을 펴나가면서 전국적으로 총선과 각 지역인민위원회의 설치를 추진하였다. 그러나 종전 직후 북부베트남에 진주한 장개석(蔣介石) 중국국민당 군대는 베트남의 독립정부 수립과 총선거를 방해했다. 한편 남부베트남에서는 영국군이 진주하여 대세를 장악해 갔기 때문에 북부(하노이)에 거점을 둔 베트남민주공화국은 남부베트남지역을 장악할 수 없었다.

당시 하노이 베트남정부는 1946년 3월 6일 장개석 군대의 철군을 앞당겨 완전독립을 위한 기반을 다지기 위해 우선 프랑스와 타협하여 프랑스로부터 정부와 의회 및 군대를 지닌 자유국가로 인정받는 예비협정을 체결하였다. 그러나 프랑스는 이러한 예비협정을 곧 파기하고 1946년 11월 20일부터 북부의 하이퐁 랑선과 중부의 다낭을 거점으로 북위 16도선 이북의 베트남지역, 특히 북베트남의 내륙과 평야지대를 점령해 들어갔다.[9)]

---

8) 구종서, 「民族과 世界」(具宗書 言論集 2) (나남신서, 1990), pp. 305~307.
9) 김종욱, 전게서, pp. 73~74.

1947년 전쟁이 본격화된 이래 1953년 초까지의 전황은 프랑스군에 유리했으며, 그들의 최대병력이 50만 명 수준을 넘어섰다. 그러나 프랑스 측은 전쟁의 장기화로 인한 병사들의 사기저하, 군수품의 보급지연, 프랑스의 국력피폐로 날로 전력이 약화되었다. 이와는 대조적으로 베트남 공산당은 당원의 수적 증가(1949년에 70만 명에 이름)와 철저한 사상교육, 특히 1953년 11월 각 地域解放區에서의 지대감면과 토지개혁정책에 결정적으로 힘입어 전세를 유리하게 이끌었다. 이에 프랑스는 전쟁의 장기화를 타개하기 위하여 1953년 5월 베트남정부에 협상을 제의하는 한편, 군사적 승리에 집착하여 베트남 현지에 나바르 장군을 파견하여 18개월 이내에 베트남공산군을 완전히 토벌한다는 방침을 세우고 군사적 총공세를 폈다.

이에 베트남 공산정부는 1953년 동계작전과 1954년 춘계작전을 통해 진지전과 게릴라전을 벌여 기존 解放區를 사수하고 프랑스군을 패배시켜 나갔다. 특히 1954년 5월 7일에 끝난 베트남 북서부의 전략적 요충지인 '디엔 비엔 푸'(Dien Bien Phu)에서 벌인 베트남공산군과 프랑스군의 大격전은 제1차 베트남전쟁을 판가름했다. 당시 55일간 계속된 이 전투에 양측이 투입한 병력은 베트남 측이 20만이었고, 프랑스 측이 11만 2천으로 이는 당시 프랑스가 인도차이나에 駐屯한 全 병력의 ¼이 집결한 수치이며, 이 전투로 1만 6천명의 프랑스군이 전사·체포되었고, 프랑스 사령관 까스뜨리예(De Castries) 장군 이하 참모들이 모두 베트남 공산군의 포로로 잡혔다.

이 치욕적인 '디엔 비엔 푸' 전투에서 패배는 프랑스로 하여금 베트남에서의 군사적 승리가 불가능함을 깊이 인식케 하여 베트남의 북부지역을 포기하게 하고 베트남의 분단을 가져 온 휴전협정을 체결하도록 하였다.[10] 이 9년간의 전쟁으로 양측이 5백만 명 가까운 인명이 희생되었고, 프랑스 측에서는 2조 6880억 프랑의 전비와 미국 측 지원비가 26억 달러나 소모되었다. 이 처참한 9년간의 전쟁을 마무리 지은 것이 1954년 제네바정전협정이다.

이 협정의 주요내용을 간추리면 첫째, 북위 17도선을 군사경계선으로 설정하고, 그 북쪽으로 베트남민주공화국군(월맹군)이 철수하고, 그 남쪽으로는 프랑스군이 철수한다. 둘째, 중립국 감시위원회(인도, 캐나다, 폴란드 등 3개국 대표) 관리하에 1956년 11월 베트남 전지역에 자유선거를 실시하여 통일정부를 구성한다. 셋째, 통일베트남 영토 내에 외국군사기지를 허용하지 않고 어떠한 군사동맹도 맺지 않는다는 것 등으로 되어 있다.

10) 김종욱, 상게서, pp. 88~93.

제3절 제2차 베트남전쟁 : 베트남의 분단과 미국의 개입, 그리고 패배(1954~1975)

1954년 9월 미국은 프랑스와의 '워싱턴 회의'를 통하여 프랑스에 대신해서 남부베트남 지원을 약속했으며, 미국은 호찌민의 베트남민주공화국에 대항하여 남부베트남을 장악하기 위해서 프랑스가 내세운 괴뢰 바오다이(Bao Dai)왕정을 폐지하고, 미국에 망명 중인 응오 딘 디엠(Ngo Dinh Diem)을 1955년 10월 국민투표를 통해서 대통령으로 내세워 베트남공화국(The Republic of Vietnam)을 출범시켰다. 이후 미국은 1954년의 제네바 국제협정을 인정치 않고 그 협정의무조항인 2년 이내의 남북베트남의 총선거조차 거부하였다.[11] 이는 호찌민과의 선거대결에서 승산이 없었기 때문이었다. 이후 베트남은 북위 17도선을 경계로 남과 북이 이질적인 체제로 분단되어 대결하게 되었다.

당시 미국이 프랑스를 대신해서 베트남에 개입하게 된 명분은 베트남이 공산화되면 인접한 인도차이나반도 전체가 연쇄적으로 공산화된다는 이른바 '도미노' 논리였다. 1950년대까지도 미국은 남부베트남에 군사원조를 했지만, 직접적인 군대파병은 없었다. 그러나 남부베트남이 디엠 일가의 독재로 치닫자 남부 베트남 내의 반정부세력은 1960년 12월 남부베트남민족해방전선(FLN)을 결성하고, 그 무력부대인 남부베트남 해방군(베트콩 : Vietcong, Vietnamese Communist)이 저항운동을 시작했고, 여기에 월맹(하노이)이 군사적으로 지원하게 되었으며, 나중에는 직접개입으로 전환했다.

남부베트남의 해방군의 활동이 격화되자 위기감을 느낀 미국의 케네디 행정부는 게릴라 진압을 위해 특수부대요원을 파병했으며, 1963년 케네디 사후 존슨 행정부가 들어서면서 베트남 확전(擴戰)이 시작되었다. 1964년 미국의 존슨 대통령과 러스크 국무장관은 지원요청을 電文으로 25개의 동맹국들에 보냈으나 대부분의 동맹국들은 파병에 등을 돌렸다. 다만 아시아・태평양지역에서 태국, 필리핀, 호주, 뉴질랜드, 한국만이 이러한 요청에 응했다. 참전동기는 제각기 달랐다. 한국이 월남전에 참전한 명분과 동기에 대해서는 당시 동아・조선・한국・서울 등의 신문에서 여러 가지로 논의된 바 있다. 그 이유로 첫째 과거 한국전쟁 중에 국제연합군의 파병지원에 대한 보답, 둘째 대미관계에서 한국의 위상강화, 예컨대 '한・미 상호

11) 당시 미국의 아이젠하워 대통령은 남북 베트남총선거를 실시한다면 호찌민 주도하의 '베트민'이 80%를 득표할 것이라는 보고서를 받고 총선에 반대하였다. 1954년 제네바국제협정이 체결되기 이전 4년간(1950년부터)미국이 프랑스의 베트남식민지전쟁에 22억 8,500만 달러를 제공한 것으로 미루어 보아 이미 미국은 군사적 개입을 예상하고 있었다고 생각한다

방위조약'의 강화방향으로 개정요구, 군사원조증액 등, 셋째 베트남참전으로 결과되는 잠재적·재정적 이익, 넷째 베트남에 대한 지원과 참전을 통해서 한국의 국제적 지위향상(그러나 제3세계와의 관계는 부정적임)등이 지적되었다. 한편 당시 야당당수 윤보선씨는 한국의 월남파병을 청부전쟁(請負戰爭)이라 비난했고(Korea Times, Jan. 24, 1967), 미국의 플브라이트 상원의원은 한국군을 용병(傭兵)이라고까지 혹평했다. 여하튼 한국의 경우는 한 마디로 말해서 '월남특수'가 가져 올 경제적 실리가 주요 참전동기였다. 이리하여 1960년대 후반부터 사이공 정부군과 베트콩 게릴라와의 싸움은 하노이와 워싱턴간의 전쟁으로 확대되었다.

베트남에 대한 최초의 미군파병은 케네디 행정부 때부터 시작되었다. 1962년 2월 18일 美국방성은 하킨스(Harkins) 휘하의 특수군사령부(Special Military Command)를 창설한 뒤에 특수부대요원 1만 2천명을 베트남에 파병하여 베트콩의 게릴라진압에 나서게 되었다.[12] 소위 스탤리-테일러 계획(Staley-Taylor Programme)이라고 불렀던 이 特殊戰의 전략방안은 첫째 남부 베트남의 정부군을 헬리콥터와 장갑차로 중무장시켜 對베트콩 토벌의 전력을 강화하고, 둘째 신속한 평정(pacification)작전과 아울러 전략촌(strategic hamlets)을 설치하여 농촌지역의 베트콩 거점을 철저히 분쇄하고, 셋째 해안을 통제하고 군사분계선(북위 17도선)을 봉쇄하여 북베트남의 지원을 차단시켜 베트콩을 고립시킨다는 것이다.[13]

이렇게 해서 미군은 단기간 내에 남베트남 내에 1만 7천 개의 전략촌을 설치하였으나 베트콩의 습격과 치열한 파괴공작이 뒤따라 이들 전략촌 건설은 소기의 성과를 거두지 못하였다. 이러한 전략촌 건설과 평정작전의 실패는 근본적으로 남부베트남정부(사이공정부)의 토지정책과 사회통합정책의 실패에 그 요인이 있었다.

사이공정부(디엠 정권)는 남부베트남의 농촌사회의 구조적 불평등을 해결하려는 의지가 전혀 없었으며, 오히려 사이공정부의 토지개혁정책은 토지하한선을 100헥타까지 높이 책정하여 상업적 이득을 추구하는 대지주 층을 온존·비호했다. 일부지역에서는 베트남 공산당의 콤뮨이나 베트민(Vietminh)이 이미 1930년대, 1940년대에 중소자작농이나 마을 공동소유형태로 분배한 토지까지도 또 다시 소작농으로 되돌려 놓아 농민의 원한을 샀다. 또 중앙집권적인 행정체제를 수립하여 지방정부와 전통적인 마을단위의 촌락공동체의 엘리트를 소외시켰을 뿐만 아니라 하층민중과 정서에 맞지 않는 서구교육이나 훈련을 받은 도시출신의 관료·지주·군장교를 통하여 강제적인 동원체제를 수립하려 하였다.[14]

---

12) Paul M. Kattenburg, *The Vientnam Trauma in American Foreign Policy*, 1945~1975. (New Brunswick : Transaction Books, 1980), p. 113.

13) 김종욱 옮김, 전게서. p. 75

이와는 대조적으로 남부베트남의 혁명엘리트(공산당원, 이전의 베트민 요원, 소외된 지식인, 종교인, 전통적인 촌락지도자)들의 통일전선전략은 농민을 주축으로 하되, 협력하는 지주·부농은 물론, 도시 쁘띠부르주아나 소수민족까지도 광범하게 포용하는 한편, 전국적으로 마을과 촌락단위의 하부조직에 많은 권위를 부여하는 분권화정책을 실시하였으며 토지분배·조세·징집 등의 문제를 하층 엘리트들이 각 지역의 실정에 맞게 직접 결정할 수 있게 하였다. 또한 혁명운동과정에서 혁명참여자의 능력과 기여도에 따라서 권력과 지위 또는 토지의 분배·보상에 있어서 선별과 차등을 두어 농민들의 혁명동기를 유발하고 이를 지속적으로 유지시키는 대중동원체제와 권위구조(사실상의 정부기능)까지도 확립하였다.15)

특히 베트콩의 혁명조직은 농촌의 마을공동체나 친족조직, 교우관계 등의 私組織을 기반으로 하였으므로 남부베트남정부가 각급 상위의 행정조직에 의하여 사회통제를 하려 했던 것과는 대조적이었다. 또한 베트콩의 혁명조직은 무장테러나 군사적 투쟁도 불사했지만, 이 이전단계에 이미 반제·반미·사이공정권의 타도를 내세워 정치투쟁을 표방하면서 농민(농촌)과의 융합을 위해 전쟁에 싫증이 난 농민과 젊은이들에게 물리적 안전과 지위의 보장, 토지분배, 그리고 권력분배 등의 구체적인 동기를 부여했고, 계급투쟁보다는 도시와 농촌간의 격차, 소수민족의 소외현상을 극복하는데 주력했다. 예컨대, 당은 하위계층과 농촌출신의 엘리트가 능력만 있으면 맨 하위의 치보(Chibo)조직에서부터 당중앙위원까지 승진이 가능하도록 제도화하였다.16)

이와 같이 베트콩은 정치·경제·사회조직과 관련해서 고도의 총체적인 혁명전략을 수립했다. 반면에 사이공정부는 경직된 행정조직과 미국의 지원에 의한 군사적 토벌작전에만 급급하여 민심이 이탈하였으며, 모든 정책의 수혜는 기득권 층인 지주·관료·군장교에 국한되었다. 결국 남부베트남공화국과 그 동맹국인 미국은 거의 무제한적인 군사작전을 감행하였지만, 베트콩의 혁명전략에 밀리고 말았다.

더욱이 1963년 11월 미국이 '응오 딘 디엠' 독재정권을 제거한 이래 남부베트남에서는 1965년 5월까지 1년 반 동안 드엉 반 민(Duong Van Minh), 응우엔 칸(Nguyen Khanh) 등과 같은 정치군인들의 14차례의 군사쿠데타가 빈발한 끝에 티우 군사정부가 들어섰기 때문에 정부로서 기능을 제대로 하지 못하는 형편이었다.17) 베트콩의 치열한 게릴라 공세와 악순

---

14) 박종철, "남베트남 : 혁명운동의 기원과 전개과정", 「제3세계의 혁명과 발전」 (경남대학교 극동문제연구소, 1987), pp. 128~131.
15) 박종철, 상게논문, pp. 145~151.
16) 박종철, 상게논문, pp. 107, 135, 144, 146.

환 되는 쿠데타정부의 무능으로 1960년대 중반 이후부터 남베트남에서의 미국의 직접적인 군사적 개입은 더욱 가속되었다. 미국의 베트남 전쟁에서의 확전 양상은 대규모의 병력 증파와 북베트남 지역의 폭격으로 나타났다.

1967년 말에는 30만의 공산군 가운데 5만 명의 월맹정규군이 포함되었고, 전쟁은 정규전으로 전환했으며, 미군병력은 최고 54만 명 수준까지 파병되었다. 1968년도 한해 미국이 쓴 베트남전비는 265억 달러나 되었다. 이는 당해 년도 美군사비총액의 30%, 미국 GNP의 3% 수준이었다.[18)]

베트남전쟁이 확전 될수록 미국의 군사적 패배가 거듭되자, 세계여론의 악화는 물론 미국내의 반전운동[19)]은 더욱 격화되었다. 당시 미국내의 반전세력은 각계 각층에 걸쳐 포진했다. 반전세력 가운데는 ① 국가정책수립에 관여하는 의회·언론계의 지도급인사(J. William Fulbright, Walter Lippmann)들로 대표되는 보수체질의 歐洲指向的인 엘리트집단(이들은 주로 베트남의 중립화를 논의), ② 광범한 국제주의자·자유주의자·평화주의자들(Adlai E. Stevenson계의 민주당원, 동부의 공화당원, 민주사회주의자들), ③ 비폭력적·개인주의적 논리성향이 강한 전쟁반대주의자들, ④ 1960년대 초부터 득세한 급진적 좌파(radical left, 남부의 민권론자, New Left, 반체제학생집단) 등이 포함되어 있었으며, 기타 미국 내의 非조직적이고 소극적인 반전의식을 가진 상당수의 대중이 가세했다.

당시 반전여론은 존슨 대통령의 대통령 재선 포기를 선언했을 정도로 심각했다. 미국이 베트남전쟁에 결정적으로 말려든 결정적인 계기는 1965년 7월 존슨 대통령의 베트남 확전 결정(美지상군의 완전참전과 5만 명의 파병결정 등)이다. 이후 존슨은 미국 역사상 가장 인기 없는 대통령의 한사람으로 평가되었다. 그러나 실제 베트남전쟁 정책과정에서 존슨은 오히려 군부를 억제하고 여론을 의식하여 중도적 입장에 서려 했다는 사실이 후일 존슨 기념도서관에 비치된 대통령에 대한 기록철의 조사에서 밝혀지고 있다.

조지 카인(George Kahin)같은 학자는 존슨 대통령이 베트남 전에 개입하지 않을 수 없었던 것은 그의 전임 대통령인 아이젠하워나 케네디에게도 책임이 있으며, 또한 전임대통령으로부터 인계 받은 그의 보좌관들, 특히 번디(McGeorge Bundy), 테일러(Maxwell D. Taylor), 맥나마라(Robert S. McNamara) 같은 참모들이 擴戰이나 철군이외의 다른 대안

---

17) 김종욱, 전게서, pp. 118~123.
18) 구종서, 전게서, p. 309.
19) Robert A. Divine, ed., *The Johnson Years, Volume Two : Vietnam, the Environment, and Science.* (Lawrence : University Press of Kansas, 1987), pp. 24~27.

을 대통령에게 권고하지 않았다는 점을 지적하고 있다. 사실 이들 보좌진들은 통킹灣 사건(Gulf of Tonkin Incident)에 대한 진상을 은폐하고 있었고, 조지 볼(George Ball)이 최초로 제안한 '교섭에 의한 철군案'도 대통령에게 보고하지도 않았다고 한다. 어느 의미에서는 그들은 미국의 국가이익과 그들 자신의 출세와 평판을 분간하지 못했다는 혹평을 듣고 있다.

보좌진과 비교해서 존슨 대통령은 실제로 지금까지 일반에게 알려진 바와 같이 잔인한 주전론자가 아니라 신중하고 조심스러운 지도자였으며, 남부베트남의 비틀거리는 정부를 구하기 위해서 북부베트남을 폭격하자는 참모진들의 건의를 처음에는 반대하였다. 1965년 7월 美지상군 증파를 논의하는 자리에서도 존슨 대통령은 "우리가 2~3년 안에 간단히 끝낼 수 없는 일을 지금 시작하고 있는 것이 아니냐?"고 파병문제에 회의적인 의문을 제기하여 행정부 내에서 그의 보좌진들과는 달리 온건한 입장에 섰다. 그러나 대통령의 이러한 옳은 문제제기는 결국에는 그의 보좌진들의 그릇된 입장을 수용하는 선에서 끝났다.

결국 특정 비전이나 이데올로기에 대한 집착보다는 정치적 타협이나 현실 지향적인 리더십을 가진 존슨 대통령은 베트남전쟁에서 의회와 각계의 반전여론에 밀려서 과거 윌슨(Wilson)이나 루스벨트(Roosevelt)가 결단했던 것처럼 강력한 制覇戰爭도 하지 못하고, 그렇다고 베트남전쟁에서 손을 떼지도 못하는 어정쩡한 상태로 베트남전쟁에 말려들어 계속 표류했다.[20]

존슨의 후임인 닉슨 행정부도 1969년 6월 24일부터 10월 15일 사이에 11개의 반전과 철군에 관한 결의안이 美의회에 상정될 정도로 의회의 치열한 반전론에 직면했다.[21] 이에 닉슨 행정부는 극적으로 철군방침을 결정하고 "베트남전쟁의 베트남화"(Vietnamization)를 꾀했다. 이리하여 1969년 5월 10일 미국과 월맹이 파리에서 '휴전협상'을 시작한지 3년 반이 되는 1973년 1월 27일 파리에서 미국·북베트남·남베트남·베트콩 대표가 서명한 '베트남에서의 전쟁종식과 평화회복에 관한 협정'(Agreement on Ending the War and Restoring Peace in Vietnam)을 체결하기에 이르렀다.

이 '파리협정'의 핵심내용은 1954년 베트남에 관한 제네바협정에 의해 인정된 베트남의 독립주권의 단일성 및 영토보존의 존중(제1조), 베트남 내정에 대한 미국의 군사적 개입과 간섭 중지(제4조), 미군과 외국군 철수(제5조), 포로석방(제8조) 등을 규정했으며, 티우 정권의 존속을 인정하고 북베트남군의 남베트남 잔류를 묵인하는 선에서 상호 타협한 것이다. 파리협

---

20) George Mc T. Kahin, Intervention : How America became involved in Vietnam (New York : Knopf, 1986), pp. 239, 245, 383 ; Robert A. Divine, (ed.), The Johnson Years, Volume Two, pp. 13~18.

21) 홍규덕, 미국·베트남관계정상화 과정과 요인분석, 「한국과 국제정치」 (경남대학교 극동문제연구소 1991) p. 187.

정은 미국이 적당히 체면과 명분을 세우고 힘겨운 베트남전쟁에서 빠져 나오기 위한 방편으로 체결한 것이다. 이 협정에 의하여 미군이 철수하자 계속되는 북베트남군(월맹군)과 베트콩의 군사적 공세로 1975년 4월 30일 남베트남이 붕괴되고 공산화 통일이 달성되었다. 이 제2차 베트남전쟁(1961~1975)은 한 마디로 말해서 '이념을 내세운 거짓과 오산'으로 점철된[22] 미국의 아시아지역에서의 정치적·군사적 패배의 악몽이며 파노라마였다. 그것은 한 마디로 미국의 우월주의에서 비롯된 아시아에서의 민족주의에 대한 미국의 무지의 결과였다.[23]

베트남의 분단과 두 차례에 걸친 통일전쟁과정을 살펴 볼 때, 베트남인이 프랑스식민지로부터의 해방전쟁을 치열하게 벌였던 1930년대부터 1954년 제네바협정 체결까지의 소위 제1차 베트남전쟁은 反서구적·反帝的 아시아민족주의운동의 성격을 특징적으로 보여 주었다. 그러나 1950년대 후반부터 미국이 개입하여 1960년대 이후 본격화되어, 1975년에 종결된 제2차 베트남전쟁의 성격은 제1차 베트남전쟁의 연속이라는 면도 있지만, 아울러 거기에는 동서냉전구도 속에서의 국지적 제한전쟁의 성격도 아울러 지니고 있다.[24] 또한 진보적 시각에서 볼 때 그것은 미국자본주의 세력권의 확보와 유지를 위한 전쟁이었다는 평가도 있다.

이 전쟁으로 막대한 전비가 소모되었고, 수많은 인명이 희생되었다. 제1차 베트남전쟁은 약 460만 명의 사망자, 550만 명의 부상자, 그리고 13만 명의 난민을 냈고, 제2차 베트남전쟁은 베트남인의 경우 약 190만 명의 사망자와 450만 명의 부상자, 그리고 700만 명의 난민을 결과했다. 미군의 경우 5만 8천 명이 사망했고, 13만 명이 부상당했으며, 미국이 소모한 전비는 1,700억 달러에 달했다.[25]

베트남전쟁 피해는 이 전쟁을 겪은 수많은 살아 있는 사람들의 정신적·물질적 황폐까지 생각한다면 참으로 엄청난 것이다. 이 전쟁의 후유증은 지금도 베트남인에게 고통과 비애를 안겨 주고 있다. 베트남의 통일사례가 우리에게 준 교훈은 전쟁을 통한 통일은 민족에 대한 자해행위이며 내출혈을 수반하는 것이며, 통일이 되었다고 하더라도 거기에는 승자와 패자가 확연히 갈라져 패자 측의 가치, 제도, 그리고 지배층이 철저히 파괴되어 적어도 당대에는 진정한 의미에서의 민족적 화합을 이루는 데 문제가 있다.

또 하나 지적할 수 있는 것은 소위 남부베트남의 경우에 있어서 內戰의 평정을 스스로의 노력에 의한 것이 아니고 외세에 의존하려 했고 그 '안보' 역시 그러했기 때문에 외세의 철수로

---

22) 구종서, 전게서, p. 307.
23) 이동원, 「대통령을 그리며」, 고려원, 1992, p. 111.
24) 구종서, 전게서, pp. 312~313.
25) Dennis Philips, *Ambivalent Allies* (New York : Penguin, 1988), pp. 117~118.

하루아침에 그 체제가 붕괴되는 것을 확인할 수 있었다. 또한 남부베트남이 표방하는 자유민주주의라는 체제 깃발이 군사쿠데타가 악순환 되는 군사독재와 부정부패 속에서 얼마나 허망하게 허위의식으로 전락했는가를 생생하게 입증해 준다. 따라서 베트남전쟁을 공산주의 대 자유민주주의 대결로 규정짓는 것은 그 실상이 아니다. 그보다는 그 과정 내지 결과를 지켜보았을 때 민족주의 대 패권주의, 혹은 제국주의의 대결이라고 보는 견해가 보다 설득력이 있다.

제4절 베트남전쟁에 대한 평가와 교훈

미국이 케네디 행정부이래 베트남에 적극 개입하게 된 배경은 1949년 중국공산당이 중국대륙을 석권하여 그 영향력이 아시아전역에 미치게 되었고, 한국전쟁과 덜레스 美국무장관의 반공강경노선과 같은 1950년대의 유산이 미국 외교정책에 크게 작용했기 때문이다.[26] 사실 당시 美국무성은 매카시즘의 선풍으로 유능한 중국문제 전문가들이 대량 숙청되었으며, 중국대륙의 고립과 봉쇄, 미국이나 중국 어느 쪽에도 가담하지 않는 중립국가에 대한 적대정책, 그리고 중국 주변에 있는 反共피보호국(Anti-Communist Client States)들과의 동맹체계를 추구하는 노선에 너무 치우쳐 있었다.

1950년대의 미국은 공산블럭의 단일지주적(monolithic) 성격을 과대평가 하여—중·소분쟁을 비롯한 그 이후의 공산권의 다원화 경향에서 반증되었지만—공산블럭의 전세계적 연계와 도전에 지나치게 불안감을 느꼈다. 미국이 당시 내세웠던 도미노이론이란 전략 발상도 결국 이러한 맥락에서 이해할 수 있다. 그러나 도미노이론은 모든 아시아인들은 외모가 똑같아 보이기 때문에 똑같이 행동할 것이라는 잠재의식에서 나온 것이며, 이는 또한 분명히 아시아인의 民族主義의 권력과 그 다양성과 탄력성을 인식하지 못한 데서 나온 것이다. 하나의 이론으로서 도미노이론의 오류는 그것이 단순히 정확하지 못했을 뿐 아니라 아시아 국가들에게 모욕을 주었다는 점이다.[27]

美행정부의 베트남에 대한 군사적 개입을 더욱 가속화시킨 것은 게릴라 전술이론을 개발하여 그것을 실험해 보려는 군사전략가나 사회과학자들이 행정부에 들어가 큰 역할을 한 데도

---

26) James C. Thomson, Jr., "33 A Series of Miscalculations", in Don L. Mansfield & Gary J. Buckley (New Jersey : Prentice-Hall, Inc., 1985), p. 275.
27) James C. Thomson, Jr., *ibid.*, p. 276.

그 원인이 있었으며, 세계의 불안정을 해결하는데 게릴라작전을 만병통치약으로 생각하는 자들이 있었다는 것이 문제였다. 미국의 정책수립자들은 베트남인의 의식이나 그들이 처한 특수한 상황을 고려치 않고 모든 문제를 군사작전의 성패로 단순화시키고 대체로 군사적 차원에서 해결하려는 경향이 있었다.

베트남전쟁을 일종의 군사적 게임으로 생각하는 관료적 냉담성(bureaucratic detachment)과 무자비성은 베트남에 폭격을 가해서 "베트남을 석기시대(stone age)로 되돌려 놓겠다"는 커티스 리메이(Curtis Lemay) 美軍장군의 말에서도 실감할 수 있다. 만일 베트남사회가 白人社會였다면 그러한 초토화 작전과 대규모 북폭이 자행될 수 없었을 것이다. 이러한 미국인의 사고에는 암묵적으로 인종주의(cryptoracism)적 편견이 그 저변에 깔려 있다.[28)]

1964년 후반과 1965년 초에 베트남에 대한 미국의 군사적 개입이 더욱 강화되었을 때, 평화 지향적인 정책수립진의 일부에서는 북부 베트남의 폭격을 반대하면서도 하노이 정부를 협상에 끌어들이기 위해 그들을 위협하는 지상군의 파병을 주장했다. 한편 군부의 다수나 민간 출신 관료들도 아시아에서 또 하나의 지상군 투입을 반대하면서도 북폭을 지지했던 것을 상기할 때, 베트남 문제를 해결함에 있어서 미행정부의 강경파나 온건파는 다 같이 군사적 수단을 통해 접근하려 했다는 사실을 인지할 수 있다.[29)]

특히 당시 미국의 정책결정자들의 사고에는 역사의 왜곡 내지 자기류의 '팩스 아메리카나 테크노크라티카'(Pax Americana Technocratica)라는 미국판 이데올로기가 작용하였다. 보다 구체적으로 말하면, 미국은 베트남에 대한 미국의 개입을 유럽에서의 '뮤니히' 배신이나 전후 동유럽의 봉쇄, 그리고 아시아에서 말레이시아의 반란과 한국전쟁 등에서 얻은 경험의 부정확한 유추(類推)를 통해서 정당화하려하였다. 특히 말레이시아와 한국의 사례를 통해서 베트남의 개입을 억지로 꿰맞춰 합리화하려 했다. 이는 분명히 오류이다. 미국 정책수립자들은 미국의 막강한 군사력, 기술공학적 우세, 그리고 '자기도취적인' 무한한 利他主義(altruism)에 힘입은 소위 '팩스 아메리카나 테크노크라티카'를 실험하는 실험장소로 베트남을 선택했다. 그들의 노력은 처음에는 성공할 것 같았으나 결국 실패했다. 이러한 미국인의 '팩스 아메리카나 테크노크라티카'는 적어도 베트남의 경우에 있어서는 세계 적화를 노리는 공산주의의 급진적 左派思考와 유사한 것이었다.[30)]

일찍이 세계적인 국제정치학자 모겐소는 베트남전쟁이 미국의 패배로 끝나기 2년 전에 쓴

---

28) James C. Thomson, Jr., *ibid.*, p. 280.
29) James C. Thomson, Jr., *ibid.*, p. 282.
30) James C. Thomson, Jr., *ibid.*, p. 283.

'베트남의 교훈'(The Lessons of Vietnam)이라는 논문에서, 거시적 입장에서 베트남전쟁과 관련해서 미국 외교정책의 '非도덕성과 反혁명성'에 대해서 강한 회의를 느끼고 문제를 제기하였다. 그는 베트남전쟁을 정치적・군사적・도덕적 관점에서 볼 때 미국 역사상 가장 큰 비극의 하나라고 규정하면서, 이 비극은 미국의 정치적・경제적 힘을 약화시켰고, 또 국민의 대부분, 특히 젊은 세대를 소외시키고 정부의 분열을 자초했다고 말했다. 더욱이 이러한 베트남의 재난에 대해서 관변이나 학계에서 실제적 쟁점으로 다루기를 싫어한다고 비판하였다.[31)]

모겐소는 우선 무엇보다도 미국의 기본적인 과오는 첫째, 베트남 자체의 경제적・사회적 혁명이 결과한 민족해방전쟁을 베트남 밖의 외부세력의 음모의 결과라고 고집했던 그릇된 신념이라고 지적했다. 제2차 세계대전 말이래 월남에서 일어난 사태는 이 시기의 모든 동남아시아에서 일어난 사태와 마찬가지로 모스크바나 북경에서 수출한 것이 아니다. 말하자면 레닌이 소년 때 홍역으로 죽었다거나, 마르크스가 폐기종으로 사망했거나, 그들이 혁명을 논한 저작을 남기지 않았더라도 동남아시아에서 이러한 혁명은 필연적인 것이다. 이들 혁명의 목적을 아주 단순화시키면, 외국의 지배에서 벗어나고 인민을 외부와의 전쟁 속에서 '대포의 밥'(cannon fodder)이 되는 데서 구제하려는 데 있었던 것이다.

베트남의 이러한 기본적 현실을 공산주의 음모의 단순한 결과로 왜곡하고, 남부베트남에서 일어나는 사태는 북부베트남의 음모의 결과이며, 또한 북부베트남에서 일어나고 있는 일이 모스크바와 베이징이 선동하고 수출한 것으로 생각하는 것은 현실세계와 아주 경미한 관계(the slightest relationship)만을 갖는 가상(假想)의 세계를 조작하려는 오류라는 것이다.

미국은 베트남의 현실을 잘못 이해해 왔을 뿐만 아니라, 현실에 대한 객관적 평가 대신 미신(迷信)과 가상으로 일관해 왔으며, 그릇된 역사적 유추법을 적용해 왔다. 예컨대, 뮈니히 징후(Munich syndrome)를 베트남에 적용하려는 것은 큰 잘못이었다.

1938년 영국과 프랑스는 독일과의 전쟁회피를 기대하면서 히틀러에게 양보했지만, 이러한 양보는 결국 히틀러의 야욕을 더욱 자극하여 제2차 세계대전을 불가피하게 한 바 있다. 그러므로 유화정책은 나쁘며, 우리는 어떠한 팽창주의적 전체주의 독재자를 달래서는 안 된다는 주장이 있었다. 이러한 주장은 옳다. 그러나 호찌민(Ho Chi Minh), 브레즈네프, 모택동 등을 히틀러와 동일하다고 생각하는 것은 현실과 어떠한 관련도 없는 유추법을 적용하는 것이다. 사람들이 호찌민이나 모택동에 대해서 무슨 평가를 하든 그들이 자기파괴를 무릅쓰면서까

---

31) Hans J. Morgenthau, "34 America's Anti-Revolutionary Foreign Policy", in Don L. Mansfield & Gary J. Buckley, ed., *Conflict in American Foreign Policy* (New Jersey : Prentice-Hall, Inc., 1985), p. 284.

지 세계전쟁을 실현하려는 半미치광이 독재자가 아니라는 점은 분명하다.[32)]

중국지도자들이 가끔 미친 사람들처럼 말하는 경우도 있었지만, 실제 그들의 1949년 대륙석권 이후의 외교정책은 매우 조심스러웠다. 예컨대, 1964년 임표(Lin Piao)가 세계의 농촌지역이 세계의 도시지역을 포위하여 승리할 것이라는 형이상학적인 황당한 말(metaphysical nonsense)을 했듯이 중국지도자들은 때때로 황당한 말들을 늘어놓기는 하지만, 실제로는 그렇지 않고 아주 신중하고 자제적이다. 중공지도자들이 신중한 것은 특별히 그들이 善해서 그런 것이 아니고, 그들이 약하다는 것을 알기 때문이다.

스탈린(Stalin)과 브레즈네프(Brezhnev) 역시 그들 외교정책은 비교적 自制的이었다. 그들은 동유럽의 지배권을 얻었고, 지중해와 페르시아만(Persian Gulf)을 지배하려고 획책하였다. 이는 짜르 제국주의(Czarist Imperialism) 이래의 전통적인 러시아의 목표추구인 것이다. 스탈린은 러시아국가의 목적을 위해 공산혁명을 이용했고, 브레즈네프는 러시아의 국가이익을 위하여 고전적 팽창정책을 썼으며, 그는 전후 영국과 프랑스의 파산이 빚은 힘의 공백을 메우려 했다. 이러한 관점에서 볼 때 러시아와 중국이 공산주의를 위해 세계정복을 목적으로 남부베트남에서 혁명을 선동했다는 생각은 무식하고 겁먹은 정치가들의 상상력에서 비롯된 이야기에 지나지 않는다고 모겐소는 비판했다.[33)]

모겐소의 주장은 그 후 베트남민족주의에 기초한 통일베트남과 캄푸치아 및 중국간의 군사적 충돌을 통한 국가이익의 대결사례에서 입증되었다.

제2차 세계대전 직후 연합국의 일원으로 베트남에 진주한 중국 국민당정부의 북부베트남 지배야욕에 직면한 베트남은 과거 식민지 본국인 프랑스와 일시적으로 타협하면서까지 이들에게 대항했다. 1975년 5월 베트남의 공산화통일 직후 캄푸치아의 폴포트 정권은 영토적 야심 때문에 중국의 지원을 받아 베트남의 서남부 국경지대를 수 차례 침범했으며, 1977년 4월에는 폴포트와 이엥 사리(Ieng Sary)는 베트남에 대한 대규모 침략전을 감행했다. 이러한 캄푸치아의 도발은 베트남에 의해 격퇴되었다. 또한 적극적인 보복의 일환으로 1978년 12월 25일 베트남은 12개 사단의 대규모병력을 동원하여 캄푸치아를 점령하고 1979년 1월 캄푸치아에 親베트남정권을 수립하였다. 캄푸치아에 대한 베트남의 지배는 베트남의 인도차이나 반도에 대한 지역적 패권형태이며, 여기에는 지배의 역사성, 지역안보를 위한 군사적 목적, 그리고 보다 큰 대국지향적인 경제적 목적 등이 복합적으로 작용한 것이다.[34)]

---

32) Hans J. Morgenthau, *ibid.*, p. 285.
33) Hans J. Morgenthau, *ibid.*, p. 286.
34) 靑在鉉, 전게논문, pp. 42~59.

이러한 베트남을 응징하기 위하여 1979년 2월 중국은 직접 북부 베트남지역에 30개 사단의 60만 병력을 투입하여 전면전을 벌였지만 베트남인의 철저한 항전과 세계여론에 밀려 퇴각한 바 있다. 이러한 일련의 사례를 지켜 볼 때, 베트남전쟁을 모스크바나 북경의 지령을 받아 성취한 세계적화의 일환으로 단순화시키는 것은 오류이다. 베트남과 중국 및 캄푸치아는 국제사회에서 사회주의권이라는 점에서 일반적으로 입장을 같이 했지만, 개별 국가의 국가이익(national interest) 차원에서는 첨예하게 대결하였다.[35]

둘째로 베트남전쟁은, 전쟁을 서구문명차원에서 正義의 전쟁과 不正義의 전쟁으로 구분하는 전통적 의미에서 볼 때, 부도덕하며 부정의한 전쟁의 전형적 예이다. 모겐소는 말하기를 미국은 죽음보다도 더 나쁜 것이라고 생각하는 '악'(소위 공산주의)으로부터 베트남을 구출하는 과정에서 베트남인들에게 전쟁이라는 죽음을 강요해 왔다. 이는 善이 惡으로 전도된 것으로 미국을 지적으로나 도덕적으로 무력화시켰다. 이러한 역사는 경험적 실재(empirical realities)에 대해 무지하거나 민감하지 못한 선의의 사람들이 악한 사람들 못지 않게 세상에 고통을 가져다주었음을 가르쳐 준다. 환언하면 순진한 局外者가 권모술수적인 국외자보다 선의의 희생자에게 더 나쁜 재앙의 원인이 될 수도 있다는 말이다.

모겐소는 베트남전쟁이야말로 200년 이상 지속시켜 온 미국독립선언의 원칙에 대한 생생한 부인이며, 미국사회의 응집력을 약화시키고 분열시켜 신뢰의 위기를 불러왔고, 나아가서는 미국의 세계적 위상에 타격을 주었다고 개탄하였다.[36]

셋째로 모겐소는 미국이 베트남사태로부터 배워야 할 교훈은 實在(reality)라고 착각했던 악몽 같은 미신과 결별하고 세계를 존재하고 있는 그대로 보아야 하며, 그러한 세계에 우리 자신의 말과 행동을 적응시키는 용기를 가지는 것이라고 강조하였다. 그의 논지는 다음과 같다.

"현재의 세계는 혁명상태에 있다. 미국은 현상유지를 위해서 폭격하고 해병대를 보내서 혁명과 싸우고 분쇄하려 해서는 안 된다. 혁명적 시대 속에서 현상을 지키려는 것은 결국 패배하는 편에 내기를 거는 것이라고 결론지을 수 있다. 만일 우리가 전세계에서 미국의 힘과 영향력을 계속 유지하기를 원한다면 미래가 그들에게 속해 있는 자들의 편을 들어야만 한다. 이러한 관점에서 라틴아메리카에서 수많은 카톨릭 교회가 보수에서 개혁이나 혁명으로 진로를 바꾸었다는 사실을 깊이 인식해야 하며, 현실에 그들 자체를 적응하려고 노력하고 있음을 주목하는 것은 매우 교훈적인 일이다."[37]

35) 김종욱 옮김, 「베트남공산당사」, pp. 190~204.
36) Hans J. Morgenthau, *ibid.*, p. 287.
37) Hans J. Morgenthau, *ibid.*, p. 288.

베트남전쟁이 준 또 하나의 교훈은 어느 체제가 아무리 자유민주주의의 이상을 내세운다고 하더라도 그 체제가 군사독재로 전락하고 부정부패로 민심이 이반하면 공산주의자들과의 대결에서도 무력했다는 것을 실증해 주며, 체제안보는 외세보다는 자주적 노력과 민력(民力)에 있다는 것을 새삼 상기시켜 준다.

제5절 통일후의 경제개혁과 사회통합문제

1975년 군사적으로 통일된 베트남은 부강한 베트남을 건설하기 위해 국내적으로는 철저한 사회주의계획경제를 실시하여 경제발전을 추진하였고, 대외적으로는 인도차이나 지역에서 지역패권을 장악하기 위해 1978년 캄푸치아를 침공했으며 이러한 베트남을 견제하려는 중국과도 전쟁을 치렀다. 결국 중국과 미국의 캄푸치아 지원으로 통일베트남의 대외적 팽창은 좌절되었다. 한편 2차에 걸쳐 10년간의 경제발전계획(1976년~1980년의 제2차 5개년 계획과 1981년~1985년의 제3차 5개년 계획)도 과중한 목표설정, 對캄푸치아·對중국전쟁으로 인한 전비부담, 외국원조의 중단, 남부지역에서의 사회주의 개조지연, 기간산업에 대한 무리한 집중투자 그리고 경제개발추진 실무진의 지나친 경제통제 때문에 실패함으로써 세계 最貧國의 수준으로 전락하였다.[38)]

이러한 국가적 경제위기를 타개하기 위해 1986년 12월「구엔 반 틴」(Nguyen Van Tinh)은 제6차 베트남 공산당전당대회에서 당총서기로 취임하면서 종래의 국가계획경제체제에서 벗어나 과감한 시장경제체제를 채택하고 베트남경제의 대외개방을 서두르는 소위 刷新政策(Doi Moi Policy)을 추진하였다. 도이(Doi)는 바꾼다는 뜻이고, 모이(Moi)는 새롭게 한다는 뜻으로, 이 도이·모이 정책의 추구로 인하여 베트남의 경제·사회체제가 변혁을 겪게 되어 이른바 사회통합 문제가 대두되고 있다.

북베트남은 남부베트남을 통합한 후, 소련식 사회주의 모델을 좇아 중공업 치중의 중앙집권적 사회주의 계획경제체제를 추구했으나 관료사회주의 경제의 운영의 미숙, 기술의 낙후성, 자본부족, 국제수지의 악화, 인플레 등으로 경제적 파탄에 직면하였다.

38) The Pacific Basin Research Institute, Toward a Market Economy in Viet Nam : Economic Reforms and Development Strategies for the 21st Century, (Prepared Report). by Bui Diem(Executive Director), (Dec. 1993 One Farstra Court, Rockville, MarylLand U. S. A), pp. 10~11.

베트남공산당지도부는 이후 베트남경제를 철저하게 개혁·재편성하려 하였다. 먼저 기존의 사회주의적 경제체제를 탈피해서 시장경제로 전환하기 위해서 관료주의적 당조직과 행정기관의 권한과 역할을 축소하였다. 권한을 하급기관과 지방정부에 분산시키는 한편, 서방측과 무역을 증진시키기 위해 서방과 중국에 유화정책을 추진하는 등 경제를 살리기 위하여 정치·외교·국방 등 모든 분야에 있어서 개혁을 진행시켰다.

또한 공업화의 방향을 종래의 중화학공업체제에서 급선회하여 식량생산을 위한 농업중시정책, 소비를 위한 경공업분야 육성, 수출증대를 강조하는 정책으로 전환하였다. 이러한 정책의지는 제4차 5개년 경제개발(1986~1990)에 반영되어 정부 총투자액의 60%를 소비재와 수출상품생산 분야에, 28.5%를 농산물 생산에 배정하였다.

이러한 도이·모이정책의 추진내용과 특징을 몇 가지로 요약하면 다음과 같다.

첫째, 도이·모이정책의 추진주체는 과거 강력한 사회주의적 계획경제를 주관해 온 공산당이다. 이들 베트남공산당은 호찌민 이래의 민족주의 성향과 실용주의적 가치관을 가진 주체성이 강한 권력엘리트들인데 이제 이들 스스로가 체질개선을 통해 과거 소련을 비롯한 사회주의 국가와의 기존 관계에 연연하지 않고 상호 경제협력 대상이 된다면 설사 체제나 이데올로기가 다르더라도 세계의 어느 국가와도 협력관계를 가지며 우방으로 삼겠다는 신념으로 외국과의 관계개선과 협력에 매우 적극적이다. 이리하여 과거 베트남 공산화를 반대하여 베트남과 싸운 미국이나 한국과도 경제협력을 추구하고 있다. 요컨대 이러한 '도이·모이' 정책은 민족주의(nationalism)와 실용주의(pragmatism)에 바탕을 둔, 위로부터의 결단에 의해서 수행되는 개혁이며, 신흥공업국(Newly Industrializing Countries : NICs)의 발전을 모델로 하고 있다.[39)]

둘째, 외국의 자본과 기업진출을 용이하게 하기 위해서 베트남은 1989년 초에 국가투자협력위원회(SCCI)를 설치하였고, 1990년 6월에는 "외국인 투자법"을 개정하여 외국자본을 적극 유치하였으며 국내 민간기업이 외국인 또는 외국기업과 합작투자를 원하는 경우, 내각회의에서 결정하는 사업분야의 범위 내에서 이를 허가했다. 특히 자본과 기술을 투자한 외국 투자가들의 권익을 법적으로 보장하기 위해 1992년 4월에 개정된 베트남 헌법 제25조에 외국인 투자사업은 국유화하지 않는다는 조항까지 명시하고 있다.

셋째, 베트남 정부는 토지의 私有化를 사실상 인정하는 정책으로 전환했다. 1991년 8월 채

---

39) 김영래, "배트남의 도이·모이 정책과 정치체제의 변화전망", 아주대학교 사회과학연구소「亞洲大社會科學論叢」제7호, pp. 136~137.

택된 '신토지법안'은 모든 토지 소유권이 국가에 속한다고 전제하고 있다. 그러나 모든 토지에 대한 장기간(1920년 또는 50년까지)의 사용권과 관리권을 인정하고 사용자가 등기하도록 하였으며 자녀들에게 상속도 가능하게 했다.[40] 농촌의 경우는 가족을 일개 생산단위로 간주하여, 그 구성원수에 상응하는 토지를 배분 받도록 하고 합의에 의하여 토지의 사용권도 양도 또는 貸借할 수 있게 하였다.[41]

넷째, 기업경영에 있어서 국가의 간섭을 배제하고 자유와 자율성을 최대한 보장하고 있다. 국영기업에까지도 원료조달, 고용, 임금, 판매, 대외무역, 자본투자에 관련된 모든 의사결정을 자율적으로 하도록 권한을 위임했다. 지방정부에도 그러한 자유를 부여했으며 특히 외국기업과 직거래하고 차관도 들여올 수 있는 권한도 부여했다. 그 결과 과거 자본주의 시장경제를 경험했던 남부베트남지역에 있는 지방정부들에서는 외국기업투자가 계속 늘어나고 있다. 이러한 국영 및 공영기업의 자율화뿐만 아니라, 개인기업과 협동조합형태의 기업소유권을 인정함으로써 공기업과 사기업을 병행시키는 일종의 혼합경제체제의 「틀」을 짜면서 시장경제를 지향하고 있다.

베트남 경제개혁에 있어서 주요 과제의 하나가 국가소유기업(state owned Enterprise)의 개혁문제이다. 1994년 현재 등록된 국가소유기업은 약 1만 2천 개나 된다. 이들 가운데에는 대규모 중공업체에서 소규모의 상품상회에 이르기까지 매우 다양하며 이들 자산의 총합은 120億 달러이며 고용인원은 약 2백 30만으로 베트남 全노동력의 7.7%이다. 이들 국가소유기업의 국내총생산(GDP)에 대한 기여도가 경제개혁 전에는 33%(개혁 후에는 23%) 수준이었다. 이는 같은 사회주의 국가였던 헝가리의 65%, 폴란드의 71%, 소련의 80~90%, 체코슬로바키아의 97% 수준인 것과 비교해서 상당히 낮은 것이므로, 개혁과정에서 타 사회주의 국가보다 국가의 부담이 덜하다.[42]

국가소유기업(국영기업) 중에서 중앙정부의 부처가 관장하는 대기업은 그들 베트남인의 관점에서 볼 때는 비교적 효율적이나 지방자치단체나 당 조직이 직접 운영하는 중소기업은 대부분이 판매업이나 서비스 업종으로 이들 중 약 40%가 적자이며 30%가 파산상태에 있다. 이들 국영기업의 부실 요인은 복합적이며 대체로 ① 과도한 신용대부로 인한 자본투자의 과잉,

---

40) 李相翰, "베트남의 경제정책 및 외국인 투자정책", 「北方硏究」, 한성대학교 北方問題硏究所 제2집(1992), pp. 78. 82.

41) NGUYEN CONG NGHIEP, Ibid, p. 127. The Pacific Basin Research Institute, Ibid, p. 13.

42) Pacific Basin Research Institute, Toward a Market Economy in Viet Nam : Economic Reforms and Development Strategies for the 21st Centry, (Prepared Report), Rockville, Maryland. U. S. A. Dec. 1993, p. 23.

② 불필요한 인력적체, ③ 구식장비와 기술, ④ 경영진(당 간부)의 무능과 부패 등이라고 경제 전문가들은 진단하였다.[43] 1991년 후반부터 베트남 정부는 이러한 국영기업들에게 자율성을 부여하고 재정적 지원을 줄이면서 한편으로 기업 자체의 정비와 구조조정을 요구했다. 최악의 경우 폐쇄조치까지도 고려하고 있다. 여기에 경영진인 당 간부들의 저항도 상당했다. 그러나 개혁은 원천적으로 당이 주도하는 것이므로 그러한 저항은 충분히 극복될 수 있는 것이다. 일부에서는 시장경제하의 국영기업의 활로를 투자자·종업원 공동소유제(Equitization) 형태에서 찾기도 한다.[44]

그러나 정부에 의해 국영기업의 폐쇄란 현실적으로 필요치 않으며 다만 그것들은 公社形態로 변형시키거나, 재정비할 필요는 있다. 특히 중앙정부가 관리하는 국영기업은 정부가 모니터링해서 생산과 경영의 효율화를 위한 유인체계(a system of incentives)를 확립하여 자립할 수 있도록 하고, 다른 한편으로는 적자운영을 계속하는 지방의 중소 국영기업은 신속히 정리해야 한다는 것이 전문가들의 지배적인 입장이다.[45] 베트남이 시장경제체제를 채택하면서도 주요 기간산업분야에서의 국영기업의 존재는 현실적으로 국민경제 발전을 위해서 전략적 의미를 가진다.

나아가서는 현대국가에서 시장경제가 가장 보편적이고 동태적인 경제패턴이지만, 거시경제적 차원에서 볼 때, 시장경제 내에서 국가의 역할이 매우 중요함을 베트남의 전문가들은 강조한다. 특히 거시경제를 규제·조정할 수 있는 요소로서,[46] ① 시장경제원리를 반영하는 법제정과 그 집행, ② 국가 전반의 경제적 잠재력을 개발할 수 있는 발전계획 수립, ③ 정부의 수입·지출을 정하고 가격과 고용을 관리하는 재정정책, ④ 투자, 생산력 향상, 인플레이션 억제를 주관하는 금융정책, ⑤ 사회간접자본 구축에 있어서의 정부의 절대적 역할 등을 제시하고 있다.

1992년 6월 정부가 기간산업 이외의 국영기업에 대한 "민영화 방안"을 제시하였다. 이 이전 1990년 12월에는 私企業法을 제정하여 사기업의 법적 지위를 확실하게 보장하며 장려하고 있다. 이 법의 특징은 근로자들에게 소속회사의 주식에 대한 우선매입권을 부여했으며, 베트남 내국인은 총자본금의 15%이내에서, 그리고 외국인은 30%이내에서 주식의 매입을 허용

---

43) Pacific Basin Research Institute, Ibid. p. 24.
44) Pacific Basin Research Institute, Ibid. p. 24.
45) NGUYEN DANG Lien, "Equitization: A Solution to State Enterprisis in the Market Economy," Economic Development Review, So² 44 THĀNG 5. 1994. p. 36.
46) Dinh Son Hung, "The State's Role in the Market Economy", Economic Development Review, So² 44 THĀNG 5. 1994. p. 27.

하고 있다. 국영중공업은 30%까지, 경공업과 교역·서비스부분은 100% 사유화가 가능하도록 하였다. 이로 인하여 주식자유화와 외국자본의 유입이 가속화될 것으로 전망된다.

1994년 현재까지 공업부문에 대한 외국의 투자가 홍콩과 대만, 호주, 프랑스 등에 의해서 활발히 전개되고 있다. 외국인 투자는 베트남 현지의 값싼 노동력을 이용하는 섬유·신발·봉제·완구 및 단순가공전자조립 등 단순노동집약적 경공업에 집중되고 있다. 최근 호주, 프랑스, 캐나다 등의 선진국들은 원유 및 가스·천연자원의 탐사와 개발, 호텔설립 등 대형 프로젝트에 참여하고 있다. 베트남정부는 경공업·서비스분야 뿐만 아니라 산업설비와 생산설비에 투자 및 기술제공을 원하고 있으며 항만·도로·전력·통신 등의 사회간접자본시설의 취약성을 극복하려고 노력하고 있다.

특히 외국투자의 격증으로 많은 공장이 들어서자 정부는 전력수급에 전력을 다하고 있다. 1994년 현재 정부는 외국자본 프로젝트에 의해 ① 하노이 동쪽의 광닌州(Quang Ninh province)에 120萬 킬로와트의 광닌 火力發電所, ② 기아 라이州(Gia Lai province)에 12萬 킬로와트의 플레이쿠(Pleiku) 水力發電所, ③ 사이공 가까이에 25만 2000와트의 동 나이(Dong Nai) 水力發電所 등 3개 발전소를 건설 중에 있다. 더욱이 외국자본의 투자가 밀려드는 남부지역의 전력난을 해소하고 중부고원지대에 산업기반을 조성할 목적으로 북의 하노이市에서 남의 호치민市(舊 사이공)까지 장장 1,500Km의 호치민 루트를 따라 500킬로볼트의 남북 송전선(500KV North-South transmission line)을 1992년에 착공하여 현재 건설중이며 1997년에 완공할 예정이다. 이 공사에는 총 5조 7천 1백 30억 동(Dong : 베트남貨)이 소요될 것으로 추산된다.[47] 이와 같은 북남으로 길게 뻗어 내린 송전시설은 지역간의 균형발전과 남북 베트남지역간의 통합의 기반이며 상징인 것이다.

'도이·모이' 정책의 실시로 거둬들인 가시적인 성과는 대단했다. 1980년대 전반에 연 300%까지 물가가 상승했는데, 1986년 이후는 연 30%수준으로 크게 완화되었다. 경제성장률도 1~2%에 불과했거나 마이너스 성장률을 기록했던 것이 연 평균 5~6%선으로 올렸다. 농업생산은 1989년 현재 200만 섬의 쌀을 생산하여 그중 100만 섬 이상을 수출함으로써 세계 3위의 쌀 수출국으로 등장했다. 수출도 1987년에 8억 달러였던 것이, 1989년에는 10억 달러로 늘어났고 1990년에는 전년도의 두 배인 20억 달러를 넘어섰다. 외국기업의 베트남투자액도 1988년에서 1991년 12월말까지 약 26억 9천만달러에 달했으며 1992년 12월 25일

---

47) Dao Quang Binh, Infrastructure : "Heading off the Crunch", Vietnam Economic Times, June, 1994. pp. 34~35.
NGUYEN CONG NGHI(ed. Dinh Van Nha, Le Hai Mo), Viet Nam : The blazing flame Reforms, Statistical Publishing House, Hanoi, 1993. p. 95~96.

에는 37억 5천 2백 3십만 달러(371개 프로젝트)로, 1994년 5월 19일 현재 91억 달러로 계속 급격한 증가추세를 보이고 있다.48)

무엇보다도 베트남은 기존의 경직되고 교조적인 사회주의 경제체제가 개방과 개혁을 통해 자본주의 시장경제 원리와 거기에 부수되는 여러 가지 자본주의 체제운영방식을 채택하여 새로운 사회체제로 변모하고 있다.

베트남사회에 대한 충격적이고 혁명적인 도전이 바로 '도이 · 모이' 정책이다. 어느 의미에서는 1975년의 베트남의 통일이 영토적 민족적 권역을 탈환한 독립혁명 · 정치혁명이라면 도이 · 모이정책에 의한 베트남의 변화는 베트남인에게 삶의 질을 높이고 복지를 가져오는 경제적 · 사회적 혁명이라고 말할 수 있다.

현재 개혁 · 개방을 추구하는 베트남은 잠재된 내부적 모순과 외부의 충격이 어우러져 진통을 겪고 있다. 그러한 진통을 몇 가지 차원에서 논의하면,

첫째, 개혁개방으로 인해 외부자본이나 기업과 함께 묻혀오는 자유민주주의나 자본주의 이데올로기나 가치를 기존사회주의와 어떻게 조화를 이루게 하느냐하는 문제가 등장했다. 이 문제는 각급 학교 교육이나 사회교육의 당면과제이다. 예컨대 초중고 교육과정에서 민족주의 교육이 더욱 강조되며, 특히 대학교육에 있어서 교과과정이 사회주의의 사상교육, 이념교육보다는 각영역의 전문성이 강조되고 있다. 종래에는 특수계층이나 선택받은 집단에게만 자녀들의 대학입학이 허용되었는데 이제는 치열한 입시경쟁을 통해 선발되고 있다. 또 대부분의 학생들

---

48) 李相翰, 앞의 논문, pp. 77~78.
NGUYEN CONY NGHIEP, Ibid., p. 203에 수록된 Rosource of Investment Data : "Vietnam Investment Review", No. November 1993.
Vietnam Economic Times, June 1994, p. 11, "Foreign Investment".
Economic Times(月刊)의 調査에 의하면, 1994년 5월 현재 베트남에 대한 외국 투자국의 수는 45개국이며, 투자件數는 938개 프로젝트로 총 투자액은 91억 달러(美貨)에 이른다. 그중 1억 달러 이상을 투자한 경우는 대만, 홍콩, 호주, 프랑스 등을 비롯해서 15개국으로 투자현황을 살펴보면 다음과 같다.

(투자액 單位는 美貨 1백만 달러)

	투자국	프로젝트 수	총 투자액
1	대만	135	1,610
2	홍콩	187	1,600
3	호주	41	741
4	한국	71	710
5	프랑스	58	669
6	싱가폴	62	544
7	말레이시아	27	495
8	일본	59	466
9	영국	16	386
10	네덜란드	12	351
11	스위스	15	247
12	태국	50	194
13	러시아	47	168
14	인도네시아	11	160
15	캐나다	15	113

에게 경상계열이 더 인기가 있다. 교과목수강에 있어서도 경제경영분야에 있어서는 마르크스 경제학 보다도 현대경영기법이나 전산교육강좌에 학생들이 몰려들고 있다.[49]

둘째, 도이・모이정책이후 중앙정부의 권한이 지방정부에 분산・이양되어 이것이 지역간에 경쟁을 유발하여 이것이 장래 지역간에 격차를 벌릴 가능성도 있다. 41개의 지방정부(the province government)가 제각기 외국으로부터 차관과 투자유치활동을 벌이고 있다. 현재로서는 과거 자본주의 시장경제를 운영했던 舊 남부베트남지역을 서방측의 자본이나 동남아의 화교자본이 보다 선호하고 있다. 특히 사이공(現 호치민市)주변지역에 외국기업이 집중적으로 몰려들고 있다.

셋째, 중앙정부수준에서나 특히 해방된 남부베트남지역에서 북부베트남인들이 당이나 행정요직을 거의 독점하고 베트콩출신의 남부엘리트들이 소외되어 왔는데 개혁 개방화시대에서도 이러한 불평등한 엘리트 충원이 지속된다면 문제가 될 것이다. 이와 아울러 남부의 민족해방운동과 통일과정에서 큰 역할을 했지만 통일 후 억압당했던 불교와 카톨릭 등의 종교세력이 도이・모이정책 실시 이후 선교의 자유를 얻어 활동영역을 넓히고 있다. 이들의 향배가 사회변화의 큰 변수로 작용할 것으로 전망된다.

넷째, 산업화(공업화)에 따라 각계 직능집단의 기능과 이익이 분화되고 또 그것이 자각된다면 종래 공산당의 지배에 예속된 일방적 관계에서 보다 독립된 자율적 관계로 발전할 것이다. 이것이 장래 다원화된 사회를 촉진시키는 요인이 될 것이다.

끝으로, 개혁개방시대를 주도하고 있는 베트남공산당의 위상이 변화할 것이냐 그렇지 않을 것이냐 하는 문제이다. 즉 공산당이 일당체제를 계속 유지할 것인가 아니면 정치적 다원주의를 선언하면서 헤게모니정당으로 역할을 할 것인가에 대해서는 여러 가지로 견해가 엇갈리고 있다. 그러나 일반적으로 공산당이 개혁개방을 성공적으로 이룩할 때까지는 정치적으로 일당권위주의체제를 유지하면서 여타 비정치적 영역을 모두 개방하는 중국의 등소평 식의 개방 개혁모델을 따를 것이 분명하다. 개혁・개방의 과정에서 상호 모순되는 이데올로기의 불협화음과 갈등은 수십 년간 외세와 항쟁하면서 독립을 쟁취한 강인한 베트남민족주의와 이러한 저력으로 응집된 베트남의 현 지도층에 의해서 극복될 수 있다고 전망된다. 더욱이 베트남은 여타 동남아국가에 비해서 양질의 인적자원과 석유등의 풍부한 천연자원을 보유하고 있기 때문에 개혁개방을 성공적으로 이룩할 수 있는 여건을 갖추고 있다.

---

49) 베트남의 개혁개방 이후의 대학교육의 방향과 실태에 대해서는 1994년 7월 5일 「전국 대학통일문제연구소장협의회 베트남 방문단」이 하노이 國立 경제대학회의실에서 그곳 Luong Xuan Quy 부총장을 비롯한 경제대학 교수들과 한국 측 연구소장 일행(이은호, 박상태, 윤용희, 이경희, 오수열, 박찬억, 김용욱)간에 가진 간담회에서 베트남 교수 측이 그 문제점을 공개적으로 제기했음.

제5장 남북예멘의 체제대결 과정과 통일사례

제1절 예멘의 지리적·역사적 조건

예멘의 통일은 체제와 이념을 전혀 달리하는 남과 북 예멘의 지배엘리트들간의 협상에 의해 대등한 입장에서 이룩한 통일사례이다. 이는 전쟁에 의한 통일도 아니고, 우월한 어느 일방에 의한 흡수통일도 아니다. 그렇다고 서로가 이질적인 체제를 상호 인정하는 두개의 국가가 병존하는 국가연합의 형태도 아니다.

이러한 예멘식의 통일과정을 살펴보는 것은 분단의 질곡 속에서 고통과 가슴앓이를 하고 있는 한민족에게는 베트남의 통일이나 독일의 통일과 함께 좋은 길잡이가 되고 교훈이 될 것이다.

먼저 예멘민족의 규모와 그들이 공유하는 지리적 위치를 간단히 살펴보면, 1990년 5월 22일 "예멘의 통일"이 선언되기 이전의 예멘은 남과 북으로 갈라져 있었다. 소위 북예멘이라고 불렸던 '예멘아랍공화국'(Yemen Arab Republic)은 아라비아반도의 西南端 코너지역으로 국토면적이 19만 5,000㎢, 인구는 930만 명(1986년 현재)이고, 남예멘이라고 했던 예멘인민민주공화국(People's Democratize Republic of Yemen)은 아라비아반도의 서남단의 코너부분과 연접된 반도의 남부연안지역에 위치하고 있었으며, 국토면적은 북예멘에 비해서 1.5배나 큰 28만 7,683㎢인데도 인구는 북예멘의 1/4밖에 안 되는 240만 명(1988)이다. 이러한 예멘이 통일이 되자 국토면적이 42만㎢가 넘는 중동지역의 비중 있는 국가로 부상했다.1)

통일예멘은 지리적으로 북쪽은 사우디아라비아, 동쪽은 오만(Oman)과 접경해 있고, 서쪽은 홍해(Red Sea)가 있어 그 북으로 스에즈운하와 연결되고 있으며, 남쪽은 아덴(Aden)만이 있어 인도양과 연결되며, 그 아덴만의 對岸은 아프리카대륙의 북동부지역이다. 특히 스에즈운하가 지중해와 연결하는 홍해의 북쪽出口라면, 지부티와 에티오피아 연안을 마주보는 예멘의 서쪽연안지역은 인도양과 연결되는 홍해의 남쪽출구로 역할 하는 東西의 교통요지이다. 이러한 지정학적 위치 때문에 서구열강은 일찍부터 이 지역을 지중해로부터 서남아시아와 아프리카지역에 접근하는 最短의 거점으로 인식하여 이 지역의 전통적 세력인 土候들을 회유하거나 그들을 이간시켜 열강들의 세력하에 붙잡아 두려 하였다.

※ 이글은 원광대학교 통일문제연구소가 대학 통일교육을 위해 1993년 자체 통일연구 프로젝트로 선정한 것으로 원광대학교 교비지원을 받아 완성한 것임.

1) Arther S. Banks, ed., *Political Handbook of the World,* (New York : McGraw-Hill Book Co., 1981), pp. 544, 546, 547.

1517년 오스만터키 제국이 아라비아반도를 정복했을 때, 예멘은 그 세력 하에 편입되었다. 이후 1911년 이 지역에서 반란을 일으킨 '야호야' 이맘(Imam)이 지금의 북부예멘지역을 장악하고 있다가 제1차 세계대전 후 오스만터키로부터 완전한 독립을 쟁취했다. 한편 예멘의 남부지역에서는 일찍이 영국이 1839년에 함대를 파견하여 이 지역의 중심지인 아덴(Aden)을 점령하여, 프랑스가 남부아라비아에 진출하여 영국식민지 인도를 위협하는 것을 견제했다. 이후 아덴은 세계적인 정유공장과 석유교역港으로서, 나아가서는 아프리카동북부와 아라비아반도를 제압하는 해군・공군기지로써 활용되어, 영국 본국과 싱가폴에 이르는 제국주의 라인의 중요거점이 되었다.[2)]

1853년 스에즈운하의 개통으로 아덴항의 전략적 중요성이 더욱 커지자 영국은 아덴항의 배후지역을 그 세력하에 편입시킨 뒤 1967년 2월까지 식민지지배를 지속시켰다. 당시 영국의 윌슨(Wilson) 노동당정부는 스에즈 以東에서의 영국의 역할을 계속 수행하기 위해 아덴의 基地유지와 남부아라비아에의 잔류(殘留)를 강조하였다. 이러한 영국의 의지는 남부아라비아 土侯들과의 협상과정과 당시 영・미 고위급 워싱턴회담에서도 확인되었다.[3)] 영국은 아덴항의 확보뿐만 아니라 홍해 내의 북예멘 연해의 카마란(Kamaran)섬과 홍해의 입구에 있는 남예멘 해상의 페림(Perim)섬을 차지하여 홍해의 길목을 지키면서, 나아가서는 오만(Oman)해안 가까이 있는 쿠리아 무리아(Kuria Muria) 섬들과 남예멘과 소말리아 사이의 해상에 위치한 소코트라(Socotra)섬을 장악하여 동서항로의 거점을 계속 유지하려 하였다.[4)]

역사를 돌이켜 볼 때 예멘인은 3000년 이상의 공동의 역사를 공유했다. 그러나 단일의 정치적 공동체를 형성해 본 적은 없었다. 예멘인들은 이슬람 이전에 찬란한 예멘문명(Pre-Islamic Yemeni civilization)을 이룩했다는 강한 자부심을 갖고 있다. 특히 B. C. 1000년경 사빈스(Sabeans)왕조와 B. C. 110년의 히미리테스(Himyirites)의 후예임을 내세우고 있다. 따라서 그들은 문화적으로나 종족적으로 이웃하는 민족들과 다르다는 選民意識이 있었다.

외부적으로는 예멘인이 동일민족으로 알려졌고, 또 같은 아랍어를 쓰고 다같이 회교를 신앙하지만, 그들은 여러 종족・종파・혈연 등으로 분열되어 많은 소규모의 자치공동체를 형성하고 있었다. 통일 이전의 이러한 예멘의 상황을 부로우스(R. D. Burrowes)는 19세기 후반

2) Karl Pieragostini, Britain, Aden and South Arabia (London : MacMillan Academic and Professional, Ltd., 1991), pp. 21, 27~30.

3) Karl Pieragostini, ibid., pp. 105~110.

4) 홍순남, "南北예멘의 統一政策과 UN", 「統一問題研究」, 제3권 3호, 1991, 가을, pp. 118~119.

민족통일을 이룩하기 이전의 독일과 이탈리아에 비유했다.[5] 또한 전통적으로 예멘은 이맘(Imam : 회교국가의 종교지도자), 군주(King), 술탄(Sultan)이 서로 패권을 다투면서 종족적 약탈, 복수, 격정과 배반으로 얼룩진 왕조적 투쟁이 극심했기 때문에 중세기의 스코트랜드인과 비슷하다고 평하는 사람도 있다.

지리적으로 예멘은 북부의 산악고원지대와, 티하마(Tihama)라고 알려진 좁은 해안평야지대로 나눠진다. 고원지대는 기후가 온화하고 좋으며, 해안지대는 바다 때문에 날씨가 습하고 좋지 않다. 이러한 기후조건이 예멘사회를 갈라놓았으며, 더욱이 북부 고지대에 지지기반을 둔 '시아' 이슬람(Shi'i Islam)의 자이디파(Zaidi Sect) 지지세력과 남부 고지대와 티하마에 근거를 둔 보다 전통적인 '수니'(Sunni) 이슬람의 사파이파(Shafai school) 간의 종교적 분열이 지역적 갈등을 조장해 왔다.[6] 실제로 자이디파와 사파이파간의 종교적 차이는 근소하지만, 역사적으로 투쟁적인 북부의 자이디파 부족들이 다수인 사파이파를 지배했기 때문에 항상 사회적 · 정치적 문제가 야기되었다. 자이디파 이맘들은 예멘의 북부를 지배하는 데는 상당히 성공적이었지만, 18세기에 와서 아덴의 배후지역에서 몇 개의 독립 사파이首長國이 등장하는 것을 막을 수 없었다. 특히 1839년 영국이 아덴을 점령하고, 그 10년 후 1849년 오스만터키가 북부예멘에 대한 지배권을 행사하게 되자 이 때부터 예멘은 사실상 분단체제로 들어갔다.

1914년 영국과 오스만터키의 두 제국주의 강대국 관리들은 남북예멘을 분리시키는 경계선을 멋대로 그었다.[7] 당시 협의대상이 되지 못한 이맘(Imam)이나 남북 양측의 많은 예멘인들은 이를 인정하지 않았지만, 이후부터 당시 책정한 경계선에 의해 兩 지역의 사회적 · 정치적 · 경제적 환경의 이질화가 진행되었다. 이러한 분단은 1990년 예멘이 통일될 때까지 지속되었다.[8]

남북예멘의 정치적 · 사회적 상황을 논의하면, 먼저 북예멘 지역은 일찍이 오스만터키의 지배하에 들어갔는데, 1918년에 와서 전통적이고 반외세적인 이맘 '야흐야'(Yahya Hamid al-Din)가 영도하는 자이디파가 이 지역을 터키의 지배로부터 해방시켰다. 이렇게 해서 북부예멘은 이맘체제가 무너질 때가지 폐쇄적인 자급자족사회로 시종해 왔다.

그러나 남부예멘, 특히 그 중심인 아덴은 영국지배하에 편입된 후 1940년대에 와서는 현대

---

5) Siobhan Hall, *Yemen : The Politics of Unity* (Gulf Report Special Issue) (London : Gulf Centre for Strategic Studies October, 1991), p. 1.
6) Siobhan Hall, *ibid.*, p. 2.
7) Karl Pieragostini, *ibid.*, p. 22.
8) Siobhan Hall, *ibid.*, p. 2.

적 주택과 공공서비스가 제공되고 해운업의 중심지가 되어 현대적인 교육과 자유를 향유한 소수의 예멘인들 에게는 아덴이 현대문명의 관문으로 비유될 정도였다.

아덴을 중심으로 한 남부예멘인들, 특히 자유주의적 지식인들은 예멘인의 일체감이나 민족주의를 논하면서도 북예멘의 이맘 보수체제가 예멘통일의 장애요인이 된다고 보았기 때문에 통일에는 소극적이었다.[9)]

영국은 直轄王領인 아덴과 그 배후지에 있는 11개의 토후국을 한데 묶어 남부아라비아연합(Federation of South Arabia)을 결성하여 아덴의 군사기지를 강화하고, 입법평의회(Legislative Council)를 만들어 지역개발을 내세우면서 식민통치를 계속 굳히려 했다. 그러나 급진적인 인민사회주의정당(People's Socialist Party : PSP)과 아덴 노동조합회의(Aden Trades Union Congress : ATUC)는 영국의 식민통치에 반대하여 치열한 도시항쟁(Urban War)을 벌였다.

이러한 예멘인들의 저항을 극복하기 위해 영국정부는 처음에는 재정원조 등의 온갖 약속을 다하면서 회유했으나, 그것이 여의치 않자 한때 강경노선을 구축하고 영국관헌의 직접통치로 전환했다. 결국 토착예멘인의 맹렬한 투쟁에 영국이 굴복하여 1967년 2월 22일 아덴과 남부예멘지역에 예멘인민민주공화국이 수립되었다.[10)]

제2절 남북예멘간의 체제대결과 갈등

1962년 북부예멘지역에서 자이디파 이맘왕정의 근위사령관 살랄(Abdullah Al Sallal)이 쿠데타를 일으켜 왕정을 폐지하고 예멘아랍공화국(Yemen Arab Republic)을 수립하자, 이의 영향을 받아 1967년 남부예멘지역에서도 영국식민지로부터 독립하여 예멘인민민주공화국을 세우면서 남북예멘간의 통일논의가 본격화되었다. 북부예멘에 공화정이 들어서기 이전에 이 지역의 지배자였던 이맘 아흐마드(Ahmad)는 영국식민지하의 남예멘 지역에서 전개되는 통일운동에 큰 자극을 받았다.

남부예멘에서는 무하메드 알-지프리(Muhammad al-Jifri)가 1950년 창설한 남부아랍연맹(South Arab League : SAL)을 중심으로 아덴 식민지와 인접보호령의 통합을 열렬히 추

9) Siobhan Hall, *ibid.*, p. 4.
10) Karl Piergostini, *ibid.*, pp. 38~42, 60~63, 120~145, 174.

진하였다. 1955년 남부아랍연맹(SAL)은 북부의 이맘 체제와의 통합문제를 놓고 내분이 일어났는데, 그 주류는 북부예멘과의 통합요구를 팽창주의로 보고 아덴을 중심으로 한 남부예멘 지역만의 중앙집권화 된 아랍공화국의 창설을 주장했고, 여기에 반대하는 세력들은 이탈하여 보다 광범위한 지역의 예멘통합을 내걸은 통일국민전선(United National Front)에 합류하였다.

"통일국민전선"은 영국의 식민지지배의 철폐와 아울러 남북예멘의 통합을 강력히 추진하였다. 남부예멘의 통일국민전선은 먼저 노동계급의 정치세력화에 일차적 목표를 두었다. 당시 아덴의 노동자들은 주로 북부예멘이나 인접 영국의 보호령에서 흘러 들어온 유민들이었으므로, 이들에 대해 영국식민지당국은 1955년 12월에 구성된 입법평의회(Legislative Council)의 선거케이스 의원직의 참정자격을 제한하여[11] 그들의 정치적・사회적 참여를 봉쇄해 버렸다. 이러한 현실을 기민하게 파악한 통일국민전선은 1956년 아덴 노동조합회의(Aden Trade Union Congress : ATUC)를 조직하고 그들을 앞세워 노동권익과 노동조건의 개선은 물론 강력한 反식민주의・反英운동을 벌였다.

한편 이러한 남북예멘간의 통합운동과 때를 같이 하여 당시 중동의 아랍권에서는 1952년 나세르(Nasser)가 일으킨 이집트혁명이 사회주의와 민족주의를 추구하는 反왕정적 공화파와 지식인들간에 날로 인기가 높아 가고 있었다. 예멘의 경우도 예외가 아니었다.

이러한 남북예멘의 상황을 기민하게 파악한 북부예멘의 독재자 이맘 아흐마드는 그 자신을 예멘의 아랍민족주의자로 자처하고 그의 반대세력까지도 포용하기 위하여 1956년에 이집트, 사우디아라비아와 함께 反英협정을 체결했으며, 1957년에는 나세르를 통해서 소련으로부터 무기를 들여오고, 이집트로부터 군사고문을 초빙하기도 했다.[12] 특히 아흐마드는 나세르가 영국에 반대해서 남부예멘에 대한 그들의 통합노력을 지원해 줄 것을 강력히 희망했다. 더욱이 나세르와 밀착하기 위해 1958년 통일아랍공화국(United Arab Republic, 이집트와 시리아간)과 아랍국가연합(United Arab States)을 서둘러 무리하게 체결하였다. 그러나 나세르는 아흐마드의 희망과 달리 보수적인 이맘체제를 지지하는 것을 꺼려했다.

아흐마드는 한편으로는 그들 국민의 빈곤을 극복하기 위해 북부예멘에 대한 국제적인 원조나 개방을 추구했으나 성공적이지 못했다. 오히려 그러한 개방화과정에서 해외교육이나 연수

---

11) Karl Pieragostini, *ibid.*, p. 25. 최초의 입법평의회의 구성원은 18인으로, 선출케이스 4인, 지명케이스 10명, 총독을 포함한 고위행정관 4명이었으며, 참정권은 아덴에서 출생했거나 선거 직전 10년 중 7년을 아덴에 거주했던 자로 제한하였다.

12) Siobhan Hall, *ibid.*, p. 4

의 특혜를 받은 군장교와 인텔리겐치아들이 각성하여 아랍민족주의, 공산주의, 바아스당(Baath Party) 등에 고무되어 다양한 정치적 운동을 벌이면서 서로 연대하여 反이맘 운동을 선동하는 정치적 공세를 폈다. 이러한 상황 속에서 아흐마드는 신구세력 사이에 갇히게 되었다. 만일 그가 근대화세력에 어떠한 양보를 한다면 그것은 곧 그의 권력기반인 전통주의자들의 지지를 잃게 될 것이고, 그렇다고 변화하는 현실을 외면할 수도 없는 진퇴양난에 처했다. 당시 이맘이 각종 개발계획을 지도하기 위해 외국인을 청빙하자 이들의 영향을 받아 예멘인들은 이맘 체제의 모순에 스스로 눈뜨기 시작했다.

1961년 북예멘의 이맘 아흐마드가 나세르의 푸대접에 크게 실망한 나머지 아랍국가연합(UAS)에서 탈퇴하자 이것이 일시적으로 예멘통합의 열기를 냉각시켰다. 그러나 이는 나세르로 하여금 1천여 년 이상 지속되어 온 이맘 체제의 제거를 갈망해 온 군부와 지식인사회의 공화주의자들을 공개적으로 지원하는 결정적 계기가 되었다. 1962년 아흐마드가 사망하자 나세르의 신속한 지원을 받아 그 일주일 후 북예멘에서는 군사쿠데타가 일어나 예멘아랍공화국(Yemen Arab Republic)이 수립되었다. 이때 사우디로 도망친 이맘 아흐마드의 아들 무하마드 알-바드르(Muhammad al-Badr)는 사우디王政의 지원을 받아 북부지방의 '자이디'(Zaidi) 종족들을 규합하여 쿠데타 정권에 대항했다. 당시 이집트는 쿠데타공화정을, 사우디아라비아는 체제의 보수성 때문에 이맘 세력을 각각 지원했다. 이렇게 해서 북부예멘에서는 왕당파와 공화파 간에 소모적인 내전이 수년간 계속되었다. 내전이 절정에 달했던 1964년에서 1967년까지 이집트軍의 증파병력이 4만에서 6만이나 될 정도로 이집트가 북예멘의 內戰에 깊숙이 개입하여 북예멘의 공화정을 지켜 주었다.

1967년 6월 이집트와 이스라엘간의 '6일 전쟁'에서 이집트 측의 패배요인의 하나가 북예멘에 파병하여 이집트의 군사력을 분산시킨 데 있다고 판단한 나세르가 철군을 단행하자 북예멘에 대한 이집트의 영향력은 급격히 감소했다. 더욱이 나세르와 사우디아라비아와의 화해로 사우디아라비아가 북예멘에 원조를 하게 되자 북예멘 체제는 공화주의 세력이 주도하면서도 한편으로는 전통세력의 입장도 배려되는 공화주의자와 전통주의자의 공존체제로 변모하였다. 특히 8년간의 내전이 끝난 1970년에는 극적으로 '국민적 화해'(national reconciliation)가 이루어져 왕당파들이 정부에 참여하는 길이 트였다.[13]

한편 남부예멘지역에서는 1962년 북예멘의 군사쿠데타가 反英 무장투쟁을 일으키는 데 결정적인 촉진요인이 되었다. 또한 이에 자극을 받아 종래 남북예멘의 통합에 미온적이었던 남

13) Siobhan Hall, *ibid.*, p. 8

부아랍연맹까지도 통합 쪽으로 기울어졌다. 결국 영국은 북예멘으로부터의 군사적 압력, 남예멘 내의 反英무장투쟁세력의 폭동, 테러활동과 국제여론(1963년 12월 UN총회에서 독립결의)에 밀려 독립을 허용하지 않을 수 없었다.

反英활동기에는 급진적인 통일국민전선(UNF)과 아덴의 부르주아 세력에의 지지기반을 두고 북예멘의 살랄 대통령체제의 지원을 받은 점령된 '남부예멘해방전선'(Front for the Liberation of Occupied South Yemen : FLOSY)간에 치열한 주도권경쟁이 벌어졌다. 독립 직후 권력투쟁에서 패배한 "남부예멘 해방전선"(FLOSY)의 지도부는 북예멘의 사나(Sanna)에 망명하였다. 이후 남부예멘지역에서는 1963년 창설된 민족해방전선(National Liberation Front : NLF)이 이끄는 주도하에 남예멘인민공화국(People's Republic of South Yemen : PRSY)이 수립되었다. 이후 예멘인민민주공화국(People's Democratic Republic of Yemen : PDRY)으로 국명을 변경하고 일당체제를 더욱 굳혔다. 이렇게 남북예멘에 각기 이질적인 공화정체가 들어서면서 서로 통합을 내세우면서 치열하게 대립하였다. 그것은 兩예멘이 정치문화와 집권세력의 이데올로기 성향, 그리고 그 국제적인 지원세력이 다르기 때문이었다.

북예멘(Sanna regime)은 공화파가 주도했지만 왕당파가 공존했고, 내전 시에 이집트와 사우디 양측이 각기 종족의 지도자를 끌어들이기 위해 족장의 권력과 부를 강화시켜 주었다. 또한 시장경제를 추구하지만 이른바 이데올로기나 이해가 다른 세력들이 공존하고 부족적 자율성이 허용되는 봉건적 이익연합·공리주의체제(interest-coalitions and utilitarian regime)를 지속시켜 왔다.

한편 북예멘과는 달리 남예멘(Aden regime)은 보다 이념 지향적이고 급진적인 마르크스·레닌주의 政派가 체제를 주도하여 왕당파나 이맘 체제의 유산을 완전히 제거하고 사회주의 노선을 지향하는 아라비아지역의 유일의 좌파정권이었다. 특히 남예멘은 1968년 소련과의 군사기술협정체결, 1975년 아덴, 소코트라島港을 소련의 해군기지로 제공, 1979년 10월 소련과의 우호조약체결, 1980년 1월 소련 핵 잠수함 보호시설 건설과 남예멘의 오만접경지대에 소련의 미사일기지 건설허용, 1981년 8월 親共的인 리비아, 에티오피아와 3국 우호협력조약체결 등의 일련의 對蘇 협력체제를 구축하였다.[14] 1980년 중반까지 홍해지역을 거점으로 한 소련의 중동지역의 세력확장 교두보로 역할을 하였다.

---

14) 국토통일원 조사연구실, "統一예멘共和國 合意過程事例硏究", 「분단국 통합사례연구」 (국토통일원, 1986), p. 119.

이러한 남예멘의 좌파정권과 소련의 남예멘 거점전략에 위협을 느낀 아랍권 보수세력의 맹주인 사우디아라비아는 이들을 견제하기 위해 1970년대 중반부터 1980년대 초까지 북예멘에 다각적인 원조를 단행하였다.15) 특히 사우디는 그의 영향력 하에 있는 '아랍灣국가협력회의'(GCC)를 통하여 북예멘을 비롯한 수단, 소말리아, 요르단 등과 '홍해안보체제'를 구축하였다.16) 이러한 사우디의 정책은 미국의 중동패권전략과도 연결된 것이다.

남·북예멘간의 갈등은 이상에서 논의한 바와 같이 兩체제의 대외관계에 의해서 증폭되었지만, 본질적으로는 앞서 논한 바와 같이 兩체제 내부의 이질성에서 비롯된다. 일찍이 1969년 남예멘인민공화국(PRSY)은 공식성명을 통해서 사나체제는 봉건적이고 족벌적(Clannish)이며, 아덴은 민족주의적이고 진보적인 체제라고 강조한 바 있다.17)

북예멘은 1918년 오스만터키로부터 독립한 이래 1962년 군사쿠데타로 공화정이 수립될 때까지 이맘체제(최고종교지도자의 왕정)를 유지해 왔으나, 군사쿠데타이후 8년간의 내전을 통해 공화정을 주도한 군부가 정치기반을 굳혔으며 이후 군부의 실력자들로 구성된 군사평의회가 북예멘 체제를 이끌어 나갔다. 즉, 1962년의 군사쿠데타의 주역 살랄(1962~1974)을 실각시키고 등장한 이르야니(Iryani, 1967~1974), 그리고 이르야니를 축출한 뒤 등장한 새 쿠데타의 두 주역 하마디(Hamadi, 1974~1977)와 가스미(Ghashmi, 1978), 그리고 이들이 1977년 11월 11일과 1978년 6월에 각각 암살 당한 후 정권을 장악한 살레(Salih,: 통일 후 통일예멘공화국 대통령) 등이 모두 군부출신이다.18)

공화정체라는 형식을 남북이 각기 취하고는 있지만, 북예멘은 사실상 봉건적인 족장체제를 하위체제로 한 보수적인 군사과두체제를 계속 유지해 왔고, 남예멘은 급진적인 사회주의일당체제를 고수하였다.19) 이들 양측이 서로 상대방에 자기 체제를 강요하려 한 결과 갈등과 대결이 야기되었다. 이리하여 남북예멘은 1970년대 초반과 후반에 2차에 걸쳐 대규모 군사적 충돌을 일으켰고, 또한 충돌이 있은 직후에 두 차례의 평화협정을 체결하여 통일의 원칙과 절

15) 북예멘에 대한 사우디아라비아의 원조내역(1975~81년)은 대략 다음과 같다.
1975년 도로건설 및 재정지원 2억 7,3000만 달러, 1976년 병원 및 제약회사건설 1억 7,000만 달러, 1977년 북예멘 경제개발(1976~1980)지원 5억 7,100만 달러, 치안 및 국방장비지원(액수미상), 1978년 재정지원 1억 5,000만 달러, 1979년 재정지원 7,000만 달러, 무기도입자금지원 1억 달러, 1981년 재정지원 800만 달러 등. 국토통일원 조사연구실, 전게논문, p. 118.

16) 국토통일원 조사연구실, 전게논문, p. 117.

17) Siobhan Hall, *ibid.*, p. 8

18) Arthur S. Banks, ed., *op. cit.*, pp. 554~555.

19) George E. Deleury, ed., World Encyclopedia of Political System & Parties, second edition, Vol. II (New York : Facts on File Publication 1987), pp. 1274, 1277.

차를 합의하고 확인한 바 있었다.

1. 제1차 남북무력대결과 카이로협정(Cairo Accord)

남・북예멘 양측은 1970년대 초 서로 상대체제를 무력으로 전복시키려는 활동을 벌였다. 북예멘의 사나 정권은 북예멘 내에 남예멘의 반체제세력을 규합하여 훈련시키는 캠프를 만들었으며, 1972년에는 이들을 남예멘통일국민전선(United National Front of South Yemen)으로 재편성하였다. 한편 남예멘의 아덴 정권도 북예멘 내의 급진좌파세력들에게 경제적 지원을 제공하였다. 이러한 상호적대관계가 1972년 9월에는 국경지대에서 단기간의 전면적인 전쟁을 야기 시켰다. 당시 아랍연맹(Arab League)의 신속한 개입과 중재로 양측간에 휴전이 성립되었으며, 극적으로 1972년 10월 28일 남북예멘 양측의 수상 무흐신 알-아이니(Muhsin al-Ayni, YAR)와 알리 낫세르 무하메드(Ali Nasser Muhammad, PDRY)간에 역사적인 카이로협정이 체결되었다.

카이로 평화협정은 아랍연맹의 汎아랍주의와 그 이상이 강렬하게 반영된 최초의 예멘통일 원칙합의서이다.[20] 그 주요내용은 다음과 같다.

첫째, 두 예멘은 단일국가로 합병할 것(단일의 수도, 국기, 대통령, 통일된 의회, 행정・사법기관)을 약속하였다.

둘째, 통일작업을 위한 헌법, 외무, 경제재정, 법률사법, 교육문화공보, 군사, 보건, 공공시설운영 등 8개 부문의 합동전문위원회(Joint Technical Committee)를 설치하고, 그 중 가장 중요한 헌법위원회(Constitutional Committee)에서 1년 이내에 상호 수용할 수 있는 헌법안을 마련하고, 이것을 국민투표에 부칠 것을 약속했다. 이외에도 자유선거, 보통선거권, 정치적 결사의 자유원칙 등을 원칙을 규정하였다.

셋째, 통일을 위한 조치를 취하기 위해서 남북예멘 대통령간의 정상회담(협정 제4조) 개최와 양국 대통령이 각각 임명하는 특사(제5조)가 합동전문위원회를 감독하는 규정을 두었다.

넷째, 이 협정에서는 통일체제를 민주・민족・공화제로 할 것을 규정하였다(제3조). 특히 양측이 거둔 대타협은 아랍의 유산과 이슬람의 가치에 고무된 사회주의 사회를 지지할 것을 합의한 점이다.

카이로협정이 체결된 지 1개월 후에 리비아공화국의 국가원수 '카다피'의 초청형식으로 남

---

20) Siobhan Hall, *ibid.*, p. 9.

북예멘의 정상인 이르야니(Iryani, 북)와 알리(Salim Rubbaya Ali, 남)가 트리폴리(Tripoli)에서 만나 정상회담을 갖고 카이로협정을 보다 구체화시켰다.

이 트리폴리성명에서 양 정상은 예멘인의 고난을 해소하기 위한 유일한 방법은 군주통치, 이맘제도, 식민주의 등의 잔재를 청산하는데 있음을 강조하면서 대외적으로는 양국 정상이 팔레스타인의 영토회복운동을 지지하고 이스라엘의 시온 제국주의를 규탄하였다. 트리폴리성명은 카이로협정 내용을 확인하는 수준의 것이 대부분이었으나, 카이로협정에 없었던 몇 가지 중요한 내용을 추가하고 있다. 그 내용은 다음과 같다.

① 적색, 백색, 흑색으로 된 국기제정
② 사나市를 수도로 확정
③ 이슬람교를 국교로, 이슬람법 샤리아를 입법의 주요원천으로 채택할 것.
④ 국가는 아랍이슬람공화제 형태를 취하고, 사회주의 실현을 목표로 할 것.
⑤ 국민의 공공소유물은 사회발전과 생산시설의 기초이며, 생산외적인 사적 소유물은 보호할 것.
⑥ 헌법(16명), 외무(6명), 법률·사법(14명), 경제·재정(20명), 교육·공보(20명), 군사(14명), 보건(16명), 운영·공공시설(16명) 등의 8개 합동전문위원회 위원명단발표.
⑦ 남북예멘 양국 정상은 리비아의 카다피에게 특사임명을 요청하고, 남북예멘과 리비아의 정상이 임명한 3인의 특사를 지원하기 위하여 아랍연맹 사무총장이 임명하는 특사를 요청하며, 또한 아랍연맹사무총장이 각 합동전문위원회에 연맹대표 1명씩을 임명할 것 등이다.

남·북예멘 간에 카이로협정과 트리폴리성명이 있었지만, 이는 통일을 위한 명분축적과 최악의 무력충돌을 자제하는 효과만을 냈을 뿐 협정 이후 실천에는 별 다른 진전이 없었다.

한편 兩예멘 내에서는 일부세력이 통일을 반대하는 운동을 벌였다. 남예멘의 자이디(Zaidi) 부족들은 통일된 예멘 내에서 다수인 샤파이파(Shafai)가 지배하는 것을 두려워했고, 또한 예멘의 통일을 자체왕국의 안전의 위협으로 보는 사우디아라비아도 통일반대세력을 배후에서 지원하였다. 만일 예멘이 통일되면 예멘의 인구가 사우디의 인구를 능가하게 될 것이며, 부유한 사우디왕국에 대해 역사적으로 사이가 좋지 않은 가난한 이웃이 광대한 독립국가로 등장한다면 이것이 사우디에게는 큰 부담이 아닐 수 없었다. 사실 사우디는 북예멘으로부터 많은 노동력을 받아들이고 있었기 때문에 사우디 내의 예멘인 공동체는 소수민족으로 큰 비중을 차지하고 있어 이를 또한 의식하지 않을 수 없었다.[21)]

한편 카이로협정 이후에도 남부의 아덴정권은 북부예멘 내의 반체제게릴라 활동을 계속 지원했으며, 1974년에는 아시르(Assir)와 지잔(Jizan), 나즈란(Najran) 등지의 잃어버린 예멘 영토에 관한 규정을 한 1934년의 사우디·예멘간의 조약에 대해서 맹렬히 비난했다. 북부예멘의 '아시르' 지역 失地回復의 실패를 남부예멘은 통일협정에 대한 극악한 배신행위로 생각했으며, 특히 이 기회에 남부예멘의 급진좌파세력은 그들 자신을 예멘의 영토통합의 수호자로 애써 부각시키려 했다.

또한 남예멘체제 내에는 보수적인 북예멘과 타협하는 것을 바라지 않는 반대세력도 있었다. 협정체결 이후 남북의 兩정상이 계속 회합을 가졌지만, 양 예멘은 각기 내부분열로 진통을 겪고 있었다. 특히 북부예멘의 유약한 연립정권은 내외의 압력에 의해 무너지고 1974년 함디 대령(Ibrahim al-Hamdi)이 이끄는 군사평의회가 대권을 장악하는 사태에까지 이르렀다.

이후 북예멘의 함디(Hamdi)와 남예멘의 알리(Rubbaya Ali)는 다같이 열렬한 민족주의자였기 때문에 수년간 남북간의 화해와 대화가 잘 진행되었다. 그러나 남예멘의 알리의 경우는 그의 강력한 경쟁자인 강경좌파 이스마일(Abd al-Fattah Ismail)을 효과적으로 포용할 수 없었으므로 남예멘의 상황은 매우 어려웠다. 이와는 달리 북예멘 지도자 함디는 카리스마와 주체성 있는 영도력으로 통일정책을 활발히 전개하였다.

함디는 먼저 북예멘 내의 사파이派 회교도의 불만을 없애고 사우디의 예멘에 대한 영향력을 차단하기 위해 이들 지역의 개발과 중앙집권화를 강력히 추진하였다. 한편 그는 남북예멘과의 관계를 획기적으로 개선하기 위해 북예멘 내에 있는 남부예멘 망명집단의 예멘인민민주공화국에 대한 적대행위를 억제했다. 이에 대한 화답으로 남예멘 당국은 북예멘 내의 반체제좌파에 대한 지지를 철회하였다. 상황이 이렇게 전개되자 1976년에는 북예멘 내의 반체제적인 민족민주전선(National Democratic Front : NDF)이 노선을 바꾸어 함디의 민족주의정책을 공개적으로 지지하고 나섰다.

두 예멘간의 화해는 1976년 사우디 정부와 아덴 정부간의 외교관계가 재개됨으로써 더욱 촉진되었다. 이는 사우디의 新王 칼리드가 남예멘을 소련으로부터 떼어놓기 위해 남예멘에 경

21) 洪淳男, 전게논문, p. 107, 註 6
Shahram Chubin ed., Security in the Persian Gulf I : Domestic Political Factors (New Jersey :International Institute for Strategic Studies, 1981), pp. 78~79 ; 1980년 초 조사에 의하면 사우디에 체재하는 예멘인 총수는 57만 5천명으로 이는 사우디 전체노동인구의 1/3이었음.

제적 지원을 단행하면서 유화적으로 나왔기 때문이다. 이리하여 이후 함디와 루바야 알리는 민족주의차원에서 협력과 공존을 통해서 그들의 배후세력인 사우디아라비아와 소련으로부터 어느 정도 자주성을 유지할 수 있었다.

1977년 남북예멘의 兩정상은 1972년의 카이로협정을 실천하기 위해, 6개월마다 개최하기로 예정된 합동각료회의를 설치하고 통일작업을 과감히 추진하려 했으나 북예멘 내의 보수세력의 반대로 어떠한 진전도 이룩할 수 없었다. 이후 함디의 정치적 입지는 여러 차원에서 도전받았다.22)

첫째, 북예멘 내의 보수적인 종족집단을 지원하는 사우디아라비아가 함디의 강력하고 독자적인 리더십을 싫어했고, 둘째, 종족집단들이 함디의 중앙집권화정책에 반발했으며, 특히 전통세력은 그들의 관습적 권력이 위협받는다고 느꼈다. 또한 군부 내의 여러 파벌들이 反함디세력들과 결탁하여 쿠데타를 일으키려는 움직임을 보였다. 이러한 상황 속에서 1977년 10월 함디가 남북예멘간의 중요한 협정체결을 눈앞에 두고 암살 당함으로써 남북간의 관계는 악화되고, 통일논의는 혼돈상태에 빠졌다. 당시 아덴 당국은 이 암살사건이 예멘의 통일을 방해하기 위한 사우디의 음모라고 비난했다. 함디의 암살은 분명히 당시 활발히 진행되었던 남북예멘간의 통일운동에 큰 좌절을 안겨 주었다.

2. 제2차 남북무력대결과 쿠웨이트화해협정

북예멘에서 함디가 암살되고 새 집권자로 등장한 가쉬미(Ahmed al-Ghashme) 중령은 親사우디주의자였으므로 부족집단들의 요구나 사우디의 압력에 쉽게 굴복했으며, 함디와 같은 대중적·국민적 평판과 인기를 누리지 못했다.

1978년 북예멘 外相 아스낙(Asnag : 남예멘으로부터 망명한 자)이 '통일은 오직 남북간의 정치·경제체제가 일치될 때에 가능할 것'이라고 선언하면서 남북정부간의 통일대화를 중단시키자 두 예멘 내에서 소강상태에 있었던 반정부게릴라활동이 재개되었다. 이러한 위기상황은 1978년 6월 24일 북예멘의 가미쉬가 남예멘의 알리가 보낸 특사가 휴대한 폭탄에 의하여 수도 사나에서 폭사 당함으로써 더욱 고조되었다. 이 폭사사건의 진상이 해명되지 않은 채 그 이틀 후 6월 26일 남예멘의 수도 아덴에서 쿠데타가 일어나 남예멘의 알리는 처형되고, 종래 강경노선을 고수해 왔던 教條主義者 이스마일(Abd al-Fattah Ismail)이 등장하게 되었다. 이

22) Siobhan Hall, *ibid.*, p. 10.

암살사건의 기묘한 결말은 두 예멘이 서로의 국내문제에 얼마나 민감한가를 잘 보여 준 사례이다. 당시 북예멘과 사우디는 이 문제를 아랍연맹에 호소하여 남예멘을 고립화시키려 했기 때문에 아랍권 내의 관심사가 되었다. 그러나 남예멘의 급진체제를 고립·전복시키려는 북예멘 측과 사우디의 노력은 결국 남예멘 정권을 공산권에 더욱 접근시키는 효과만을 가져 왔다.

1977년과 1978년 두 차례에 걸쳐 북예멘의 최고지도자가 연이어 암살 당하고 이로 인해 남예멘의 지도자가 처형되는 등 남북은 위기상황에 휘말렸다. 남예멘의 새 강자 이스마일은 이러한 위기상황을 타개하기 위해 친소노선을 더욱 굳히고 민족해방전선(National Liberation Front)을 계승하는 유일체제 정당으로 1978년 10월 예멘사회당(Yemen Social Party : YSP)을 창당하였다. 그는 예멘사회당이 모든 예멘인의 정통지배세력임을 자처하고 북예멘에 도전하였다.[23)]

한편 북예멘의 새 지도자 살레(Ali Abdullah Salih)는 몇 차례의 군사쿠데타 음모와 민족민주전선의 게릴라활동에 시달렸다. 당시 살레는 제도권 내에 민족민주전선(NDF)을 끌어들이기 위해서 협상을 벌였지만 번번이 실패했다. 이 실패에 뒤이어 1979년 2월 남예멘의 도발에 의해 남북예멘간에 제2차 무력대결이 발생하였다.

남북예멘간의 제2차 전쟁은 처음에는 국경지대의 게릴라전에서 비화하여 정규전으로 발전했다는 점에 있어서, 또 무력에 의해서 상대체제에 자기체제를 강요함으로써 통일을 달성하려 했다는 점에 있어서 제1차 남북內戰 때와 유사했다. 그러나 1972년 내전 때는 북예멘이 강력한 공격자였으나 1979년 내전 때는 남예멘이 선제공격자였다. 남예멘의 잘 훈련된 군대가 북예멘 내의 술탄 우마르(Umar)가 이끄는 반정부무장세력과 내통해서 국경을 넘어 북예멘의 주요도시 타이즈를 비롯한 몇몇 도시를 장악하였다 그러나 남예멘은 이러한 군사적 승리를 정치외교로 연결시키는데 실패했다. 예컨대, 소련을 제외한 주변국가들이 모두 북예멘의 편에 섰다. 이집트와 미국뿐만 아니라 사우디아라비아까지도 북예멘을 지지했고, 쿠웨이트, 이라크, 시리아, 요르단 등은 중립적 입장에서 개입하였다.

남예멘이 무력도발할 당시의 아랍권 전체의 분위기는 1978년 미·이집트간의 '캠프 데이비드협정'(Camp David Accords)의 서명으로 평화무드가 지배적이었으므로 남예멘의 의도가 전혀 수용될 수 없었다. 결국 또 다시 아랍연맹의 중재로 휴전이 성립되었고, 1979년 3월 30일 양예멘 정상은 쿠웨이트에서 화해협정을 극적으로 체결하여 1972년 카이로협정을 또 다시 확인하였다.[24)]

---

23) Arther S. Bank ed., *ibid.*, p. 547.

쿠웨이트 화해협정 이후 남북예멘간의 관계개선은 급진전되었다. 양예멘의 후견세력이었던 외세들은 서로 자국의 이익 때문에 이전에 적대했던 편에 교차적으로 접근하였다. 더욱이 남예멘에서는 좌경강경론자인 이스마일이 모스크바로 추방되었고, 소련의 양해하에 무하메드(Ali Nasser Muhammad)가 새 권력자로 등장하였다. 그는 우선 사우디를 비롯한 보수적인 걸프연안국들과도 관계개선에 노력했으며, 북예멘의 살레와 여유 있게 통일회담을 계속하여 해양·교통·관광분야에 있어서 몇 개의 공동회사의 설립, 공동개발계획, 교류 등에 합의하였다.

무하메드의 좋은 맞수인 북예멘의 살레 역시 모스크바를 방문하여 소련지도층과 유대를 강화하고, 이를 내외에 과시한 뒤에 1981년 11월 30일부터 12월 2일까지 남예멘의 수도 아덴을 전격적으로 방문하여 북예멘 내의 민족민주전선과 같은 좌익반란세력에 쇼크를 주어 그들을 무력화시켰으며, 남북예멘 두 국가의 통일작업을 감독하고 주재할 예멘최고평의회(Supreme Yemeni Council)를 설치하는 협정을 체결하였다.[25] 이 '예멘최고평의회'는 남북예멘의 정상으로 구성되는 일종의 "국가연합형태"로 평가된다.

이 평의회의 주된 임무는 ① 남북예멘간의 협정의 집행추진사항 감독, ② 협정에 따라 구성된 각종 공동위원회의 합의사항의 승인, ③ 통일공동사업의 조성, ④ 남북예멘이 관심을 갖는 국내외 문제의 검토 및 합의, ⑤ 예멘최고평의회사무국의 구성 등으로 요약할 수 있다. 이 평의회의 정례회의는 매 6개월마다 양국의 수도에서 교대로 개최하기로 합의하였다. 또 양측간의 합의에 따라 회의장소를 예멘 내의 他장소를 지정할 수 있다고 규정하였다.

한편 예멘최고평의회를 뒷받침하는 남북예멘공동각료회의를 별도로 예정하였다. 공동각료회의에서는 최고평의회의 업무에 관한 권고안을 내거나 최고평의회의 위임사항을 집행하는 기능을 하며, 각료회의는 양국의 수상 또는 부수상, 외무, 내무, 발전기획, 교육장관과 군총사령관으로 구성된다. 그 정례회의는 매 3개월마다 개최하고 필요한 경우 언제든지 개최할 수 있다고 합의했다. 또한 사무국간부는 남북예멘 양국이 임명하고 회의는 2개월마다 개최하며, 최고평의회와 공동각료위원회의 업무준비 등 제반사무를 관장하도록 규정하였다.

1980년대에 들어서서 남북예멘 두 정상의 통일을 향한 리더십과 아랍연맹의 중재노력, 남북예멘과 밀접한 이해관계를 가진 사우디와 소련 등의 유연한 교차외교, 1982년 6월 이스라엘의 레바논침공 때문에 고조된 反시온이즘(Anti-Zionism), 그리고 팔레스타인 해방전선에

---

24) Siobhan Hall, *ibid.*, p. 11.
25) Siobhan Hall, *ibid.*, p. 12.

대한 남북예멘의 공동지원 등이 남북예멘간의 대립을 완화하고 상호 접근하는 기반이 되었다.

특히 1979년 남북예멘간에 쿠웨이트 화해협정이 체결된 이후 1980년대부터 예멘통일의 주도권은 북예멘에 넘어 갔다. 북예멘 대통령 살레는 집권 초기에는 종족지도자들의 보수적 성향과 진보적 민족민주전선(NDF)의 사회주의노선간에 균형을 유지하는 조정자로서 그의 입장을 강화하면서 지지기반을 꾸준히 넓혀 나갔다.[26] 그의 권력기반은 보수적・봉건적인 자이디 시아(Zaidi Shi'i)파 회교지도자들, 공화주의적 사파이 수니(Shafai Sunni)파 출신 관료들, 그리고 군장교집단들이었으며, 그는 이들간의 균형적 연합을 통해서 정치적 안정을 추구하였다.[27] 또한 살레는 대외적으로 비동맹정책을 추구하여 서방측과 사우디, 그리고 소련 블럭 어느 쪽으로부터의 군사원조나 경제원조도 거절하지 않았다. 그러나 대체로 중립적 입장을 견지하였다.[28] 이러한 살레의 정책들이 남북예멘간의 갈등을 국제적인 代理戰으로 몰고 가지 않고 남북 양측이 통일문제를 민족내부문제로 승화시킬 수 있었다.

제3절 남북정부간의 통합협상

1970년대의 남북예멘지도층은 각기 '통일'을 他체제를 전복시키기 위한 목표로 생각하였다. 또한 주변 아랍국가들도 개별적인 차원에서 자기체제의 확산 내지 연장의 차원에서 예멘을 보았다. 특히 사우디는 양예멘에 보수체제를, 리비아 등은 혁명적 진보체제를 각기 심으려고 배후에서 지원・조종하려 하였다. 한편 아랍연맹은 범아랍민족주의 차원에서 양예멘의 극한적 대립과 갈등을 조정하려는 역할도 했다. 소련과 미국은 이러한 '범아랍주의'를 의식하면서 남북예멘에 직접, 또는 간접적으로 그들의 세력권에 안에 두려고 하였다. 그러나 1980년대에 들어서서는 '통일'에 대한 예멘을 비롯한 모든 관련국가들의 태도와 역할이 현저히 달라지기 시작하였다. 양예멘은 물론이고 사우디아라비아와 소련(USSR)은 양예멘 간의 정치적 목표와 이상의 완전한 타협 없이도 非交戰的 공존(non-belligerent coexistence)이 통일과정(unification process)에 반드시 필요한 조건이며, 이것이 양예멘 당국으로 하여금 그들이 절실히 필요한 경제개발에 집중하게 하는 안전장치역할을 한다는 사실을 인식하게 되었다. 그

26) Siobhan Hall, *ibid.*, p. 12.
27) George E. Deleury, ed., *op. cit.*, p. 1275.
28) George E. Deleury, ed., *ibid.*, p. 1276.

리하여 1980년대는 경제적 요인이 예멘의 통일정책을 좌우하는 핵심사업으로 등장하였다.

실로 1980년대에는 예기치 않은 많은 사건들이 국제적으로 일어났다. 예컨대, 이데올로기적 편향과 냉전의 종식, 동구의 개방(Glasnost)과 민주화혁명, 독일의 통일, 그리고 전세계적인 경기후퇴와 같은 외부적 변화가 예외 없이 두 예멘에 큰 영향을 주었다. 그간 두 예멘은 이데올로기와 체제에 대한 명분을 놓고 서로 다투었으며, 자원貧國으로 외부의 군사력·경제력에 대한 의존도가 컸기 때문에 이들을 지탱해 준 외부의 원조의 중단이 체제에 곧바로 영향을 미쳤다.

여기에 예멘의 내부적 요인이 남북예멘의 접근을 가속화시켜 통일을 가능하게 하였다. 그러한 내부적 요인들은 1980년대 중반에 수출할 정도의 석유매장량의 발견, 양국이 다 같이 경험하는 극심한 경제적 불황, 그리고 여기에 정치적 안정과 평화공존 속에서의 전면적인 개혁추구 등으로 요약할 수 있다. 이러한 요인들이 兩예멘으로 하여금 결국 통일이 환상이 아닌 현실적 문제임을 직시하고 절감하게 하였다.

먼저 북예멘에 있어서는 살레 대통령이 보수와 진보를 한 체제 내에 포용하려는 중도주의적 입장을 일관성 있게 견지하면서 북예멘 내의 무장반체제세력인 민족민주전선(National Democratic Front : NDF)과 협상을 벌였다. 이것이 여의치 않자, 그들 무장세력의 배후인 남예멘당국과 경제·문화·외교 면에서 각종 협정을 체결하여 국내의 좌경반체제세력의 입지를 약화시켰다.

또한 살레의 중앙집권화 정책에 반발하여 북예멘 내의 주요종족주의자들과 보수세력은 사우디의 지원을 받아 이슬람전선(Islamic Front)을 형성하여 살레를 견제하려 하였다. 그러나 살fp흐는 종족세력이 강한 북예멘의 북부와 동부지역을 정부의 통세하에 넣기 위해 이들 지역에 대한 개발정책을 적극 펴 나갔다. 특히 학교와 병원을 건설하고, 동부의 종족세력의 중심부에 있는 마리브(Marib)지방의 유전을 개발하였다. 이러한 사업들이 이들 지역의 종족들에게 대대적인 고용의 기회를 주게 되자 이들은 정부의 존재를 인정하게 되었다. 이러한 정부권능의 증대로 인하여 이들 지역에서는 예전에 그들 자신이 권력 창출의 유력한 근원이라고 생각했던 부족지도자들이 이제는 정부가 주는 자리를 놓고 서로 경쟁하게 되었으며, 사업상의 이익을 얻기 위해 정부관리에 매달리게 되었으며, 정부가 설치한 각급 의회에 참여하게 되었다. 이렇게 해서 이른바 예멘의 제도권 정치에 부족의 족장들이 편입하게 된 것이다.

부족집단들과 정부간의 이러한 새로운 관계정립 때문에 종족지도자들은 사나(Sanna) 정부의 통일문제를 비롯한 주요 대내외 정책을 추종하지 않을 수 없게 되었다. 그러한 좋은 사례로 하시드(Hashid)종족연합의 최고족장 압둘라(Abdulla bin Hussein al-Ahman)의 경우를 지적할 수 있다. 압둘라는 1962년 북예멘 혁명 때와 그 후의 내전 때 일시 공화파에 가담했으나 1970년대 초에는 보수파의 주장을 대변하면서 통일의 노력을 방해했다. 1980년대에는 살레 대통령과 '일정한' 관계를 유지하면서 사우디아라비아와의 정치적 거래에서 살레 대통령의 밀사로 역할하기도 했다. 무엇보다도 중요한 것은 압둘라가 북예멘의 외교정책에 다소 불만도 있었고 통일에 대한 열망도 별로 없었지만, 통일을 공개적으로 반대하지는 않았다는 점이다.[29] 북예멘에서 사나 정부와 부족집단 간의 이러한 협력관계가 살레로 하여금 남예멘과의 통일협상에 있어서 보다 유리한 입장에 서게 하였다. 적어도 통일에 대한 부족적 차원의 반대를 중립화시킨 것은 북예멘 정부의 공헌이 매우 컸다고 평가할 수 있다.[30]

또한 북예멘이 통일협상에 적극적으로 나서게 된 것은 살레 자신의 개인적 야망과 비전이 크게 작용하였던 것도 공공연한 사실이다. 그는 예멘인이 오랫동안 갈망해 온 통일협정의 설계자가 되려는 소명의식이 강렬했다. 그런데 그의 정치적 성공의 관건이 되는 북예멘의 마리브(Marib)지역의 석유매장량이 기대수준에 못 미치고, 또한 그러한 석유의 이익을 대중이 체감하지 못하였기 때문에 남예멘과 통합하여 보다 크고 미개발상태에 있는 남예멘 지역에 있는 사브와(Shabwa) 油田개발을 위하여 통합을 서둘렀다.

둘째, 살레는 북예멘 인구의 반이 되는 북부지역의 부족집단들을 견제하기 위하여 탈부족화한 200만 이상의 남예멘인을 끌어들이려는 의도를 가졌다. 사실 통일이 되면 편입될 남예멘군은 북예멘군과는 달리 부족집단에 대한 충성심이 전혀 없기 때문에 이들을 통해 부담 없이 부족집단들을 견제할 수 있다는 계산도 깔려 있었다.[31]

한편 남예멘쪽에서 통일협상에 보다 적극적으로 나온 동기는 경제난국을 타개하기 위해서였다. 남예멘은 1980년대에 와서 세계적인 경기후퇴와 1982년의 유가폭락 등으로 인하여 인접 아랍국가들로부터 원조가 격감했고 해외에 있는 노동자의 송금이 감소되어 경제적 위기를 맞고 있었다. 물론 경제적인 어려움에 있어서는 북예멘도 같았으나, 상대적으로 남예멘이 훨씬 더 심각했다. 특히 남예멘의 계속된 경제적 위기는 국내정치의 갈등을 격화시켰다. 1985년 모스크바로 추방되었던 前집권자 이스마일(Ismail)의 귀환으로, 당시 집권자 무하메드(Muhammad)와 이스마일 추종자들간에 갈등이 빚어졌다. 1986년 1월 이스마일 측이 일으

29) Charles Dunbar, The Unification of Yemen : Process, Politics and Prospects, Middle East Journal, Vol. 46, No. 3 (Summer 1992), pp. 468~469.
30) Charles Dunbar, *ibid.*, p. 469.
31) Charles Dunbar, *ibid.*, pp. 469~470.

킨 쿠데타로 수도 아덴에서 10일간의 市街戰이 벌어져 이스마일을 포함한 1만 명이 사망하고, 무하메드와 그 추종자들은 국경을 넘어 북예멘으로 탈출하는 사태가 벌어졌다. 이때 잔여 강경 좌파세력이 정권을 장악하였다. 이 '피의 정권쟁탈전'은 남예멘과 같은 마르크스주의국가에서도 이데올로기적 갈등이 당파와 같은 원초적인 권력싸움의 베일에 불과하다는 것을 실증한 셈이다.[32] 당시 남예멘의 무하메드와 그 추종자들이 북예멘으로 탈출해 일시 남・북예멘간의 관계를 긴장시켰으나, 북예멘은 남예멘 사태에 대해서 아무런 입장을 표명치 않았다. 이 문제로 남북예멘이 상호 의심할 조짐이 보였으나, 경제적 위기와 예멘의 외부환경의 극심한 변화가 새로 등장한 아덴 정부로 하여금 사나 정부에 대해 보다 실용주의적이고 유연한 정책을 추구하지 않을 수 없게 하였다.

1986년의 "남예멘의 대유혈" 사태로 남예멘이 당장 입은 경제적 피해는 1억 2천만달러로 추산되었다. 이는 당시 국민총생산(GNP)의 10%선에 해당하는 액수이다. 더구나 이 위기로 이후 외국의 원조나 투자가 대폭 줄어들었으며, 외국에 나가서 취업하고 있던 남예멘 노동자의 송금액도 격감했다. 1983년에 해외노동자들이 송금액이 4억 8천 640만 달러였던 것이 1988년에는 2억 5천 280만 달러로 줄어들었고, 1인당 국민소득도 1984년에 570달러에서, 1986년의 유혈사태 때문에 1987년에는 450달러로 뚝 떨어져 남예멘의 경제는 참으로 암담했다.

통계의 정확성이 미흡하기는 하지만, 북예멘의 경우도 해외노동자의 년간 송금액이 1984년에 9억 9천 550만 달러에서 1989년에는 2억 5천 970만 달러로 크게 감소했다. 그러나 북예멘은 1988년도 1인당 국민소득은 남예멘보다 약간 높은 550달러였으며, 그들의 전통적인 비동맹정책과 정치적 안정 때문에 외국의 원조와 투자조건이 보다 유리했고, 생산되는 석유와 가스 개발이 해외노동자의 송금격감을 벌충하게 되어 북예멘 경제의 장기적인 전망은 비교적 낙관적이었다. 그러나 북예멘 역시 경제사정은 국민의 기대수준에는 미치지 못했다.[33]

1980년대 후반기에 남예멘의 급박한 경제적 위기가 남예멘으로 하여금 북예멘에 적극 접근하게 하였다. 당시 남예멘의 새로운 집권세력은 종래 비우호적이었던 아랍권 내의 부유한 보수성향의 국가들에게까지 손을 벌려 원조를 받으려고 하였으나 그것이 여의치 못했다. 종래 남예멘의 최대의 원조국가인 소련까지도 개방(Glasnot)과 개혁(Perestroika)으로 몸살을 앓고 있었고, 동유럽도 민주화의 격변을 겪고 있는 상황이었기 때문에 남예멘 원조요구에 어

---

32) Ghassan Salame "Inter-Arab Politics : The Return of Geography", in Willam B. Quandt ed., The Middle East (Washington D. C : The Brookings Institute, 1988), p. 346.

33) Siobhan Hall, *ibid.*, p. 13

느 나라도 응해오지 않았다.[34] 특히 이들 국가들은 파견한 원조고문단까지 철수했거나 원조를 중단하거나 격감했다. 그 한 예로 아덴 정부에 대한 최대 원조국인 소련의 원조는 1988년에 4억 달러였던 것이 1989년에는 500만 달러로 격감했다.[35] 이러한 상황 속에서 국가경영의 의지가 극도로 위축된 아덴 정부는 사나 정부와의 통합을 최후의 선택으로 생각하게 되었다.

이리하여 남북예멘의 집권층은 남예멘에서 탈출하여 북예멘에 가있는 무하메드(Ali Nasser Muhammad) 문제는 뒤로 미루고, 남북 이데올로기와 체제의 이질성에도 불구하고, 우선 협력을 가속화시키는 각종 협정을 서둘렀다.

남북예멘간 통합과정이 본격적으로 구체화되기 시작한 것은 북예멘 대통령 살레(Salih)와 남예멘의 예멘사회당 사무총장 바이드(Bidh)간의 두 차례에 걸친 정상회담에서 비롯된다. 첫 번째 타이즈(Taiz)회담(1988. 4. 16~18)에서는 두 지도자가 국경지대에서의 군사적 행위 방지를 위한 일련의 조치를 취할 것과 통일논의의 재개에 합의했다. 두 번째의 사나(Sanna)회담(1988. 5. 4)에서는 공동투자개발을 위한 2,200㎢의 비무장지역 설치에 합의하였다.

또한 같은 날 남북예멘의 수상간에는 남북예멘의 국경지대에서 2개월 이내에 양측의 국민이 신분증만 제시하면 자유로이 통행할 수 있는 공동지역을 설치하는데 합의하였다. 이에 근거해서 1988년 6월 1일에는 북예멘과 남예멘의 내무장관은 다음 달부터 국경통행을 실시할 것에 서명하였다. 이 서명이 있은 후 첫 수주일 내에 남북예멘간에는 수만 명의 인적교류가 있었다. 남예멘에서 북예멘을 방문한 사람들 중에는 비교적 경제사정이 좋은 북예멘에서 직장을 구하려는 사람이 많았으며, 북예멘에서 남예멘을 방문한 사람들의 대부분은 1967년 남예멘의 사회주의혁명 이전에 아덴에서 교육을 받았거나 생활근거를 가졌던 사람들이었다.

남북예멘간의 인적 교류의 효과는 매우 컸다. 북예멘을 방문한 남예멘인은 1962년까지는 외부에 폐쇄적이고 세계에서 가장 미개발지역으로 생각되었던 북예멘이 그간 획기적인 발전을 거듭해서 지금은 남예멘보다 훨씬 더 잘 산다는 사실을 직접 눈으로 확인하게 되었다. 사실 여행자들은 북예멘의 수도 사나(Sanna)나 타이즈(Taiz), 후다이다흐와 같은 도시가 한 때 세계무역의 중심항구로 붐볐던 아덴(Aden)을 훨씬 능가하는 것을 직접 보고 느끼게 되었다. 한편 남예멘을 방문한 북예멘인들 가운데 특히 1967년 혁명 이전의 남예멘을 기억하고 있는 사람들은 자기들이 사는 북예멘 체제가 다소 결점이 있더라도 더 발전했으며, 아덴 정부의 마

34) Evgeni M. Primakov, "Soviet Policy toward the Arab-Israeli Conflict", in William B. Quandt, ed., The Middle East(Washington, D. C.: The Brookings Institute, 1988), p. 406.

35) Siobhan Hall. *Ibid.*, p. 13.

르크시즘이 남예멘을 아주 제한된 발전만을 가져오게 했으며, 특히 경제적으로 매우 뒤떨어졌다는 인상을 받고 돌아갔다. 이러한 인적 교류를 통한 체제경험은 북예멘의 체제 우위를 실증했다.

남북예멘간의 교류에서 남북간의 관계를 획기적으로 접근시킨 것은 상호 경제협력이었다. 경제협력은 어느 의미에서는 인적 교류보다 더 지속적인 효과를 주는 것이다.

1988년 11월 19일 남북예멘간에는 동년 5월 4일의 협정에 규정한 '지정된 지역'에서의 석유와 광물자원개발에 대한 투자촉진을 위해 準국영공동회사(Parastatal Joint Company)를 설치하였다. 또 이 공동회사는 미국의 헌트 석유회사, 엑손(Exon), 러시아의 자루베-즈흐게올지아(Zarube-zhgeologia), 프랑스의 토탈(Compagnie Fransaise des petroles : TOTAL), 쿠웨이트의 외국석유탐사회사(Kuwait Foreign Petroleum Exploration Company : KUFPEC) 등과 다국적 조합을 구성하여 공동지역의 석유탐사에 착수하였다.

1989년 여름 「사나」 정부는 「아덴」 정부에 통일의 첫 단계로 남북예멘의 외무·국방부처의 통합을 극적으로 제의했으나, 이 제안에 아덴 정부의 반응이 없자 사나 정부는 11월에 그들의 제안을 공개하고 이 문제를 다루기 위해 살레 대통령이 직접 아덴을 방문할 것을 발표하고 서둘러 밀고 나갔다. 결국 양 예멘은 진통 끝에 회담날짜를 11월 29일로 결정하였다.

이리하여 1989년 11월 30일에는 아덴에서 남북예멘의 頂上이 만나, 역사적인 통일정부에 관한 협정을 체결하였다. 이 통일협정은 세 가지 중요한 내용을 담고 있었다.

첫째, 예멘통일헌법안을 비준 받기 위해 '사나'와 '아덴'의 양 議會에 6개월 이내에 제출하고, 비준 후 6개월이 경과한 후 국민투표에 부칠 것, 둘째, 여러 분야의 공동행정부처의 업무를 촉진할 것, 셋째, 공동정치조직위원회(the joint political organizing committee)를 구성하여 예멘의 정치적 장래에 관한 계획을 수립할 것 등이다. 이 아덴 협정은 그 정당성과 외양을 갖추기 위해 협정내용들이 일찍이 17년 전에 체결된 1972년의 카이로통합협정에 기초한 것임을 밝히고 있다.[36)]

1989년 11월에 있은 양국수뇌의 아덴 정상회담의 내막은 잘 알려지지 않았으나, 사나의 관측자들의 일치된 견해에 의하면 처음에 남측의 바이드(Bidh)는 북측의 살레가 제안한 외무·국방관계부처의 통합안을 반대하고, 양측이 1972년의 카이로, 트리폴리회담, 그리고 1979년의 쿠웨이트회담에서 규정한 '구조의 틀' 안에서 머물 것을 주장했다고 한다.[37)] 이러

---

36) Charles Dunbar, *ibid.*, p. 461.
37) Charles Dunbar, *ibid.*, p. 461.

한 바이드의 주장은 남북예멘이 현상유지로 되돌아가도록 강요하는 것이며, 지금까지 진척된 합의 사항을 死文書화시키는 것으로 생각되었기 때문에 북측이 강력히 반대하여 결국 바이드가 자기의 주장을 철회하였다고 한다.

1989년 11월 30일 남북예멘간에 통일정부구성에 관한 협정이 체결된 이후 1990년 5월 22일 통합선언이 있기까지 '살레'와 '바이드' 두 정상은 사나, 아덴, 그 사이에 있는 타이즈 등지에서 몇 차례 회담을 더 가지면서 통일작업을 서둘렀다. 당시 남예멘측 지도자들은 통일과 총선거 실시의 과도기간을 늦추자는 의견도 내놓았다. 거기에는 그들 남예멘의 정치적 입지가 상대적으로 빈약했기 때문에 준비기간을 늘려 그 동안에 그들 체제를 보다 더 개혁하려는 의도가 있었다. 실제 남예멘은 1989년 후반에 있은 지방의원선거에서 집권 예멘사회주의정당 소속이 아닌 후보자의 출마도 허용했으며, 경제분야에서는 내국인 또는 외국인의 개인투자를 촉진하는 법을 제정한 바도 있다. 그러나 남북예멘 양지도 층은 각기 국내의 통일반대세력의 조직화에 시간을 주지 않기 위하여 통일작업기간을 단축시키는 데 원칙적으로 합의하였다.

남북예멘 양당국 간의 협상에서 가장 합의하기가 힘들었던 주요쟁점은 남북간의 통합정부의 요직안배문제, 체제 이데올로기 및 경제체제의 통합문제, 그리고 군대의 통합문제였다.

첫째, 정부요직의 구성에 있어서는 국가최고의사결정기관(통일헌법초안에 규정된)이 되는 5인의 '대통령평의회'[38](Presidential Council) 의장인 대통령의 자리에는 북예멘의 살레가, 부통령에는 남예멘의 사회당서기장 바이드(Bidh)가 각기 취임했고, 나머지 3인의 위원으로는 북예멘 국회의장 아라시(Abdull al-Karim al-Arashi), 남예멘 사회당 부서기장 무하메드(Salim Salih Muhammed), 북예멘 국무총리 가니(Abdul Aziz Abdul Ghani) 등이 선임되었다. 통일예멘의 내각총리에는 아타스(Attas) 남예멘 최고인민회의 간부회 의장이, 부총리에는 남북예멘이 각각 2명, 각료에는 북예멘에 19명, 남예멘에 15명이 각각 배정되었

38) 大統領評議會에 관해서는「통일예멘헌법」제82조~제101조에 자세히 규정하고 있다. 대통령평의회의 5인 위원은 선출되며(제82조, 제83조), 선출된 후 대통령평의회는 위원 중에서 평의회 의장을 선출하며(제84조), 그 임기는 5년으로(제87조), 예멘인의 부모를 두고 35세 이상이며, 비 예멘인과 결혼해서는 안 된다는 자격규정(제85조)이 있다. 대통령평의회의 주요권한은 국내외에서 공화국의 대표, 의회의원선거 요청, 국민투표 요청권, 정부각료의 組閣權, 행정부와 협조하여 국가일반정책수립과 이의 감독권, 국무원과 대통령평의회의 합동회의 요청권, 국방위원회 위원지명, 고급관리와 군장교의 임명 또는 해임, 외교사절단의 구성 및 대사의 임명, 소환, 그리고 비상사태와 총동원령 선포권 등이다. 특히 대통령평의회 의장은 평의회업무의 행정에 책임을 지고 의결사항에 서명하며(제98조), 대외관계에서 공화국을 대표하고(제99조), 국무원의 업무에 관한 보고서 제출을 국무총리에 요청할 수 있는 권한이 부여되어 있다(제100조). 한편 대통령평의회 의장과 위원은 헌법의 위반 또는 국가의 독립과 주권에 관계되는 사항을 사유로 의회의원 3분의 2의 고발로 탄핵이 발의되며, 탄핵결정은 법원의 탄핵재판에 의한다(제10조) (국토통일원, 「예멘 統一關係資料集」(1990)에 수록된 예멘 통일헌법안 전문 참조).

고, 여타 정부고위직도 남과 북이 대체로 50 대 50으로 안배하였다.

통일예멘의회의 구성에 있어서는 전체의석 301석 중에서 북예멘에 159석, 남예멘에 111석, 그리고 전통부족집단들에게는 31석이 배정되었다. 그리고 통일예멘 의회의 의장직은 남예멘 측에 배정되어 남예멘의 내각총리였던 누만(Said Yasin Numan)이 선임되었다.

둘째, 체제이데올로기와 경제체제의 통합은 兩체제가 통합논의 이전에 상대체제 이데올로기나 체제운영방식을 상호 수렴하거나, 혹은 그 일부내용을 실험적으로 받아들인 바가 있었거나, 남북예멘간에 민간수준의 장기적인 교류가 있은 것도 아니었기 때문에 말이 통합이지 실제로는 이질적인 사상과 제도가 혼재(混在)와 공존하는 실정이었다. 그러므로 통합 이후에 많은 갈등과 문제점이 드러날 것이 예상되었다. 특히 교육분야에서는 남북예멘간에 정치문화와 체제목표가 서로 달랐기 때문에 통일예멘의 교육목표설정이나 각급 교과과정 편성에 있어서도 갈등이 첨예화될 것으로 전망되었다. 경제체제의 운영에 있어서도 하나의 통일된 원칙이 세워진 것이 아니라 처음에는 남예멘의 사회주의경제구조와 북예멘의 자유시장경제를 과거에 했던 그대로 두고 두 이질적인 경제를 하나의 경제권에 편입시켰기 때문에 하나의 통일된 시장경제체제로 가는 데에는 과도기적 진통이 있었다.

셋째, 군대(국방)에 있어서는 양군의 지도부가 하나의 통합된 국방부서로 통합되었으나, 남북예멘의 군부대는 각기 편제를 그대로 유지하고 있었으며, 남예멘군은 북예멘 지역으로, 북예멘군은 남예멘 지역으로 각기 이동 배치하였다. 특히 병사들 수준의 통합은 군사적 효율성을 희생하지 않도록 일정한 시일이 경과할 때까지 우선 그대로 두기로 하였다.[39]

이상에서 남북예멘간의 체제갈등과 화해, 그리고 최종적으로 통일을 위한 일련의 협상과정과 그 내용을 살펴보았다.

남북예멘 지도자들이 22년간의 정치적·군사적 갈등이 조성한 상호 의심과 두려움을 극복하고 6개월이 채 못되는 기간에 통일협상을 매듭지을 수 있었던 것은 몇 가지 국내외적 요인이 작용하였다. 그러한 요인들을 간략하게 살펴보면 다음과 같다.

첫째, 가장 중요한 요인은 1980년대 후반부터 남예멘의 최대의 후견국가인 소련의 페레스트로이카 정책이 동부유럽의 변화는 물론 세계도처에 있는 그들의 우방에 충격을 주어 개혁·개방을 유도했다. 뿐만 아니라 소련의 원조중단이 아덴 정부(남예멘)에도 큰 영향을 주었다. 남예멘은 이러한 경제적 난국을 타개하기 위해 종래 갈등관계에 있었던 아랍권내의 보수진영에 까지 손을 내밀었으나 그런 것들이 모두 어렵게 되자 그들의 정치적 진로를 급속히 바꾸어

39) Charles Dunbar, *ibid.*, p. 462.

가능한 빨리 사나 정부와 통일협상을 벌이려 하였다.

둘째, 종래 反통일성향의 부족세력을 사나 정부가 완전히 통제하였다는 점이다. 즉, 1980년대부터 북예멘 정부가 부족지배지역에 대한 정부의 권위를 강화함으로써 이것이 살레 북예멘 대통령으로 하여금 통일협상에 주도권을 갖게 했다. 특히 살레의 탁월한 부족집단조종술은 부족집단과 사우디의 유착을 떼어놓았다. 한 마디로 말해서 과거에는 사우디왕국의 영향하에 있던 부족집단들이 북예멘의 사나 정부에 도전해 왔는데, 이제는 반대로 살레의 사나 정부가 부족집단들을 그의 영향력 하에 두어 사우디를 견제하였다.

셋째, 양예멘의 당면한 정치적·경제적 상황이 양편을 급진적으로 접근케 하였다. 양예멘의 지배층은 각기 국내의 보수반동세력과 급진세력을 견제하고 그들의 기득권을 유지하기 위해서, 또 경제적 위기를 타개하기 위하여 석유등의 공동개발사업을 추진하고 남북예멘간에 상호이익이 되는 보다 큰 경제권의 형성을 필요로 하였다.

넷째, 이상의 직접적 이유 이외에도 통일의 촉매제로써 남북예멘간의 갈등과 분쟁을 화해로 이끌고 통일을 중재한 아랍연맹과 그들의 범아랍주의의 역할이 컸다. 실로 아랍연맹 회원국들은 親서방노선과 親사회주의노선에 이르기까지 각기 다양한 노선을 추구하고 있었으나, 대체적으로 위기가 있을 때마다 미·소 강대국의 극한적 개입을 견제하는 보호막이 되었다. 특히 아랍연맹은 1970년대 남북예멘간에 군사적인 격돌이 있을 때마다 중재에 나서서 이를 종결시켰다.[40] 그러한 결과가 1972년 카이로협정과 트리폴리의 합의이며, 또한 1979년의 쿠웨이트협정이다. 특히 1979년 3월 아랍연맹은 '아랍연맹평의회 특별회의결의'를 통해 감독위원회·군사위원회를 설치하여 남북예멘간의 분쟁조정과 화해를 보증하는 완충적인 역할을 하였다.[41]

---

40) Ursula Braun, "Yemen : Another Case of Unification", Aussen Politik, German Foreign Affairs Review, Vol. 43, Quartely Edition, No. 2 (Hamburg : Inter Press Verlag, 1992), p. 175.

41) '아랍연맹평의회 특별회의결의'의 주요내용은 다음과 같다. 첫째, 시리아아랍공화국, 이라크공화국, 요르단 하쉬미야 왕국의 대표들로 구성된 아랍중재위원회를 통해 1979년 3월 1일자 남북예멘간의 무력행위중지에 관한 합의서에 대한 동의 둘째, 합의서 집행과 20일 이내의 양측군대의 즉각적인 철수개시 셋째, 어느 한 국가가 주도하거나 제3국이 제의하는 내정간섭의 거부 넷째, 상호비방행위 중지 다섯째, 양측간의 국경개방, 무역관계, 국민 개개인의 이주문제 등 양국간의 관계 정상화 재개 여섯째, 요르단 하쉬미야 왕국, 아랍에미레이트 공화국, 알제리아 인민민주공화국, 이라크공화국, 쿠웨이트, 팔레스타인 등의 외무장관과 아랍연맹 사무총장으로 감독위원회를 구성하여 결의안의 집행을 감독할 것, 또 카이로, 트리폴리 兩協定과 각 共同專門委員會의 권고 안을 집행하고, 그 공동목표를 달성하며, '두 형제정부'간의 관계정상화 재개를 위한 頂上次元의 대화촉구 일곱째, 남북예멘과 감독위원회의 구성국가 대표들로 군사위원회를 설치하고, 아랍연맹의 감독 하에 둘 것 등이다.
당시 이러한 아랍연맹평의회의 결의와 함께 쿠웨이트 예멘정상회담 공동성명이 발표되었는데, 이 성명은 아랍감독위원회 대표들이 참석한 가운데 남예멘의 '이스마일'과 북예멘의 '살레' 兩頂上이 합의한 것이다. 그 내용에서는 먼저 그리고 또 하나 더 지적할 수 있는 것은 갈등과 대립 속에서도 결국 남북예멘간의 통일협상이 극적으로 신속하게 타결될 수 있었던 것은 양지도 층이 민족적 주체성이 강했기 때문이다. 그것은 같은 아랍권의 배후국가인 사우디왕국의 反통일공작이나 예멘 내의 반통일적인 부족들의 할거주의를 극복하는 데 잘 나타났다. 결국 민족통일의 열망 때문에 어느 일방이 타방에 특정이데올로기나 체제를 강요하지 않고 당장 서로를 인정하고 서로 다른 체제를 병행하면서 통합을 단행하였다. 원래 통합일정도 1990년 10월로 예정하고 있었으나 각 部族의 이해관계에 집착하는 세력과 이슬람과격주의자들이 사우디왕국의 지원을 받아 조직적으로 통합을 방해할 것을 염려해서 서둘러 5월 22일로 통합을 앞당겼다.42)

제4절 통일 이후의 문제점과 再분단위기 극복

남북예멘은 통일선언 이후 양지도 층의 의욕적인 노력으로 통합의 내실화가 진행되었다. 그러나 통일헌법의 기본구도 자체와 남북엘리트간의 패권적 권력갈등 때문에, 그리고 외부환경의 영향, 특히 걸프전쟁의 충격으로 통일예멘은 심각한 진통을 겪었다.

1990년 5월 22일 통일예멘의 살레(Salih) 대통령은 예멘의 통일을 선언하면서 “새 시대와 영광스런 미래”(new era and glorious future)를 약속했었다. 통합 당시 예멘의 정치·경제사정은 그렇게 썩 좋지 않았다. 새 통일공화국은 총 72억 5,600만 달러(북예멘이 28억 9만 달러, 남예멘이 43억 6,600만 달러)의 외채를 안고 출발했다. 그 중 50%이상이 소련으로부터 얻은 차관이며, 여타 아랍국가와 중국이 채권국이었다. 그럼에도 불구하고 예멘의 장래는 낙관 시 되었다. 그것은 남예멘의 풍부한 광물자원과 잘 훈련된 관료와 북예멘의 잉여노동력 및 기업가적 활동이 결합하게 될 때, 예멘의 경제가 크게 부흥할 것이라고 모두가 믿었다. 또한 이러한 기대가 국내외의 투자를 자극하게 될 것이며, 그리고 아랍협력위원회(Arab Cooperation Council : ACC)의 멤버십이 이라크, 이집트, 요르단 등과 유리한 무역협정을

남북예멘의 정상들이 ‘아랍연맹평의회의 결의’를 수락하고, “예멘의 통일은 예멘 민족과 아랍공동체가 겪고 있는 현 아랍상황하에서 특별하고 중요한 민족적 요청”임을 강조하였다. 특히 아랍연맹의 중재와 감독을 받게 된 예멘의 상황을 “예멘의 통일은 제국주의와 시온이즘에 항거하여 아랍결속을 강화시킨다”는 논리를 내세워 汎아랍주의로 승화·합리화하고 있었다. 또한 당시 남북예멘의 두 頂上은 카이로협정, 트리폴리성명, 그리고 예멘통일을 위한 공동위원회의 활동을 존중할 것을 확인하였다.

42) Ursula Braun, *ibid.*, p. 177.

끌어낼 것으로 예상되었다. 통일예멘은 아덴을 자유항으로 개발하고, 연안어업을 진흥시키는 것도 아울러 고려하고 있었다.

그러나 이라크의 쿠웨이트 침공과 이로 인하여 아랍협력위원회의 기능이 마비되어 이라크와 쿠웨이트 사이에서 예멘의 입장이 매우 어렵게 되었다. 이라크는 예멘의 전통적인 동맹국으로서 걸프지역 내의 국가들에게 큰 영향력을 행사해 왔으며, 쿠웨이트 역시 남북예멘간에 무력충돌이 있었을 때마다 중재와 원조를 아끼지 않았던 국가였다. 걸프전쟁 당시 예멘은 유엔안전보장이사회의 유일한 아랍권理事國으로서 親이라크의 입장에 서서[43] 쿠웨이트를 침공한 이라크를 응징하는 유엔결의에 기권함으로써 국제적 고립과 경제적 제재를 받아 예멘경제는 벼랑 끝에 놓여졌다.[44] 이렇게 되자 예멘 내의 일부 지방신문들이 살레 통일과도정부의 사퇴를 요구하는 국내적 소요가 일어나기도 했다.[45]

1990년 9월 이후부터 시작된 사우디의 예멘에 대한 재정원조 중단, 미국의 기술원조단 철수와 경제원조 대폭삭감(900만 달러 상당), 그리고 이라크, 사우디아라비아 등지에서 추방된 1백만 명 이상의 예멘노동자의 귀환으로 인한 해외송금의 결손과 대량실업사태는 예멘의 경제사정을 극도로 악화시켰으며, 이로 인해 많은 사회문제가 유발되었다.[46] 특히 실업증가와 인플레 때문에 폭력·데모가 곳곳에서 일어나고, 정부고위층의 피습이 빈발하였다. 1992년 4월 사나에서 살람(Abd al-Wasi Sallam) 법무장관이 총격을 받아 중상을 입었고, 5월에는 무하메드(Muhammed) 대통령평의회의 위원(전 남예멘사회당 부서기장)이 피습 당했고, 내각총리 아타스(Attas)의 관저에서 폭탄이 폭발하는 등 일련의 테러가 끊이지 않았다. 4월에는 예멘주재 사우디대사가 자택에 연금 당하는 사태까지 발생하였다.[47] 이와 같이 걸프전쟁은 직·간접적으로 예멘의 정치적 혼란, 경제적 곤란, 사회적 불안을 가중시켰다.

걸프전쟁 여파 때문에 예멘은 1990년 11월로 예정된 통일헌법에 대한 국민투표 실시를 전

43) *The Middle East, International*, No. 398, 19, April 1991, p. 25.
44) Ursula Braun, *ibid.*, p. 182.
45) *Middle East, International*, No. 412, 8. Nov. 1991.
46) Siobhan Hall, ibid, p. 16 ; Charles Dunbar에 의하면 1992년 가을과 겨울 사이에 약 80만 예멘인이 사우디와 쿠웨이트로부터 추방되어 예멘에 귀국했으며, 그 중 6만 명은 연고가 없어 홍해연안의 알 후다이다흐(al-Huddaydah)주변의 피난민수용소에 거처했다. 또한 이들 귀환노동자의 송금손실은 대략 연 10억 달러 정도로 추산된다. 오만의 경제정보기관은 18억 달러로 보고했다.
Charles Dunbar, "The Unification of Yeman : Process, Poltics and Prospects", Middle East Journal, Vol. 46, No. 43, Summer 1992, pp. 471, 472 ; The Economist Intelligence Unit, Oman, Yemen Country Report, No. 3, 1991, p. 3.
47) *FBIS-NES*, April 28. 1992, p. 18 ; April 21. 1992, pp. 13~14 ; May 11. 1992 ; May 18, 1992, p. 15 ; Charles Dunbar, *op. cit.*, p. 472.

쟁 후로 연기까지 했다. 결국 1991년 5월 17일 선거가 실시되었다. 국민투표 결과에 대한 정부의 공식적 집계는 134만 명의 찬성과 2만 명의 반대라고 내세웠지만, 실은 많은 이슬람주의자들과 야당정치인들이 선거를 보이코트 했기 때문에 투표율이 全유권자의 50%미만을 기록하여 국민투표의 모양새가 크게 망가졌다.

특히 이슬람주의자들은 이슬람법(Sharia)과 모순되는 어떠한 입법도 허용치 않을 것이라는 정부의 공약을 믿지 않고 계속 헌법개정운동을 통해서 그들의 뜻을 관철하려 했다. 그러나 이 문제는 통일예멘정부로써는 쉽게 양보할 수 없는 매우 미묘한 문제였다. 그것은 非이슬람체제(마르크스 사회주의 급진체제)하에서 누렸던 그들의 특별한 자유(예컨대, 남녀평등, 아덴의 술 제조업 등 非회교적 관행)를 계속 보유하려는 남부 예멘인들의 세속적인 권익과 맞물려 있었기 때문이다. 이러한 문제뿐만 아니라, 남북예멘의 통일과도기 30개월 동안 남북예멘의 모든 기존가치, 관행, 정치적 견해를 허용하였기 때문에 체제적 규제가 약했고, 어느 의미에서는 체제의 응집력이 매우 결여되어 있었다.[48)]

통일헌법내용도 그 자체 내에 갈등을 유발할 수 있는 상반되는 내용을 포함하고 있었다. 통일헌법은 그 초안이 1981년에 기초된 것으로 애초에는 의회민주주의를 예정했으나, 대통령제로 바뀌었으며 남예멘의 마르크스주의와 이와는 모순되는 북예멘의 자유주의적 이상과 이슬람교의 전통이 혼재해 있다. 예컨대, 헌법 제3조에는 샤리아(Sharia : 이슬람법)가 '입법의 주요근원'(main source of legislation)이라고 규정하여, 이슬람법을 입법상의 절대적 존재에서 상대적 지위로 끌어내렸다. 이 조항 때문에 통일 전부터 북예멘의 부족적·이슬람적 보수세력은 맹렬한 항의를 벌였다.

또한 통일헌법에는 경제적 질서와 사회적 질서간에 모순이 내재해 있다. 즉, 헌법 내에는 중앙경제기획, 공공부문, 외국무역의 정부통제 등 사회주의적 경제요소가 있었으나 여기에 헌법상으로 인권의 구체화, 언론·출판의 자유, 그리고 모든 정치적 결사의 자유와 정치적 다원주의를 인정하는 자유민주주의적 요소가 함께 하고 있었다.[49)]

게다가 예멘의 통일선언 이후 1992년 11월까지 30개월간은 양측이 기존의 주요정치조직과 행정기관의 기능을 유보하고 있어 급조된 통일정부의 기구와 二重的으로 존재하였다. 이러

---

48) Siobhan, *ibid.*, p. 17.

49) 사회주의적 경제요소는 통일예멘헌법 제6조, 제7조, 제8조, 제9조에 잘 드러나 있고 자유주의적인 국민의 기본권에 관한 내용은 헌법 제26조, 제27조, 제32조, 제33조에 잘 나타나 있으며, 정치적 결사의 자유는 제39조에 규정하고 있다. [국토통일원, 「예멘 統一關係資料集」(1990)에 수록된 통일국가헌법안 全文, pp. 243, 244, 246, 247, 248.]

한 요소들이 통일 직후에 불협화음과 갈등을 빚어내는 진원이 되었다. 다시 말하면, 이러한 잠재적 갈등요인이 걸프전 이후 국제적 고립과 경제사정의 악화 때문에 표면화되어 분출하게 된 것이다.

통일예멘은 정치적으로 다당제를 허용했으므로, 통합 직후 다양한 이데올로기 성향을 지닌 38개의 정당이 등록되었다. 거기에는 도시의 젊은 인텔리겐치아로 구성된 세속적인 나세르주의자 정당이나 바아스주의자 정당 등이 군소정당으로 결성되었으나 이들은 의회에 거의 진출하지 못하였다. 결국 정국을 주도하는 지배적인 정당세력은 예멘사회당(YSP), 총인민회의(GPC), 그리고 예멘개혁운동당(YRP) 등 3개의 정당이었다.

예멘사회당(Yemen Socialist Party : YSP)은 통일 이전에 남예멘의 유일한 마르크스주의적 지배정당이었으나, 통일 후에도 여전히 그 영향력이 남부에만 국한되었다. 한편 총인민회의(General People's Congress : GPC)는 살레 대통령이 이끄는 과거 북예멘의 집권정당이었다. 이는 느슨한 정파간의 연합체로서 통일 후에도 계속 정국을 주도하게 되었다. 이들 사이에 제3의 정치세력으로 등장한 것이 소위 예멘개혁운동당(Yemen Reform Movement, Al-Islam : YRM)이다.[50] 이 세력은 그 명칭과는 걸맞지 않게 세속적인 자유화와 민주적 개혁에 반대하는 보수적 이슬람주의자 집단이다. 이들의 최고 지도자는 북부예멘의 유력한 부족연합체 지도자 알 아마르(Abdullah al-Ahmar)이다. 이들 부족집단들의 연합체는 소위 무슬림 형제인 사우디아라비아의 재정적인 후원을 받고 있으며, 여기에는 이슬람성향의 보수적인 財界와 젊은 지식인들도 다수 합류하고 있다. 이들은 수도 사나(Sana) 공설운동장에 5만여 명이 모여 反이슬람적 통일헌법에 반대하는 군중집회를 개최하고 데모를 벌이면서, 이들은 부족의 連帶와 이슬람단체를 통해 남예멘 지역까지 지지기반을 확대하려 했다. 그러나 결국 이들의 노력은 통일헌법의 개혁을 성사시키지 못했다.[51] 그것은 남부의 예멘사회당의 강력한 견제 때문이었다. 또한 살fp 등의 통일예멘의 주역들도 예멘의 보수회귀(保守回歸)를 배후에서 재정적으로 지원해온 사우디아라비아왕정의 영향력을 배제하기 위해서도 이들의 요구를 들어 줄 수 없었다.

실제 사우디는 예멘통일 이후, 특히 걸프전쟁 이후 예멘과의 관계를 노골적으로 악화시켜왔다. 그러한 관계악화는 사우디 내의 예멘노동자의 추방, 1930년대부터 문제된 국경분쟁의 재연,[52] 또 분쟁지역에서 석유 시추를 하고 있는 서방석유회사들에 대한 철수압력 등으로 나

50) Liesl Graz, "Yemen Weathers the storm," *Middle East, International,* No. 398, 19. April 1991, p. 24.

51) Ursula Braun, *ibid.,* p. 180.

타났다.[53] 본질적으로 전제왕국인 사우디는 예멘체제와는 이질적이었으므로 예멘의 공화체제가 자국의 王政에 영향을 미치는 것을 두려워했다.

군사적인 면에서 볼 때도 양예멘의 통합은, 공식적으로는 국방부서와 통합사령부를 가졌으나 실제로 남북예멘군의 단위부대는 그대로 유지되었으며, 다만 북예멘군의 일부를 남예멘 지역에, 남예멘 부대를 북예멘 지역에 각각 이동·배치하였다. 일부에서는 대통령이 속한 산한(Sanhan) 부족출신이 군 요직에 포진하고 있다는 불평이 있으나 아직은 북예멘군부 내에는 살레의 지배에 도전할 만한 세력이 없으며, 남예멘 군대가 북예멘 내의 살레의 정치적 경쟁자를 견제하는 역할도 하였다는 견해도 있다.[54] 그러나 舊 남북예멘권력층간의 갈등이 증폭될 경우에는 군부의 향배가 통합예멘을 위기로 몰아 갈 것이 예상되었다.

이외에는 남북예멘간의 행정조직의 통합으로 관료의 팽창, 그로 인한 갈등과 비능률, 그리고 남부예멘 사회주의체제의 종말에 부수되는 과도기적인 혼란이 있었다.

걸프전쟁 이후 경제사정의 악화로 경제적 궁핍에 시달리게 되자 통일에 대한 기대감에 부푼 예멘인들은 다소 실망도 하고 있으며, 특히 남예멘인들 가운데는 자유경제에 대한 적응이나 준비가 되어 있지 않아 과거 사회주의경제의 배급경제와 최소한의 생활안정에 대한 향수를 느끼고 있었다. 반면에 1967년 남예멘 정부의 토지개혁 때 토지를 몰수당했거나 재산상의 불이익을 받은 지주들이나, 남북대결시대에 남예멘을 탈출하여 북예멘으로 넘어 간 사람들이 통일 후에 몰수당한 부동산의 반환을 요구하고 있어 이것이 또 다른 사회적 갈등을 일으키고 있다.

그러나 총체적인 입장에서 볼 때, 예멘의 통일은 통일에 따른 어려움이 있는 것은 사실이지만, 전체 예멘인에게는 통일은 매우 소망스러운 것이었다. 통일로 인하여 예멘은 부족연합체적 보수체제나 급진 마르크스주의체제에서 보다 脫부족적인 세속체제로 변모해 가고 있으며, 정치적 자유와 다원적 가치, 경쟁적 정당을 기본으로 하는 자유주의적 의회정치로 전환되고 있다. 예멘은 현재 아라비아반도에서 민주화를 공식적으로 진행시키는 유일한 국가로써 이 지역에서 가장 주목받는 국가가 되었다.[55] 예멘의 이러한 정치적 다원주의의 경험이 전제왕정인 사우디아라비아나 쿠웨이트에게 그들 체제에 영향을 줄까봐 의심과 불안을 느끼게 한다. 또한 통일로 인하여 예멘은 토착세력을 "분리해서 지배하려는"(divide and rule) 외세를 확

---

52) 예멘 측에서는 오히려 아시르(Asir), 나즈란(Najran), 지즈잔(Jizzan) 등지의 실지(失地)회복을 주장하고 있다 : Liesl Graz, "Yemen Weathers The Storm," *op. cit.*, p. 25.
53) Liesl Graz, *ibid.*, p. 25.
54) Charles Dunbar, *ibid.*, p. 474.
55) Eric Watkins, "Yemen Perseveres with Democracy", *The Middle East* (May 1992), p. 20.

실하게 견제할 수 있는 국가가 되었다.

통일 후 유전개발과 외국투자에 의한 경제개발에 있어서는 낙관적인 전망이 보인다. 특히 통일 이후 하드라마우(Hadhramau)지역에서 상업성이 있는 유전이 발견되었으며, 남북예멘의 공동개발지역과 사브와(Shabwa)지역 내의 소련 業權地域에서 석유시추권을 얻은 서방측 회사들이 현재 탐사를 활발히 벌이고 있는데 매우 유망시된다. 특히 사브와 지역의 경우는 서방측 회사들에 의해 컨소시엄 형태로 개발되고 있다.[56] 통일예멘정부는 서방측 회사들에게 시굴권을 부여하여 상당한 재정적 수입을 올렸다. 예멘은 1991년 현재 하루에 원유 22만 배럴을 생산하고 있고, 1990년대 중반에 가서는 50만 내지 70만 배럴을 생산할 것으로 기대된다. 현재 석유수익금은 주로 재정안정기금으로 사용되고 있다.[57]

한편 중동 밖의 국제사회에서도 예멘경제를 도우려는 움직임이 일어나고 있다. 특히 프랑스가[58] 앞장서서 9천 8백만 달러의 채무를 면제해 주고, 일본이 5백만 달러의 빚을 증여로 바꿔 주었으며, 독일은 3천 3백만 달러를 원조해 주었다. 최근에 와서는 미국도 종래의 정책을 완화하여 소맥보조를 하고 있다. 예멘은 또한 세계은행에서 경제발전차관 3천 3백만 달러와 어업자금 1천 3백만 달러의 차관을 끌어들였다.[59]

1990년 9월 걸프전쟁 때 통일예멘은 親이라크노선을 취하여 걸프전쟁 이후 약 1년 동안에 외국원조와 해외노동자의 송금 액 감소로 낮게 잡아 약 11억 달러(높게 잡아 18억 달러)의 손실을 당해 경제적 위기를 맞이했다. 이러한 경제적 위기가 예멘의 정치발전을 위협했다. 이러한 위기를 통일정부는 식유산업의 개발과 그 광권의 판매로 극복하려고 노력했다. 당장 최악의 위기는 모면했으나, 걸프전쟁으로 받은 예멘의 손실을 완전히 극복하지는 못했다. 예컨대, 1990년 10월 이후 1년 동안 예멘정부는 석유광권의 판매로 약 7억 달러의 재정수입밖에 올리지 못했다.

통합 이후 밀어닥친 경제적 위기로 통화팽창, 임금수준과 각종 가격의 격차로 인한 대중의 불만 때문에 수 개 지역에서 소요와 폭동이 발생하였다. 이러한 위기를 극복하기 위해 예멘정부는 중앙은행을 강화하고 석유기금으로 지하금융시장에 개입하고 있으며, 집권화된 경제통

---

56) Charles Dunbar, *ibid.*, p. 475.

57) Ursula Braun, *ibid.*, p. 182.

58) 프랑스 미테랑대통령의 두 각료 두마(Roland dumas)와 랑(Jacques Lang)이 사나 정부를 방문하여 살레 정부의 민주주의와 개혁추진에 대하여 지지를 보냈으며, 특히 걸음마단계에 있는 예멘의 민주주의(Yemen's fiedgeling democracy)에 도전하는 이슬람 근본주의자들을 견제하고 서방측과 관계개선을 적극 지원하였다. The Middle East, International, No. 412. 8. Nov. 1991.

59) Siobhan Hall, *ibid.*, pp. 16~17.

제정책을 쓴 바 있다. 이러한 현상은 전통적으로 예멘경제가 중앙정부의 권한이 약하여 정부 밖의 다양한 이익집단에 의해서 국민경제가 좌우되었던 옛 체제로부터의 탈피를 의미하는 혁명적 변화이다. 역설적인 논리이지만, 걸프전쟁 이후의 경제적 위기와 국가주도의 석유산업의 출현은 국가통제를 통해 예멘경제를 하나의 동질적 통합국민경제로 만들어 가는 역사적인 계기가 되고 있다.60)

한편 통일 후 진정한 예멘인의 국민적 화합에 있어서는 이슬람 근본주의자들과 세속적인 급진주의자들간의 대립이 큰 장애요인으로 작용하고 있다. 여기에 '이슬람 근본주의자'들과, 북부의 부족집단을 배후에서 지원하는 사우디아라비아의 정책이 통일예멘의 장래에 어두운 그림자를 드리우고 있다. 금후 걸프전쟁으로 인해 예멘과 멀어진 인접아랍국가들과의 협력증진, 특히 걸프지역국가협의회(Gulf Cooperation Council : GCC)의 지원이 통일예멘의 체제안정에 중요한 요소가 될 것이다. 이들 회원국인 오만(Oman)과 에미레이트 연합(Emirates), 심지어 쿠웨이트(Kuwait)의 일부 사람들까지도 아라비아반도에서 유일하게 비회원국인 예멘이 걸프지역국가협의회에 참여하기를 기대하고 있다. 특히 오만은 이라크의 사담 후세인의 쿠웨이트 침공사실은 부유한 걸프국가(적어도 오만까지 포함해서)가 보다 가난하고 인력이 많은 이웃을 더 이상 방치할 수 없다는 것을 실증했다고 말하면서, 그 첫 번째 대상국가가 예멘이라고 강조하였다.

1990년 5월 남북예멘의 통합 직후 걸프전쟁의 여파로 경제적·사회적 위기를 맞이했던 통일예멘이 가까스로 체제안정에 접근하고 있는데, 1993년 4월 통일 이후 첫 總選에서 이슬람 근본주의 집단인 예멘개혁운동당(YRM)이 제2당으로 급부상 하게되자 종래 북예멘의 인민회의당(GPC)과 남예멘의 예멘사회당(YSP)간의 권력분점의「틀」이 깨어지게 되었다.61)

1990년 통합당시는 남북예멘이 통일정부의 권력을 반반으로 분점 하였으나 총선 이후 살레 대통령의 주장으로 예멘개혁운동당이 연립내각에 참여하게 되자 남에멘 측의 권력지분이 축소되었다. 이에 부통령 바이드가 이에 반발하여 1993년 7월 자신의 본거지인 아덴에 귀향함으로써 남북예멘지도자간의 정치적 불화가 표면화되었다.

남예멘출신 부통령 바이드는 그간의 살레 대통령의 권력독점추구, 예멘사회당 당원에 대한 암살·정치테러의 묵인, 국정운영에 있어서 사회당에 대한 소외 등을 강력히 비난하였다.62) 1994년 2월 양측은 요르단의 훗세인의 중재로 정·부통령의 권력분배와 지방분권화의 확대

60) Eric Watkins, *ibid.*, pp. 20, 21.
61) 한겨레신문, 1994년 5월 7일 5면.
62) 동아일보, 1994년 5월 15일, 7면 ; 한겨레신문, 1994년 5월 7일, 7면.

를 주요내용으로 하는 평화협정에 서명하면서[63] 일시 정국이 진정국면에 들어가는 듯하였으나, 未통합상태에 있었던 남북예멘군이 각기 지역에 뿌리를 둔 정치세력을 추종함으로써 결국 내전(civil war)이 일어났다.

1994년 4월 27일 시작된 남북예멘군의 충돌로 2천여 명이 사망하였으며, 그후 계속 무력대결을 벌였다.[64] 인접 아랍국가들이나 아랍연맹의 중재노력이 있었으나 별 성과가 없었다. 통합예멘을 주도했던 북예멘 측의 살레 대통령은 이 기회에 군사적 제압을 통한 보다 철저한 통합을 시도하려 했다. 한편 남예멘 측은 자치나 독자적 체제유지를 보장받는 느슨한 국가연합수준의 통합으로 가기를 원했으며, 그것이 받아들여지지 않을 경우 분리할 것을 고집하였다. 그러나 결국 내전에 의한 再분단 위기는 살레 대통령의 강력한 군사적 진압정책에 의해 가까스로 평정되고 봉합되었다.

이러한 예멘내전의 원인은 첫째, 통합당시의 남북예멘간의 50 대 50의 권력 분점이 통일이후 자유경쟁적 다당제의 채택과, 인구비율에 있어서 북예멘과 남예멘이 각기 4 : 1인 상황 속에서의 총선의 결과 그 구도가 깨진데서 비롯된 것이다.

둘째, 또 하나의 직접적인 원인은 남북간의 권력의 지주가 되는 군대를 통합하지 않고 부대간에 상호 견제할 수 있도록 병립적 체제로 둔 것이 내전의 도화선이 되었다.

셋째, 남북예멘의 통합이 두 사회의 사회·문화적 접근이나 비교적 장기적인 민간수준의 다각적인 교류 없이 다른 말로 표현하면, 밑으로부터의 민중의 참여가 없는 상태에서 권력엘리트간의 편의와 야합에 의한 정치적 통합을 우선시했기 때문에 통일예멘의 기반이 취약할 수밖에 없었다.

이러한 통일후의 예멘의 내전과 이로 인해 한때의 再분단 위기상황은 분단국가로써 통일을 지향하는 우리에게 몇 가지 교훈을 준다.

첫째, 이질적인 두 체제간의 통합에는 두 체제의 지도층간의 결단과 통합의지도 중요하지만 그것에 못지 않게 두 체제간의 이념과 문화의 상호수렴이 수반되어야 하는데, 이것이 가능하려면 먼저 민간수준의 각계 각층의 인적·물적 교류가 있어야 한다는 것이다. 다시 말하면 통일과정에 있어서 민(민중)의 참여·교류가 필수적이라는 점이다. 이것이 가능했던 독일의 통일은 성공했고, 이러한 과정이 생략되었고 무시되었던 예멘은 통일이 되었어도 한 때 再분단의 위기를 맞이하게 된 것이다.

---

63) 국민일보, 1994년 5월 1일.

64) 중앙일보, 1994년 5월 3일, 4면.

둘째, 군대가 하나로 통합되지 못한 채로 정치적 통합이 이루어진다면 그것이 진정한 권력통합의 장애물로 될 수 있으며, 내전의 불씨가 될 것이라는 것이 예멘사태에서 곧바로 입증되었다.

셋째, 체제와 이념 그리고 정치적 관행이 다른 체제간의 통합에 있어서는 어느 일방지배세력이 주도하는 급조된 흡수통일이나 중앙집권적인 통일체제의 강요보다는 '지역자치적' 정부간의 느슨한 통합형태인 국가연합에서 출발해야 하며 주민차원의 다각적인 교류와 협력을 거쳐 점차 동질적인 체제통합으로 나아가는 것이 바람직하다.

第6장 남·북한 통일정책과 통일방안

-독일 통일과정 및 중국·대만관계와 비교

제1절 민족통일의 당위성

본 장에서는 1948년 8월 15일과 9월 9일에 남북한에 서로 대립하는 정권이 들어선 이래 각기 추구하였던 통일정책과 통일방안을 시대별로 일별하고, 또한 이 시점에서 한민족의 통일 논의와 통일정책 모색에 참고가 될 수 있는 독일의 통일사례와 중국·대만관계를 살펴보았다. 먼저 남북한이 왜 통일되어야 하는가 하는 통일의 당위성을 논의하고자 한다.

통일의 당위성을 새삼 거론하는 것은 통일의 무드가 잡혀가는 현 상황 속에서 아직도 통일의 논리가 아닌 분단의 논리와 분단을 자극하는 정서가 한국사회 일각에 도사리고 있기 때문이다. 또한 해방 이후의 좌우 갈등과 6·25로 인한 동족상잔의 비극 이후 남북 양측의 독재세력 내지 권위주의 세력의 입장의 정당화와 왜곡된 군사문화와 관련해서 자의든 타의든 분단으로부터 受惠를 받은 일부 기득권 집단의 목소리가 꽤 크기 때문에 이들을 설득할 통일논리가 한층 더 요구되는 것이다.

"무엇 때문에 그렇게 어려운 통일을 하려 하느냐, 남북이 각기 자기 방식대로 살면 되지 않느냐" 또 "남북간의 경제적 격차가 심하기 때문에 당장 통일이 되면 낙후된 북한의 경제수준을 끌어올리기 위해서 '통일비용'이 엄청나게 든다. 그러므로 굳이 통일을 서두를 필요가 있겠느냐" 하는 말에는 기득권에 안주하려는 사람들의 숨은 뜻이 담겨져 있다고 생각된다. 이처럼 소아적이고 근시안적인 논리는 없다고 생각한다. 이런 부류의 사람들로부터 저자가 고답적이고 통일지상주의적인 지식인으로 지목 받을지는 모르지만, 몇 가지 차원에서 왜 통일이 속히 되어야 하는지를 말하고자 한다.

첫째, 통일이 되어야 한다는 것은 인도주의의 차원에서 당연한 논리이다. 인도주의는 인간의 유리·도리에 충실하는 삶을 영위하고 자유와 평등·박애를 인간관계에서 실현하는 것을 이상으로 하는 인류의 보편적 가치이다. 더욱이 수 천년을 단일의 생활공동체로 이어 온 한민족이 외세에 의해서 둘로 나누어지고, 그들의 야욕과 거기에 편승한 냉혈적 권력집단에 의해서 빚어진 6·25의 동족상잔은 남북한에 수백만의 사상자를 냈으며, 그로 인해 남북한에 일천만 이산가족이 생기고 남과 북에는 증오감·적대감이 조성되었다. 그리고 오늘날에도 남북의 각종 실정법에 의해 감시당하고 불이익을 받는 수많은 분단의 피해자들이 있다. 그러므로

※ 이 글은 春田 이태영 박사 화갑기념논총(1992년)에 게제한 저자의 논문 "한반도 통일정책의 비교론적 小考"의 내용 일부와, 1994년 한국정치학회 연차학술회의(1994. 12. 5~7)에서 발표한 논문 "북한체제의 변화와 한국의 통일전략"의 내용 일부를 발췌하여 재구성한 것임.

이 같은 현실은 하루 빨리 극복되어야 할 대상이다.

둘째, 통일은 민족주의 차원에서 생각할 때 민족공동체 내지 민족국가의 복원을 위해 절실하다. 민족주의란 동일한 혈연·언어·문화·역사(공동의 체험)를 같이 한 민족이 하나의 정치적 공동체(국가)를 형성하여 유지·발전시키는 것이 최선이라고 생각하는 집단적 열망과 의지이다. 민족주의는 일반적으로 민족국가의 형성과 유지, 그리고 자체발전이라는 면에서는 밝고 긍정적인 성격을 지니나, 어떤 민족국가가 타민족을 정복하거나 억압하는 형태로 나아갈 때는(이것이 제국주의) 어둡고 부정적인 면이 있다. 근대국가들의 대외관계는 이러한 민족주의의 어두운 면과 밝은 면으로 점철되어 왔다. 주지하다시피 근대민족주의는 1789년 프랑스 시민혁명 이후 수립된 프랑스의 공화정이 인접한 유럽의 전제왕정과의 전쟁과정에서 태동하였다. 이러한 프랑스 민족주의는 중부, 동부, 그리고 남부유럽 諸민족의 민족주의를 자극하여, 결국 1871년의 독일통일, 1861년의 이탈리아통일을 위시한 유럽의 諸민족국가의 형성을 도왔다. 이후 이러한 유럽의 민족주의는 유럽열강이 아시아·아프리카지역을 유린하는 과정에서 제국주의로 변모하였으며, 유럽에 저항했던 아시아·아프리카에서는 저항적 민족주의가 생성되었다. 특히 유럽열강이 아프리카지역에 제국주의를 추구하는 과정에서 토착민족의 분포나 경계를 고려하지 않고 열강간의 정치적 담합이나 恣意에 의하여 일방적으로 식민지의 국경을 그었기 때문에, 이러한 유산으로 그들 지역들이 제2차 세계대전 이후 독립된 후에도 그들 지역국가(특히 아프리카 지역)간에 내전과 국경분쟁이 끊이지 않고 있다. 이러한 민족분규는 중동은 물론 유럽지역의 소수 민족간에도 예외일수 없다. 예컨대, 北예이레사태, 유고사태, 체코슬로바키아에서의 체코인과 슬로바키아인의 분리가 그러한 예이다.

1980년대 말 소비에트연방의 와해는 사회주의 체제의 비능률과 무능이 그 주요요인이 되겠지만, 한편으로는 소비에트연방을 구성하는 각 공화국의 민족주의가 그 요인으로 크게 작용했다. 그러므로 흔히 호사가들이 말하듯이 현대는 국가간의 장벽을 헐어버리는 국제화시대, 지구촌시대라고 하지만, 아직도 여전히 국가간의 관계에 있어서 그 저변에는 민족주의와 국가주의가 강력히 작용하고 있다.

우리의 경우 서기 668년의 신라통일 이후(668년, 실은 그것은 고구려가 유지했던 한반도 북부와 만주지역을 당(중국)에 넘긴 비주체적인 반(半)통일이지만), 통일신라시대, 고려시대, 조선시대를 거쳐 1,300년을 하나의 민족공동체를 형성해 오다가 일제 35년의 강점과 1945년 이후 미·소의 3년간의 점령통치를 겪고 분단되었기 때문에 민족공동체의 논리인 민족주의는 통일의 명분으로 아무리 강조되어도 지나치지 않다.

셋째, 남북통일의 성취는 그것이 곧 탄탄하고 견고한 민주주의의 확립과 정치발전에 직결된 것이다. 제2차 세계대전 이후 미・소가 주축이 된 양극적 냉전체제에 의해 남북분단이 고착화되었으며, 미・소는 각기 남북을 군사적 전초기지로 삼아 남북간의 동족상쟁을 유발시키는 조건이 형성되었다. 그러한 환경이 남북 양측에 엄청난 군사력을 키웠고, 남한의 경우 그것을 배경으로 군부가 '체제안보'를 내세우는 권위주의적 과두체제(authoritative oligarchy)를 뒷받침했거나, 아예 권력을 장악하여 군사독재를 감행하여 문민정치와 민주정치발전을 가로막았다. 따라서 만일 남과 북이 평화적 통일을 이룩한다면, 결과적으로 군이 본연의 직업적 임무에 충실하게 하고, 군의 정치개입가능성이 배제될 것이다. 그러므로 이 시점에서 脫군사체제나 민주정치확립과는 동시적 과제다.

넷째, 통일은 복지국가(welfare state) 실현의 차원에서도 바람직한 것이다. 모든 현대국가의 기능이 과거 19세기의 夜警國家 기능에서 福祉厚生國家 기능으로 변화해 가고 있는 것은 보편적 추세다. 남북한 양측이 군사적 대치 때문에 국가의 재정규모에 있어서 군사부문의 지출이 과도하고, 복지후생분야의 지출이 상대적으로 낮다. 그러한 군사비 지출은 방대한 병력유지, 끊임없이 요구되는 새로운 무기도입, 동맹국의 날로 심해지는 방위비분담요구가 그 원인이다. 이런 출혈적인 군사비 지출의 족쇄를 끊어버리기 위해서도 통일은 빨리 되어야 한다.

다섯째, 주변강대국들이 '분리해서 지배한다'(divide and rule)는 식의 제국주의 놀음에서 벗어나기 위해서도 우리에겐 통일이 절실하다(anti-imperialism). 국제정치차원에서 분리해서 지배하는 정책은 과거 유럽열강이 아시아・아프리카지역에서 토착세력을 분열시켜 놓고 그들을 뒤에서 조종하여 서로 소모전을 하게 하거나 견제시키면서 그 가운데서 자국의 이익을 추구했던 제국주의정책의 수법이다. 이러한 수법은 지금 분단된 남북 양측에 대해서도 암암리에 또는 공개적으로 작용하고 있다. 그러한 정책은 중국이나 미국의 남북한에 대한 이중거래외교, 일본의 등거리외교, 4대국의 남북한 교차승인논리, 미국의 남한에 대한 핵우산정책과 북한에 대한 연착륙정책, 그리고 국민의 지지가 없는 권력의 정통성이 취약한 독재정권에 대한 강대국의 후견적 역할 등에서 잘 드러난다. 이러한 주변강대국의 세력놀음에서 헤어나기 위해서도 한민족은 속히 통일이 되어야 한다.

제2절 남·북한의 통일정책 및 중립화통일론

남한과 북한에 공식정권이 들어서기 전인 1948년 4월 남에서 북으로 간 한독당의 김구(金九)와 민족자주연맹의 김규식(金奎植) 등의 중도 민족주의자들은 北의 공산주의자 김일성(金日成)·김두봉(金枓奉) 등과 '남북협상'을 통해 통일정부를 수립하려고 했다. 그러나 이들 민족주의자들의 순수한 의도는 남한에서는 단독정부수립운동을 벌였던 우파세력의 배척을 받았고, 북한에서는 정권창출을 정당화하는 모임이었던 남북한 정당·사회단체연석회의의 들러리로 이용당하고 말았다.[1]

1. 남한의 통일정책·통일방안

(1) 1940년대 말, 1950년대, 1960년대 통일논의

한국정부는 유엔의 권위와 그 후원에 의하여 정부가 수립되었다는 명분을 내세워 북한을 미수복 지역으로 보고, 대한민국의 제헌국회 구성 때 북한지역에 배정된 100석의 국회의석을 선거를 해서 채우라는 식으로 통일론에 소극적이었다. 북이 도발한 6·25전쟁을 계기로 이승만은 무력에 의한 북진통일론을 내세워 권위주의체제를 강화했고, 미국의 한국내정에 대한 영향력을 배제하려 했다. 그러나 남한정부가 국제사회에서 최초로 표방한 통일정책은 1954년 제네바회의(Geneva Conference) 때 변영태 대표가 주장한 유엔감시하의 남북한 자유선거 통일방안이었다. 1950년대의 혹독한 동서간의 냉전체제하에서는 '한반도의 중립화통일론'은 물론 '평화통일론'까지도 탄압 당했다. 1956년의 진보당의 조봉암 진보당 대통령후보가 평화통일론을 당의 노선으로 내걸었다고 해서 탄압 당하기까지 했다.[2]

1960년 4·19혁명 이후 과도정부를 거쳐 들어선 민주당정권도 통일정책으로 '유엔감시 하에 대한민국헌법 절차에 따른 인구비례에 의한 남북한총선거'를 내세웠다. 이러한 정책은 1960년 8월 27일 張勉 총리의 시정연설, 동년 9월 10일 鄭一亨 외무장관의 성명, 그리고 동년 11월 2일 제5대 국회의 결의안 등에서도 확인되었다.

5·16군사쿠데타 이후 등장한 제3공화국의 박정희 정권도 유엔감시하의 총선거를 주장했으며, 다만 1967년 1월 17일 박대통령은 연두교서에서는 남북간의 체제경쟁을 시사했다. 사

---

1) 김용욱, "미군정과 중간노선의 위상과 역할", 한국현대정치론, I (도서출판 나남, 1990), p. 129.,
2) 김낙중·노중선 편저, 現段階 諸統一方案 (한백사, 1989), pp. 23~24.

실 제3공화국의 박정권은 1960년대의 5·16 이후 한일기본조약의 체결, 베트남戰 파병, 3선 개헌 파동 등의 일련의 정치적 이슈에 매달렸기 때문에 북에 대해서 획기적이고 전향적인 통일정책을 내세울 수 있는 여유가 없었다. 또한 1960년대 후반에는 북한이 남한에 대해 통일전선을 구축하면서 무력도발을 감행했던 시기였으므로 남북관계가 매우 경직되었다. 1968년 월 북한이 밀파한 특수부대의 청와대 습격미수사건, 1968년 10월 북한게릴라의 울진·삼척 지방 침투사건 등이 남북관계를 결정적으로 악화시켰다.

(2) 1970년대, 1980년대의 통일논의

1971년 美 닉슨 행정부의 주도로 미·중간에 조성된 긴장완화 분위기에 힘입어 박정희 대통령은 이후락 정보부장을 비밀리에 평양의 김일성에 보내 과감한 남북간의 대화를 시도하였으며 그 결과 북한과 극적으로 1972년 '7·4 남북공동성명'을 창출하였다. 동 성명은 박정희·김일성이 직접 談合하고 서명한 것은 아니지만, 남북한의 실세 이후락 정보부장과 김일성의 實弟이며 북한노동당 정치국원인 김영주가 각기 "상부의 뜻을 받들어" 남북공동성명에 서명하는 형식을 취했다.

동 성명에서는 "외세의존이나 외세의 간섭을 배제하는 자주적 통일, 평화적 방법에 의한 통일·사상·이념·제도의 차이를 초월한 민족적 대 단결" 등의 내용이 담겨있다. 또한 통일문제 해결을 위해 남과 북이 '남북조절위원회'를 발족시켜 협의에 들어갔다. 당시 남측은 경제와 사회·문화분과위원회를 우선적으로 설치하여 이 분야의 교류협의를 제의했으나, 북측이 정치·군사·문화·경제·외교 등 모든 분과위원회의 공동설치를 주장하여 결국 회담은 결렬되었다.

1973년 6월 23일 박정희 대통령은 '평화통일외교정책에 관한 특별성명'을 통해서 평화적 통일, 남북간의 상호 내정불간섭, 북한과 함께 UN을 비롯한 국제기구에의 참여, 모든 국가에 대한 문호개방 제의 등 7개 항목의 내용을 제시하였고, 이어서 1974년 1월 18일에는 남북상호불가침협정 체결을 제의하였다. 특히 1974년 8월 15일 박대통령은 경축사를 통해서 ① 남북간의 상호불가침협정 체결, ② 남북간의 상호 문호개방, 다각적 교류와 협상, ③ 토착인구비례에 의한 자유선거 등 평화통일 3대 기본원칙을 제시하였다. 이와 같이 1970년대의 제4공화국(한국 정부)은 국내체제의 非民主性이라는 문제를 안고 있었지만, 통일문제에 있어서는 상당히 적극적이고 前向的이었다.

제5공화국 정권시대에 남한측은 1982년 1월 '민족화합 민주통일방안'을 북한에 제의하였다. 그 주요내용은 ① 통일헌법의 초안을 마련하기 위한 민족협의회 구성, ② 통일헌법의 정하는 바에 따라 총선거를 실시하고, 통일국회와 통일정부를 구성할 것, ③ 조국통일의 성취 이전까지의 과도기에 남북한 기본관계에 대한 잠정협정을 체결하고 민족내의 자해행위를 종식시킬 것, ④ 이와 함께 남북한 당국 최고책임자회담과 이를 준비하기 위한 각료급을 수석대표로 한 남북 쌍방의 고위대표자간의 예비회담을 개최할 것 등이었다. 또한 1982년 2월에는 '민족화합 민주통일방안'의 구체적 실천사업으로 20개항에 이르는 사업추진을 추가로 제의한 바 있는데 그 내용은 주로 통행·이산가족 상봉·관광사업·상호교역 등에 관한 것이었다. '민족화합 민주통일방안'의 특징은 기존의 남한의 통일방안을 종합적으로 망라했다는 점이다. 그러나 북한은 남한정권(第5共)의 독재성·비민주성·비정통성을 이유로 대화를 거부했으며, 특히 주한미군의 철수를 협상의 전제조건으로 내세우면서 협상에 응하지 않았다.

(3) '한민족공동체' 통일방안

이 통일방안은 이홍구(李洪九) 통일원장관이 구상한 '남북한체제연합론'을 토대로 한 제6공화국의 통일방안이다.[3] 이 방안은 궁극적으로는 남과 북이 단일민족국가 건설을 추구하지만, 그 과도체제로서 남북연합(Korean Commonwealth)을 이룩하자는 통일방안이다. 이 방안은 노태우 대통령이 1989년 9월 11일 제147회 정기국회에서 발표한 것으로, 한민족공동체에 통일방안에는 몇 가지 통일원칙과 통일방안이 제시되어 있다. 통일원칙으로는 자주·평화·민주의 3원칙이 제시되었다. 자주란 외세의 간섭을 받지 않고 민족자결주의 원칙에 따라 한민족이 주체가 되어 통일을 추구하자는 것이며, 평화는 무력사용을 배제한다는 것이고, 민주는 통일과정에서 국민의 의사에 따른다는 것을 의미한다.

이 통일방안에서는 통일의 첫 단계로서 남북연합을 "남북이 상호협력과 공존공영의 관계를 증진시켜 통일기반을 조성하려는 과도적 통일체제"라고 규정하면서, "남북연합이란 국가연합이나 연방과 같은 교과서적 개념이 아니라 통일을 지향하는 긍정적이고 과도적인 특수한 결합형태"임을 강조했다.[4] 그러나 현실적으로 남한·북한 양측이 모두 "실효적인", "사실상의" 국가의 기능을 하고 있기 때문에 국가연합과 다를 바가 없다.

일반적으로 국제법상으로 국가연합이란 각각 주권을 가진 복수의 국가가 조약에 의하여 결합된 상태를 말한다. 남북연합의 경우도 이러한 국제법상의 요건에 합치된다. 남·북이 다같

---

3) 김학준, "民族共同體와 南北韓體制聯合硏究", 「統一問題硏究」, 1989, 가을號, 통일원, pp. 28~32.

4) 신정현, "한민족공동체의 實現方案 : 南北聯合을 中心으로", 「統一方案論文集」, 第2輯, 통일원, 1991, pp. 81~83 참조

이 유엔에 가입하여 대외적으로 국가로서 인정받고, 국내적으로는 각기 실효적인 통치권을 행사하고 있는 독립국가이기 때문에 국가연합의 조건을 구비하고 있다고 볼 수 있다.

'한민족공동체통일방안'은 또한 남북정상회담에서 民族共同體憲章을 채택하고, 이 헌장에 평화와 통일을 위한 기본방안, 상호불가침에 관한 사항, 남북연합기구의 설치·운영에 관한 포괄적인 합의를 하도록 제의하고 있다. 남북연합에 있어서 최고결정기구로서는 남북정상회담을 두고 협의조정과 실행보장을 위한 기구로서 남북각료회의, 그리고 남북한 동 수의 국회의원으로 구성되고 통일방법과 결과를 마련하는 南北評議會, 또한 실무지원기구로서 共同事務處를 두기로 규정하고 있다.

요컨대, 한민족공동체는 남북한이 남북연합단계를 거쳐 단일민족국가로 가는 2단계를 설정해서 논의하고 있다. 그러나 분단국가의 경우 분단의 실체는 크게 민족·국가·체제 등의 세 가지 차원으로 고찰할 수 있다. 통일의 대상도 인적 요소로서의 민족의 통일, 통치구조로서의 국가의 통일, 이념과 제도로서의 체제의 통일 등 3단계로 구분해서 생각해 볼 수 있다.[5] 이를 구종서 박사는 다음과 같이 정리하고 있다.

제1단계의 민족의 통일은 남북연합단계(한민족공동체의 형성)를 의미한다. 이것은 일종의 국가연합(confederation)이다. 역사적으로 국가연합의 사례로서 두 가지 경우를 들 수 있다. 그 하나는 미주연합(American Confederation)의 경우로 1774년 미국 동부지역의 13개 독립주가 모여 대륙회의(Continental Congress)를 구성하고 이어 1781년에 미주연합을 결성하여 영국의 지배에 대항했다. 이러한 체제는 1789년 미합중국 헌법이 채택될 때까지 이전까지 계속된 국가연합 체제이다. 다른 하나의 경우는 프러시아에 의해 주도된 북독일연합(North German Confederation)으로, 이는 1867년 북부 독일 지방의 각 領邦 국가들간의 협력체제로써 1871년 독일통일의 완성 시까지 과도적으로 존재했다.

국가연합단계에서는 남북한 양측이 기존의 국가체제와 사회체제를 유지하면서 橫的으로 결합하여 협력관계를 가지는 것을 의미하며, 남북한 양측의 정부는 어떤 문제에도 거부권을 유보하고, 남북한 인민이 상대방 지역을 언제 어디든지 자유롭게 왕래할 수 있지만, 양 국가와 체제는 계속 유지되는 상황이다. 이 단계를 '1민족 2국가 2체제'라고 평가할 수 있다. 예컨대, 통독 이전의 동·서독관계는 그들 스스로 국가연합단계라고 스스로 공언하거나 이를 공식화하지는 않았지만, 準국가연합적 협력관계를 유지했었다고 볼 수 있다.

제2단계의 국가의 통일은 연방국가(federation)단계이다.

---

5) 구종서, "한민족공동체 形成에 관한 理論構造", 「統一方案論文集」, 第2輯, 통일원, 1991, pp. 41~45.

연방정부는 제한된 주권을 가진 2개 이상의 지방정부가 역시 제한된 통치권을 행사하는 하나의 중앙정부를 중심으로 결합된 국가체제이다. 연방정부는 양측의 주민이 동일한 국적을 갖는다는 점에 있어서는 각기 다른 국적을 가지는 국가연합과 구별되며, 연방정부와 지방정부의 관계는 헌법에 의해 규율된다. 역사적으로 이러한 사례는 1789년 연방헌법채택 이후의 미국, 1871년 통일 이후의 독일, 그리고 오늘의 스위스에서 전형적으로 볼 수 있다. 이러한 연방체제하에서는 외교권・군사권・화폐 등은 연방정부가 관할하지만, 內治의 대부분은 지방정부가 주관한다. 연방정부라고 하더라도 그 역사와 국가의 처한 상황에 따라 여러 가지 형태가 있을 수 있다. 같은 연방국가라도 미국, 舊 소련, 독일의 연방제는 중앙정부와 지방정부의 관계나 권한배분, 권력의 통합 수준이 다 각기 다르다. 북한이 제시한 고려연방제도 그러한 연방제의 한 유형으로 볼 수 있다. 그리고 그것은 '1민족 1국가 2체제'라고 규정할 수 있다.

제3단계의 체제의 통일은 완전한 단일체제의 공화국을 형성하거나 상호체제를 수렴하는 체제병립적 형태일 수도 있다. 구체적으로 말해서 사회민주주의체제와 자유민주주의체제가 경쟁하여 결국 그 어느 하나로 歸一 되거나 아니면 상당기간 양체제가 동일한 연방국가 내에서 공존하는 경우를 想定할 수 있다.

(4) 김대중정부의 통일정책

김대중 정부는 1998년 2월 25일 취임 초부터 대북정책의 3대 원칙으로 "북한의 무력도발 불용" "북한에 대한 흡수통일의 배제" "남북간의 교류협력의 적극 추진" 등을 제시하고, 당장 해야 할 일은 "통일"이 아니고 "화해・협력"의 단계(남북관계 개선)임을 강조하고 있다.(1998. 5. 17. 민주평통 운영・상임위 청와대 초청 모임 연설에서도 강조하였다.)

그리고 대북정책 추진방향을 민간차원에서는 정경분리 원칙에 의한 경제교류협력을 활성화하고, 정부수준에서는 상호주의를 견지하며, 인내를 가지고 북한의 개방을 유도하고 포용하는 소위 "햇볕정책"에 두고 있다. 이 햇볕정책은 원래는 상황에 따라 변할 수 있는 실용주의 노선이다. 그러나 이러한 노선의 실용성은 미국과 강경과 유화를 편의적으로 활용하는 이중적인 한반도정책의 향배나 북한의 군사모험주의나 "벼랑 끝" 정책에 어떻게 대응하느냐가 주요 관건이다. 또한 이러한 정책은 장기적으로는 어디까지나 국가안보를 전제로 한 것이어야 하며 그 實效性은 국민적 합의를 어떻게 이끌어내느냐에 달려있게 될 것이다.

2. 북한의 통일정책 · 통일방안

(1) 1940년대 말, 1950년대 통일논의

1945년 12월 일찍이 조선공산당 북조선分局 중앙위원회는 "북조선을 朝鮮통일의 민주기지"임을 결의하여 한반도의 공산화가 그들의 목표임을 천명하였다. 그러나 한편 1948년 3월 25일에 제26차 북조선민주주의 민족통일전선 중앙위원회에서는 유엔결의와 單選單政을 반대하고, 통일을 위한 全조선의 정당 · 사회단체대표자회의를 제의하였다. 1948년 9월 조선인민공화국 수립 이후에는 북한을 혁명기지화하고 이를 남한에까지 확대한다는 논리를 내세웠으며, 1950년 6월 25일 무력남침을 통해서 赤化통일을 기도했으나 미국과 UN의 개입으로 좌절되었다.

1954년 6월 15일 한국전쟁에 대한 휴전협정을 체결한 제네바정치협상에서 북한대표 남일(南日)은 한국과 UN참전 16개국이 제시한 유엔감시하의 남북한 총선거방식에 반대하면서 북한의 통일방안의 내용으로 ① 외군 철수, ② 1년 이내 남북의 쌍방군을 10만 이하로 감축, ③ 전쟁상태의 점차적 해소, ④ 경제 · 과학 · 문화교류를 위한 全조선위원회 설치 등을 제시한 바 있다. 이후 북한이 1950년대에 기회 있을 때마다 주장해온 통일방안은 제네바회담 당시 그들이 제안한 내용과 별로 다를 바가 없었다.[6]

(2) 1960년대 통일논의

1960년 8월 15일 북한의 김일성 주석은 최초로 연방제 통일방안을 제안하였다. 북한은 이러한 연방제통일방안과 아울러 1969년 10월 8일 제24차 UN총회에 제출한 비망록(memorandum)에서는 그들이 이전부터 제기해 온 통일논의를 망라해서 ① 남북한 정당 · 사회단체연석회의, ② 남북경제 및 문화교류, 서신왕래 및 회의, ③ 남북한 총선거, ④ 외군철수, 남북평화협정 체결, ⑤ 10만 이하로 쌍방군대의 감축 등을 제안하였다.[7]

그러나 1960년대는 북한의 이러한 평화적 제안과는 달리 실제로는 남한에 대해 적화통일 전략을 강력히 추진했던 시기였다. 그러한 전략의 일환으로 1964년 2월 27일 조선노동당 중앙위원회 제 4기 8차 전원회의에서는 3대 혁명강화를 결의했다.[8] 그 내용으로 ① 북반부의 혁명기지 강화, ② 남반부인민의 혁명역량 강화, ③ 남북조선인민의 혁명역량과 국제혁명역량

6) 국토통일원, 「時事情報資料」 (統一安保教育, 第3輯, 1988), pp. 71~77.
7) 국토통일원, 전게서, pp. 75~77.
8) 국토통일원 統一研修所, 「民主統一」 (1976) p. 283.

간의 단결강화 등이 강조되었다. 이러한 원칙 하에 북한은 남한 내의 혁명역량 구축을 위해 소위 인민민주주의 혁명 전략을 수립하고 남한내의 반정부세력을 규합·책동하여 그것이 성숙하면 게릴라전을 벌이고, 속전속결의 전격전을 벌인다는 전략을 추구했으나 실패하였다.

(3) 1970년대 1980년대 이후의 통일논의

1972년 7월 4일 '7·4 남북공동성명'으로 인하여 남북관계는 새로운 차원으로 전개되었다. 1973년 6월 23일 북한은 '고려연방제'라는 명칭으로 연방제통일방안을 제시했으나 아직 구체적 내용이 짜여있지 않았다. 1980년 10월 조선노동당 제6차 당 대회에서 비로소 북한의 연방제통일방안은 구체적으로 그 실체를 들어냈다. 그것이 곧 '1민족 2체제' 연방제이다.9)

북한의 '고려민주연방공화국'안은 크게 세 부분으로 되어 있다. 그 첫째는 연방제 실시에 선행해야 할 5가지 전제조건, 둘째는 연방제의 구체적 내용, 셋째는 연방제 하에서 준수해야 할 시정방침 등이다.

먼저 북한이 연방제의 전제조건으로 제시한 내용은 ① 남한에서 국가보안법을 폐지할 것, ② 통혁당(한국민족민주전선)을 포함한 모든 단체·개인활동을 합법화할 것, ③ 남한정권을 聯共정권으로 대체할 것, ④ 북한과 미국간에 평화협정을 체결하고 주한미군을 철수할 것, ⑤ 미국의 한반도 분열책동과 내정간섭을 배제할 것 등의 5개항목이다. 이러한 전제조건이 충족되어야만 연방을 구성할 수 있다는 것이 북한측의 한결같은 주장이었다.

북한은 연방제의 주요내용으로, ① 사상과 제도의 차이를 인정하고 남북이 평등하게 참여하는 민주통일정부로서 고려민주연방공화국을 수립할 것, ② 그러한 정부 밑에 남북이 동등한 권리·의무를 갖는 공화국(지방정부)을 수립하여 지역자치를 할 것, ③ 연방기구로서 최고민족연방회의와 연방상설위원회를 설치하여 이 기구로 하여금 지방정부를 지도하면서 전반적인 사업을 관장할 것 등을 제시하고 있다.

또한 북한은 이러한 연방정부가 준수해야 할 10대 시정방침으로 ① 자주성 견지와 비동맹정책, ② 전지역과 사회의 모든 분야에서 민주주의 실시와 민족의 대단결, ③ 경제적 합작과 교류, ④ 과학과 문화·교육분야의 교류, ⑤남북간의 교통·통신의 일원화, ⑥ 勞農·근로대중의 복지정책, ⑦ 민족연합군의 창설, ⑧ 해외동포의 권익보호, ⑨ 남과 북의 대외관계의 통일적 조정, ⑩ 평화적 대외정책 실시 등을 거론하였다.10)

'북한의 연방제방안'을 분석하면, 북한이 前提條件을 고집하는 것은 '남한의 先革命 後統一'

---

9) 노중선, "통일방안 논의의 변천과정과 현황", 「現段階 諸統一方案」, pp. 19~20.
10) 양흥모, "高麗民主聯邦共和國案의 분석", 「民族知性」, 1988년, 4월호, p. 91.

을 획책한다는 인상을 주고 있다. 더욱이 공산당의 합법화와 남한측에 聯共政權 수립을 요구한 것은 남한의 기존체제와 정부를 인정치 않는다는 논리이다. 이는 사상과 제도의 차이를 인정한다는 그들이 내건 연방제의 이상에 모순되는 것이다. 또 북한이 제의한 연방제의 성격은 그들이 "연방제"라고 말하고 있지만, 일반적으로 국제사회에 존재하는 연방제보다 그 기능이 약하고 국가연합보다는 강력한 것이라고 볼 수 있다.11) 또 북한은 연방제라고 표기하면서도 영어로는 국가연합을 뜻하는 Confederation을 쓰고 있어 개념상의 혼란을 일으키게 한다. 특히 고려연방제는 연방공화국 아래에 두 개의 지방정부와 민족연합군을 둔다는 점에 있어서는 聯邦制 성격을 가지나 연방정부기구인 최고연방회의와 연방상설회의를 남과 북이 쌍방대표로 구성하고 있다는 점에 있어서는 국가연합에 가깝다고도 말할 수 있다. 또한 북한은 1960년대, 1970년대에는 연방제를 통일의 과도체제라고 빈번하게 주장해왔으나, 1980년대에 와서는 연방제가 통일의 최종형태라고 주장하고 있어 인식의 혼란을 주고 있다.

1980년대부터 1990년대까지 남과 북이 각기 제안한 정부차원의 통일방안, 그리고 남한 내의 주요정당, 통일문제전문가들이 제안한 몇몇 통일 방안의 특징을 도표로 요약하면 다음의 〈표 4〉와 같다.

〈표 4〉 남북의 정부, 정당 단체, 전문가 통일방안 비교

평가 항목 / 제안 측	통일방안 명칭	통일원칙기조·전제조건	통일절차 및 단계	통일국가 형태
김일성·김정일 세습체제 (북한)	고려 연방제	전제조건 : ①국가보안법 폐지 ②공산당을 포함한 모든 사회단체 합법화 ③연공 정권 수립 ④북·미 평화협정 체결, 주한미군 철수 ⑤미국의 한반도 내정 간섭 반대	최고민족연방회의와 연방상설위원회 설치운영 그 기능은 : ①남북의 지역정부지도 ②남북 공동문제 토의결정 ③민족연합군 창설 ④비동맹 중립	1민족 연방과 2개의 지역정부
6공 정부	한민족 공동체	①3원치 · 자주·평화·민주 ②남북정상회담 남북각료회의 남북평의회 구성·운영	남북평의회→ 통일헌법기초→ 민주적 방법·절차를 통한 총선거 실시→ 통일정부·통일의회 수립	1민족 2국가 2체제 (남북체제연합)→ 단일민주공화제 (최종적으로)
문익환 (종교인)	연방제	전제 : 反외세 자주화 反독재 민주화 민중민주정권 수립 민간주도의 남북교류	3단계 : ①국가연합 (1민족 2국가 2체제) ②연방제 ③道단위 지방자치를 토대로 한 연방제	道단위의 자치를 기초로 하는 연방제

11) 노중선은 북한의 통일방안이 대체로 복합국가식 통일방식→국가연합방식→연방국가방안으로 발전해 왔다고 평가한다 ; 노중선, 전게논문, pp. 14~15.

평가항목 / 제안 측	통일방안 명칭	통일원칙기조 · 전제조건	통일절차 및 단계	통일국가 형태
김대중 (김대중정부)	3단계 통일방안	3대 원칙 : 평화공존, 평화교류, 평화통일 전제 : 흡수통일 반대 ※ 북한에 "햇볕정책"	3단계 : 1단계 공화국연합제 (교류협력)→ 2단계 연방제 (외교, 국방, 重要內政은 연방 정부와 연방의회 주관, 여타 내부의 국정은 남북구성국이 각기 관할) → 3단계 완전통합	자유민주주의 체제와 시장경제구조
구종서 (언론인)	고 려 연방제	3대 원칙 : 현상인정, 평화통일, 민주주의	3단계 : 1단계 민족통일(국가연합)→ 2단계 국가통일(연방국가)→ 3단계 체제통일(단일국가)	1민족 2국가 2체제→ 1민족 1국가 2체제→ 1민족 1국가 1체제
이세기 (정치인)	3단계 민족공동체 통일방안	①남북이 상호 주권을 가진 정치 실체로 인정 ②평화공존체제 구축 : 불가침협정 및 평화협정 체결, 4강의 남북교역 승인	국가연합 (1민족 2국가 2체제)→ 체제연합 (1민족 1국가 2체제)→ 통일국가 (1민족 1국가 1체제)	민족통일협회가 마련한 통일헌법초안에 대한 국민투표→통일헌법에 의한 총선거→單一 통일국회 · 통일정부 수립
평화민주당 (6공시)	공화국 연방제	전제조건 : 미 · 중 · 남 · 북 4자 회담에 의한 평화협정 체결, 남북간에 불가침 선언, 평화체제에 대한 미 · 일 · 중 · 소 4대국 보장	3단계 ①평화공존→ ②상호교류→ ③평화통일연방제 (국가연합→ 연방제)	1민족 2국가 2체제→ 1민족 1국가 2체제
통일민주당 (6공시)	한민족연합체 통 일 방 안	평화통일 3대 원칙 : 자주 · 평화 · 민주	軍縮, 남북교류, 韓民族委員會(상설기구)설치 · 운영 3단계 통일과정 : 1단계 평화공존→ 2단계 상호교류→ 3단계 單邦制든 聯邦制든 남북합의에 의한 결정	
김영삼 정부	3단계 3기조 통 일 방 안	3대 기조 : 민주적 절차 공존공영 민족복리	3단계 : 1단계 화해 · 협력→ 2단계 남북연합(국가연합)→ 3단계 단일체제의 통일국가	1민족 1국가 ①남북의회대표에 의한 통일헌법 확정 ②통일헌법에 따라 민주적 선거에 의해 통일정부와 통일의회 구성 ③남북한 두 체제의 기구와 체제통합
한국교회 협의회 (KNCC)	연방제	5대 원칙 : 자주 · 평화 · 민족대단결 · 인도주의 · 통일논의에 있어서 民의 참여 선행조건 : 휴전협정→ 평화협정, 군축, 비핵화 · 외군 철수, 정치범 · 양심범 석방, 군사회담과 남북 교류 동시추진	· 연방제 통일을 위한 남북 민족대표자 회의 : 민족평화 공동체 구성 · 남북군사공동회의 구성 · 운영 · 비정치적인 離散家族再會, 북조선기독교연맹과 한국교회 협의회 에큐메니칼 교류통로 개설 · 1995년을 '평화통일 희년'으로 선포	

※ 위 도표의 내용은 具宗書의 「격변하는 세계, 도전하는 한국」, 金大中의 「공화국연합제」, 李世基의 「통일조국의 미래」, 朴寬用의 「통일문제의 이해」 등을 참조했음.

3. 한반도의 중립화통일론

(1) 중립 · 중립화의 개념

남북한의 중립화통일은 냉전상황과 분단상황에 비판적인 민족주의경향의 지식인, 정당인, 해외동포 및 진보적인 외국정치인, 碩學들이 제기해 왔으며, 많은 청년 학생, 그리고 기득권에 안주하지 않는 사람들이 잠재적으로 동조하고 있다.

중립(neutrality)이란 개념은 원래 국제법상의 개념으로 전쟁에 참가하지 않는 국가의 국제법상의 지위로서, "교전국들에 대한 공평한 태도"(attitude of impartiality toward the belligerents)를 의미한다. 즉 전쟁시에 공평(impartiality) 또는 非교전상태(non-belligerency)와 그러한 상황을 누리는 국가의 권리와 의무를 말한다. 또한 중립화(neutralization)란 제도화된 중립 (institutionalized neutrality), 혹은 영세중립(permanent neutrality)을 의미한다.[12)]

중립은 교전국과 비교전국인 제3국 사이의 법적 지위를 규정하는 것에서 비롯된 것이며 중립의 종류에는 단순 또는 일반적 중립(simple occasional or ordinary neutrality)의 경우와, 국제조약에 의해서 보장된 영세중립이 있다. 단순중립은 전쟁시에 전쟁에 참가하지 않는 국가가 교전국으로부터 일정한 중립국의 권리를 보장받고, 또 중립국으로서의 의무를 지는 것을 의미한다.

한편 영세중립이란 조약에 의하여 타국들간의 어떠한 전쟁에도 참가하지 않고, 또 자발적으로 어떠한 국가와도 전쟁을 개시하지 않는다는 의무를 지며, 또 중립의 의무를 수행하는 대가로 자국의 독립과 영토의 보전이 조약에 의하여 보장되는 국가의 국제적인 지위를 말한다. 영세중립의 주된 동기와 목적은 자국의 독립과 국경의 현상유지 및 다른 나라의 지배를 배제하기 위한 것이다. 제2차 세계대전 이후 많은 아시아 · 아프리카 신생국들이 자국의 독립 · 평화 · 안전을 위해서 추구해온 중립주의(neutralism)는 국제법상 논의되는 고전적 의미의 종래의 중립개념과는 다르다. 이를 일반적으로 비동맹(non-alignment) 또는 적극적 중립주의(positive neutralism)라고 규정하기도 한다.[13)]

(2) 한반도의 중립 및 중립화통일론의 역사성

---

12) 이한기, 「國際法學」(下) (박영사, 1973), p. 367.
13) *International Encyclopaedia of the Social Science*, Vol. II (1974), p. 167.

1)한반도의 중립화는 구한말에 한국인들 자신에 의해 제기되었다. 1885년 개화기정치인 유길준은 "西遊見聞"이라는 책자에서 스위스와 벨기에의 형식을 모방한 조선의 중립화를 제창한 바 있으며,[14] 또 1904년 러·일간에 경쟁이 격화되자 당시 駐日조선공사 조병식(趙秉式)이 일본의 정치인 고네 아츠마루를 통해 러·일 분쟁을 막기 위한 조선의 중립을 요구하기도 했다. 또한 실제로 일본이 1905년 2월 러시아에 선전포고를 했을 때 이 위기를 넘기기 위해서 조선정부는 중립을 선언했으나, 이 때 일본이 한반도를 이미 장악하고 있었기 때문에 그 실효성이 없었다. 그 뒤 1920년 상해임시정부의 대통령이었던 이승만이 한반도가 미국의 일정기간의 신탁통치를 거쳐 강대국들로부터 영세중립을 보장받는 것이 일본으로부터 독립될 수 있는 최상의 방책이라고 주장하여 임시정부 내에서 격렬한 비판을 받은 적도 있다.[15]

분단시대에 들어서서 한국인으로 한반도의 영세중립화를 열렬히 주장한 인사는 1950년대의 김용중과 김삼규, 최봉윤(崔鳳潤) 황인관 등을 거론할 수 있다.[16] 1955년 김용중은 통일된 중립적 민족정부 설치를 위해 미국 워싱턴에 체류하면서 한국문제연구소를 설치하고 월간 시사통신지「한국소리」를 발행하였다. 그는 한반도에 있는 기존 두 개의 정부의 해산을 미국·영국·소련·프랑스 4개국 정부수반에 제의하면서, 남북한 양 정부는 평화통일을 막고 민중의 복지증진을 방해한다는 명분을 내세웠다. 한편 김삼규(金三奎, 前 동아일보 주필·「코리아 평론」편집인)은 1953년 5월 동경에서 '한반도 중립화를 위한 한국위원회'(KCNK)를 조직하고 활동하였다. 이 위원회에서는 1954년 4월 제네바 정상회의에 남북한 현정부의 해체와 단일정부의 수립, 총선 준비를 위한 중립국위원회 구성을 제안한 바 있으며, 1955년 반둥회의(Ban Dung Conference)에서도 이와 같은 내용을 청원한 바 있었다.

그리고 1953년 11월 미국 버클리대의 최봉윤(崔鳳潤) 교수와 당시 유학생 황인관(黃仁寬)은 '한국문제해결을 위한 제안 : 영세중립화 방안'을 입안하여 한국문제에 관련된 강대국들과 비동맹국에 보내어 국제적 관심을 환기시켰다.

이러한 재외 한국인들의 움직임뿐만 아니라 美행정부 내에서도 한국전쟁 말기에 한반도의 중립화통일론이 진지하게 제기된 적이 있었다. 1953년 8월 7일 한국전쟁의 휴전 직후 서울을 방문한 델레스 美국무장관을 비롯한 고위관리들은 당시 한국의 이승만 대통령을 만나 중립화통일을 타진했으나 이승만 대통령은 절대 반대하였다. 이러한 한·미간의 협의가 있기 이전에 1953년 6월 16일 미국의 트루만(Truman) 대통령과 델레스(Dulles) 국무장관은 美국가

14) 兪吉濬, "中立論", 「兪吉濬全書」, 第四卷, 서울, 1982, pp. 319~328.
15) 정대화 역(In K. Hwang 저), 「중립화통일론」 (신학문사, 1988), p. 81.
16) 상게서, pp. 180~184.

안보회의에서 한반도의 중립화문제를 제기하고 이에 관하여 호의적인 입장을 개진했으나 당시 군합동참모수뇌들은 미국의 전략적 이익을 내세워 반대한 바 있었다.17)

1960년 여름에 극동을 순방한 바 있는 미 의회지도자 맨스필드(M. Mansfield)상원의원은 상원외교분과위원장에게 한반도의 오스트리아식의 중립화를 보고한 바 있다. 맨스필드는 동년 11월 6일 한국의 장 면 정권에 남북한의 중립화통일안을 제안했으나 거부당했다. 당시 장면 정권은 한국영토가 중·소와 인접한 전략적 위치에 있고, 한국이 자유세력의 방위에 있어서 가장 중요한 역할을 수행하고 있다는 점을 거부명분으로 내세웠다. 그러나 당시 서울의 대부분의 학생들과 많은 지식인, 온건한 정치인들은 오스트리아식의 영세중립을 지지하여 새로운 통일운동을 확산시키고 있었다. 이른바 오스트리아식의 중립화통일이란 1955년, 제2차 세계대전 후 연합국이 독일의 경우와 같이 오스트리아를 분할점령 했을 때 당시 오스트리아의 칼 레너의 주도로 국민당·사회당·공산당 등이 참여해서 임시연립정부를 수립하고 그들 스스로가 오스트리아의 중립에 관한 헌법을 제정하고, 이를 소련 등의 강대국의 협조를 받아 미·영·불·소 4개국간의 국가조약을 통하여 영세중립의 지위를 인정받은 사례를 말한다.18)

1961년 1월(제2공화국시대) 당시 진보적 야당인 사회대중당(김달호 위원장)은 당의 정강으로 '중립화통일정책'을 채택한 바 있다. 그 구체적인 내용으로 ① 외국군대의 추방과 한반도의 영세중립화, ② 남북한통일방안의 전면수용, ③ 영세중립 보장을 위한 남북한대표와 미·소 등 관계국가와의 국제회의, ④ 선거를 위한 중립국 선거감시위원회 설치, ⑤ 영세중립의 국제적 보장 후 남과 북의 일반군축, ⑥ 그리고 통일문제에 관한 공식토의 내용으로 남북의 일반군축, 남북한간의 교역개방과 비정치적 분야의 교류문제 등을 포함시켜야 한다고 주장하였다.19)

4·19 직후의 대학사회의 통일운동은 당시 민주당정권의 통일정책에 큰 충격을 주었다. 4·19혁명 이후 통일논의의 주류를 이루었던 쟁점은 중립화통일론과 남북교류론 이었다. 이러한 사회적 분위기에 힘입어 1961년 5월 5일 결성준비대회를 개최한「민통전학련」(民族統一全國學生聯盟)은 남북학생회담을 북한에 제의·추진하여 정국을 소용돌이치게 하였다. 학

17) United States Department of State, *Foreign Relations of the United States* (1952~1954), Vol. XV. Part 2, 1984, pp. 1180~1188.
尹泰龍, "中立化統一論을 재검토한다", 「民族知性」, 1988, 4월호, pp. 131~136.
18) 정대화(譯), 전게서, pp. 207~221.
19) 梁好民·李相禹·金學俊, 「민족통일론의 전개」 (서울 : 형성사, 1986), pp. 306~343.

생들은 '反외세 민족자결주의적' 관점에서 장 면 정부의 유엔 일변도적인 非자주적 소극적 통일노력에 반대하고, 순순한 민족주의적 열정으로 남북의 학생들이 만나 통일문제를 논의하자고 주장하였다. 그러나 학생들이 남과 북에 각기 실효적인 정부가 있는데도 이들 정부를 도외시하고 남북협상과 같은 성격의 학생회담을 추진한 것은 분단과 냉전체제의 현실을 망각한 소영웅주의적 감상주의적 발상으로 보아진다. 이러한 일부 학생들의 통일운동이 장면 정부로부터 거부되자, 7·29 총선에서 '院內進入'에 실패한 재야진보세력과 연계되어 국론을 분열시켰으며, 결국 이들 학생운동은 5·16 군사쿠데타의 명분축적에 일조를 하고 말았다. 그러나 4·19세대의 일부가 「민통전학련」을 구성하여 남북학생회담 운동을 벌인 것은 상황조건의 미숙과 북의 실체를 제대로 파악하지 못한 위험성과 배타적·독선적 경향도 없지 않았지만, 외세의존적 분단상황 지속에 대한 일대 경종(警鐘)이었으며, 민족자주의식의 발양과 이후의 진향적인 통일정책의 시금석이 되었다.[20)]

1961년 미국 버클리대 동아시아연구소(East Asian Studies Institute) 소장 스칼라피노(Robert Scalapino) 교수는 군사적 측면에 비중을 두고 한반도의 중립을 논의하였다.[21)] 그는 남과 북이 각기 군대를 내부치안 기능에 필요한 수준으로 감축하고, 전략적 균형의 원칙에 의하여 한반도 주변지역인 중국·소련·미국의 군대도 감축하고, 타국과의 경제적·정치적 협정 등은 계속 유효한 것으로 인정하지만 군사동맹은 취소할 것, 그리고 한반도를 분단하고 있는 현 경계선은 상호동의에 의해 통일이 달성될 때까지 국제연합이 보장할 것 등을 중립화의 조건으로 제시하였다. 이러한 1960년대 초의 활발했던 국내외의 중립화 논의와 운동은 5·16군사쿠데타로 제3공화국이 들어서자 봉쇄되었다.

1970년대에 와서는 1976년 한국정치에 대한 이해의 폭이 넓은 헨더슨(G. Henderson)은 미국이 한민족의 통일을 위한 중립화를 지원할 것을 강조했으며, 이를 보장하는 4강의 협정을 제의한 바 있다. 또 1977년 하버드대학의 바네트(Barnett, A. Doak) 교수도 한반도를 非핵지대화 하고 가능한 한 중립지대화 할 것을 제의한 바 있다.[22)]

---

20) 양영식, 「통일정책론」 (박영사, 1997), pp. 60~148.
4·19혁명 이후 남북학생회담론이 대학생조직에 의하여 공식적으로 발의·추진된 것은 1961년 5월 3일 「서울대 민족통일연맹」에서 비롯되었으며, 또한 남북학생토론회를 최초로 공론화 한 것은 1960년 9월 24일~25일 고려대 정경대학 학생회가 주최한 「전국대학생 시국토론대회」 (논제 : 민족통일에 관한 諸 문제)에서였다. 당시 이 대회에서는 남북협상론, 남북한 정상회담 개최, 중립화 통일론 등이 다각적으로 검토되었다.

21) Choy, Bong-Youn, Korea : A History (Ruth Vermont and Tokyo : Charles E. Tuttle Co. 1971), p. 490.

22) 崔鳳潤·盧承禹, 「民衆主體 中立化統一論」 (전예원, 1988), pp. 199~200.

1980년 10월 10일 김일성은 조선노동당 제6차 당대회에서 고려민주연방제를 제안하면서 그러한 연방국이 '중립국이어야 함은 필수적이고 사실상 가장 합리적' 이라고 강조했다. 그러나 김일성의 이러한 논의는 다분히 제3세계를 의식한 정치적 책략이었으며, 중립화 보장을 위한 주변 강대국의 합의에 대해서는 전혀 언급하지 않았다.23)

한편 1981년 2월 28일 미 버클리대학에서 최봉윤, 김형찬, 황인관 등은 '韓國再統一硏究委員會'를 구성하고 한국의 영세중립을 위한 재통일의 연구, 세미나 교육 등을 선언하였다. 특히 美브래들리대학이 이들의 노력을 지원한 바 있으며, 이들은 이후 한반도의 영세중립을 실현하기 위한 정치적·사회적 세력의 조직화를 강력히 추진해왔다.24)

(한반도의 중립화론자들의 역사의식) : 한 국가의 독립이나 그 인민들의 자유는 천부적 권리이므로 그러한 권리를 한민족과 한국인도 당연히 향유해야 한다. 그런데도 한국의 최근세사는 일본, 중국, 그리고 소련에 둘러싸인 지리적 위치 때문에 19세기 말 이래 1세기동안 강대국간의 전쟁터로 이용되었거나 한국인들이 동원되었다. 또한 代理戰의 성격을 띤 동족상잔도 겪었으며, 현재도 그러한 민족분단의 질곡의 경험하고 있다.

예컨대, 청·일전쟁(1895)과 그들 외세에 의한 동학민중운동의 압살이 뒤따랐고 한국은 러·일전쟁(1905)을 거쳐 일본의 식민지지배(1910~1945)하에 들어갔다. 日帝하에서는 일본의 제국주의전쟁(일본의 만주침략, 미·일간의 태평양전쟁)에 한민족이 전쟁도구로 동원되었으며, 전후에는 한국전쟁(1950~1953)을 겪으면서 강대국간의 냉전의 첨병으로 세계사에 그 유래가 없는 고통을 겪은 바 있다. 이제 한민족은 더 이상 강대국간의 권력정치게임의 희생물이 되거나 군사적 하수인으로서 계속 이용당할 수 없으며 민족의 번영과 복지를 이룩하기 위해서는 한민족이 대외적으로 자주와 중립을 고수하고, 그것을 국제적으로 보장받아야 한다는 것이다. 이것이 중립주의자들의 역사의식이다. 또한 중립화만이 민족의 평화적 통일의 관건이 된다는 것이 중립화 통일론자들의 공통된 발상이다. 그러나 중립화란 외부에서 수어지고 보장되는 것이 아니라, 민족적 자각과 분단된 남북 쌍방지도자와 민중의 노력에 의하여 민족역량을 결집·강화시킴으로써 가능한 것이다.

23) Kim Il Sung, Report to the Sixth Congress of the Worker's Party of Korea on the Work of the Central Committee (Pyong Yang : Foreign Language Publishing House, 1980), pp. 69~81.

24) 崔鳳潤·盧承禹, 전게서, p. 204.

제3절 동·서독의 통일과정

1. 동·서독 분단의 성격

동·서독의 분단은 한반도의 분단과 비교해서 몇 가지 점에서 근본적으로 다르다. 첫째, 동·서독의 분단은 독일의 두 차례에 걸쳐 인접국가에 대한 전쟁도발에 대하여 연합국 측이 독일의 책임을 물어 재무장이나 팽창을 방지하기 위한 조치로 취해진 것이다. 이와는 달리 한반도의 분단은 그 최초의 의도가 미·소 양국군대가 일본과의 전쟁을 수행하기 위한 군사적 편의에 의한 잠정적인 분할점령이었다.

둘째, 분단된 동독과 서독 양측간에 이해관계가 충돌·대립할 때는 이를 조정할 수 있는 4대국간의 베를린협정(미국·영국·프랑스·소련)이라는 법적 장치가 예비되어 있었으나, 한반도의 경우는 미국과 중국만이 한국전쟁의 휴전협정 서명국으로서의 자격이 있을 뿐, 소련과 일본은 그들이 한반도에 깊은 이해관계가 있음에도 불구하고 한반도에 직접적으로 관여할 법적 근거가 없다.

특히 동·서독간의 관계에 있어서는 소련이 어느 정도 주도권을 가지고 동독과 서독과의 관계를 통제할 수 있을 정도로 동독의 정책에 적극적인 영향력을 행사할 수 있었다. 즉 소련은 독일의 일부를 점령하고 있는 점령국으로서의 역할이 있었다. 이와는 달리 한반도에 있어서 소련은 북한에 대해 중국과 영향력을 공유하고, 때로는 중국과 경쟁적 관계에 있었기 때문에 북한의 입지는 상당히 자주적이었다.

셋째, 동·서독과 남·북한에 있어서는 각기 대외관계에 있어서 차이가 있었다. 동독과 서독이 바르샤바(Warsaw)조약이나 북대서양조약기구(NATO)와 같은 多者的 안보조약이나 유럽경제공동체(EEC)나 코메콘(COMECON : 공산국간의 경제협력체)과 같은 지역적 경제공동체에 가입하고 있었으나, 남북한은 각기 미국 그리고 소련·중공 등과 쌍무적 동맹관계만을 가져왔다.

넷째, 독일이나 한반도의 분단 자체는 그 발단의 책임이 순전히 외세에 있었으나 한반도의 경우는 분단 이후 분단의 심화과정에서 상당부분은 남북한의 당국자들(지배계급)에게 그 책임이 있다. 특히 남북은 분단 직후 동족간의 피비린내 나는 한국전쟁(1950~53년)을 경험하였다. 그리고 한민족은 신라통일 이후 1,300여 년을 동일한 생활권에서 함께 살아오다가 분단되었으나, 독일민족은 1871년 비스마르크에 의해 독일통일을 이룩한 지 74년만에(1945년) 분단되었다.

다섯째, 체제와 이데올로기의 대립과 유연성 면에서 동·서독과 남·북한은 서로 다르다. 특히 통독이전의 서독체제는 이데올로기에 있어 유연성(柔軟性)이 있었다. 서독체제 내에는 우파의 기독민주당도 건재했지만, 기독민주당과 함께 양당체제를 구축하고 있는 사회민주주의 노선을 지향하는 사회민주당이 있어 그 존재와 역할이 실제로 동독의 공산주의 내지 사회주의의 논리를 중화시키거나 상대적으로 무력화시켰다. 한 마디로 말해서 서독체제는 좌파노선을 포용할 수 있는 유연체제였다는 점이 한국의 경우와 다르다. 이와 같이 서독체제의 이데올로기적 유연성은 독일사회가 다양한 이데올로기적 전통이 있고 한국과 같은 동족상잔을 겪지 않았기 때문이다.

2. 동·서독관계의 전개과정

1945년 5월 연합국 측에 항복한 독일은 1946년 6월 5일 미국·영국·소련·프랑스 등 4개국에 의해서 분할점령 당했다. 독일의 서남부는 미국이, 서북부는 영국이, 서부는 프랑스가, 그리고 동부는 소련이 점령하였고, 소련점령지역 안에 있는 수도 베를린은 4개국이 다시 분할하였다.

1949년 5월 8일 미국·영국·프랑스 등의 서방 3개국이 점령한 지역(서독)에서 독일연방공화국 기본법이 제정되어 5월 23일 공포되고, 9월 7일에는 본에 임시수도를 둔 서독정부가 수립되었다. 한편 소련점령지역에서는 1949년 10월 7일 독일민주공화국(DDR) 헌법이 제정되어 동베를린을 수도로 하여 동독정부가 수립되어, 이후 분단이 고착되었다.

1954년 서독지역에서는 초대수상 아데나워의 영도력에 의하여 서독지역에 진주한 서방 3대국의 점령상태를 종결시켰고, 1955년에는 나토(NATO)에 가입하였다. 1955년 기독교민주당의 아데나워 수상은 서독의 외교정책의 기조로 할슈타인(Hallstein) 원칙을 내세웠다. 할슈타인 원칙이란 당시 서독外相 할슈타인이 서독과 이미 국교관계를 맺고 있는 국가가 동독과 외교관계를 수립할 경우, 이는 바로 독일의 분단상태를 인정하는 것이므로 이들 국가와는 국교관계를 단절한다고 선언한 내용이다. 이는 동독불승인 및 고립화정책의 법적·외교적 포석이며, 서독만이 국제적으로 독일을 대표하는 유일 합법정부임을 강조한 것이다.

1966년 12월 서독은 基民黨과 社民黨이 大聯政(연립내각)을 수립하고(키징거 首相, 브란트 외상) 동독을 제외한 동유럽공산국가들과 활발한 국교관계를 수립하며 종래의 할슈타인정책을 폐기하였다. 특히 1969년 10월 사민당의 총선에서 승리하여 제3당인 自民黨의 쉘과 연립내각을 수립한 브란트 수상은 취임직후부터 획기적인 통일정책(동방정책)을 추구하였다. 이러한 사민당의 동방정책은 1983년 집권한 기민당의 콜 수상에 의해서 독일통일 시까지 유지되었다.[25]

(1) 서독의 동방정책(Ostpolitik) : 1민족 2국가 정책

사민당정권은 집권하자마자 기민당 정권이 추구해 온 할슈타인 원칙을 폐기하고, 독일 내에 현실적으로 두 개의 국가가 있음을 인정하였다. 그러나 동·서독이 서로 다른 외국이 아니라, 특별한 관계이며, 1민족 2국가(zwei Staaten auf eine Nation)라는 논리를 폈다. 서독은 종래에는 동독과 행정적·지방적 차원에서 협상했으나 사민당정권이 들어서면서 정부적 차원에서 동독을 상대하였다. 또한 동독을 포함한 동유럽의 국가들과는 어떠한 무력행사도 거부하는 조약체결을 제안하고, 이들 여러 나라와 과감한 경제협력을 통해서 관계개선을 추구하였다.[26] 브란트는 2차에 걸쳐 소련을 방문하여 정상회담을 통해 1970년 8월 12일 독·소 우호조약을 체결하였으며, 이어서 1970년 12월 7일에는 전후 얄타회담 때 폴란드에 편입된 오데르·나이세강 동쪽의 독일영토와 국경을 현 상태로 그대로 두고 경제협력을 트는 협정을 폴란드와 체결하였다.

(2) 동독의 對서독정책 : 2민족 2국가

1949년 10월 7일 제정된 동독헌법 제1조에는 "독일은 분단될 수 없는 민주공화국"이라는 조항과 "독일국적은 오직 하나이다"라는 조항이 명시되어 있어 동독이 독일제국의 정통성을 계승하였고, 全독일을 대표하는 대표권을 갖고 있음을 주장하였다. 그러나 실제로는 양독은 각기 나토와 바르샤바조약기구에 가입하여 두개의 국가가 존재하고 있는 현실이 국제적으로 공인 받았다.

1956년 3월 동독공산당 서기장 울브리히트는 이러한 두 개의 국가존재라는 현실을 인정하여 당 제3차 회의에서 서독과의 관계정상화를 논의했으며, 분단된 독일문제의 해결방안으로 동·서독이 동등한 법적 지위를 가지는 2개 국가이론에 입각해서 '국가연합'을 이룩할 것을 서독에 제의하였다. 이는 동독이 궁극적으로 사회주의체제 주도하에서의 통일을 원했지만, 사실상 동·서독이 사회주의국가와 자본주의국가로 공존관계를 유지하고 있는 현실을 받아들인

25) 이태영, "東西獨關係에 비추어 본 韓國統一의 諸問題", 「統一問題論文集」, 제7집, 원광대학교통일문제연구소, 1987, pp. 6~7.
26) 이태영, 전게논문, pp. 3~6.

것이다.

1971년 5월 3일 울브리히트의 뒤를 이어 호네커(E. Honecker)가 동독 공산당서기장이 되자, 그는 2민족 2국가론을 제시하였다. 이는 동·서독에서는 이제 같은 민족이 존재하는 것이 아니라, 서로 이질적인 사회발전 과정을 거치는 동안 다른 민족이 되었다는 인식 하에 동독에는 사회주의적 민족, 서독에는 자본주의적 민족이 각기 존재한다고 주장하였다.27)

이러한 민족 개념은 민족을 종래의 인종적이고 문화적 차원에서 규정하지 않고, 이데올로기라는 차원에서 접근하고 있음을 인식할 수 있다. 당시 동독은 2민족 2국가라는 기본입장에서 1972년 동·서독기본조약에 서명했고, 이 조약에 의해서 양독 정부는 각기 상대방 정부를 완전히 승인한 것으로 해석하였다. 이렇게 되자, 1974년의 동독 개정헌법에서는 동·서독은 이제 서로 완전히 다른 별개의 외국이며 민족의 뿌리가 다른 '사회주의 민족'과 '자본주의 민족'으로 구별했으며, 나아가서는 동독은 동독헌법에 규정된 독일통일조항(제8조 2항)도 삭제해 버렸다. 당시 동독지도층은 서로 개방을 한다 해도 동·서독이 이미 두 이질체제로 완전히 굳어져 버렸으므로 그들의 체제유지에는 아무런 이상이 없다고 판단했다. 이것이 동독지도층의 결정적인 판단착오였다. 이후 증명되었듯이 기본조약체결은 동독지도층의 생각과는 달리 서독에 의해 주도되는 통일작업의 획기적인 시작이었다고 평가할 수 있다.

3. 동·서독간의 기본조약 체결과 교류·협력

1972년 동·서독간에 기본조약이 정식 조인되어, 1973년에는 비준서가 교환되었으며, 1974년 6월 20일에는 본과 베를린에 양측 상주대표부가 설치되었다. 이 이전인 1971년 12월 17일에 이미 양독 간에는 일반통행협정이 체결되었다.

기본조약 체결을 논의하는 과정에서 서독 측이 주장한 '1민족 2국가'론과 동독 측이 내건 '2민족 2국가론'이 서로 맞서 팽팽하게 대립하였다. 당시 서독은 독일민족의 單一性을 강조하면서 독일 내에 있는 2개 국가는 서로 외국이 아니라는 입장을 취했으나, 동독 측의 주장은 분단 이후 이미 독일의 단일성은 상실되어 2개의 주권국가, 2개의 민족이 형성되었다는 입장을 취했다. 결국 양측은 이 문제를 미결상태로 두고 기본조약을 체결하였다. 이러한 입장의 대립은 조약 前文에 "조약체결 쌍방은 민족문제를 포함한 여러 가지 기본문제들에 대하여 견해의

27) 이태영, "독일통일과 한반도통일" (제2주제 발표논문), 「조국평화통일의 모색」 (서울 : 조국평화통일불교인협의회, 1991년 3월 14일 (토)), pp. 34~35.

차이가 있음에도 불구하고"라고 분명히 밝혔다. 前文과 10조로 된 기본조약(Grundvertrag) 내용은 다음과 같았다.[28)]

제1조 : 동등한 권리 위에서 상호 선린관계 증진
제2조 : 모든 국가의 주권, 평등, 자주, 영토보전의 존중과 인권보호 및 차별대우의 금지
제3조 : 분쟁의 평화적 해결 및 무력사용 포기, 그리고 양독 간의 경계선의 불가침, 영토 보전 존중
제4조 : 양측의 독일에 대한 단일대표권 주장 포기
제5조 : 유럽국가간의 평화증진
제6조 : 국내외문제에 있어서 쌍방의 독립과 자주성 존중
제7조 : 양독관계 정상화과정에서 현실적인 인도적 문제 타결용의, 경세・문화・우편통신・스포츠 분야에서의 협력촉진을 위한 협정체결
제8조 : 양독 간에 상주대표부 교환설치
제9조 : 이 조약이 이미 체결한 조약들에 영향을 주지 않음
제10조 : 양독 의회에서의 비준 후 효력발생

이러한 10개조의 조약내용 중에서 중요한 것은 제4조에서 종래 동독과 서독이 서로 국제사회에서 정통성을 내세우면서 유일 합법정권임을 다투었던 것을 포기하고 국제사회에서 대등한 지위를 서로 인정한 점이다. 또한 제7조에 근거해서 이후 동서독간에는 교류가 본격화되었다.

기본조약체결 이후 동・서독간에는 교류는 다분야에서 활발히 전개되었다. 그 중 문화교류는 예술단의 교환공연 등이 주축이 되었다. 스포츠교류는 1974년 5월 8일 양독 간의 '체육관계규정에 관한 의정서'의 서명 후 활발해졌다. 특히 국경주변 도시간의 경기, 아마추어 및 청소년교환경기, 올림픽 출전에 있어서 동・서독간의 단일 팀 구성 및 출전 등이 구체적인 내용들이다.

언론교류에 있어서는 먼저 양독 간에 TV와 라디오 시청이 개방되었고, 일정수의 언론인을 양독이 서로 교류파견 하여 상호 정확한 정보교환을 통하여 거리감을 좁혔으며, 이는 두 이질사회의 비교우위를 주민들이 직접 눈으로 체험으로 확인할 수 있는 기회를 부여하였다.[29)]

---

28) 禹勝勇, "독일분단과 통일의 재조명", 「독일통일과 언론」 (韓國言論研究院, 1990), pp. 356~357 참조.

경제교류분야는 1972년 기본조약체결 후 더욱 가속적으로 증가했다. 이미 동·서독간에는 1949년 10월 8일 프랑크푸르트 협정을 맺어 交易清算單位에 합의했고, 1951년 7월 6일 베를린협정은 양독간의 무역에 관한 지침을 결정하였다. 양독간의 교역은 원칙적으로 內獨交易으로 간주되어 관세가 면제되었고, 국제시세인 환율도 1:4를 무시하고 1:1로 적용하였다.

한편 서독은 의도적으로 동독에 대해서 수입초과정책을 써서 동독의 경제향상에 기여했을 뿐만 아니라 서독은 동독경제를 지원하기 위해 1980년대 초부터 동독에 차관을 제공해 왔다. 즉, 1983년에는 10억 마르크, 1984년 현재 서독이 동독에 제공한 차관이 총 24억 달러나 되며, 또한 서독이 동독에 준 차관은 당시 동독의 총 240억 마르크에 달하는 對서방의 외채상환에 크게 기여하였다. 서독이 동독을 지원해주는 대가로 동독은 동독인의 서독이주를 허용했으며, 가족방문 등 인적 교류의 확대를 허용하였다.[30] 심지어는 동독의 정치범석방과 그들의 서독이주를 허용하는 대가로 서독정부는 일종의 몸값을 동독에 지불하기도 했다.

인적 교류는 기본조약 체결 이전에도 동·서독간의 지방관리수준에서 국경지역, 또는 베를린지역에서 암암리에 허용되었다.[31] 그러나 조약체결 이후 인적교류는 급증하여 매년 200만 내지 300만의 서독인이, 그리고 1980년 후반부터는 500만 이상이 동독을 방문하였다.[32] 방문목적은 친지상봉, 관광, 청소년 교류 등 다양했다. 이와 같이 독일통일이 될 때까지 매년 수백만의 양독인들이 적어도 1일에서 4주까지, 그리고 최대한 60일까지 서로 국경을 넘어가서 다른 사회체제를 경험한 것이 상호 이해를 촉진시켰고, 민족적 공감대를 형성하여 통일을 앞당기는 데 결정적으로 기여했다.

특히 1986년 서독의 자알루이스(Saarlouis)와 동독의 아이젠휘텐스타드(Eisenhuettenstads) 두 도시간의 자매결연을 시초로 1989년 말까지 결성된 62개 事例의 지방기초단체(Gerneinde) 결연은 이질적인 양 체제간의 통일기반 조성에 크게 기여하였다. 각 지역단체간의 자매결연은 조약의 형태를 취했으며 여기에는 평화, 안전보장, 군축분제 등의 국가적 차원의 정치문제에서부터 지방자치, 지역발전, 지역사업에 대한 상호 정보교환 및 자문, 도시계획, 환경보호, 스포츠교류 등 각종 문화행사, 청소년 및 여성문제 그리고 신문교환 등 실로 다양한 주제들이 담겨져 있었다. 이러한 지방자치단체간의 접촉과 상호교류는 지

29) Gerhard Dambamann, "독일통일과 동서독언론의 역할", 「독일통일과 언론」(한국언론연구원, 1990), pp. 8~13 참조.

30) 박성조, "東西獨間의 交流 및 協力形態가 南北韓交流에 주는 示唆點", 「統一問題硏究」, 第1卷, 4號, 1989, 겨울號, 統一院, pp. 53~54.

31) 이태영, "東西獨關係에 비추어 본 韓國統一의 諸問題", 전게논문, p. 2.

32) 박성조, 전게논문, pp. 56~57.

역사회지도층은 물론 지역주민들의 '밑으로부터'의 민족적 동질성을 회복하고 이를 "전 사회적"으로 확산시키는 결정적인 계기가 되었을 뿐만 아니라 동독의 지방자치체의 향상과 민주화에도 기여하였다.33)

전세계의 미래를 예측하는 석학들까지도 그렇게 앞당겨지리라고 전혀 예상 못했던 독일통일이 이룩된 것은 매년 수백만 명의 인적교류와 경제교류를 통해 형성된 양독 국민의 공감대를 바탕으로 하여 브란트(W. Brant)나 콜(H. Kohl)을 비롯한 서독지도자들의 과감한 脫이데올로기적 동방외교의 역할이 컸다. 또한 서독은 통일을 위해 동독과 경제산술적으로 밑지는 경제교류를 과감히 확대 추진하였다. 게다가 여기에 소련의 의 획기적인 개방외교가 동독지도층에 절대적인 압력으로 작용하여 독일통일이 성취될 수 있었다. 결국 독일통일의 상징인 베를린 장벽의 전면 철거는 1989년 11월 9일 동독정부의 결단에 의해서 감행되었다. 1990년 5월 18일 동 · 서독간에 '통화동맹 · 경제사회복지공동체창설에 관한 조약'을 체결하여 실질적인 통일을 이룩했으며, 1990년 10월 3일의 정치통합으로 완전한 통일독일의 모양새를 갖추게 된 것이다.

4. 동독의 완결 : 동독 자체 변화와 동독인의 선택

동 · 서독의 통일을 세간에서나 일부 학자들까지도 흔히 '흡수통일'이라고 규정하면서 서독이 동독을 '일방적으로 포획'하거나 '접수'한 것같이 생각하고 있다. 그러나 독일통일 이전의 동독의 국내상황을 살펴볼 때 그러한 단순논리로 단정할 수는 없다. 물론 동독은 서독정부의 1960년대 말 이래의 적극적인 동방정책, 동 · 서독간의 다면적인 교류와 협력, 민족적 동질성을 회복하기 위한 노력과 서독의 TV 등 각종 언론매체를 통한 동독 주민의 의식변화, 그리고의 동독 지도층에 대한 개방압력 등이 크게 작용한 것은 사실이다. 그러나 이에 못지 않게 독일통일은 동독체제 내부의 진통과 변화와 동독인들의 선택이 작용한 결과이다. 그러한 변화는 동독 내의 기독교교회세력과 지식인들의 각종 민주화운동의 전개에 힘입은 것이며, 동독 지도층 자체의 민주적 다당제로의 전환, 그리고 선거를 통해 통일일정을 앞당긴 동독주민의 자유의사 없이는 도저히 생각할 수 없는 일이다.

---

33) 채경석, "남북한 교류협력과 지방정부의 대응", pp. 23~28: 김태일, "동 · 서독간 '도시자매결연'의 교훈", 「2000년대 남북한의 地域間 交流協力 학술회의」 논문집, (1999년도 전국 대학통일문제연구소 협의회 群山 하계 워크샵), 1999년 8월 20일(금)~21일(토), pp. 74~75.

첫째, 1980년대 후반 동독에서는 마르크스·레닌주의적인 '사회주의 통일당'(SED: Socialist Unity Party)이 주도하는 집권체제에 저항하는 민주화와 개혁을 추구하는 많은 단체들이 등장했다. 당시 동독의 정보기관이 집권당의 수뇌부에 보고한 내용에 의하면, 이들 세력은 대략 150개의 민중교회집단들로써, 거기에는 평화문제, 환경·生態問題, 여성, 인권문제 등의 다양한 그룹들이 포함되었으며, 특히 '敎會連帶를 위한 사업단'(The Working Group for Church Solidarity), '民草敎會'(The Grass Roots Church), '평화와 인권선도회'(the Initiative for Peace and Human Right) 등과 같은 종교에 기반을 둔 10여 개의 시민운동연합체의 활동이 컸다.[34] 이들이 동독의 관료적 사회주의독재(bureaucratic socialist dictatorship)와 일당지배의 억류국가(custodial state)에 대항해서 투쟁하는 과정에서 개신교 지도자들의 역할 또한 절대적이었다. 이들 개신교 교회는 반정부인사들에게 은신처를 제공했고, 이들을 변호했다.[35] 실로 동독에서는 개신교는 당과 국가에 의해서 통제받지 않는 유일한 사회영역이었으며 교회는 여론의 세몰이에도 공개적인 반대를 할 수 있는 집단이었다. 그것은 교회와 국가와의 관계가 법에 의해서 규제되지 않았고 교회에 관한 실정법이 없었기 때문에 가능했다. 다만 교회에 관한 개별적인 어떤 문제가 발생하면 당국자들과 끊임없는 대화를 가졌다.[36]

한편 1980년대에 들어서서 동독정부가 반체제인사의 해외 이주를 허락하게 되자 매년 수만 명이 동독을 떠났다. 이것이 처음에는 동독정부로서는 체제 내의 불안요소를 제거하는 방편으로 생각되었으나 1980년대 후반부터는 체제이탈자들이 격증하자 체제붕괴의 조짐으로 비쳐졌다.

1989년 3월 19일 헝가리정부가 동유럽국가 중에서 맨 처음으로 유엔 난민지위협정(이 협정은 어떠한 난민도 그의 의사에 반하여 생명과 자유가 위협받는 나라에 강제 송환될 수 없다는 내용임)에 서명한 것이 동독인의 대규모 국외탈출을 돕는 결정적인 계기를 마련해 주었다. 당시 헝가리가 이러한 유엔 난민협정에 서명하게 된 것은 1988년 루마니아 정부의 異민족에 대한 강제적인 동화정책을 피해 루마니아를 탈출한 일만여명의 헝가리인을 송환시키지 않고

34) Gert-Joachim Glaessner, *The Unification Process in Germanay : From Dictatorship to Demoracy*(London: Pinter Publishers, 1992), p. 69.

35) 이근달 譯(엘리 아벨 著), 「동구의 붕괴(The Shattered Bloc behind the Upheaval in Eastern Europe)」(국제언론문화사, 1991), pp. 151~154.

36) Herbert Ehnes, "German Reunification-Events Leading Up To It, its Rediscussions and the Role of the Churches," 한국 기독교 사회문제연구원, 제2회 기독논단 세미나 발제문, 1996년 3월 23일(토), pp. 5~6.

받아들이려는 의도 때문에 취해진 조처였다. 그러나 일단 헝가리가 난민들의 지위를 인정한 이상 이를 동독인들 에게도 적용하지 않을 수 없게 되었다. 이 때부터 수십만의 동독인들이 대량 탈출하여 헝가리에 몰려들어 정치적 망명을 요청하게 되었고, 헝가리는 이를 허용하게 되었으며 헝가리는 이들을 다시 서독에 보내 정착하도록 했다. 이들 난민의 대부분은 동독의 주요산업노동자, 전문직 종사자들이었으므로 이들의 '대탈주'(exodus)를 보고받은 당시 동독의 사회주의통일당 서기장 겸 국가평의회 의장 에곤 크렌츠는 '엄청난 피의 상실'이라고 통탄하였다고 한다.[37] 동독 탈주事態가 후일 베를린장벽을 개방시킨 크렌츠의 결단을 가능하게 했던 것으로 생각된다.

둘째, 동독정권이 동독내의 민주화시민운동과 소련을 비롯한 동구의 민주화추세에 영향을 받아 절대적인 패권정당으로서 역할을 해온 사회주의통일당(SED)이 그들의 '지도적 역할'을 헌법에서 삭제하자 종래 友黨關係를 유지해 온 위성정당들이 사회주의에 대한 지지를 철회하고 다양한 이데올로기와 계층의 이익을 대표하는 정당들로 변신하는 多元的 競爭政黨制로 전환하게 되었다. 이때부터 사실상 동독체제의 균열과 붕괴는 시작되었다.[38]

1990년 3월 동독인민회의 총선거에서 24개의 정당과 사회단체가 후보자들을 내고 경합하였다. 당시 이 선거에 앞서 헬무트 콜 서독수상은 동독내의 사회주의에 반대하는 정당과의 협력을 주장하고, 1990년 1월 16일 본의 수상관저에서 서독의 기민당(CDU)과 독일사회연합(CSU)지도자들과 회동하고 '독일을 위한 연합'(alliance for Germany)을 선언하여 공개적으로 동독의 기독교민주연합(CDU)과 독일사회연합(CSU)을 지원하였다. 동독의 기독교민주연합은 다당제 전환 이전에 절대적인 패권정당인 사회주의통일당의 友黨이었으나, 인민의회선거에서 크게 득세하여 독일통일과정을 촉진시켰으며, 당의 노선은 속죄·원죄 같은 기독교적 가치를 수용하고, 효과적인 시장경제를 지지하면서, 명령경제·국가소유·당의 독재를 배격하였다.[39] 또한 독일사회연합은 소수의 기독교인과 보수주의자들의 연합체로써 바바리아州의 기독교사회연합(Christian Social Union)과 상응하는 동독 쪽의 조직으로 간주되었다.

한편 이러한 기독교민주연합 측과는 달리 사회주의정당을 표방하는 동독의 '사회민주당'(Social Democratic Party)은 1989년 가을 혁명적 정치개혁의 전위대를 자임하고 창설되었으며, 1990년 2월 서독의 前社民黨 당수였던 빌리 브란트를 명예총재로 추대하고 활동을

37) 이근달(譯), 전게서, pp. 127~129.
38) Gert-Joachim Glaessner, *op. cit.*, p. 72.
39) Gert-Joachim Glaessner, *op. cit.*, p. 80.

개시하였다.[40] 사회민주당은 급조되었기 때문에 예하에 노동정치기구는 물론, 지방조직이 없는 취약성 때문에 선거에서 기독교민주연합, 독일사회연합, 자유당 등의 대연합 세력과의 경쟁에 밀려 선거에서 참패했다. 같은 사회주의정당인 '민주사회주의당'(PDS)은 서독에 병합되는 통일을 반대했으며,[41] 주요야당으로 부상했지만 그 지지기반이 매우 한정적이었다.

통독 결정을 주도하게 될 독일통일 직전의 동독인민 의원선거 결과를 분석해 보면, 급속한 독일통일을 추진했던 콜 서독수상이 지지하는 동독의 右派계의 정당이 다수 당선되었다.[42]

지역수준의 득표에 있어서는 베를린(동부베를린)지역에서는 유일하게 기독교민주연합(CDU)의 득표는 투표자의 과반수가 못되었으나, 반대로 사회민주당(SPD)은 베를린과 포츠담 인접지역에서만 30%이상을 득표했고, 민주사회주의당(PDS)은 30%득표로 제2위가 되었으며, 자유당은 참패했다. 이러한 선거결과는 베를린이 동독의 수도이고, 이 지역에는 당고위층이나 국영공장의 중견간부 과학문화기관 종사자들이 다수 거주하고 있었으며 또한 전통적으로 잘 조직된 노동세력이 영향력을 미치고 있었기 때문이었다.

동독의 남부지역인 드레스덴, 칼 마르크스市, 에르푸르트에서는 콜 수상이 지지한 '독일을 위한 대연합' 세력이 60%이상을 차지하였다. 이러한 선거 결과는 이 지역이 일찍이 1989년 대탈주(엑소더스)가 감행되었던 변경지역이며, 특히 에르푸르트, 술, 게라, 드레스덴 등의 지역은 사회환경문제가 예민한 지역이었기 때문에 대연합 세력에 유리했다. 그러나 동독의 북쪽에서만은 기독교민주연합이 상대적으로 저조했다.

사회민주당은 선거전에 그들이 낙승하리라고 기대했던 지역에서 거의 다 참패했다. 베를린지역을 제외하고는 어느 지역에서도 30%를 넘지 못했으며, 삭소니와 투린지아에서는 20%미만밖에 득표하지 못했다. 민주사회주의당은 유일하게 베를린지역과 북부지역에서 좋은 득표를 했는데, 이 북부지역은 이전에 집권당인 사회주의통일당이 새로운 산업지역으로 개발한 지역이었으므로 그 영향 때문으로 생각되었다. 이와는 대조적으로 전통적인 남부의 산업지역에서는 기독교민주연합이 우세했다.

또한 사회문화적 요인도 투표형태에 큰 영향을 미쳤다. 서독의 기독교민주연합과는 달리 동독에서는 기독교민주연합에 대한 노동자의 지지율이 매우 높아, 기독교민주연합을 주축으로 한 "대연합"에 노동자의 55%가 지지를 보냈다. 인구밀집지역에서도 기독교민주연합은 지식인을 제외하고서는 많은 지지를 받았다. 이와는 대조적으로 전통적으로 "노동자의 당"을 자처한

40) Gert-Joachim Glaessner, *op. cit.*, pp. 83~84.
41) Gert-Joachim Glaessner, *op. cit.*, p. 78.
42) Gert-Joachim Glaessner, *op. cit.*, pp. 87~88.

사회민주당은 노동자의 22%의 지지밖에 얻지 못했으나, 다른 직종의 지지도 이와 비슷했다. 특히 전문직과 사무직의 20.6%, 인텔리겐치아의 22.7%, 국영공장·경제사회단체의 중견직의 21.6%정도만이 사회민주당을 지지했다. 민주사회주의당의 경우에는 고용인의 4.7%, 노동자의 11.9%의 지지밖에 얻지 못했으나, 주요 직능인의 20.2%, 인텔리겐치아의 31%의 지지를 얻어냈다.

통독 직전의 동독의회의 선거결과를 총체적으로 분석해 볼 때, 고위층, 국영기관의 중간층 이상, 인텔리겐치아 등은 사회주의계열의 정당에 투표했고, 반면에 소외계층과 노동자들이 통일지향적 개혁정당에 표를 몰아주었다. 이와 같이 다수의 동독인들 특히 일반 하층 대중은 독일통일의 신속한 실현을 공약하면서, 자본주의적 시장경제체제를 보다 철저하게 선호하는 "기독교민주동맹"을 비롯한 대연합에 전폭적인 지지를 보냈으며, 사회주의적 경제운영방식을 아직도 완전히 털어버리지 못하고 시일을 늦추면서 점진적인 통일노선을 주장했던 사회주의 계열의 정당들에 대하여서는 외면하는 선택을 선거를 통해서 보여 주었다.

그러므로 독일의 통일은 단순한 서독에 의한 흡수통일이 아니라, 이 이전에 동독인들 자신들의 민주화시민운동의 결과로써 동독의 정당체제가 변화되었고, 또 최종적으로 동독인들 자신이 선거를 통해 보여 준 '선택'이며, 이를 동·서독의 정당지도자들이 겸허하게 받아들여 동독의 5개 州가 독일연방공화국(서독)에 "가입"(Beitritt)하는 형식으로 마무리 지은 것이다.

제4절 중국·대만관계와 양측의 통일방안

중국과 대만의 대립은 한반도의 분단과 같이 외부열강의 작용에 의하여 발생한 것이 아니라 중국인 자신들의 내전(civil war)에 의하여 결과된 것이므로 독일 통일문제나 한반도의 통일문제와는 그 성격이 다소 다르다. 그러나 한편 중국과 대만의 갈등은 제2차 세계대전 이후 동서간의 냉전적 대결의 틀 속에서 이념갈등(공산 대 반공)으로 발전했기 때문에 남북한의 경우와 비슷한 경험도 한 바 있다. 그러나 남북한 관계와는 달리 그들은 1980년대 후반 이후 이미 실질적인 화해와 상호접근을 활발히 전개하고 있었기 때문에 그들의 관계를 살펴보는 것도 큰 의미가 있다고 생각된다.

대륙의 중국공산당과 대만에 있는 국민당정부와의 관계를 간단히 되돌아보면, 1921년 7월 上海 프랑스租界에서 창당된 중국공산당은 창당이래, 1911년 신해혁명(辛亥革命)을 통하여

淸帝國을 무너뜨린 지주·관료·일부군벌들의 연합세력인 국민당에 대항하여 중국의 공산화를 추구하였다

1920년대와 1930년대 전반까지는 중국공산당은 소련식 혁명스타일을 모방하여 중국의 주요공업도시를 거점으로 도시노동자를 주력으로 하여 진지전을 펴 중국의 각 지역·지구별로 소비에트공화국을 세우려했으나, 당시 중국은 산업화 이전의 농업사회였으므로 프롤레타리아의 역량이 아직은 부족하여 결국 소비에트식 혁명은 실패하였다. 이에 모택동(毛澤東)은 코민테른의 지령을 받았던 진소우(陳紹禹) 등의 당 지도층을 좌익 모험주의자로 몰아 부치고 1935년 大長征 중 귀주성 준의(貴州省遵義)에서 당권을 장악하여 그의 독특한 스타일의 혁명전략을 구사하여 중국대륙을 석권하였다. 그의 이른바 게릴라전법은 농촌을 전략거점으로 하고 농민을 주력으로 삼아 농촌으로부터 도시를 공략해 나가는 혁명론이다. 그 실천원칙은 전략적으로는 지구전, 전술적으로는 운동전이며, 평시에는 병력을 농민(군중)속에 분산시켜 그들을 선동하고, 전시에는 병력을 집중시켜 적을 포위·섬멸한다는 내용이다.[43] 이러한 전략·전술을 통해서 모택동은 한 때 중국대륙을 거의 장악했던 장개석(蔣介石)이 이끄는 국민당정부와 그 군대를 패배시키고 대만으로 내몰았다. 중국공산당은 1949년 중국대륙을 석권한 뒤에 중화인민공화국을 출범시켰다.

대만으로 밀려난 국민당정부(대만정부)는 체제를 정비하고 미국의 외교적 지원을 받아 UN 안전보장이사회의 상임이사국의 자리를 고수하였다. 그리고 장개석의 카리스마와 국민당 일당체제를 유지하면서 대륙회복을 공언하면서 중국공산당정부(북경)를 견제하였다. 그러나 장개석의 사망 이후 1971년 미·중의 극적 접근, UN에서의 안보리상임이사국 지위의 상실 등으로 대만은 국제적으로 고립되었다. 이와 같이 정치적인 면에서는 대만의 국제적 위상은 격하되었지만, 한편 경제적으로는 아시아 신흥공업국으로 크게 부상하였다. 이러한 대만을 크게 의식한 중국의 실용주의적 지도층은 종래의 적대관계를 정산하고 대만의 자본주의경제의 서력을 중국의 당면한 현대화·산업화과정에 끌어들이려는 정책전환을 시도했다. 이것이 중국과 대만의 관계개선 내지 접근의 결정적인 계기가 되었다.

중국과 대만의 통합은 그 완급에 대해서는 견해를 달리하는 입장들이 있으나, 이제 통합에의 길로 들어서고 있으며 다만 시간이 이를 해결해 줄 것이다.

---

43) 김준엽, 「中國共産黨史」 (思想新書 49) (문명사, 1973), pp. 92~94
Mao Tse Tung, "On Pratice", in Arthur P. Mendal (ed.), Essential Works of Marxism (New York :Bandam Books, 1965), pp. 499~513.
서진영, 「중국혁명사」, (도서출판 한울, 1992), pp. 173~179.

1. 중국의 통일방안 : "일국양제"(一國兩制)

'일국양제'란 북경정부가 중국이라는 하나의 국가 안에 서로 다른 사회주의제도와 자본주의제도를 다같이 인정하고 포용한다는 논리이다.

1978년 미·중 양국간의 공식수교 후 중국의 대만정책은 무력해방 대신 "대만을 조국의 품안에 들어오게 한다"는 온화한 정책으로 전환하였다. 이것은 중국이 미국을 비롯한 서방측의 자본과 기술을 제공받기 위한 화해전략의 일환으로 취해진 것이다. 1979년 1월 전국인민대표대회 중앙상무위원회는 '대만동포에게 보내는 메세지'를 통하여 통일문제 해결을 위해 대만의 현 상황을 인정하고, 합리적 방법에 의해 통일을 추구하고, 대만동포에게 손해가 가지 않는 통일이 중국 민족의 의지임을 선언하였다. 이 때에 소위 3通정책(통항, 통신, 통상)도 제안하였다.[44]

1981년 9월 30일에서 전국인민대표대회 상무위원회에서 위원장 엽검영(葉劍英)은 9개 항목으로 된 '조국통일결의안'을 채택하였다.[45] 이 중에서 중요한 부분이 제3항, 제4항, 제5항의 내용이다. 제3항에서는 중국통일을 전제로 장래 대만에 특별행정구를 두고 자치권을 부여할 것과 나아가서는 대만 자체의 군대를 허용할 것을 규정하고 있다. 제4항에서는 대만의 현 경제적·사회적 제 제도의 현상유지, 주민의 생활양식과 외국과의 경제적·문화적 관계유지 보장, 특히 개인의 재산·가옥·기업소유권, 그리고 그것들의 상속권을 보장하고, 외국투자기업체의 경제활동에 어떠한 제재도 가하지 않을 것을 규정하였다. 그리고 제5항에서는 대만의 국민당과 각계 대표들이 대륙의 전국적인 정치기구와 모든 국정에 참여하는 것을 허용한다는 내용을 규정하고 있다. 이상의 3개항의 총체적 의미는 중국이 대만에 중국의 사회 경제제도와 다른 별개의 제도가 있음을 인정하고 그 유지를 허용하지만, 한편으로는 정치제도만은 중국의 현 체제에 종속되어야 함을 표명한 것이다.[46]

1982년 9월 중국과 영국은 淸末 이래 영국이 99년간 조차(租借)해왔던 홍콩을 1997년 7월 1일에 반환하는 문제를 놓고 협상을 벌일 때, '일국양제'의 원칙을 적용하여 양국은 홍콩의 주권은 중국이 가지되, 홍콩인에 의한 홍콩지배, 홍콩의 현 제도의 불변, 사회적 안정과 번영

---

44) 光葉月刊(臺灣), 1987年, 8月號, p. 15

45) 人民日報(北京), 1981年 9月 30日.
曺成煥, "中國·臺灣의 統一努力과 UN", 統一問題硏究, 1991, 가을號, 統一院, pp. 164~170.

46) 한영춘, "中國과 臺灣의 統一方案", 「전환기의 통일문제」, 민병천 편(大旺社, 1990, p. 184
이문규, "中國의 統一政策", 「統一問題硏究」, 第2卷, 2號, 統一院, 1990, 여름, pp. 316~317.

의 지속 등에 합의하였다(1984년 1월 22일 타결).

중국은 홍콩에서의 '일국양제'를 헌법에 수용하기 위해서 1982년 12월 4일 헌법을 개정하였다. 즉, 개정헌법 제31조에 "국가는 필요에 따라 특별행정구를 설치할 수 있다. 특별행정구에서 시행되는 諸제도의 구체적 사항은 전국인민대표회의에서 법률로 정한다"고 규정한 바 있다.[47] 이러한 중국의 헌법개정은 홍콩의 중국반환에 회의적이고 불안해하는 홍콩인을 무마하기 위한 것이며, 나아가서는 장래 마카오와 대만문제를 해결하기 위한 방안으로 고려된 것이라고 평가된다.[48]

1984년 1월 15일 등소평(鄧小平)은 국내외의 기자회견에서 중국은 통일 후 대만을 자본주의체제로, 중국 본토는 사회주의체제로 각기 상이하게 유지하는 '일국양제'로 발전시키기 위해서 상호불가침을 고수할 것을 천명하였다. 또한 당시 중국 국무원총리 조자양(趙紫陽)도 동년 5월 제6기 전국인민대표대회 제2차 회의에서 대만의 역사적 경험을 존중하고 대만의 현실을 인정할 것이며, 중국은 하나의 국가에 두 개의 제도를 구성할 것이며, 이것이 중국의 통일방안이라고 밝힌 바 있다.[49] 이 때부터 중국의 통일방안은 일국양제로 공식화되었다.

중국의 일국양제의 방식은 체제적 차원에서 보면 중국사회주의체제의 수정노선이며 중국의 현대화를 위한 소위 실용주의노선이다. 특히 1980년대 중반 이후부터 광동·심천·하문 등을 비롯한 13개 연안지역에 경제특구를 설치하여 중국의 사회주의 경제체제와는 전혀 다른 자본주의체제의 경영방식과 화폐결제방식을 채택하고, 외국(대만을 포함)의 자본과 기술을 끌어들여 큰 실적을 올리고 있다.[50] 최근에 와서는 이러한 개방조치를 내륙에까지 확대해 나가고 있다. 이는 한마디로 「중국특색의 사회주의」 노선을 의미한다. 중국의 당면한 경제발전, 국가건설을 위해 '사체자중용'(社體資中用)의 논리를 적용하는 것, 다시 말하면 사회주의를 근본(體)으로 하되 선진 자본주의의 장점을 취하고 중국 전통의 합리적인 요소도 계승하여 사회주의 발전을 도모한다는(用) 것이다.[51]

북경 측의 '일국양제'에 대한 대만 측의 비판을 요약하면 첫째, 일국양제는 1911년 신해혁

---

47) 人民日報(北京), 1982年 12月 4日.
1997년 7월 1일 전세계적 관심 속에 중국에 반환된 홍콩은 "제국주의적 침략의 역사를 마무리 짓는 사건" 이며 "일국양제"라는 새로운 제도의 실험이라는 점에서 중요한 의미를 갖는다.

48) 李文奎, 전게논문, pp. 307~311.

49) 人民日報(北京), 1984년 1월 15일, 5월 23일.

50) 문정구, "中共의 경제개발정책과 그 문제점", 「中國硏究」, Vol. 6 (건국대학교 중국문제연구소, 1987), pp. 103~104.

51) 김소중 편역, 「중국특색의 사회주의」 (서울, 대륙연구소 출판부 1994), 편역자의 말 : "중국특색의 사회주의 건설의 진로탐색" 부분참조.

명 이후 80년 이상을 유지해 온 중화민국의 국호와 국기 그리고 그 정통성의 소멸을 전제하기 때문에 용납할 수 없다고 주장한다. 둘째, 일국양제에 의한 대만지역의 고도의 자치권이란 중국의 전인민 대표대회에서 제정한 내용으로, 동 대회의 운영은 결국 중국공산당의 수중에 있으므로 필요에 따라 언제든지 수정하거나 개폐할 수 있는 僞計에 불과한 것이며, 헌법상의 보장이라는 것도 기실 중국지도층의 구성변화와 그들의 의지에 따라 얼마든지 변경할 수 있는 것이므로 믿을 수 없다고 주장한다.[52]

사실 대만지도층(국민당정부)의 원로와 중국공산당간에는 역사적으로 깊은 불신의 뿌리가 박혀있다. 일찍이 중국국민당의 창설자 孫文이 지방의 군벌과 열강을 견제하기 위하여 이른바 '聯蘇・容共・勞農援助'의 3대 정책을 내걸고 1924년 공산당과 합작(통일전선 형성)했으나 그 뒤 공산당의 세력확대에 놀란 국민당의 우파인 국민당혁명총사령관 장개석(蔣介石)이 1927년 반공쿠데타를 일으켜 국민당 내의 공산당세력을 숙청한 바 있다. 그 후 1937년 항일공동투쟁을 펴기 위하여 국・공간에 제2차 합작이 이루어졌었으나 국민당 정부군이 이른바 '消極抗日, 積極反共'의 방침으로 나가게 되자 양측이 대립 불화한 역사적 경험을 갖고 있다.[53]

2. 대만의 통일방안 : "일국 양정부"(一國 兩政府)

'일국 양정부' 방안은 국제적으로 아직 공식화되지는 않았으나 1989년 3월 28일 대만정부의 행정원장 유국화(兪國華)가 입법원에 제안한 것으로, 하나의 중국 안에 북경정부와 대만정부라는 두 개의 정부가 현실적으로 존재함을 인정하고, 잠정적으로 경쟁하면서 교류하자는 방안이다. 이미 통일을 이룩한 동・서독간의 통일 이전의 관계가 그러했고, 남・북한도 서로 상대를 인정하고 있는 실정에 비추어 어느 면에서 현실적이라고 생각된다.

대만정부는 종래의 三不정책(不接觸, 不談判, 不妥協)에서 三和정책(평화공존, 평화경쟁, 평화통일)으로 대륙정책을 전환했다. 특히, 대만의 국민대회 소속 憲政委員會는 보다 적극적이고 개방적인 대중국 정책을 제시하고 있다.[54] 그 핵심내용으로 ① 양 정부간의 민간차원의 상호교류보장, ② 대만경협기금 확보, ③ 양측학자들을 지원하여 평화통일방안 공동연구, ④ 양측 공무원과 국가기관종사자의 상호방문, ⑤ 대만언론인의 중국취재활동 보장 등을 제시한

---

52) 한영춘, 전게논문, p. 186.

53) 「政治學大辭典」 (博英社, 1975), pp. 188~189 "國共關係" 참조.

54) 聯合報(臺灣), 1988년 11월 30일.

바 있다. 이러한 대만 측의 주장에 대해서 중국 측은 공식적 태도를 유보하고 조심스럽게 탐색하고 있다. 이는 그들 중국지도층의 사고 속에 대만의 경제력과 경제발전의 성과는 인정하지만, 아직도 대만을 하나의 작은 지방정부로 간주하고, 대륙을 석권한 그들이 대만을 미수복지역으로 생각하는 발상이 남아 있기 때문이다.

3. 중국 대만간의 경제교류

대만과 중국간의 관계개선의 결정적인 계기가 된 것은 1982년 등소평의 실용주의노선과 거기에 따른 개방정책이며, 여기에 대응해서 경제발전의 저력을 자신하는 대만지도층의 정책변화도 작용하였다. 이러한 정책변화의 간접적인 환경요인으로는 첫째, 1920년, 1930년, 1940년대의 혁명 1세대인 國·共 양당의 정치협상주역들이 거의 다 사망(중국공산당의 毛澤東, 周恩來 등과 국민당의 장개석과 그 측근 宋子文, 陳立夫, 孔祥熙 등)하여 지난날의 원색적 대립이 어느 정도 완화·소멸되었다는 점을 들 수 있다. 둘째, 전세계에 산재해 있는 2,000만 화교가 양측을 자유롭게 來往할 수 있는 신분이므로 그들이 조정자적 역할을 자임하면서 화해의 분위기를 조성하고 있다는 것이다.

중국·대만간의 관계개선의 직접적 요인으로는 대만정부가 대만인의 중국대륙 방문을 허락한 데 있었다. 1987년 10월 대만인의 대륙친척방문이 허가된 지 1년이 채 못되는 1988년 7월말까지 약 20만명이 대륙을 방문하게 되었다. 또한 그들 방문자들이 지참하는 현금도 1988년 11월 현재로 월 평균 1억 달러나 되었다.(年 10억 달러 추산) 한편 대만인의 대중국 투자액도 1988년 현재 총 10억 달러로 추산된다.55) 이들 방문객은 단순한 내왕객이 아니라 중국의 사회주의경제, 나아가서는 그쪽 체제의 변화를 촉진하는 요소가 되고 있으며, 변혁의 바람이 되고 있다. 1989년 6월 4일에 있었던 북경의 天安門사태(북경정부의 집권보수派들이 학생·지식인의 민주화운동을 무력으로 진압하여 많은 희생자를 낸 사건)도 이러한 중국과 대만간의 인적·물적 교류를 통해서 단기간 내에 중국인의 민주의식을 고양시킨 결과라고 생각된다.

더욱이 1987년 7월 14일 대만의 국민당정부는 자체적으로 정치발전을 위해 정치개혁을 단행하여 1949년이래 실시해 온 대만전역의 계엄령을 해제하고 국민당 이외의 정당에게도 정당활동을 허용하는 다당제로 전환한 것은 대만체제의 변화는 물론 장래 중국대륙과의 관계에 있

55) 聯合報(臺北), 1988년 11월 22일.

어서도 변화를 가져왔다.

특히, 대만의 높은 경제발전과 그 투자가 중국대륙경제에 영향을 미쳐 이것이 통일의 기반을 조성할 것으로 기대된다. 대만의 통계에 의하면, 대만의 1989년 현재 1인당 GNP가 7천 달러를 상회하고 있어 연평균 9.5%의 증가추세로 나간다면 1993년에는 국민소득이 1만 달러를 초과할 것으로 예상되었다. 민간수준에서는 대만에서 대륙에 송금이 급증하고 자본투자(단독 또는 합작)와 공장건설이 경제특구지역을 중심으로 이루어져 왔다. 대만은 오래 전부터 해외경제합작기금회를 설립하여 동남아를 비롯한 10여 개의 개발도상국가에 자본투자를 해왔는데, 1989년에는 대만의 정계와 학계가 주동이 되어 중국에 대해 50억~100억 달러의 건설사업지원자금조성을 추진한 바 있었다.56)

중국과 대만간의 경제교류는 장래에 중국과 대만간의 소위 양안문제(兩岸問題)의 해결의 열쇠가 될 것이다. 1949년 중국공산당의 중국대륙 석권 이후 대만으로 밀려만 국민당정부간의 정치적·군사적 대결구조는 "위기"와 "소강"을 거듭하면서 그간 지속되어왔으나 1987년 10월 대만정부가 극적으로 대만인의 중국대륙 방문을 허용하고 외환통제를 자유화했다. 한편 이와 조응해서 중국 측도 1988년 7월「대만동포 투자장려규정」을 발표하여 대만기업의 투자유치를 공식화했다. 이에 따라 대만정부도 1989년 10월 제3국을 경유하는 중국과의 간접적인 교역, 투자, 기술협력을 허용하는 규정을 발표하게 되자, 이후 양안간의 경제교류가 본격화되었다.57)

양안간의 경제교류의 실태를 살펴보면, 1979년에 7천 780만 달러정도의 소규모로 시작되었으나, 그 10년 후인 1988년에는 27억 2천만 달러로 35배 증가했으며, 그 이후 계속 증가세를 보여 1997년 말 현재 114억 5,920만 달러로 약 150배 증가를 기록하였다.58)

또한 대만기업의 對중국 투자는 1989년부터 본격화되어 1997년 말 현재 투자계약액을 누계(累計)하면 총 38,483건에 381억 7천 6백만 달러에 달하여, 중국은 대만의 제1순위의 투자대상국이 되었으며, 대만은 중국의 제2위의 투자유치국으로 등장했다.59)

중국은 등소평체제 이래 과감한 개혁개방을 추구하면서 소위 三通四流 정책을 과감히 추진하였다. "三通" 이란 항공기 및 선박의 직항을 의미하는 '通航', 直交易을 의미하는 '通商', 우편

---

56) 中國時報(臺北), 1989년 7월 26일 ; 中央日報(臺北), 1989년 7월 29일.

57) 채경석, "남북한 교류협력과 지방정부의 대응",「2000년대 남북한 地域間 交流協力 학술회의 논문집」(1999년도 전국 통일문제연구소 협의회 군산 하계 워크샵), 1999. 8. 20.(금)~21(토), pp. 29~30.

58) 노태구, "中國과 대만의 경제교류의 발전과 전망",「2000년대 남북한 地域間 交流協力 학술회의 논문집」, p. 92 표 참조. 아래의「표」는 노태구 교수의 논문에서 발췌한 것임.

물교환을 의미하는 '直郵'를 의미하며, "四流"란 학술교류, 문화교류, 체육 및 과학기술교류를 의미한다. 중국 측은 이러한 三通四流를 통해 "一國兩制"를 실현한다는 통일방안을 추구하고 있는데 反하여, 대만은 손문이 제창한 三民主義에 의한 통일과 중국의 4대체제 기본원칙(사회주의노선, 무산계급 專政, 공산당 영도, 마르크스·레닌주의 및 毛澤東사상)의 포기를 요구하고, "一國 兩政府", "一國 兩區"(하나의 국가와 두 개의 지역) 통일방안을 내세워 맞서왔다. 그러나 대만은 中國과 직접적으로 三不政策(중국과의 不접촉, 不담판, 不타협을 지칭함)을 견지하면서도, 실제로서는 중국의 경제교류정책에는 적극 부응하여 제3국을 통한 간접교역 및 투자를 확대해왔다.

이러한 兩岸의 교역과 투자의 증대는 중국 측에서 보면, 경제발전에 필요한 자본조달과 외환수입 증대, 중국인의 고용창출, 산업기술 이전(移轉)의 효과를 가져오는 것이며, 특히 대만해협을 바로 건너 그 對岸지역 광동성과 복건성과 광동성의 경제발전에 크게 기여하고 있다. 한편 대만 측의 입장에서는, 전통적인 미국과 일본과 무역보다는 중국과의 무역교류를 트면서 시장확보에 비교적 안정적이어서 대만 경제성장에 크게 기여했다. 미국의 대만 화폐의 평가절상 압력 및 각종 제한에서 자유로울 수 있었으며 또한 대만의 노동집약적인 산업을 중국으로

양안간 홍콩경유 간접교역 통계(단위 : 미화 백만달러 / %)

년도	총 교역량		대만의 對대륙 수출		대륙의 對대만 수출	
	금액	증가율	금액	증가율	금액	증가율
1979	77.8	-	21.5	-	56.3	-
1980	311.2	300.2	235.0	994.4	76.2	35.4
1981	459.3	47.6	384.2	63.5	75.2	-1.4
1982	278.5	-39.4	194.5	-49.4	84.0	11.8
1983	247.7	-11.1	157.9	-18.8	89.9	6.9
1984	553.2	123.3	425.5	169.6	127.8	42.2
1985	1,102.7	99.3	986.9	132.0	115.9	-9.3
1986	995.6	-13.4	811.3	-17.8	144.2	24.4
1987	1,515.5	58.6	1,226.5	51.2	288.9	100.4
1988	2,720.9	79.5	2,242.2	82.9	478.7	65.7
1989	3,483.4	28.0	2,896.5	29.9	586.9	22.6
1990	4,043.6	16.1	3,278.3	13.2	765.4	30.4
1991	5,793.1	13.3	4,667.2	42.4	1,126.0	47.1
1992	7,406.9	27.9	6,287.9	34.7	1,119.0	-0.6
1993	8,698.0	17.3	7,585.4	20.6	1,103.6	-1.4
1994	9,809.5	12.9	8,517.2	12.3	1,292.3	17.1
1995	11,397.0	16.2	9,822.8	16.0	1,574.2	21.8
1996	11,300.0	-0.7	9,717.6	-1.7	1,582.4	0.5
1997	11,459.3	1.4	9,715.2	0.0	1,744.0	10.2

59) 노태구, "中國과 대만의 경제교류의 발전과 전망", 앞의 논문집, pp. 96~97.

이전시키고, 기술집약적인 컴퓨터 등과 같은 제조업이나 중화학공업 분야로 산업구조를 전환시키는 계기가 되었다.60)

이러한 양안의 경제교류와 투자증가는 중국과 대만에 다같이 상호이익을 가져다주었고, 그것이 경제를 상호의존적인 관계로 발전, 확대되고 있다. 따라서 장래 어느 시점에 가서는 대만의 경제가 거대한 중국 경제에 종속되면 대만 측이 중국 측의 정치논리를 더 이상 견제할 수 없는 상황이 올 우려가 있다. 즉 중국과 대만이 경제적으로 밀착되면 현재 대만이 중국을 견제하는 "三不政策"이나 "대만의 분리·독립"을 억제하게 되고, 巨大한 중국대륙에 의해 1997년 7월 1일 중국에 홍콩이 편입되었던 경우와 같이 소위 "一國兩制"로 가게 한다는 것이다.

한때 통일에 대한 장애요인으로 권위주의적 정치체제적 요소가 작용하였다. 그것은 중국이 개방정책을 추구하고는 있지만, 아직은 경제적·문화적 영역에 국한하고 있으며 정치적으로는 공산당에 의하여 지도되는 권위주의적 일당체제를 탈피하고 있지 못하다는 점이다. 그리고 대만 역시 집권 국민당이 다당제를 허용했지만, 2000년 3월은 국민당의 총통선거에서 패배하고 민주진보당이 집권하기 전까지는 민주적인 경쟁정당체제로서의 성격을 갖추지 못하고 있었다. 게다가 대만 원주민들을 중심으로 결성된 民主進步黨의 일부가 핵심세력이 되어 주민자결(住民自決)이라는 이름하는 대만독립운동을 전개하고 있기 때문에 이들의 정치활동에 대한 지나친 제약과 탄압이 가해진다면 대만인의 불만이 대만인의 '독립'이라는 방향으로 치닫을 가능성도 있다.61)

그러나 대만의 새 총통으로 취임한 천슈이벤(陳水扁)은 그의 전임자 리덩후이(李鄧輝) 총통과는 다른 對中國정책을 펼 것으로 전망된다. 물론 천슈이벤의 소속정당인 민진당의 강령이 '대만독립'이며 중국 측이 요구하는 "하나의 중국"의 원칙을 취임사에서 표명하지 않아 이것이 걸림돌이 되고는 있지만 그가 중국 측이 종래 요구해 왔던 "3통" 실현을 위한 협상을 선거공약으로 내세웠고, 또 최근 대만의 탕페이(唐飛) 행정원장이 6개월 내에 소위 "小3통"을 실시할 것을 약속함으로서 공식적인 개방형태인 "3통"은 결국 실현될 것으로 예상된다.62)

"小3통"이란 전면적 직접교역(通商), 수송(通航), 서신왕래(通郵) 등의 3통에 앞서 대만의 진먼, 마쭈(馬祖), 평후(澎湖) 등 3개 섬과 중국 푸젠(福建)성의 연해도시들과 선박 및 항공의 직항을 허용한다는 것으로, 진먼은 푸젠의 샤먼(厦門)과, 마쭈는 푸젠의 마웨이(馬尾) 항과 각각 직항한다는 것이다. 이 '小3통'은 兩岸의 경제적 교류가 활발한 지역적 수준에서 실험

60) 노태구, 앞의 논문, p. 99~103.
61) 明報月刊(홍콩), "民進黨 臺灣 民主委員會," 1987, 9月號; 한영춘, 전게논문, p. 195.
62) 세계일보, 2000년 6월 21일(수), A. 10.

적으로 자유통항을 실시한다는 의미로 해석되며 이후 양안관계에 있어 새로운 계기가 될 것으로 기대된다.63)

또한 2000년 5월 20일 대만 총통 천수이볜(陳水扁)은 이후 수 차례 중국 측에 정상회담을 제의하고 있으나, 중국 측의 '하나의 중국'의 수락을 전제조건으로 내세우고 있다.64) 중국측은 대만의 경제력은 인정하지만 인구와 영토 면에서 중국에 비교가 되지 않으므로 대만을 일개 성 수준으로 생각하는 경향이 있다. 결국 형식에 크게 구애되지 않는 실용주의자들인 중국인들은 어떠한 형식이 됐든 가까운 장래에 중국과 대만의 정상이 회동할 것으로 전망된다. 이러한 정상회담에는 1991년이래 양안간의 경제교류의 조정자가 되어 양안을 오고가면서 교류·투자에 수반되는 문제를 협의해온 대만 측의「海峽交流基金會」와 중국 측의「海峽兩岸關係協會」가 일정한 역할을 할 것이며,65) 중국에 투자한 기업은 물론 동남아시아 지역을 비롯한 전 세계의 화교기업들이 양안 접근의 분위기를 조성하게 될 것이다. 그러므로 중국과 대만의 통합은 中華人의 자부심과 양안간의 경제적 밀착, 그리고 그들의 문화적 동질성에의해 결국 시간이 경과하면 해결될 문제이다.

제5절 결론

앞에서 한민족이 왜 통일을 해야 하는가, 통일문제가 얼마나 절실한 문제인가 하는 통일의 당위성, 그리고 남북간의 분단극복을 위한 남북한 양 정부의 통일정책, 나아가서는 4·19직후 한때 활발하게 논의되었던 국내외의 지식인·석학들의 한반도 중립화 통일에 대한 논의도 회고해 보았다. 또 이미 통일을 이룩한 독일의 통일과정을 동·서독의 통일정책을 중심으로 살펴보았으며, 또한 지리적으로 한반도와 인접해 있는 중국(북경)과 대만간의 접근을 양 정부가 추구하는 정책을 중심으로 살펴보았다. 이들 독일의 통일과 중국과 대만의 접근방식은 한반도 통일추구에 시사하는 바가 적지 않으며, 이들의 경험이 우리에게 큰 교훈으로 비쳐진다.

남·북한은 지난 1992년 2월 19일 평양에서 개최된 제6차 남북고위급회담에서 '남북 사이의 화해와 불가침 및 교류·협력에 관한 합의서'와 '한반도 비핵화에 관한 공동선언', 그리고 이 기본합의서의 구체적 이행과 실천대책을 협의하기 위한 '남북고위급 분과위원회 구

---

63) 동아일보, 6월 14일(수), A. 11.
64) 동아일보, 6월 28일(수), A. 11.
65) 채경석, "남북한 교류협력과 지방정부의 대응",앞의 학술회의 論文集, pp. 30~31.

성·운영에 관한 합의'를 발표하여 남북한관계에 있어서 새로운 장을 열었다.

남·북간의 기본합의서는 전문과 4장 25조로 되어 있다. 그 주된 내용은 제1장, 제2장, 제3장에 규정되어 있다. 제1장은 '남북화해'의 장으로 제1조에서는 남과 북의 상호체제 인정, 제2조는 내정불간섭, 제4조는 상대방의 파괴·전복행위의 금지를 규정했고, 제2장은 '남북불가침'의 장으로 제9조에서 남북간의 무력사용금지, 제10조에서는 남북간의 분쟁을 대화와 협상을 통하여 평화적으로 해결할 것을 규정하고 있다.

제1장과 제2장의 내용은 남과 북의 평화정착을 위한 기본적 관계의 정립이라는 관점에서 큰 의미를 지니고 있다. 그러나 그것만으로 곧 남북통일을 위한 적극적이고 전향적인 것이 될 수 없다. 우리가 금후 통일에 접근하기 위해서 먼저 실천해야 할 절실한 과제는 합의서 제3장에 규정된 남북교류와 협력이다.

교류·협력에 관한 내용에는 인적교류와 경제교류가 있다. 첫째, 인적교류는 제17조(남과 북의 민족구성원의 자유로운 왕래와 접촉의 실현)와 제18조(이산가족·친척들의 자유로운 서신왕래, 상봉, 방문실시와 자유의사에 의한 재결합)에 명시되어 있다.

둘째, 경제교류의 핵심은 제15조에 규정된 교류와 협력이다. 경제교류 영역은 구체적이고 가시적이며, 남북간의 주민생활에 직접적인 영향을 주는 분야이므로 제16조의 신문·라디오·TV교류와 제17조의 자유왕래와 함께 교류와 협력의 핵심분야로 생각된다. 제15조에 규정한대로 "남과 북은 민족경제의 통일적이고 균형적인 발전과 민족 전체의 복리향상을 도모하기 위하여 자원의 공동개발, 민족내부교류로서 물자교류, 그리고 합작투자"를 추진한다.

독일통일과정과 중국·대만 접근과정에서 보듯이 남북이 통일에로 가는 지름길은 민간수준에서 많은 사람들이 서로 오고 가고[66] 교역을 하고 공장을 세워 사업을 같이하는 데 있다. 이를 위하여 쌍방의 당국자들은 최대의 편의와 서비스를 제공하여야 할 것이다. 이 자명한 논리가 실현되지 않는 것은 기득권을 가진 집단이나 계층이 저들에게 불리한 현상변경을 원하지

---

66) 동·서독의 인적 교류는 1972년 동·서독간에 기본조약 체결 이후 매년 양측에서 각기 수 백만 명이 내왕했다. 그러나 기본조약이 체결되기 이전에도 冷戰高潮期 (1958~1962)를 제외하고는 양측이 매년 1백만 명 이상이 1일 이상 체재하면서 내왕했다.
박성조, 전게논문, pp. 53~59.
이러한 동·서독의 경우와 남·북한의 경우는 너무나도 크게 다르다. 남북한의 경우는 분단 이후 왕래를 공식적으로 금지하였으며, 내왕이 관계당국의 허가를 받아 극히 제한적으로 이루어진 1989년 1월 1일 이래 1991년 10월 31일 현재까지 남한에서 북한에 420명(13건)이 다녀왔고, 북한에서는 남한에 361명(5건)이 다녀갔다. 이 숫자에는, 남북고위급회담 관계자나 재벌기업인 등이 대다수 포함되어 있으므로, 순수 민간수준 보통사람의 교류는 극히 적은 숫자이다. 또한 제3국 등지에서 남북한 주민간의 접촉은 비공식적인 것이다(통일원, 「남북한교류 협력동향」, 제4호, 1991).

않기 때문이다. 남과 북의 당국자들이 민족의 복지를 위해서 진정으로 통일을 원한다면 먼저 인적·물적 교류의 장애가 되는 남북쌍방의 각종 실정법을 개폐시키고 왕래와 교류의 절차와 수속을 최대한으로 간소화해야 한다.

통일을 위해서는 남북 兩집권당국이 어떤 틀을 짜놓고 거기에 남북의 주민(민족성원)을 무리하게 끌어들여 귀속·통제할 것이 아니라, 우선 무엇보다도 남북한 주민들이 만나서 해묵은 냉전적 사고, 反통일적 정서와 증오심을 서로 해소하고, 나아가서는 그들이 각기 살고 있는 체제와 상대체제의 비교우위를 경험적으로 판별하고 상호 수렴하는 기회가 주어져야 할 것이다.

이러한 논리는 독일통일을 통해서 입증되었고, 중국과 대만의 관계에서도 거듭 확인되고 있다. 이것이 통일의 후유증을 최소화하는 길이다. 또한 이것이 진정한 자유민주주의적 통일과정이며 실천이라고 확신된다. 만일 남북한의 주민간에 교류와 협력이 민간수준에서 충분히 이루어지지 않으면 적대감과 이질감이 해소되지 않을 것이며, 어느 날 갑자기 양 정부당국들간의 합의에 의하여 권력을 안배하고 연합하여 통일이 된다 하더라도, 그러한 통일국가는 내부의 갈등과 대결로 혼란에 빠지게 될 것이다.

1994년 7월 8일 김일성의 급작스런 사망은 북한의 권력승계와 아울러 북한체제의 변화, 나아가서는 남북관계와 통일에 새로운 전기가 될 것으로 전망되었다. 후계정권으로 부상된 김일성의 아들 김정일 체제는 경제사정의 악화와 외부세계로부터의 개방압력, 그리고 후계세습체제 굳히기 등 국내외적 많은 도전을 받았으나, 4년이 지난 1998년 9월 5일 최고인민회의 제10기 1차 회의에서 주석제와 정무원제를 폐지하는 개헌을 통하여, 金正日이 노동당 총비서로서 북한헌법상「국가수반」격으로 위상이 강화된 국방위원장에 재추대 됨으로 사실상 세습권력승계를 마무리했다. 북한의 개정헌법은 그 전문에서 죽은 김일성을 '공화국의 영원한 주석'으로 예우했으며, 종래의 정무원을 내각으로 개편하여 그 권한과 위상을 강화하여 그의 측근에게 외교·경제를 맡기고 자신은 국가수반의 자리를 굳혔다. 이는 한 마디로 말해서 "一元的 集團權力體制"이며 국방위원장이「헌법상의 최고직책」이라는 상징성은 북한이 김정일을 중심으로 한 "군부통치 비상체제"로 돌입했음을 의미한다.

북한의 김정일 체제는 20여년 간이나 실험되어 구축되었으므로, 김정일 체제로 굳혀질 것으로 이미 예상한 것이었다. 그러나 그 체제는 그의 부 김일성의 체제보다는 절대적일 수도 없으며, 결국 과도적일 가능성이 높다. 그러한 가능성은 몇 가지 차원에서 상정해볼 수 있다.

첫째, 김정일의 권력기반은 김일성의 카리스마의 후견과 후광을 받아 형성된 것이며, 일종의 김일성 권력의 반사체이므로 김일성의 사망으로 권력의 정상에 올랐으나 그를 대신할 만한 이미지와 역량이 없다. 일부 북한문제 전문가들은 김정일의 친인척, 그리고 혁명 2세대인 만경대 혁명학원 출신그룹, 그리고 김일성대학 동문들이 당과 군, 관료진에 대거 진출해 있어 이들이 김정일의 권력을 보위할 것이라고 말하지만, 이들의 보위·보좌는 달리 표현하면 김정일이 결국 이들에게 의존하게 되고, 이들 테크노크라트들의 영향력을 받는다는 것을 의미한다. 따라서 향후 김정일 체제의 정책결정은 동년배의 당·군·관료집단에 의존하게 될 것이므로 북한의 통치 권력구조는 김정일이 그 최고 지도자이지만, 실질적으로는 테크노크라트들에 의해 앞으로 크게 영향을 받게 될 것이다.

둘째, 북한의 개방과 개혁은 불가피하다. 선진기술과 자본을 도입하여 국내경제를 일으키는 것이 그들의 생존과 체제유지에 직결되는 문제이기 때문이다. 그러나 북한의 급작스런 개방은 공산당의 일당체제의 억압과 통제를 하루아침에 무너뜨릴 수 있기 때문에 개방의 충격을 최소화하기 위해서 처음에는 제한되고·통제된 점진적 개방을 시도할 것이다. 그렇지만 개방이 될 경우 어느 시점에 가서는 "봇물처럼 터지는 식"의 개방의 물결을 막지 못할 것이며 그도 개방의 파도에 표류할 것이다.

셋째, 김정일은 김일성에 비해서 북한인민들에게 어필할 수 있는 대중적 이미지나 대중적 선동선전꾼으로서의 역량이 부족하다. 앞으로 예상되는 당내외의 노선투쟁(개혁·개방이냐, 김일성주의의 보수냐 하는 이념투쟁, 또는 개혁·개방의 대중적 진보세력과 공산귀족 및 보수세력간의 대립)을 어떻게 조절할 지 미지수이다. 그의 현존하는 역량은 그 스스로가 쟁취한 것이 아니고 김일성이라는 후광을 받아 배양된 것이므로 이러한 판단이 가능한 것이다.

넷째, 김정일 체제가 존속하는 현재는 김일성처럼 전후 냉전체제의 방벽 속에서 소위 사회주의 형제국들의 보호를 받았던 시대가 아니라 이데올로기보다는 자국의 국가이익을 따라 어제의 우방과도 국가정책의 향방을 달리할 수 있는 실리의 시대이다. 또한 김정일은 국가지도자로서는 국제적 위상과 평가가 그의 부 김일성에 미치지 못하기 때문에 북한의 전통적 우방인 중국은 물론 여타 국가들의 압력에 김정일이 보다 더 취약할 것으로 생각된다.

이상에서의 북한체제의 변화의 요인으로 북한권력의 성격변화(절대권력체제 → 상대적인 일원적 상대적 권력체제로의 진행), 개방의 필연성, 김정일의 자질문제, 향후 김정일 시대의 국제적 압력의 증대 등을 생각해 보았다.

북한의 이러한 권력변동과 현실을 보고 남한에서는 통일에 어떻게 대비하느냐에 대해서 몇 가지 생각을 정리해 본다.

첫째, 일부 북한문제 전문가들은 이제 김정일이 권력을 확실히 승계했기 때문에 한국정부가 김정일을 상대로 남북한 정상회담을 속히 추진해야 한다고 거론하고 있다. 이는 한국정부가 경쟁상대인 북한의 불안정한 사적 권위주의체제(private authoritarian regime)를 도와주고 그 권위를 인정해 주는 효과를 주기 때문에 바람직하지 못하다고 생각된다. 그러므로 남북 정상회담 개최는 서두를 것이 아니라 북의 체제의 변화 추이과정을 지켜보면서 상황에 따라 대처해야 한다고 생각된다.

한편 일부 인사들은 만일 북한이 경제적 어려움으로 혼란이 일어나 이것이 체제붕괴로 이어진다면 결국 남한이 북한을 흡수통일 하는 사태가 발생할 것이고, 흡수통일은 남한경제에 큰 부담을 주게되므로 김일성 사후 북의 김정일 체제가 붕괴되지 않도록 남한이 경제적 지원을 해 주어야 한다는 주장을 한 바 있다. 이는 결과적으로 북한의 독재체제를 지원하는 효과를 결과한다.

또한 흡수통일의 부정적 효과를 두려워해서 통일을 서두르지 않아야 한다는 논리 역시 통일에 소극적인 입장이다. 한국정부는 흡수통일이든 연방제통일이든 어떠한 경우에도 다 대비해서 통일을 성취할 수 있는 전천후전략(全天候戰略)을 수립할 필요가 있다.

둘째, 남북통일문제는 종래 일부 식자들에 의해 기계적이고 기능적인 정치공학(political engineering) 차원에서 정부나 체제의 구성에 관한 제도조립(組立)을 주로 논의해 왔다. 그러나 그보다는 민족적 차원 내지는 이질적 가치의 상호수렴이나 삶의 동질화라는 차원에서 접근해야 한다. 따라서 통일과정은 인적 왕래교류, 물적 교류, 나아가서는 사회적·문화적 교류 차원에서 출발해야 하며, 정치적 통합이나 군사적 통합은 최종적인 것이 되어야 한다. 정부차원의 통합협상이나 통일정부형태는 비정치적 교류가 어느 정도 성숙한 뒤에 논의·결정되어야 할 문제라고 생각된다.

셋째, "북한의 핵을 제거하기 위해 최악의 경우 전쟁도 불사한다"는 논리는 오히려 통일의 상애물이 된다. 전쟁, 그것은 남북 어느 편에도 승리를 안겨 줄 수 없을 뿐만 아니라 남·북 모두에게 치명적인 상처만을 가져다 줄 것이다. 사실 이러한 비정상적인 멘탈리티(mentality)를 극복하고 핵에 대한 신사고가 요구된다. 북한의 핵보유가 조잡한 형태일 망정 기정사실화 될 경우, 한국정부는 북한을 견제하기 위해 핵 재처리시설과 핵 능력을 보유하는 방향으로 정책전환을 할 필요성도 있다. 남북 쌍방이 각기 핵 보유능력이 있으면 서로간에는 이보다 더 확실한 전쟁억지 효과를 줄 수 있는 것은 없을 것이며, 주변국들의 압력에 대해서도 주체적으로 견제할 수 있다. 이러한 관점에서 1992년의 남북한간의 「한반도의 非核化에 관한 공동선언」은 재고해 볼 수도 있다.

넷째, 통일을 앞둔 현시점에서는 한민족공동체적 존재와 삶의 방향을 펼쳐 보이는 통일국가에 대한 민주시민교육을 학교교육이나 사회교육을 통해 강화할 필요가 있다. 이는 종래 남한의 역대정권이 냉전적 사고에 주도되어 실시한 극우적 반공교육이나, 북한의 일방적이고 폐쇄적인 김일성주의나 주체사상에서 발견할 수 있는 극좌적 논리도 모두 배제한 중립적이고 탈냉전적인 민족주의 교육이어야 할 것이다.

다섯째, 남북한의 통일이 정부적 수준에서 무리하게 권력안배나 기득권 협상에 의한 정치통일차원에서 접근하는 것보다는 정치적 접근 이전에 민간수준에서 다각적인 교류를 통한 사회통합적 접근이 보다 바람직하다. 예컨대, 통일된 예멘이 한 때 내전과 재분열을 겪은 것은 민간차원의 충분한 교류 없이 통일이 지배권력간의 권력안배에서 비롯되었기 때문이다. 통일베트남의 경우에 있어서도 통일 후 남북베트남간의 지역적 이중구조와 격차 문제도 민간수준의 평화적인 교류 없이 북베트남의 지배권력에 의해 무력을 통해서 통일을 한 데서 결과된 유산이다. 이러한 예멘과 베트남의 사례에 비추어 볼 때 남북한이 진정한 통일을 이룩하기 위해서는 민간수준의 교류가 선행되어야 하며, 그것이 통일 후의 갈등을 줄이고 통일의 후유증을 최소화하는 길이라고 생각된다.

결론에 추가해서 분단국들의 분단과 통일 사례를 간략하게 도표화하면 다음과 같다.

〈표 5〉 분단국들의 분단과 통일과정 비교

국가별 / 사안별	베트남 통일	독일 통일	예멘 통일	남한·북한	중국·대만
① 분단 이전의 상태	· 1858~1941년 프랑스 식민통치 · 1930년 베트남 공산당 창설·독립투쟁 각지역에 Soviet 창설시도 실패 · 1941년 호찌민의 독립동맹의 항일투쟁전개 (1941~1945) · 항일투쟁시 쩐쫑낌 친일괴뢰정부 존속	· 나치독일의 전 세계적 패권과 중부구라파지역에서 영토확장 정책 추구	· 예멘인은 3000년 이상의 공동의 역사는 있으나, 단일 정치 공동체를 형성하지 않았음 · 이맘(Imam) 군주(King), 술탄(Sultan)들간의 분립·할거 · 16세기이래 오스만 터키의 세력범위로 편입	· 1910년 한일합방 이후 1945년 8월까지 한반도는 일본의 식민지 지배 · 한편 1919~1945년 대한민국 임시정부(상해)를 중심으로 만주·연해주·미주에서 독립투쟁	· 중·일 전쟁(1941~ 1945)으로 대륙의 일부가 일본에 점령당한 상태 · 국민당 정부와 공산당 세력간의 내전 상태 · 때로는 항일을 위한 국공합작(연합) 결성 제1차는 1924년, 제2차는 1937년

국가별 / 사안별	베트남 통일	독일 통일	예멘 통일	남한 · 북한	중국 · 대만
② 분단의 제기 (원인)	· 1945년 8월 일본의 항복 후 호찌민이 베트남민주공화국 수립 · 프랑스의 식민지재건 시도에 대항해 토착 민족주의적 공산 세력 저항 · 1945년 제네바협정에 의해 북위 17도선 이북은 베트남민주공화국이 그 이남은 프랑스가 분할 지배하게 됨	· 미 · 영 · 불 · 소 등이 독일의 재흥 · 재기를 방지하려고 독일영토와 그 수도 베를린을 4국이 분할 점령 · 이후 미 · 영 · 불 3개국 점령지역에 서독 정부가, 소련 점령지역에 동독 정부가 각 각 수립됨	· 1914년 영국과 오스만 터키간에 남북예멘 경계선 획정 · 1918년 북예멘지역은 이맘 "야흐아"에 의해 터키로부터 독립→1962년 이맘왕정이 '살랄'의 군사쿠데타로 예멘아랍공화국 수립 · 1966년 남부예멘도 영국식민지로부터 해방되어 예멘인민민주공화국 수립, 북예멘과 대치함	· 미 · 일전쟁(1941~1945)과 소련의 1945년 8월 대일전 참전으로 한반도는 북위 38도선을 경계로 미 · 소 양군이 진주 · 분할 점령 · 전후 동서 양진영의 냉전의 격화로 분단 · 분할의 고착	· 중국 국민당 정부에 대한 공산당의 사회주의 혁명운동 전개 →내전 · 1949년 중국공산당 군대가 중국대륙 석권→ 중화인민공화국 수립 · 장개석 국민당 정부는 대만성으로 퇴각
③ 개입외세	· 일본군 항복접수시(1945) 해방군으로 장제스 중국군과 영국군이 베트남에 진주 · 프랑스에 대신하여 미국(1954~1975)이 베트남에 개입	미 국, 영 국, 프랑스 ─ 서독정권 수립지원 · 소련이 동독정권 수립지원, 1980년대 후반 소련은 동독 지지 포기	· 영국: 1966년까지 남예멘 지역지배 · 舊소련: 1966년 이후 남예멘 지원, 1980년대 후반부터 원조 중단 · 아랍연맹(이집트, 리비아, 사우디아라비아 등)은 남북예멘 사이에서 우호적으로 중재	· 미국: 1945년 남한 점령지역에 후 3년간 군정실시 · 舊 소련: 북한지역 점령 후 조선인민공화국 수립지원 · 중국: 6 · 25전쟁시 북한지원 참전 *현재 남한은 러시아 및 중국과 수교, 북한은 미국 · 일본과 수교 교섭	· 중국 공산당의 대륙 석권 후 미국은 국제적으로 대만정부를 지원했으나, 1972년 미 · 중 접근 이후 직접지원을 회피 · 1978년 미 · 중 수교 후 미국은 대만과 단교, 그러나 비정치적 관계는 유지
④ 분단체제	· 북베트남 : 베트남 민주공화국(토착 민족주의적 공산 체제) · 남베트남 : 프랑스 지배하의 바오다이 왕정→미국후원하에 베트남공화국 수립 (응오 딘 디엠독제와 군부독재의 악순환)	· 서독: 자유민주체제 (민주사회주의 이념과 정당도 포용하는) · 동독: 마르크스 · 레닌주의적 사회주의 체제(공산독재체제)	· 북예멘: 군부과두체제(봉건적 토후와 연합하는) · 남예멘: 마르크스 · 레닌주의적 급진 체제	· 남한: 자유민주주의 체제와 군부과두권위주의체제의 불연속. 현재 민주체제 · 북한: 레닌주의적 사회주의 체제→김일성독재와 세습체세 (현재 : 김정일 체 제)	· 중국: 사회주의체제 (80년대 중반 이후 중국 특색의 사회주의 지향) · 대만 : 권위주의적 자본주의체제 (최근 민주체제로 이행)
⑤ 주도정치세력 (정당)	· 남베트남: 군사정부와 반정부적 남부베트남 민족해방전선 (FLN)공존, FLN 무력부대인 Vietcong 활동 · 북베트남: 공산당 일당체제	· 서독: 다원적 정당체제(기민당, 사민당등 양당이 주도하는) · 동독: 사회주의 통일당(헤게모니정당) →통일직전에 다당제로 전환	· 북예멘: 총인민회의 정당(일종의 헤게모니 정당) · 남예멘: 예멘사회당 일당체제 · 통일후 예멘개혁당이 제3당으로 등장	· 남한: 다당제와 헤게모니 정당제의 불연속. 현재 복수정당제 · 북한: 조선노동당 일당체제 지속	· 중국: 중국공산당 일당제 · 대만: 국민당 일당체제→최근 다당제로 이행

국가별 / 사안별	베트남 통일	독일 통일	예멘 통일	남한・북한	중국・대만
⑥ 무력대결	・제1차 베트남전쟁(1946~1954) : 프랑스와 베트남 민주공화국 간에 9년간 게릴라전, 진지전, 정규전을 벌여 베트남 '민주공'이 승리) ・제2차 베트남전쟁(1954~1975) : 남부 베트남의 군사정권 및 미국이 장기간 전쟁 끝에 베트콩・북베트남군에게 패배	・무력갈등 없었음 ・1950년대 1960년대에는 동・서독이 '나토'와 '바르샤바체제'에 편입되어 냉전	・1972년 남북예멘간에 제1차 무력대결 ・1979년 제2차 무력대결 ・두 차례에 걸친 대규모 군사적 충돌이 있었음은 물론 예멘인 특유의 기질로 반대체제의 지도자 암살이 빈번했음	・1950~1953년 한국전쟁(제2차 대전 이후 최대의 국지전) 1953년 휴전 직후 대략 1년간 남한 지역의 협소한 일부 산악지역에서 공산주의자들이 게릴라전을 전개했으나 실패 ・1953년 7월 정전협정 체결 후 지금까지(2000년) 남북이 군사적으로 대치	・1920년대 후반이후 1949년 국민당정부의 대만으로 퇴각시까지 내전이 계속됨 (국・합작시기를제외하고) ・1958년 대만과 중국대륙 사이의 금문도, 마조도에서 포격 교환, 일시 대규모 군사적 충돌
⑦ 교류・협력	・교류차단 및 단절	・분단후 지방정부 관리들의 묵인하에 민간교류가 진행되었음 ・베를린 봉쇄시에는 일시 금지 ・1972년 동서독 기본조약 체결 후 매년 수백만 명의 상호방문교류와 1980년대 이후 정부수준의 경제교류, 합작투자・협력	・1972년과 1979년 무력대결 후 각기 카이로 협정과 쿠웨이트 화해협정 체결 ・인적 교류가 대립・갈등시에는 공식적으로 금지됐으나 실제로는 약간 있었음 ・1988년 6월 이후 국경개방(통합되기 2년 전)으로 양측에서 수만명이 왕래. 상호경제난을 해소하고, 천연자원을 공동개발하기 위해 경제협력, 다국적 기업형태로 협력.	・분단이후 교류금지 ・1989년 1월 1일 이래 양측에서 수백명정도 교류(주로 남북고위급회담 관계자나 재벌 기업인) ・현재 다각적인 경제 사회・문화・예술・스포츠 등의 교류협력. ・금강산 관광사업 진행	・1987년 10월 대만정부의 중국대륙 친척・친지방문 허용이래 1988년 20만 명 방문, 이후 현재까지 수백만 교류(민간수준에서) ・1988년 이후 민간자본이 연평균 10억 달러 투자 이래 현재 수십 억 달러에 달함 ・중국이 연안에 경제특구를 설치하고 완전개방
⑧ 통일방식(방안)	・남과 북이 서로 상대에게 무력에 의해 자기체제를 강요했음	・서독은 1민족 2국가론을, 동독은 2민족 2국가론을 각기 주장했으나 결국 교류를 통해 동독이 서독의 자유주의적 자본주의 체제에 편입되어 통일됨(동독의회의 결정으로 동독의 5개주가 독일연방(서독)에 가입)	・북의 보수적 자본주의체제와 남의 급진적 사회주의체제 공존・혼합(이질적인 경제체제와 군대의 통합을 유보한 채 통합)	・남한: 한민족공동체 통일방안 3단계(화해협력→국가연합 →통일) ・북한: 고려연방제(그 실체는 국가연합 성격) ・국가연합단계는 상대체제 상호인정(자본주의 체제와 사회주의 체제의 공존)	・중국: '일국양제' 통일방안(하나의 국가안에 사회주의제도와 자본주의제도 포용) ・대만: '일국양정부' 통일방안(하나의 국가에 두 개의 정부 인정)

사안별 \ 국가별	베트남 통일	독일 통일	예멘 통일	남한·북한	중국·대만
⑨ 통합촉진요인	· 호찌민의 강인한 민족주의 노선 · 남베트남 군사정부의 부정부패 · 미국의 아시아정책 변화: 1969년「닉슨 독트린」이후 미군의 베트남 철수 · 1972년 닉슨의 북경방문 이후 베트남의 배후세력인 중국과의 극적인 접근 · 미국 내의 반전여론 비등	· 동독인들의 서독 경제에 대한 기대 · 동서독간의 대규모적인 인적·물적 교류 협력 · 서독 정부의 탈이데올로기적 통일경제외교 · 의 동독 에 개혁개방 압력 · 서독의 舊소련에 대한 파격적 통일외교와 경제적 지원 · 서독의 동독에 대한 각종 경제적 특혜·원조	· 아랍연맹이 무력충돌이나 위기상황 때마다 우호적 중재 · 남북 예멘간의 유전·가스공동개발 사업과 국제적 컨소시엄 · 소련 및 사회주의권의 남예멘 원조 중단·철수로 인한 남예멘의 경제적 파탄 · 북예멘 대통령 살레의 적극적 탈이데올로기적 통합외교·비동맹외교	· 북한의 사회주의 체제의 취약성과 경제난 타개를 위한 개방 추구 · 북·미 핵협상 타결로 북한에 외국자본·투자 러시가 전망됨 · 한국의 대기업의 북한진출 모색 · 주변 4강간의 화평 조성 · 한국정부의 지속적인 대북 교류·협력 추구(한국형 경수로 지원, 상거래,대기업 진출, 북한지역에 공단·경제특구 조성)	· 대만이 민간 수준에서 활발한 경제협력추구(중국의 경제특구를 통한) · 중국의 국제적 위상강화로 대만에 유연하고 포용력 있는 정책추구(정경분리) · 중국의 대만의 자치권 제의 · 전세계 화교의 조정역할, 특히 동남아지역 화교의 대륙투자 증가
⑩ 통일유형	· 북베트남이 무력에 의해 남베트남 흡수 통일	· 서독의 경제적 및 사회·문화적 우월성 때문에 동독주민이 서독 편입을 요구해서 평화적으로 흡수통일 · 1990. 5. 동서독「통화동맹·경제사회복지 공동체 창설에 관한 조약」 · 1990. 10. 완전한 정치통합	· 양측 지배층의 상호생존을 위한「권력 엘리트 간의 합의 통일」 · 1990. 5. 남북예멘 정치통합 · 1994. 4. 내전발생, 남 예멘 분리시도, 결국 7월에 무력으로 재통합	· 상호 인적·물적 교류협력을 통한 일정기간의 국가연합단계를 거쳐 양 체제간의 상호수렴을 통한 단일체제 통일이 기대됨	· 민간수준의 투자·경제협력을 통한 경제통합에서 장래에는 결국 정치통합으로 이행되리라고 전망됨

※ 본 도표는 저자가 1994년 한국정치학회 연례학술회의(1994. 12. 5~7)에서 "북한의 체제변화와 한국의 통일전략"이란 주제발표에서 제시한 도표를 보완한 것임.

상기의 도표내용에 나타난 분단국 통합사례를 살펴 볼 때, 대체적으로 분단국의 평화적인 통일의 대전제는 두 이질적인 체제간에 교류·협력에 있음을 검증할 수 있었다. 특히, 교역 및 합작투자 등의 경제적 협력이 통일의 관건이며, 또한 완전한 통일로 가는 과정의 첫 단계에서는 느슨한 국가연합형태를 취하는 것이 바람직하다는 것을 거듭 확인할 수 있다.

제7장 핵(核)개발문제와 한 . 미 . 북한 관계

- 핵 개발의 세계적 추세와 한국의 입장 -

전세계는 부존 석유매장량의 제한성과 석유생산국의 자원내셔널리즘을 극복하고 경제발전에 필요한 에너지원을 확보하기 위해서 원자력발전에 주력하고 있다. 한편으로는 국제권력정치의 소용돌이 속에서 자국의 국가이익을 극대화하거나, 또는 방어적 차원에서 핵무기를 보유하기 위해서 핵 개발을 당면한 국가의 중요한 정책목표로 추구하고 있는 中位國들이 많이 있다. 물론 원자력의 평화적 이용형태인 핵 산업이 결과하는 환경오염의 심각하고 군사안보의 수단으로써 추구되는 핵무기사용의 오판으로 인하여 빚어질지도 모르는 엄청난 예상재난을 인식하면서도 모든 국가가 핵력의 개발로 나아가고 있는 것이 오늘의 국제사회의 현실이다. 1998년 미국의 패권적 견제나 국제사회의 여론을 무시하고 인도와 파키스탄 핵실험을 강행한 사례가 이러한 현실을 입증한다.

남북한도 여기에서 예외일 수 없다. 더욱이 남북한의 갈등과 대립, 여기에 미국을 비롯한 주변 강대국의 첨예한 이해관계와 군사전략 때문에 남북한의 핵에너지 개발은 미묘한 문제를 제기해왔다.

이 글에서는 다음의 몇 가지 점에 착안해서 논의해 보고자 한다.

첫째, 핵에너지의 정체가 무엇인가. 그리고 군사안보적 차원에서의 핵 개발과 특히 핵무기를 보유했거나 보유하려는 국가들의 정책을 살펴본다.

둘째, 남북한의 기왕의 핵 정책을 살폈다. 그리고 현재 문제되고 있는 북한의 핵 개발문제를 그들의 의도·능력, 그리고 여기에 관련해서 강대국의 정책도 살핀다.

셋째, 현안의 핵 문제가 남북간에 또는 주변강대국과의 관계에서 왜 문제가 되고 있으며, 핵 능력개발을 통일문제와 '통일한국'의 장래의 위상과 관련해서 어떻게 보아야 할 것인가를 논의하고자 한다.

※ 이 글은 1993년 미·북간의 핵 갈등이 국내외의 이슈가 되고 있을 때 민주평화통일자문회의 전북지역 협의회 및 民統협의회 간부연수회, 지역 대학생 통일문제 토론회에서 특강한 내용과 白民 金玫河박사 화갑기념 논문집(1994년 10월)에 게재한 내용의 일부를 가필한 것임.

제1절 핵에너지와 주요 핵 강대국의 정책

1. 핵에너지에 대한 이해

일반적으로 국제사회에서 문제가 되는 핵무기를 만드는 길은 두 가지 방법이 있다. 그 하나는 핵분열물질인 우라늄235(U^{235})를 재료로 하여 처음부터 군사적인 목적으로 원자폭탄을 만드는 경우이고, 다른 하나는 원자력발전을 통해 전력에너지를 얻는 과정에서 소위 원자력을 평화적으로 이용한 뒤에 거기에서 부수적으로 생기는 플루토늄을 이용해서 원자폭탄을 만드는 경우가 있다.

우라늄의 핵분열을 이용해서 직접 원폭을 만드는 경우는 고도로 농축된 우라늄을 사용하기 때문에 그 공정과정이 복잡하고 막대한 비용이 들기 때문에 미국·러시아(舊소련)등의 군사대국들만이 핵무기를 제조할 때 흔히 사용하는 방법이다. 그러므로 대개의 국가에서는 원자폭탄을 원자력 발전과정에서 부산물로 나오는 플루토늄으로 만들려고 한다. 플루토늄은 자연적으로 나오는 것이 아니라, 일정한 타다 남은 핵연료에 대한 재처리과정을 거쳐야 한다. 따라서 이러한 핵연료의 재처리능력을 가진 국가는 핵 보유의 잠재력이 있는 국가로 볼 수 있다.

현재 원자력 발전시설을 갖고 있는 일본·독일·브라질을 비롯한 20~30개 국가들이 핵보유능력을 가진 국가들로 분류된다. 특히 몇몇 신생국가들이 원자력을 평화적으로 이용한 뒤 쓰다 남은 핵연료를 재처리해서 핵무기를 만들려는 정책을 추구하고 있기 때문에 소위 핵 확산이 문제시되고 있으며, 핵의 기득권을 가진 강대국들이 유엔산하 국제원자력위원회(International Atomic Energy Agency : IAEA)나 핵 확산방지조약(Nuclear Non-Proliferation Treaty : NPT)을 통해서 그들의 행동을 감시하고 제한하려하기 때문에 국가간에 긴장이 빚어지고 있다. 실제 플루토늄을 이용한 원자폭탄의 제조는 비교적 용이하고 비용이 값싸기 때문에 더욱 주목되는 것이다. 1974년에 있은 인도의 핵폭탄제조도 이러한 방법을 택한 것이며, 당시 핵 폭탄개발에 든 비용이 대략 50만 달러에 불과했다고 한다.

원자력의 평화적 이용 형태인 원자력 발전에서 시작하여 원폭제조까지는 일반적으로 ① 핵연료의 확보, ② 원자로의 가동, ③ 핵연료의 재처리과정, ④ 원폭제조 등의 과정을 거친다. 이에 대하여 간단히 소개하고자 한다.

(1) 핵연료제조

우선 원자로를 설치한 뒤에 그 가동을 위해서는 거기에 쓰일 핵연료가 필요하다. 핵 분열성 물질로는 천연적으로 산출되는 우라늄, 토륨, 그리고 핵 처리과정을 통해서 얻어지는 플루토늄 등 3가지가 있다. 이 중에서 가장 보편적으로 사용되는 연료는U^{235}인데, 이것의 함량을 높이기 위해서는 농축과정이 필요하며, 원자로에 투입하기에 적합한 형태로 가공하고 조립해야 한다. 이 우라늄의 농축공정에는 고도의 기술과 막대한 비용이 들기 때문에 미국・영국・러시아・중국・프랑스 등 5개국만이 생산하고 있는 실정이며, 오늘날 여러 국가들은 핵 발전을 위해 이들 국가들로부터 우라늄을 사들이고 있다. 이를 1970년대 초까지도 미국이 거의 독점적으로 생산하여 판매해 왔다.

우라늄농축공정에는 기체확산법(gaseous diffusion), 원심분리법(centrifuge process), 레이저광선법 등 3가지가 있다. 이 중에서 기체확산법이 미・러(소련)에 의해 운영되는 농축방법이며, 대규모의 농축이 가능하므로 상업적 수요에 쉽게 응할 수 있으나, 시설투자와 전력소모가 엄청나다. 이 기체확산공장 하나를 가동시키는 데 100만KW의 발전소가 필요할 정도이다. 이 방법에 의해서 생산된 농축우라늄이 각국에 판매되고 있다. 원심분리법에 의한 농축은 시설투자도 적고 전력소모도 아주 적은 이점은 있으나 농축규모가 작다는 핸디캡이 있다. 영국, 서독, 네덜란드 3국이 원심분리법에 의해 상업용 농축 플랜트를 개발하고 있다. 그리고 레이저광선법은 적은 비용이 들기 때문에 활발히 개발되고 있다.

(2) 원자로의 가동과 그 종류

원자로의 가장 보편적인 형태는 경수용 원자로(light water reactor)인데, 여기에 사용되는 연료와 그 발전과정을 간단히 서술하면 다음과 같다.

먼저 우라늄원광을 고도로 정련시켜 노란 케이크 같은 형태(uranium oxide)로 만든다. 이어서 이 노란 덩어리를 우라늄 헥소플러이드(uranium hexoflouride)라는 일종의 기체로 전환시킨다. 이 때 우라늄 헥소플러이드는 기체확산공정 속에서 수백의 분리단계를 거쳐 분열성 우라늄동위원소U^{235}(fissile uranium isotope U^{235})의 비율을 0.7%에서 2%내지 3%로 높인다.

이렇게 가볍게 농축된 우라늄을 酸化物인 작은 알(core)로 만들어 대략 직경 1.5인치, 길이 12피트의 연료봉(fuel rod)속에 쌓는다. 이런 연료봉을 원자로의 연료로 쓰기 위해서 다발(bundle)로 만든 뒤에 이 연료다발을 두꺼운 벽으로 된 압력그릇(pressure vessel)속에

삽입하고 순환하는 물 속에 넣는다. 이미 압력그릇 안에는 핵의 중성자 생산을 통제할 수 있는 제어봉(control rods)이 포함되어 있는데, 이 제어봉을 핵으로부터 빼내면 핵분열의 연쇄반응이 시작된다. 이 연쇄반응으로 연료봉이 뜨겁게 달궈져 열을 내며, 이 열이 압력그릇을 거쳐 순환하는 물에 전달되고, 이 물이 직·간접적으로 증기터번을 돌려서 발전을 하게 된다. 여기에서 원자로의 중심에 넣는 연료다발은 매년 25%를 교체하여야 한다.[1)]

만일 타다 남은 채로 연료다발을 교체하지 않고 완전히 연소되도록 내버려둔다면 원자로에 화재가 나는 원전사고가 발생하기 때문에 연료는 완전연소 되지 않은 채로 반드시 교체하여야 한다.

이상에서 예시한 원자로의 가동원리나 원자탄의 제조원리는 다같이 핵분열(nuclear fission)의 원리를 이용한다는 점에 있어서 똑 같다. 다만 원자폭탄은 그러한 핵분열의 연쇄반응이 광범위하게 한 순간에 발생하게 하여 엄청난 파괴력을 내는 것이고, 원자로의 경우는 외부와 완전히 차단된 공간 속에서 핵분열반응이 아주 서서히 장기간에 걸쳐 일어나게 한다는 점에 있어서 차이가 있다. 원자로(열중성자로 : thermal nuclear reactor)의 중심부에 핵연료가 위치해 있고, 감속재, 제어재, 제어봉, 냉각재, 차폐재(遮蔽材)로 구성되어 있다.

원자로에는 앞서 설명한 경수용 원자로(light water reactor) 외에 가스냉각형 원자로(high temperature gas reactor), 重水型 원자로(heavy water reactor), 高速增殖爐(fast breeder reactor) 등이 있다.

이 중에서 경수용 원자로가 전세계 원자로의 대부분을 차지하며, 이는 주로 미국이 만들어 팔고 있다. 이 원자로에서는 감속재와 냉각재로 보통 물을 사용하여 발전하는데, 이러한 원자로로 발전하는 데에는 그 연료인 농축우라늄의 계속적인 공급이 필요하다. 그러므로 농축설비(enrichment plant)를 갖추지 못한 나라에서는 농축우라늄 봉을 미국으로부터 사들이고 있다.

가스냉각형 원자로는 흑연을 감속재로, 가스를 냉각재로 사용하는 원자로이며, 프랑스와 영국이 핵무기용 플루토늄을 얻기 위해 개발했으며 연료로 농축우라늄뿐만 아니라, 토륨(thorium)도 사용할 수 있는 장점이 있다.

그리고 중수형 원자로는 연료로 천연우라늄이 사용될 수 있어서 핵연료를 외국에 의존하지 않으려는 캐나다·인도 등이 개발하였다. 그러나 감속재로 사용되는 중수(heavy water)의 비용이 막대하다. 그리고 최근 가장 주목받는 원자로는 고속증식로이다. 이는 핵연료를 소비

---

1) John F. O. Leary, "Nuclear Energy Public Policy Issues," *Energy Supply and Government Policy*, ed., Robert J. Katter and Willam A. Vogely (New York and London : Cornell Univ. Press, 1976), p. 236.

하여 핵에너지를 방출시키고 동시에 소비된 연료보다 많은 핵연료를 만들어내는 원자로이다. 핵연료의 증식은 보통의 버너식 원자로(burner reactor)보다 더 많은 중성자의 공급으로 인해 계속되는 연쇄반응의 결과로써 나타나는 것으로, 매 10년마다 최초 투입했던 연료의 두 배에 해당되는 핵연료(보통 P^{239})가 원자로 속에 축적된다.[2] 이 고속증식로는 핵에너지생산의 혁명적 방법이다.

또한 고속증식로는 다른 원자로에서는 사용될 수 없는 천연우라늄을 연료로 사용할 수 있으며, 존재비가 0.7% 밖에 되지 않은 U^{235}만 사용될 수 있다는 점이 특색이다. 앞으로는 이 고속증식로의 수요가 급증할 것이 예상된다.[3] 현재 미국・프랑스・일본・러시아 등이 가동하고 있으며, 다른 국가들도 개발을 시도하고 있다.

(3) 핵연료의 재처리 문제

핵연료의 재처리시설은 단순히 플루토늄 및 우라늄의 회수와 방사능폐기물을 분리・처리하는 문제라기보다는 원자력발전비용의 획기적인 절약이라는 경제성 면에서, 또는 핵무기를 개발하는 물질의 생산이라는 관점에서 중대한 의미를 가진다. 다시 말하면 핵 재처리과정에서는 방사능핵폐기물 이외에도 잔여 우라늄과 순도가 높은 플루토늄이 분리되어 나오기 때문에[4] 여기에서 얻은 플루토늄을 비축하여 손쉽게 핵 폭탄을 만들 수 있다는 것, 또 일반적으로 3기의 경수용 원자로에 사용되어 타다 남은 핵연료를 모두 재처리한다면, 1기의 원자로를 가동시킬 수 있는 핵연료를 얻을 수 있기 때문에 원자력발전에 있어서 비용을 크게 줄일 수 있다. 그러므로 기존 핵무기 보유강대국들은 그들만이 핵무기를 독점하여 군사적 우위를 견지하기 위해서, 또는 계속 핵연료(농축우라늄)를 상업적으로 판매하기 위해서 핵연료가 1회용으로 끝나기를 바라기 때문에, 원자력 발전시설을 가진 국가가 핵 재처리시설을 갖추는 것을 한사코 원하지 않는다. 이것이 소위 강대국의 핵 패권주의이다. 그러나 원자력발전시설을 가진 국가의 입장에서 생각할 때 핵 재처리시설을 보유하는 것은 너무나 당연한 일이고 필수적인 것이다.

핵연료 재처리과정을 좀 더 설명하면, 원자로 속의 핵연료는 타들어 감에 따라 핵분열물질인 우라늄235(U^{235})를 소모시키면서 동시에 핵분열생성물(fission products)을 원자로 안에 축적하게 된다. 이 분열생성물에는 중성자를 대단히 잘 흡수하는 것이 있으므로, 이러한 물질이 원자로의 핵반응에 장애가 된다. 그러므로 핵연료를 어느 정도 사용했을 경우에는 아

2) 이호재, 「核의 世界와 韓國核政策」(서울 : 법문사, 1981), p. 271.
3) Dave Eliott, *The Poltics of Nuclear Power* (London : Pluto Press, 1978), p. 12.
4) John F. O. Leary, *op. cit.*, p. 237.

직 이용하지 않은 핵 분열성 물질이 핵연료(보통 봉의 형태로 원자로에 넣어짐)에 남아 있더라도 새로운 핵연료와 교환해 주어야 한다. 그리고 교체된 타다 남은 핵분열물질(fissile materials)과 핵분열 生成物은 혼합되어 있으므로 이를 분리·처리하여 타다 남은 연료를 회수해야 한다. 이 회수과정을 '핵연료의 재처리'라고 한다.

이 핵 재처리는 그간 핵 개발국가들에 의하여 꾸준히 연구되어 그 방법도 침전법(沈澱法), 용매추출법(溶媒抽出法), 이온교환법, 기화법(氣化法) 등이 있으며, 오늘날에는 용매추출의 푸렉스법(purex)이 그 용매의 안정성 및 비휘발성, 그리고 조업이 손쉽기 때문에 보편적으로 많이 사용된다. 현재 핵 재처리시설을 보유한 기득권국가는 미국·영국·러시아·프랑스·중국·일본·독일·이탈리아·스페인·인도·브라질·스웨덴 등이며, 이외에는 여러 국가들이 이러한 시설보유를 원하고 있다. 현재 세계의 40여개 국으로 핵에너지 이용이 확대되고 있다. 특히 우라늄농축기술의 일반화, 우라늄공급원이 종래 미·소 독점체제에서 다원화되어 핵 패권이 확산되고 있다. 특히 고속증식로 개발 및 도입과 그 핵연료 재처리시설로 인해 핵 확산이 가속될 것으로 예상된다. 그러나 현재는 핵을 기득권국가들이 그들의 군사안보상의 우위를 견지하기 위하여 핵무기개발을 독점하고, 한편으로는 약소국을 상대로 핵연료나 핵 발전의 플랜트판촉 로비를 치열하게 벌이고 있다.

2. 주요 핵 강대국의 정책

1945년 8월 미국이 일본의 히로시마 나가사끼에 원자폭탄을 투하하여 핵 보유국으로 등장하고 이어 1947년 소련이 핵무기개발에 성공한 이후 1950년대까지는 미·소 두 나라의 양극적 핵 체제가 지속되었다. 1950년대 말에 이미 미·소간에는 핵 포화상태(saturation of atomic)에 이르렀고, 핵 운반수단인 중거리 및 장거리 대륙간 유도탄, 핵잠수함 등을 개발하여 핵 교착상태를 가져 왔다. 여기에 1960년과 1963년에 프랑스와 중국이 각각 핵무기개발에 성공하여 미·소의 양극적 핵 체제에 도전하여 이후 핵 패권 경쟁시대로 돌입하게 되었다. 1974년 5월 개발도상국가인 인도가 '一發原爆' 실험국가로 등장하면서 지역분쟁에 휘말려 있던 많은 국가들이 이에 자극 받아 핵 개발을 공개적으로 또는 비밀리에 추진하고 있어 오늘날 핵 확산문제가 심각해지고 있다.[5)]

이제 핵무기 확산시대에 있어서 주요 핵 국가들의 핵 정책을 간략히 살펴보고자 한다.

---

5) 이호재, 전게서, p. 171.

(1) 미국의 핵 패권정책

미국은 1950년대 중반이래 자국과 쌍무적 또는 집단적 동맹관계를 체결한 국가들에게 그의 '핵우산'하에 보호해 줄 것을 약속하였다. 미국은 또한 핵을 보유한 소련과는 소위 '핵 공포의 균형'을 유지하면서 '벼랑 끝 전략', 일촉즉발의 외교(diplomacy of brinkmanship)와 일종의 허세(bluff)뿐인 대량보복이론을 수립하였다.[6] 그리고 미국은 소련과 군축회담을 벌이면서 내부로는 치열한 군비경쟁을 해 왔다. 1980년대 말부터 소비에트연방의 해체로 패권적인 양극체제의 일극이 무너짐으로써 적어도 일시적으로는 미국의 군사적 단극우위체제가 이루어질 것 같이 보이나 1990년대 중반부터는 새로운 다극체제가 예상된다. 그것은 미국이 자신의 군사적 우위를 뒷받침하는 경제력의 약화, 프랑스와 중국의 기존 핵 강대국의 위치 견제, 일본과 독일의 경제대국에서 군사대국으로의 전환, 러시아의 체제재정비 등으로 국제정치가 미국·영국·독일·프랑스·러시아·일본·중국 등의 열강시대로 돌입할 것이 전망된다. 여기에 유럽공동체(European Community : EC)·북미자유무역협정(North American Free Trade Agreement : NEFTA)·아세안·아랍연합 같은 지역적인 '블럭'통합정치의 정치력이 작용하고 있다. 이러한 국제상황 속에서 종래 미국이 누렸던 핵 패권주의정책은 더 이상 일방통행적인 것이 될 수 없을 것이다. 종래 미국은 핵무기의 위력을 과시하면서 지역분쟁에 개입했으나 베트남전에 패전하면서도 핵무기를 결코 사용할 수 없었다. 그리고 원자로나 핵연료를 여러 개발도상국가에 판매하여 상업적 이득을 보면서 이들 국가들에 대한 핵연료의 계속적 공급과 아울러 원자폭탄의 재료가 되는 플루토늄의 생산을 방지하기 위하여 이들 국가의 국가이익이 되는 핵 재처리시설을 계속 반대·억제해 왔다. 이것이 미국의 핵 패권정책의 실상이다.

핵무기는 미·소간에 대규모의 전면전쟁을 불가능하게 하였지만, 한편으로는 그들이 상호 대립하면서 세계 각처에서 일어나는 지역적 분쟁을 서로 양해해 주는 양극체제를 지탱시켜 왔다. 그러나 이제 우라늄농축기술의 일반화와 우라늄공급원의 다원화, 그리고 고속증식로의 개발 및 도입은 미·러의 핵 독점체제를 약화시켜 핵 확산을 불가피하게 할 것이다.

---

6) Raymond Aron, Peace and War : *A Theory of International Relations* (New York : Frederick A. Praeger, 1969), pp. 479, 481 : 1950년대의 미국의 대량핵보복전략은 다소 수정되어 1970년대 이후에는 다양한 수준의 핵전쟁을 상징하고 戰術核으로 적절한 수준에서 유연하게 제한적 핵전쟁을 수행한다는 이른바 '핵의 유연대응전략'과 '전술적·제한적 형태의 핵전쟁,' '제한된 핵 선제사용가능원칙'(first- strike option)을 수립하고 있다.
이삼성, "미국의 대한반도정책과 한반도비핵화", 전북대학교 사회과학연구소 주최 남북한 비핵화와 통일기반조성, 학술세미나 발표책자 (1992), pp. 17~20.

(2) 프랑스의 비례억지핵전략(比例抑止核戰略)

프랑스는 미·소의 핵 독점체제에 도전하여 최초로 독자적인 핵무장에 성공하여 자신의 핵전략을 수립하고 있다. 프랑스는 이미 1960년 2월 13일 사하라 사막에서 핵폭탄 실험에 성공하여 소련과 영국에 이어 네 번째 핵 보유국이 되었다.

1958년 드골이 집권하자, 1954년 인도차이나전쟁의 패배 및 1956년 스에즈운하 위기 때 이집트원정의 실패이후 쌓인 군사적 패배감에서 벗어나 프랑스의 국제적 위상을 높이고, 아울러 소련이 프랑스를 포함한 유럽에 핵 공격을 가해 올 경우, 과연 미국이 美본토에 대한 소련의 핵 피습을 감당하면서까지 유럽지역의 핵전쟁에 개입할 것인가 하는 문제, 즉 미국의 '핵우산'하에서의 보복전략에 대한 회의에서 독자적인 핵 개발을 구상하게 되었다. 이러한 구상에는 미·소 양대 블럭에 대항해서 독자적인 균형자 역할(balance holder)을 수행하려는 드골 대통령의 비전과 프랑스군대를 핵 시대에 걸맞게 재편성·현대화·핵 무장해야 한다는 프랑스 군부의 주장이 크게 작용하였다.

프랑스의 핵 정책은 1950년대 말의 소위 '비례억지전략론'(proportional deterrence thermonuclear strategy)에 기반을 둔 것이다. 이 '비례억지론'(proportional deterrence theory)은 프랑스의 갈로와(Pierre M. Gallois) 공군퇴역장군이 제의한 것이다. 그는 핵무기의 대량파괴력 때문에 핵무기 보유국가간에는 '공포의 균형'(balance of terror)이 이루어지기 때문에 핵무기가 실제 전쟁에서 사용될 수 없음을 강조하였다. 소련과 같은 초강대 핵 보유국과 프랑스간의 관계에 있어서, 만약 프랑스가 소규모이지만 몇 개의 핵탄두와 운반수단을 소련은 1차적 핵 기습공격을 피해서 보존했다가(예컨대, 핵잠수함 등에 적재했다가) 소련의 모스크바나 레닌그라드를 겨냥해 보복할 수 있게 된다면, 이러한 프랑스의 '핵 위협' 때문에 소련의 核戰力이 월등함에도 불구하고 프랑스에 대한 핵 기습공격을 스스로 억제하지 않을 수 없게 된다는 것이다. 물론 소련은 핵 공격으로 프랑스를 초토화시킬 수는 있으나, 그 대가로 프랑스의 보복을 받아 모스크바나 레닌그라드를 잃게 된다면, 소련의 입장에서는 얻는 것보다 잃는 것이 더 크기 때문에 프랑스에 대한 공격을 억제하게 된다는 것이다. 이것이 소위 비례억지균형이론(比例抑止均衡理論)이다. 따라서 과거의 전쟁에서는 강대국의 자원과 인력으로 승리를 장담할 수 있었지만, 핵 시대에는 핵 초강대국과 작은 핵 강국간에도 작은 핵 보유국이 2차적인 보복능력을 가진다면 핵 초강대국을 견제할 수 있는 소위 '군사력 평준화'가 이루어진다는 논리이다.[7]

---

7) Pierre Gallois, *The Balance of Terror : Strategy for the Nuclear Age* (Boston : Houghton Mifflin,

이러한 비례억지이론에 대해서 비판이 없는 것은 아니다. 비판은 여러 차원에서 제기된다.

첫째, 비례억지이론이 지나치게 합리적이라는 것이다. 과거의 경험에 비추어 보아 실제 정치가의 행동이나 국가적 결정이 합리적이지 못했으며, 그렇기 때문에 전쟁이 있어 왔다는 것이다.

둘째, 중소국가의 소규모 핵전력(핵탄두)은 강대국의 완벽에 가까운 反 탄도탄(Anti-Ballistic Missiles)망을 뚫고 그들이 목표로 하는 도심이나 주요산업·군사시설에 도달하기가 어려우므로, 중소국가의 보복력은 신빙성이 없다는 점이다.

셋째, 비례핵억지전략 이론은 핵무기의 세계적 확산을 부추기고 있다는 주장이 있다.

넷째, 국가간의 동맹의 의미가 너무 과소 평가되고 있다는 논의가 있다.

이 전략이론은 여러 반론이 있음에도 불구하고, 미·소의 핵 패권체제 속에서 그들의 국가이익을 제약받아 왔던 中小국가와 지역분쟁에 고심하고 있는 잠재적 핵 보유국의 독자적인 핵개발을 고무시키고 있으며, 동서간의 데탕트외교로 집단안전보장체제의 의미가 희석되고, 미국의 방위공약의 신뢰도가 감소되는 현시점에서 많은 관심을 모으고 있다.

'갈로와'理論 이외에도 프랑스의 핵 억지전략론을 뒷받침한 주장으로 보프르(Andre Beaufre)장군의 다원적 핵 억지전략이론(theory of multilateral deterrence strategy)이 있다. 이는 서방측 여러 나라들이 다원적인 핵 전력과 각기 독자적인 핵 사용결정권을 가진다면, 미국단독으로 핵 전력을 가질 때보다 소련의 핵전쟁 도발가능성을 더 확실하게 억지할 수 있을 것이라는 주장이다.[8] 일찌기 프랑스의 석학 레이몽 아롱도 드골의 독자적인 핵 전력개발을 지지한 바 있다.

미국의 핵무기 독점을 거부하는 드골의 눈에는 유럽의 여러 나라가 미국의 핵 전략 피보호하에 놓여지는 것은 위성국의 지위와 다를 바가 없다고 생각하였다.[9] 그러나 레이몽 아롱은 프랑스의 독자적 핵 전략을 강조하면서도 소련의 핵무기공격을 보다 효과적으로 억제하기 하기 위해서는 프랑스가 미국 또는 나토(NATO)의 핵 전략과 협력할 것을 주장하였다. 즉 그는 對蘇 핵억지력 공유방안으로 두 가지 형태(방법)를 제시하였다.[10] 그 하나는 쌍무적 협정

1961), pp. 7, 19~20.

이호재, 전게서, pp. 55~60, 198.

8) Andre Beaufre, *Dissuasion et Strategie* (Paris : Armand Colin, 1964) : Wifred L. Kohl, *French Nuclear Diplomacy* (N. J. : Princeton Univ. Press, 1971), pp. 155, 156, 173.

9) Raymond Aron, *op. cit.*, p. 492.

10) Raymond Aron, *ibid.*, p. 490, 491.

(bilateral agreement)에 의한 것으로 미국과 핵 기지를 제공하는 국가간에 핵무기관리를 공유하는 소위 '두 개의 열쇠체제'(two-key system)를 형성하여 국제적 위기 시에 상호협의하는 방식이다. 다른 하나는 다원적 협정(multilateral agreement)에 의하여 핵무기의 소유와 배치권을 북대서양동맹체(NATO) 자체에 부여하는 것이다. 이 경우에는 핵무기관리에 많은 어려움이 있다. 나토사령관을 15개 가맹국의 거부권 하에 종속시킬 수도 없으며, 그렇다고 미국대통령의 명령 하에 둘 수도 없다. 또한 나토사령관이 엄격한 정치적 책임을 떠맡을 자격이 있는 것도 아니고 더욱이 전쟁과 평화를 선택하는 위치에 있지도 않다. 그러므로 만일 모호한 채로 두지 않고 원칙만을 서로 고집한다면 북대서양동맹체의 군사막료에 의해서 통제되는 핵 억지력은 포기해야 할 것이다. 그러나 유럽인들이 더욱더 안전을 추구하고, 미국이 더욱 더 확고한 공약을 한다면 융통성 있는 원칙이 모색될 수 있다고 생각했다. 특히 레이몽은 만일 전술적 핵무기가 사용된다면 그것이 결국 전쟁의 확대를 가져오게 되고, 또한 핵 폭탄은 그 사용과 파괴효과가 제한적일 수 없고 상대 적국 인구의 전멸도 결과할 수 있는 것이므로 절대로 사용될 수 없음을 강조하였다.[11]

(3) 중국의 지역방위핵전략(地域防衛核戰略)

중국공산당정부는 국민당 정부를 대만으로 밀어내고 1949년 대륙을 석권한 이래 미·소의 핵무기의 위력을 애써 과소평가 했다. 그러나 1953년 한국전쟁의 휴전교섭과정에서 미국 측으로부터 핵 공격 위협을 받았고, 1954~1955년 대만해협을 사이에 두고 중국·대만간의 위기가 고조되었을 때나 또 1958년 금문도(金門島)·마조도(馬祖島)위기 때 중국은 소련에 핵무기 원조를 요청하였으나 소련으로부터 거절당했다. 거기다가 1959년에는 소련이 핵무기의 샘플과 핵 개발기술을 중국에 제공하기로 한 1957년에 체결한 중·소간의 '신국방기술협정'을 일방적으로 파기하자, 중국지도층은 독자적인 핵무기개발에 착수하여 1964년 10월 성공하였다.[12] 이러한 경과를 볼 때 중국의 핵 정책은 중국본토와 그 주변의 방위에 목표를 둔 수비적인 '한정적 핵 억지전략'(finite deterrence strategy)이다.

중국의 핵 전략이론의 특징은 첫째, 중국의 핵 전략의 목표는 공세적인 것이 아니라 전쟁을 억지하기 위한 방위적인데 있다. 만약 핵공격 억지에 실패하였을 경우 보복용으로만 핵무기를 사용한다는 것이다. 중국은 핵무기를 절대로 먼저 사용하지 않을 것과 모험주의의 과오도 투

11) Raymond Aron, *ibid.*, pp. 494, 495.
12) Raymond Aron, *ibid.*, pp. 622, 651, 652.

항주의의 실책도 범하지 않을 것이라는 그들의 기본적 입장을 계속 공언해 왔다. 전략무기에 대한 이러한 방어적 입장은 국내정치의 불안과 그것이 군배치에 영향을 줄 때마다 강조되었다.[13] 둘째, 중국의 핵 개발은 산업경제개발의 우위를 해치지 않는 한도 내에서 진행되었으며,[14] 전쟁의 승패를 좌우하는 통상병력우선원칙(通常兵力優先原則)을 지킨다는 것을 늘 강조해왔다.[15]

결과적으로 중국의 핵 보유는 초강대국들의 對중국 핵공갈을 억지하는 효과를 주었으며, 중국의 세력범위 내에 있는 아시아 지역의 분쟁에 미・소가 핵무기를 사용치 못하도록 억지 하는 기능을 하였다. 특히 중국의 핵 보유로 인하여 미국의 아시아지역에 있어서의 '핵우산정책'에 대한 신뢰성을 감소시키고 중국의 영향력을 증대시켜왔다.[16] 더욱이 동북아지역에 있어서의 미국의 공격적 핵무기 사용은 중국의 작은 핵 전력에 의해서 견제되고 억지되고 있다고 볼 수 있다.

그러나 중국의 핵 전력은 미국, 러시아 등의 강대국에 대해서 2차적 핵보복력을 갖추기에는 아직은 부족한 상태지만, 핵탄두를 운반할 수 있는 수백 기의 準중거리유도탄(MRBM), 중거리유도탄(IRBM), TU-16 중거리폭격기 등을 보유하고 있다. 따라서 한국・일본・대만・필리핀・인도차이나반도・버어마・인도 등의 주변국가를 사정거리 내에 두고 있으며, 미국의 제7함대와 오끼나와에 배치된 핵 전력도 견제할 수 있다.[17] 최근 중국은 잠수함미사일체제를 구축하여 유사시에 보다 기동성 있게 대응할 수 있는 핵 전력체제를 수립하고 있다. 현재 중국은 전세계를 겨냥할 수 있는 대륙간유도탄(ICBM)개발에 대한 기술과 능력은 어느 정도 확보하고 있다. 그럼에도 중국이 대량생산을 유보하고 있는 것은 미국을 비롯한 아시아국가들을 긴장시키는 것이 자국의 국익에 도움이 되지 않는다고 판단하고 있기 때문이다.

(4) 인도의 '一發핵실험과 핵 주권정책'

인도의 핵무기개발문제는 1964년 중공의 첫 핵실험과 그 도전에 대한 견제차원에서 쟁점

13) Melvin Gurtov/Buong-Moo Hwang, *China under Threat* (Baltimore and London : The Johns Hopkins Press, 1980), p. 202.
14) 오버홀트(William H. Overholt), "동아시아에서의 핵확산 : 미국이익에 대한 함축적 의미", 「核擴散과 開發途上國」 (경남대학교 극동문제연구소, 1979), p. 32.
15) 崔榮, 「현대핵전략론」 (서울 : 일지사, 1977), pp. 183~188.
16) 이호재, 「핵의 세계와 한국핵정책」(서울 : 법문사, 1981), pp. 157, 158 : Alfred K. Richeson, "Evolution of Chinese Nuclear Strategy", *Military Review*, Vol. 53, No. 1(Jan. 1973), p. 21.
17) 이호재, 전게서, p. 161, 162.

으로 떠올랐다. 당시 인도내에 핵 개발에 반대하는 세력이 있었는데 그들은 비폭력적인 간디의 유산(Gandihian heritage)을 강조하였다. 또한 그러한 도덕적 차원과는 달리 실용주의적 관점에서는 핵무기계획에 드는 막대한 비용과, 방위를 위한 핵무기의 효율성에 의문을 제기하였다.

그러나 한편 핵 개발을 찬성하는 입장에서는 국가이익(national interest)을 내세웠다. 특히 핵 개발을 지지하는 논리로써 인도의 방위 목적에 맞는 정도의 핵무기 수량과 그 운반수단을 생산하는데 드는 비용은 충분히 감당할 만한 것이며, 또 인도는 중국의 핵 위협을 받고 있기 때문에 미국과 소련이 보장해 준다고 하더라도 그것이 미덥지 못하기 때문에 핵을 보유하지 않고서는 진정한 안전을 얻을 수 없다는 주장을 내세웠다. 더욱이 이러한 입장에는 인도가 재래식 무기만으로는 국제정치상에서 그의 역할을 다할 수 없으며, 세계의 패권국들을 견제하기 위해서는 핵무기보유가 필요하다고 보는 경향이 있었다. 이러한 찬반양론 속에서 뉴델리정부는 원자력시설을 오직 평화적인 목적에 사용할 의도라고 주장하면서 핵무기개발을 임의로 추진해 왔다.

인도는 1974년 5월 18일 라자스탄 사막의 폭하란(Pokharan)에서 단 한발의 핵 폭탄폭발 실험으로 세계에서 여섯 번째 핵 보유국(N^{th}국가)이 되었다. 인도는 개발된 핵 발전과 핵 기술이 핵폭탄제조로 전용될 수 있었으며, 적은 비용으로 핵무기를 개발할 수 있다는 모범을 보여 주어 국제적인 핵확산 파문을 일으켰다. 특히 인도와 분쟁상태에 있는 인접국가인 파키스탄의 핵무장을 서두르게 했으며, 이어서 인접한 이란의 핵 개발에도 연쇄적으로 영향을 주었다. 이란의 핵 개발 시도는 또한 이라크·사우디아라비아·이집트·리비아 등의 핵 개발에 대한 의욕을 자극했고, 이러한 아랍권과 대결하고 있는 이스라엘의 핵무장도 촉진시켰다.[18)]

인도의 '일발핵실험 핵 주권정책'(一發核實驗 核 主權政策)은 핵 문제에 대한 종래의 국제적 인식에 대한 큰 변화를 주었다. 인도의 핵 개발은 인도의 국제적 위상을 높여 주었음은 물론, 핵개발에는 그렇게 많은 비용이 들지 않는다는 것을 보여 주었다.

1950년부터 1980년까지 30년 동안 인도가 핵 개발과 우주개발에 소요한 경비는 총 16억 2천 3백만 달러로 연평균 5천 4백만 달러 정도의 예산이 투입된 셈이다. 이 정도의 투자로 상당한 수준의 핵 능력을 보유하게 된 것이다. 특히 1974년 인도가 실험한 핵폭탄은 그 제조에

---

18) James N. Rosenau, Kenneth W. Thompson, Gavin Boyd, *World Politics*(London : The Free Press, 1976), p. 214.
에브론(Yair Evron), "이스라엘과 核武器", 「핵 확산과 개발도상국」 (경남대학교 극동문제연구소, 1979), pp. 134~143.

서 실험까지 직접 소요된 비용은 약 1천 500만 달러였으며 한편 5년간 총 경비로 5억 달러가 계산되기도 한다. 이와 같이 인도의 경우는 독자적인 핵 기술 개발과 방식으로 핵무장이 가능하다는 시범사례가 되었다.19)

인도는 1968년에 성립된 핵확산방지조약(NPT : Non-nuclear Proliferation Treaty)에의 가입을 거부하고, 핵확산방지조약에 대해서 미국과 소련을 중심으로 한 기존 핵보유국으로부터 비핵보유국이 받는 차별과 불평등성 문제를 제기하였다. 또한 이러한 불평등이 개선되지 않고 인도의 안전이 위협받는다면 인도는 언제든지 핵무기를 개발하겠다고 공언하고 있다. 인도는 일찍이 서방측의 '기술식민주의'의 두려움 때문에 철저하게 자력에 의해 핵 개발을 추진하였다.

인도는 1948년 원자력법을 제정하고 1954년 8월 네루 수상 직속 하에 원자력청을 설치하였다. 바브하(Bhabha)박사를 비롯한 인도과학자들의 노력에 의하여 1956년 인도의 독자적 설계로 아시아 제1호 연구용 원자로(1000kw 규모)를 건설하였고, 1960년에는 캐나다의 원조로 제2호 재료시험용 원자로(10만kw 규모)를 건설하였다. 특히 인도는 미국의 농축우라늄 공급에 의존하지 않고 인도 내에서 얻을 수 있는 천연우라늄을 연료로 쓸 수 있는 중수형 원자로를 개발하였고, 핵연료사이클의 완성을 위해 핵 재처리시설도 가동하였다.20)

인도는 핵발전시설을 자체 설계·시공으로 건설했을 뿐만 아니라 핵 재처리시설을 통해서 1985년부터 매년 3톤의 플루토늄 239를 생산할 수 있는 능력을 보유했으며, 상업용 핵 발전기를 생산하고 있다. 이와 같이 인도는 핵 보유열강으로 등장할 수 있는 핵 능력을 가지고 있으나 핵무기의 양산과 그 운반수단인 대륙간 미사일 개발은 유보하고 핵 산업개발에만 주력하고 있는 실정이다.

핵 산업이라고 하면 일반적으로 재래의 공업기술산업과 관련이 깊은 重電機·重機械 등의 原子力重工業, 방사선 기기·測定機 등을 생산하는 原子力輕工業, 핵연료사이클을 대상으로 하는 핵연료공업 등을 포함한다. 요컨대, 인도의 핵 정책은 핵 폭탄 제조가 아니라 NPT체제에 대항하여 인도 자신의 핵 계획에 의한 완전한 국가주권의 확립과 민수용(산업) 핵 산업에 있다. 그러나 부수적으로 인접국가의 위협을 군사적으로 정치적으로 견제할 수 있는 핵무기제조능력을 가진 잠재적 핵 보유국가로서 남아시아지역과 비동맹권 내에서 국가 위상을 제고시키고 있다.21)

---

19) 이호재, 전게서, p. 87.
20) 이호재, 전게서, p. 81.
21) 와리아브왈라(B. K. Wariavwalla), "南아시아의 安全保障體制", 「핵확산과 개발도상국」(경남대학교 극동문제

(5) 일본의 '핵 잠재력' 개발정책

일본은 1945년 8월 미국이 히로시마와 나가사끼에 투하한 원폭의 피해국가이므로 핵 개발에 알레르기가 있어서 非核3原則(핵무기의 製造·保持·搬入 등을 하지 않는다는 원칙)을 고수하고 미·일 동맹관계와 미국의 '핵우산' 속에서 1960년대이래 경제대국으로 비약적인 성장을 계속해 왔다. 그러나 1964년 중국의 핵 개발 직후 일본 내에는 핵 보유문제에 대한 논쟁이 일어났으나 중국의 핵무장이 방위적이고 해군력이 약한 중국이 일본에 큰 위협이 되지 못한다는 견해가 지배적이었다. 일부 극우익이 일본의 핵무장을 주장했으나 사회당을 비롯한 진보세력의 견제와 그간 일본 자민당 主流가 미·일 안보체제의 지속이 일본의 국가이익이 된다고 판단했기 때문에 일본은 핵무장을 자제해 왔다. 또한 일본이 핵무장을 자제해 온 것은 일본 군국주의의 부활을 우려하는 중국과 러시아의 견제와 동남아 각국의 우려를 의식해서라고 생각된다.

이러한 일본의 非核政策은 일본의 법적·제도적 장치에 잘 나타나 있다. 첫째 일본 평화헌법 전문과 제9조에서는 자위적 목적 이외의 군비를 금지하고 있으며, 둘째 핵 개발을 평화적 이용에 한정한다는 원자력기본법 제2조의 내용이 있고, 셋째 미·일 안보조약 제5조를 들 수 있으며, 그리고 1970년에 공표된 일본방위백서에서도 非核3原則을 확인한 바 있다.[22]

일본의 핵무장을 반대하는 일부 識者들은 일본국토의 협소함과 공업지대의 밀집성이 주변국가의 핵 공격을 효과적으로 방어할 수 없고, 대형원폭 몇 발이면 초토화된다는 주장을 내세워 핵무장을 반대하고 있다.[23] 한편 프랑스의 '갈로와' 장군과 같이 비례억지론을 내세워 핵무장의 필요성을 논하는 입장도 있다. 그러나 근래에 와서 일본국회가 캄보디아에 대한 자위대의 해외파병을 결의하고, 파병한 사례를 볼 때, 일본은 국민적 합의와 집권층의 결단만 있으면 헌법상에 보장된 자위권의 발동이란 명분으로 언제든지 핵무장이 가능하다.[24]

일본이 비록 핵무장은 하지 않았지만 일본의 핵 잠재력은 막강하다. 예컨대, 1978년 말 현재 일본의 원자력발전 능력은 18基 1,150만kw로, 1977년 12월 말 현재 전세계의 원자력 발전량이 1억KW수준을 넘고 있음에 비추어 볼 때 그 10분의 1에 해당된다. 또한 전세계의 원자력발전에 수반되는 핵 재처리과정에서 나오는 플루토늄은 연간 약 20톤으로 예상되는데

연구 소, 1979), pp. 204~206, 209.

22) Monte R. Bullard, "Japan's Nuclear Choice", *Asian Survey*, Vol. 14, No. 9 (Spring 1974), p. 849.

23) Masatoka, "Japan's Nuclear Option", in G. Kemp, R. L. Pfaltgraff, Jr. and U. Ra'anan, ed., *The Superpowers in a Multinuclear World* (Lexington, Mass. : Lexington Books, 1974), pp. 94~95. 李昊宰, 전게서, p. 135 재인용.

24) 이호재, 전게서, p. 137.

일본의 경우는 연간 약 2톤으로 추산된다. 2톤의 플루토늄이면 히로시마, 나가사끼에 투하된 5~6kg 플루토늄수준의 원폭을 매년 약 200개를 만들 수 있다. 1990년 현재 일본의 원자력 발전 총 용량은 41기 원자로에서 3,901만 7천kw가 출력되고 있으며, 핵 재처리된 플루토늄도 6톤 이상이 될 것으로 추정된다.[25)]

더욱이 일본은 농축우라늄의 미국의존에서 벗어나기 위해 천연우라늄 중 존재비율이 0.7% 밖에 되지 않는 우라늄 235(U235) 대신 존재비가 98%이상 되는 우라늄 238(U^{238})과 천연토륨을 직접 연료로 쓰는 고속증식로 개발을 1970년대부터 착수하여 1980년대 후반에는 100만KW급의 실용고속증식로를 설비할 능력을 가졌다. 이 고속증식로는 핵연료로 공급된 우라늄 235(U^{235})보다 더 많은 양의 플루토늄 239(P^{239})를 증식하여 우라늄의 이용률을 크게 증대시키고, 동시에 플루토늄을 무한대로 생산하기 때문에 경제적으로나 군사적으로 대단히 가치가 있다.[26)]

일본은 농축우라늄의 자력생산을 위해 1972년부터 가스확산농축법보다는 일본실정에 맞는 원심분리법(遠心分離法), 레이저농축법을 연구·개발하여 가동시키고 있다. 또한 1977년부터 東海村 핵연료재처리시설을 가동하여 한번 사용한 핵연료를 재 사용하여 우라늄 자원을 최대한 이용해 왔으며, 한편으로는 핵무기 생산능력과 직결되는 플루토늄도 비축해 왔다. 일본은 한때 프랑스로부터 다량의 플루토늄을 수입한 바 있다. 이와 같이 일본의 경제력과 기술여건은 그들이 결심만 한다면 최단시일 내에 핵 군사대국으로 변신할 수 있는 제1급 핵무기보유 잠재력을 갖고 있다.[27)]

제2절 남·북한의 핵 정책

분단국으로서 서로 군사적으로 대치하고 있는 남한과 북한은 앞에서 논의한 바와 같이 전세계적 핵 패권주의국가인 미국, 그에 버금가는 러시아(소련), 그리고 아시아 인접지역에 대한 지역적 수준의 핵 억지력을 보유한 중국, 그리고 핵 보유 잠재국가인 일본 등이 밀집된 핵 그

25) 이호재, 전게서, pp. 144, 145 : 李昊宰, 「한반도의 핵무기와 세계질서」 (서울 : 나남, 1991), p. 133의 〈표 3-15〉 참조

26) Sir Brian Flowers, "Nuclear Power", *Bulletin of the Atomic Scientists* (March 1978), pp. 23~24. 日本原子力委員會編, 「原子力白書」 (동경, 1978), pp. 133~134.

27) 日本原子力委員會編, 前揭書, pp. 68~70, 188.

물 안에 포위되어 있다. 이런 상황에서 남북한은 핵무기체계에 비하여 절대적인 劣位인 재래식 무기의 개발과 증강에만 치중, 때로는 강대국의 '핵 공갈'에 시달리고, 때로는 '핵우산 속에서의 보호'라는 명분 하에 그들의 재래식 무기의 판촉작전에 휘말리고 있다. 한 마디로 말해서 남과 북이 인접강대국들의 절대적인 핵무기 경합체제 속에서 이들 강대국들을 견제할 수 있는 핵의 자주성과 주권을 포기하고, 다만 서로를 겨냥하는 재래식 무기의 '칼날'만을 갈고 있는 것이다.

남북한 어느 일방의 핵 보유는 他일방과의 군사적 균형을 깨는 위험적 요소가 되는 것은 틀림없는 사실이지만, 가령 남북 양측이 똑같이 핵을 보유한다면, 이는 서로간에는 위협이 될 수가 없다는 논리가 설 수 있다. 그러한 이치를 일찍이 레이몽 아롱은 "대량보복의 위협은 그것이 일단 상호적이 되면 효력이 없어진다. 이와 유사하게 국지전에서 핵무기의 사용위협도 잠재적인 적이 똑같은 능력을 가진다면 효력이 없으며, 또한 국지전에서 핵사용의 위협은 억지(deterrence)와 방어(defence)에 가치가 있다"고 지적하였다.[28] 그러므로 남북 양측의 핵무장이나 핵을 보유할 수 있는 잠재력을 가지게 될 때, 한민족에게 불리한 인접 4강간의 국제적 담합이나 흥정을 강력히 견제하는 기능을 할 수도 있다. 또한 통일이 되었을 때, '통일한국'의 위상을 열강의 대열에 세울 수 있는 기반이 될 것이므로 긴 안목에서 볼 때 남북한의 핵무기개발을 마냥 부정적 시각에서만 볼 수는 없다는 입장도 있다.

1. 한국의 핵 정책과 핵 능력

한국(남한)의 核力에 대한 국제적 관심은 1975년 베트남에서의 미국의 패배와 미 카터 행정부가 주한미군을 철수시킬 움직임을 보이자 당시 박정희 대통령은 핵무기 개발을 국내외에 시사하고,[29] 핵무기개발에 박차를 가하면서부터였다. 당시 미국이 패권적 국가이익의 차원에서 한국의 핵 개발에 강력히 제동을 걸어 한·미간의 불화가 한동안 지속되었다.[30] 10·26사태로 핵무기개발을 중대한 국가목표로 삼았던 박정권이 무너지고, 5·17이후 정통성이 없는 군사정권이 들어서자 핵무기 개발의지는 아예 중단되었다.

전두환 정권은 정권자체의 유지를 위하여 미국으로부터 주한미군의 방위비 분담요구와 재

---

28) Raymond Aron, *ibid.*, p. 496, 498, 499.
29) Washington Post, June 26, 1975.
30) 랄프 N. 클리프, 윌리엄 M. 커펜터, 「駐韓美軍에 대한 硏究」 (Deterrence and Defensive in Korea : The Role of the U. S. Forces) (국방대학원 안보문제연구소 譯), pp. 51~53.

래식 무기판촉요구에 균형 있는 안보적 차원의 합리적인 대응을 하지 못하고 계속 떠밀렸다. 특히 6공 정권은 '철지난 생산중단 직전의' 무기를 도입하여 국가이익에 반하는 정책실수를 범하고 말았다. 6공 정권은 세계적인 동서 데탕트 무드 속에서 북방외교를 내세워 30억 달러의 對러 借款을 공약하여 그 반을 집행했으나 러시아의 상환능력에 문제가 있어 중단상태에 있으며, 또 한편으로는 미국의 對중동정책과 동북아정책을 연결시키는 세계적인 군사전략에 응해 미국주도의 페르시아만 전쟁(걸프전쟁)에 미국의 군비를 보충해 주는 역할까지 하였다. 특히 주한미군에 대해서는 접수국지원협정(HNS)에 의해 한국 측의 군비분담이 점차 증가될 것이 예상된다.[31] 1993년 국무총리실이 국회에 제출한 국정감사자료에 의하면 지난 1991년과 1992년도에 한국 정부가 주한 미군을 위해 지원한 총 비용은 각각 28억 3천만 달러(당시 환율기준 2조 2백 40억 원)와 25억 3천 2백만 달러(1조 8천 3백 67억 원)로 집계되었다.

더욱이 1991년 11월 8일 6공 정권의 노태우 대통령은 소위 '한반도 비핵화와 평화구축을 위한 선언'을 통해 핵연료 재처리 및 핵 농축시설을 보유하지 않는다는 내용을 밝혀 국가이익을 스스로 제약하고 희생시키는 핵 정책 빈곤을 드러냈다. 이 선언에서 핵무기의 제조·보유·저장·배비(配備)·사용 등을 하지 않을 것을 밝힌 것은[32] 국제관계를 의식한 포석이었지만, 핵 재처리 및 농축시설을 보유하지 않는다는 내용까지 곁들인 것은 핵 발전 산업이 전력생산에 큰 비중을 차지하는 한국의 처지로서는 국가 경제의 차원에서는 물론 국가 안보의 차원에서 결코 간과할 수 없는 손실이다. 자립적 핵연료(농축우라늄) 확보를 스스로 포기하고 귀중한 핵 자원을 재처리해서 쓰지 않고 1회용으로 폐기처분 하게 하는 것은 국가의 경제적 이익증대에 자해행위가 되며, 또한 미래에 자주적 안보를 위한 플루토늄의 비축을 포기한 것이다.

1970년대 후반에 벌써 한국의 핵력은 국제사회에서 상당한 평가를 받은 바 있다. 예컨대, 1977년 7월 古里 원자력발전소를 준공한 이래 核力시대의 막을 열었다. 당시 한 국제관계전문가는 古里원자로를 가동하여 핵연료 찌꺼기를 재처리한다면, 핵분열물질인 플루토늄 239를 연간 139~167kg 정도 추출해서 20킬로톤급 핵 폭탄(6~8kg정도의 플루토늄을 사용해서)을 23~28개정도 만들 수 있으며,[33] 한국의 원자력발전소 건설계획에 따라 古里 2호기, 月

31) 오기평, "신 국제질서와 한·미 관계," 「최고정책관리논집」(원광대학교 행정대학원, 제3집, 1993), pp. 106~107, 한겨레신문, 1993년 10월 6일.

32) 朝鮮日報, 1991년 11월 9일.

33) Nuclear Proliferation Problems, Stockholm International Peace Research Institute, 1974, pp. 113~116. 이호재, 전게서, pp. 230~232.

星 1~6호기까지 건설 가동되는 1985년까지는 382~463개의 핵 폭탄을 제조 할 수 있는 잠재력을 가지게 된다는 평가도 한 바 있었다.[34)]

한국은 산업화로 전력수요가 급증함에 따라 핵 발전 시설이 늘어나자, 핵 재처리시설(플루토늄분리공정)이 필요하여 박정희 정권 말기에 프랑스정부와 핵 상담을 벌였으나 미국의 압력으로 취소된 바 있다. 한국은 캐나다와도 중수형 원자로의 구입교섭을 벌인 바도 있다. 한국에 건설된 원자로는 주로 그 핵연료(농축우라늄)의 全量을 미국에 의존하는 경수용 원자로(light water reactor)여서 한국의 核力개발은 현재 완전히 미국의 통제하에 놓여졌다.

한국은 1990년 현재 총 722만KW 발전량을 내는 9基의 원자력발전소를 가동시키고 있고, 장래 24基를 가동시킬 계획이다. 또한 한국은 정책의지만 있다면 자체의 핵 기술능력(연구기술인력)과 경제력(개발건설비용)으로 천연우라늄이나 토륨을 사용하는 중수원자로나 고속증식원자로의 개발이 가능하므로 장래 독자적인 핵연료 사이클을 완성시킬 수 있을 것이다. 이미 한국은 1978년에 한반도 주변지역을 사정거리에 넣을 수 있는 독자적인 미사일을 개발한 바 있고,[35)] 1980년대 후반에는 잠수함을 개발하여 실용단계에 있다. 이러한 상황 속에서 한국정부는 주변여건이나 미국의 핵 패권정책에 밀리는 핵 정책 부재에서 벗어나 장기적인 국가이익을 증진시키고 한반도통일과정에서 인접 핵 강대국의 개입을 견제하기 위하여 핵 보유 잠재력을 가질 필요가 있다. 특히 단기적으로 당면한 원자력발전에 핵연료의 독자적 확보와 경제성 제고를 위해서 평화적인 핵 재처리시설을 갖추고, 나아가서는 프랑스와 중국의 경우에서와 같이 先制的이 아닌 방어적·보복적 차원의 지역핵억지정책을 수립하거나 일본과 같이 핵 보유의 잠재적 역량을 확보할 필요도 있다.

2. 북한의 핵 정책과 핵 능력

북한이 원자력 이용에 관심을 갖게 된 것은 북한에 주둔한 소련군당국이 북한지역에 매장된 우라늄 광 개발에 착수하게 되면서부터였다. 1956년 북한은 원자물리학자를 소련에 파견·연구케 했으며, 1959년 소련과 원자력개발협정을 체결하여 1961년에 영변에 실험용 원자로를 도입했고, 1964년 원자력연구소를 설립하면서부터 원자력개발을 국가적 사업으로 끌어 올렸다.[36)]

---

34) Young-Sun Ha, "Nuclearization of Small States and World Order : The Case of Korea," Asian Survey (Nov. 1978).

35) *The Military Balance*, 1978~1979 (London : IISS, 1979), p. 64.

1974년 북한은 국제원자력기구(IAEA)에도 가입했다. 북한이 이와 같이 핵무기에 관심을 가지게 된 것은 중국(1963년)·인도(1974년)의 핵 보유의 영향이 컸다. 특히 1970년대 중반 이후 추구된 남한의 독자적인 핵 개발 시도에[37] 자극되어 핵 개발을 계획하고 꾸준히 추진하여 왔다. 1985년 12월 미·소의 압력에 의해 북한은 핵확산금지조약에 가입했지만, 조약 체결의 의무조항(제3조 4항)인 '18개월 이내의 협정서명'은 미뤄오다가 결국 1992년 1월 30일에 서명한 바 있다. 그러나 내막적으로는 북한은 1983년이래 현재까지 70회 내지 80회의 고폭실험을 실시하여 왔다. 그러므로 몇 개의 소형원자탄쯤은 보유하고 있다는 의견도 있다.[38]

북한의 핵 보유의지는 공개적으로 선언된 적은 없지만, 1989년 미국의 인공위성 사진분석과 프랑스의 SPOT위성사진에 포착되어 북한이 비밀리에 핵무기개발계획을 추진하고 있다는 사실이 폭로된 바 있다.

북한의 핵무기 保有意志는 여러 차원에서 검토할 수 있다.[39] 첫째 소련을 비롯한 동유럽공산주의의 몰락과 중국의 개방화 및 자본주의체제와의 화해 등이 북한의 폐쇄체제를 초조하게 하는 상황에서 북한이 체제안보와 외교적 고립을 방지하고, 국제사회에서의 북한의 위상을 제고하기 위해서 핵무기를 제조하려 했다는 주장이 있다. 둘째, 핵무장으로 김일성·김정일 체제의 권위를 강화하고, 정권의 안전에 긴요한 군부의 지지를 얻기 위한 방략이었다는 주장도 있다. 셋째 주한미군과 한국군의 전력증강에 대한 억지력으로, 또는 북한의 경제사정의 악화로 재래식 무기체계의 경쟁에 있어서의 열세를 핵무기 보유로 만회하고 군비를 절감하려는 전략이었다는 주장도 있으며, 나아가서는 핵무기관련장비나 기술을 수출하여 외화를 획득한다는 주장도 있다. 그리고 넷째 북한의 핵 개발은 남한에 팽배한 소위 흡수통일 논리를 견제·압도하려는 의도였다는 설도 있다 다섯째 미국이나 일본과의 직접적인 정치협상을 유도하기 위한 것이라는 해석도 있다.

---

36) 곽태환, "한반도 비핵화문제와 전망," 「통일문제연구」, 제4권, 1호, 1992, pp. 164~165 : 康智漢, "南北合意書의 이행과 북한의 核開發," 「平和硏究」 (경북대학교 평화문제연구소), 제17집, 1992, p. 60.

37) 한국정부의 공식적인 핵무기개발 의지는 1975년 6월 26일자 Washington Post지에 실린 박정희 대통령의 기자회견에서 표명되었고, 이에 대한 미국 측의 우려는 1975년 6월 9일, 10월 29일, 그리고 1976년 1월 25일자 New York Times 사설에서 거듭 표명되었으며, 특히 한국과 프랑스간의 '플루토늄 분리처리공 장' 시설에 대한 상담이 미국 측의 압력에 의해서 좌절된 바 있다.

38) 최병학, "북한의 군사력 현황에 관한 연구," 「북한 통일연구논문집」(5) : 군사 및 행정, 법제 분야 (통일원, 1991), pp. 126~128.

39) 오재완, "北韓核에 대한 南北의 시각", 「北韓硏究」 (1992년 여름호), pp. 95~96 및 註 16.
유석열, "北韓의 핵개발과 周邊國關係", 「平和硏究」 (1992년 12월 제17집), pp. 8~9.

북한이 1992년 4월 국제원자력기구(International Atomic Energy Agency : IAEA)와의 핵 안전협정을 발효시킨 후, 동년 5월에 국제원자력기구 측에 제출한「보유핵물질 및 시설에 관한 최초보고서」에는 총 14개 항목의 내용이 제시되었다. 그 내용은 영변 핵 물리연구소의 '연구용 원자로 및 臨界施設' 1개, 평양의 김일성 대학의 '준임계시설' 1개, 영변의 '핵 연료봉 제조 및 저장시설' 1개, 영변핵물리학의 '핵 발전 실험원자로' 1개(5천kw), 영변 방사능화학연구소의 '방사화학실험실' 1개, 영변의 '원자로' 1개(5만kw), 평북의 '원자로' 1개(20만kw), 영변 핵 물리연구소의 '발전용 원자로' 3개(각 63만 5천kw), 順川의 '우라늄광산' 2개, 平山·博川의 우라늄 정련공장 2개 등이다.[40]

북한이 제출한 여러 시설물 중에서 放射能化學實驗室이 우라늄과 플루토늄을 분리하고 핵 폐기물을 저장관리하는 시설로 주목받고 있다. 그러나 북한은 이를 부인하고 이 곳에서 생산되는 플루토늄은 민간연구용이라고 주장해 왔다.

그러나 플루토늄생산과 북한의 핵 시설을 확인한 바 있는 미국의 국제평화연구재단의 스펙터 박사에 의하면 영변의 원자로는 천연우라늄을 원료로 하여 4만 내지 5만KW의 발전능력이 있으며, 실험용 원자로로 보기에는 의심스러우며 북한은 비록 초보적이고 낮은 수준이지만, 독자적인 방법에 의해 핵연료를 재처리하는 시설을 가지고 있으며, 핵무기제조가 거의 완성단계에 있다고 본다고 말했다.[41] 또한 게이츠 美 CIA국장은 1992년 2월 美하원 외무위원회에서 북한이 수개월 내지 1~2년 후에는 핵무기를 보유할 것이라고 증언한 바 있다.[42]

북한의 핵연료는 웅기·함흥·순천 등의 우라늄광산에 매장되어 있는 약 2,600만 톤(그 중 경제성이 있는 것은 약 400만 톤)의 천연우라늄이다. 그리고 사찰대상으로 지목되어 문제시되었던 원자로는 제2, 제3원자로이다. 1980년 7월 열 출력 30Mw 규모로 자체 설계한 제2원자로(IAEA에 제출한 보고서에서는 5천kw라고 주장)는 천연우라늄을 핵연료로 사용하고, 그라파이트를 감속물질로, 공기를 냉각재로 사용하며, 그 주된 목적은 플루토늄생산에 있다. 여기에서 최대출력으로 운전될 때 약 11kg정도의 플루토늄이 생산되는데 현재는 8 내지 12Mw 수준에서 운전되므로 5~6kg의 생산이 가능하다. 그리고 제3원자로는 1985년에 착공해서 1992년 완공예정이었던 열 출력 200Mw에 달하는 초대형 연구용 원자로로 천연우라늄을 핵연료로, 감속재로는 그라파이트를, 그리고 냉각재로는 탄산가스를 사용하며, 최대출력으로 가동시키면 약 50kg 정도의 플루토늄을 생산할 수 있다고 알려졌다.[43]

---

40) 강지한, 전게논문, p. 60.
41) 이은철, "北韓核의 과학기술적 의미", 「北韓硏究」 (대륙연구소, 1992년 여름호), p. 113.
42) 朝鮮日報, 1992년 3월 10일.

핵무기를 제조하려면 앞에서도 설명한 바와 같이, 그 원료로 고농축 우라늄을 사용하는 방법과 원자로에서 연소시켜 타다 남은 핵연료로부터 플루토늄을 추출해 사용하는 방법이 있다.

북한이 지금까지 사용해 온 우라늄농축방법은 레이저분리법이거나 화학처리법으로 생각되나, 平山에 있는 실험실수준의 농축설비로는 핵무기제조에 쓰일 高濃縮우라늄 생산에 한계가 있는 것으로 보인다. 따라서 앞서 논의한 제2, 제3원자로의 핵 재처리과정에서는 푸렉스(pureks)방법이 쓰여진 것으로 판단된다. 이 방법은 工程過程이 어렵지 않고, 기술이 공개되어 있으며, 또한 비료화학공업기술과 유사하므로 북한이 이 기술을 사용하는 것은 어렵지 않았을 것으로 생각된다.

현재 북한에 대한 핵사찰 논의와 국제적 압력이 거세어 제3원자로에 대한 본격적인 가동이 유보되어 있기 때문에 우선 가동 중인 제2원자로의 핵 재처리능력을 추산하면 핵연료는 1회 교체 시 75톤으로, 연2회 교체하면 약 150톤 정도 될 것이다. 미국의 핸포드(Hanford)의 최대 핵 재처리능력이 3,000톤, 일본의 도까이 핵 재처리공장이 210톤으로 알려져 있어, 북한이 그 정도면 핵무기 제조원료를 충분히 확보할 수 있다고 본다.[44]

북한의 우라늄농축이나 플루토늄의 抽出水準이나 그 양이 어느 정도인가에 대해서는 美중앙정보국과 미국무성의 평가가 엇갈리고 있다. 1~2개 정도의 원자탄이 이미 만들어졌다는 설도 있고, 그렇지 않다는 입장도 있다. 또 플루토늄을 추출했다하더라도 12kg 정도밖에 안된다는 이야기도 있다. 이것은 미국의 의도적인 연막작전 일지 알 수 없다.[45] 여하튼 현재로서는 대체로 대단히 위협적인 수준은 아닌 것 같다.

3. 핵 문제와 한·미·북한 관계

북한의 핵무기개발 의혹을 국제원자력기구(IAEA) 정기이사회가 제기하고 지난 1992년 2월 25일 북한에 대한 특별핵사찰을 결의하면서, 3월 25일까지 시한을 정하여 그 수용을 요구하자, 북한은 핵확산금지조약(NPT)에서 탈퇴하였다. 이러한 북한의 NPT 탈퇴는 기존 핵 보유국 주도의 NPT체제에 대한 도전이며, 보다 직접적으로는 남북한관계를 급냉시킴은 물론, 동북아지역의 권력정치의 주역이며 NPT의 실세인 미국과의 마찰을 결과했다.

북한의 NPT 탈퇴를 계기로 북한과 한국 그리고 미국간에는 상호 미묘한 입장의 차이를 노

43) 이은철, 전게논문, pp. 114~115.
44) 상게논문, p. 120.
45) 1993년 12월 28일 중앙일보가 New York Time지 기사보도인용.

정하고 있다. 우선 먼저 핵 문제와 북한의 NPT 탈퇴에 대한 관계국가의 입장을 각각 정리해 본다.

NPT의 代父격인 미국의 입장을 정리하면, 미국은 한반도를 그의 핵우산 하에 두고 남북이 재래식 무기를 가지고 서로 군사적 균형을 이루게 하려는 것이 지금까지의 일관된 한반도정책이었다.

1970년대 중반 한국이 독자적인 핵무기개발을 추진했을 때 미국은 호되게 질타하면서 이를 좌절시켰다. 또한 1990년대에 들어서서 미국은 지금까지 핵 패권을 나눠 가졌던 소비에트 연방해체 후 舊소련의 후견 하에 있었던 북한을 그들의 영향력 하에 서서히 길들이려는 방향으로 나아가다가 북한의 NPT 탈퇴와 같은 사태를 맞이한 것이다. 그러나 이번에는 1970년대의 한국의 경우와는 달리 미국은 북한을 다루기가 그리 만만치 않다. 그것은 북한이 미국의 정치·경제·군사영향권역 내에 있는 국가가 아니고, 또한 외부의 압력으로 체제가 쉽게 붕괴되지 않는 독재체제이기 때문이다.

한국의 입장에서 볼 때 북한의 핵무기개발 의혹과 NPT 탈퇴는 미국의 입장보다는 상대적으로 덜 심각하다. 그러한 한국 측 입장은 1993년 3월 12일 북한의 NPT 탈퇴에 대한 13일자의 정부당국자의 반응에서 잘 드러났다. 이 당국자는 북한의 핵 개발과 관련해서 "각종 정보를 종합할 때 북한의 핵 개발수준은 현 단계에서 그다지 위협적이지 않으며", "북의 핵 시설이 크게 낙후되어 핵 개발까지는 상당한 시일이 소요될 것"이라고 주장하면서 "국제원자력기구가 북한에 대해서 특별사찰을 요구하는 것은 핵 시설 신고와 관련한 북한의 성실한 자세를 강조하는 차원의 일"이라고 말했다.[46]

이 당국자는 또 최근 독일의「슈테른」誌 등이 옛 소련정보문서 등을 인용해 북한이 이미 핵무기를 개발한 것으로 보도한 것에 대해, 러시아 정부에 사실 여부를 확인한 미국정보당국으로부터 보도가 사실무근이라는 답변을 들었다고 밝혔다. 그러나 이후 미국정부의 협력요청으로 한국정부가 남북교류를 중지하는 등 미국정부에 보조를 맞추게 되었고, 미국정부는 미·북한고위급회담을 통한 타결을 시도하고 있다.

북한은 1993년 3월 12일 NPT 탈퇴를 통고하고 NPT 제10조에 규정된 3개월이 경과하고 또 1년 반이 지난 1994년 10월 미국과 극적으로 제네바에서 핵 협상을 타결지었다. 북한의 NPT 탈퇴를 계기로 해서 첫째, NPT 체제의 문제점이 국제사회에 선명히 드러났고, 둘째, 미국의 對한반도 핵 정책의 논리를 새롭게 인식하는 계기가 되었다.

46) 한겨레신문, 1993년 3월 14일.

(1) NPT 체제의 모순과 문제점

1968년 7월 체결, 1970년 3월 발효된 '핵확산금지조약'과 국제원자력기구(International Atomic Energy Agency : IAEA)는 기존 핵 국가들의 기득권을 보장하면서 非核國의 핵 접근을 불허하는 불평등한 체제이다.

NPT는 제1조에서 핵무기 보유국 편에 서서 非핵국에 대한 핵무기양도와 핵무기제조 지원을 금지하고, 제2조에서는 非핵국가에 의한 핵무기도입과 제조를 금했을 뿐만 아니라 제3조는 非핵국가 내의 핵 물질과 핵 시설이 국제원자력기구의 안전조치(safe-guards)를 받을 의무를 부과하고 있다.[47]

표현은 "안전조치"라 했지만, 실제로 그것은 "사찰과 감시"인 것이다. 특히 NPT의 안전조치에 대한 의무는 NPT창설 주도세력인 미·영·소 3개국은 면제되지만, 일본·독일·캐나다 등의 핵 산업 선진공업국가들까지 포함해서 모든 조약당사국을 규제하고 있다.[48]

NPT 제4조에서는 평화적 목적을 위한 핵에너지의 연구개발, 생산이용, 그리고 장비, 물질, 과학적·기술적 정보의 상호교환이 모든 조약당사국들의 '양보할 수 없는 권리'(inalienable right)라고 규정하고 있지만,[49] 실제로는 기존핵보유국에게만 해당되는 내용이다. 더욱이 제6조에서 핵 군비경쟁의 종식, 핵 군축에 대한 효과적 조치에 관한 국제적 교섭을 당사국들에게 권고하고 있으나, 실제로는 기존 핵 보유국들은 군축을 논의하면서도 군비증강을 획책해 왔다. NPT의 그 어느 조항에도 강대국의 핵무기축적반대는 물론, 지하핵실험금지를 규정하는 내용이 없다 따라서 NPT는 핵 강대국의 일방통행적인 조약이다.[50]

핵을 가진 나라와 가지지 못한 나라간의 불평등한 대우로 특정 지워진 이 조약은 현대판 제국주의의 도구라는 비난을 면치 못하고 있다. 그러므로 국제사회에서 지위상승을 바라는 인도·아르헨티나·브라질 등 非核中位國家들은 모두 NPT를 거부하고 있다. 여기에 대항해서 미국 등 핵 강대국들은 1987년 核非擴散法(NNPA)을 통해 모든 핵 시설을 사찰에 공개하지 않는 나라에 대해서는 핵 물질 수출을 전면 금지시킨다는 데 합의한 바 있었다.

한편 같은 핵 보유 강대국인 프랑스와 중국은 後發 핵 보유국으로서 NPT에 최근에 와서야 가입했으며, 미·소와의 격차를 줄이기 위해 자유롭게 핵무기를 개발하면서 핵의 상업수출경

---

47) T. B. Miller, ed., Current International Treaties (London & Sydney : Croom Helm, 1984), p. 371, 372.

48) Mark F. Imber, The USA, ILO, UNESCO and IAEA (London : The Macmillan Press, Ltd., 1989), p. 72.

49) T. B. Miller, ed., *op. cit.*, p. 373.

50) Roy C. Macridis, ed., Foreign Policy in World Politics (New Jersey : Prentice-Hall, 1976), p. 335.

쟁도 추구하여 이른바 핵의 '北北問題'를 제기하고 있다.

또한 이미 4차에 걸쳐 NPT 평가회의(The NPT Review Conference : 1975, 1980, 1985, 1990)의 논의를 통해서 핵의 '남북갈등'이 빚어졌다. 비핵국들은 핵실험 금지조약(CTBT)의 조속한 체결, 대폭적인 핵 군비 감축, 非核國들의 평화적 핵 이용보장 등을 요구했으나 핵 강대국들은 독선으로 일관해 왔으며, 오히려 다수 비핵국회원원들의 의사에 반해서 치열하게 핵무기경쟁을 벌였다.[51] 예컨대, NPT가 발효된 1970년을 기준으로 미·소의 핵병기 숫자는 6천기에서 1985년까지 2만기로 늘어났으며, 전략핵탄두는 1975년의 1만 4천 개에서 1980년에 1만 9천 개, 1985년에 2만 4천 개로 늘어났으며, 특히 레이건 행정부는 '戰略防衛主導'(SDI) 시스템의 개발에 착수한 바 있다.[52]

1992년 부시·에 의해 미국과 러시아의 핵 감축이 선언되었으나 그들의 패권적 지위는 그대로 유지되고 있다. 이와 같이 NPT 체제는 모순덩어리이며, 현실적으로는 정글의 법칙으로 전락하고 있다. 특히 미국의 패권적 핵정책은 핵의 다극화를 저지하여 유일 초강국으로 군림하려 하고 있다. 미국은 종래 소련과 동유럽을 겨냥했던 전략'표적'을 이제는 제3세계에 겨냥하고 있으며 제3세계의 핵 보유가 자신의 패권유지에 걸림돌이 되는 것으로 보고 이를 용납하려 하지 않고 있다.

특히 미국이 북한의 핵사찰문제를 집요하게 추궁하고 있는 것은 북한이 설령 핵무기개발까지는 가지 않고 평화적 이용에 한정해서 핵 재처리시설을 가진다 하더라도 이것이 여타 中小국가들의 핵 재처리시설 건설 및 확장의지에 확신을 갖게 하고, 이로 인하여 핵 재처리시설에 대한 미국 등 서방측의 核獨寡占을 붕괴시켜 핵연료의 생산과 공급에 대한 미국의 통제에 혼선을 가져와 미국의 핵 관련산업에 직접적인 위협이 될 뿐만 아니라 핵 재처리시설에서 생산되는 플루토늄이 反서방적인 정권들에 수출되어 비밀리에 핵무기제조에 이용된다면 이것이 미국의 군사적·경제적 이익을 크게 위협하기 때문이다.

또한 북한의 核재처리시설 건설은 동북아지역에서 한국의 핵 재처리시설건설과 일본의 핵무장에 대한 관심을 고조시켜, 이것이 현실화된다면 이 지역에서 누렸던 미국의 리더십에 심각한 위협이 될 것을 우려하고 있다. 환언하면 미국은 동북아지역에서 핵 억지와 핵우산 제공

---

51) Tae-Woo Kim, "Reduction of U. S.-Soviet Tactical Nuclear Weapons : Impact on Korean and Global Nuclear Security", in Yu-Nam Kim (ed.), Soviet Russia, North Korea and South Korea in the 1990's (Seoul : Dankook Press, 1992), pp. 61~68.

52) 김태우, "美·蘇核減縮과 韓半島核安保", 「新東亞」, 1991년 11월호, pp. 202~211 : SDI에 대하여서는 P. Edward Haley and Jack Merritt, ed., Strategic Defense Initiative (Westview Press, 1986)에 상세히 논의하고 있음.

을 통해서 소위 세력의 균형자로서 역할을 지속시키기 위하여 북한의 핵 개발을 철저하게 봉쇄하려 하고 있다.53)

1991년 말 이래 미국은 주한미군의 핵무기철수를 선언하고, '한반도의 비핵화정책'을 추구하고 있지만, 유사시에 남북한의 영토·영공·영해에 대한 미국의 핵무기 '반입' 및 '사용'을 배제하지 않고 있는 이른바 '핵을 통한 억지정책'을 병행하고 있다. 이는 한반도에 대한 미국의 '핵우산정책'유지와 관련된 것이다. 이에 대해 북한이 제기한 '한반도 비핵지대화론'(非核地帶化論)은 이 지역에 외부의 핵 '반입'·'사용'의 배제와 아울러 평화적 목적에 한하여 이용되는 핵 물질의 자급자족(핵 재처리시설)을 주장하고 있다는 점이 대조적이다.54) 따라서 북한의 핵 보유 시도는 한국(남한)에 대한 위협이라는 차원에서 검토될 수 있을 뿐만 아니라 전세계적 내지 동북아시아에서의 미국의 패권적 핵 전략에 대한 도전이라는 차원에서 평가할 수 있다.

또한 미국의 세계적 핵 정책의 버팀목이 되는 NPT는 핵무기보유와 核力의 평화적 이용을 열망하는 개발도상국가들의 심각한 도전을 받고 있는 상황이며, NPT 제10조 제2항에 의하여 조약발효 25년이 되는 오는 1995년에 조약당사국들이 NPT를 영구적으로 존속시킬 것인가, 아니면 일정기간 추가적으로 연장시킬 것인가를 결정하는 문제를 앞두고 있기 때문에 미국으로서는 북한의 핵 문제가 국제적으로 대단히 예민한 사안인 것이다.

(2) 미국의 남·북한 핵금지정책

미국은 남북한의 핵 능력을 제거하려는 핵 금지패권정책을 강력하게 추구하고 있다. 이에 대하여 한국은 수용하는 입장을 취하고 있으나 북한은 핵 개발 의지를 굳히면서 한때 버틴 때가 있다.

6共의 노태우 정권은 미국의 입장을 지나치게 수용하여 '한반도의 비핵화선언'을 통해 핵무기의 제조·보유·배비(配備)·저장·사용 등을 하지 않을 것을 확실하게 한 것은, 특히 핵농축시설이나 핵 재처리시설을 보유하지 않을 것을 밝힌 것은 핵 주권과 국가이익을 스스로 포기한 처사였다.

1991년 11월 8일 盧정권은 우라늄의 농축이나 핵 재처리가 NPT나 IAEA가 금지하는 사항이 아닌 데도 불구하고 경제적·기술적 차원에서뿐만 아니라 정치외교 면에서 국익창출의

53) 이삼성, "미국의 對韓半島政策과 韓半島非核化", 남북한 비핵화와 통일기반조성 (전북대학교 사회과학연구소 통일문제세미나 책자, 1992. 10. 2).

54) 이삼성, 전게논문, p. 21, 23.

원천을 스스로 포기한 정책의 빈곤과 단견을 보여 주었다. 현재 한국이 보유하고 있는 원자로 9기 중 8기가 저농축우라늄을 연료로 하는 경수로이기 때문에 농축우라늄 생산은 에너지 안보의 관건이 되며, 핵 재처리는 획기적인 자원재활용기술이며, 또한 핵폐기물을 처리하는 공정이므로 이는 오래 전부터 우리가 원해 온 것이었다. 또한 이러한 시설과 기술의 보유는 국제사회에서 한국의 위상을 높이고, 통일한국이 인접 핵 국가들을 견제하는 능력으로 활용할 수 있고, 군사과학의 발달을 뒷받침할 수 있는 것인데, 이를 스스로 막아버린 것이다.[55]

둘째, 남과 북은 핵 문제 때문에 민족통일의 도도한 흐름인 남북의 다면적 교류를 소위 '연계정책'(連繫政策)이라는 이름으로 중단시킨 바 있다. 1991년 12월 13일 한국이 핵 문제에 대한 언급 없이 북한과 '남북합의서'에 서명했다고 미국의 거센 항의를 받았다는 사실에 비추어 볼 때, 이 연계정책은 한국정부의 순수한 의지가 아님을 미루어 알 수 있다. 남북이 진정한 민족적 기반 위에서 신뢰하고 평화공존하기 위해서 북한의 핵무기개발을 포기하도록 종용하더라도 남북교류와 핵 문제는 굳이 연계시킬 필요가 없었던 것이다.

셋째, 미국은 핵 개발의 진원지인 영변원전과 그 시설의 폭격을 한때 미국의 정치가와 관변은 물론 각종 연구재단은 거침없이 주장한 바 있다. 핵 폭격의 피해나 후유증을 고려한다면 이는 한국인으로서는 상상할 수 없는 논리이다. 만일 미국이 북한의 핵 시설을 폭격한다면 북한의 대남 전면전을 유발시킬 우려가 있으며, 그들이 스커드미사일 등을 이용하여 우리의 대도시와 각종 핵 발전시설을 공격한다면 그 피해는 미증유의 것이다. 그렇지 않고 북한지역의 원자핵시설만 폭파된다고 하더라도 직접적인 熱피해 정도는 차이가 있더라도 좁은 한반도지역에서 받는 방사능의 피해는 거의 차이가 없을 것이다. 따라서 對북한 군사행동은 결국 한반도 전체를 방사능피해 오염지역으로 만들게 될 것이다.

각종 핵 시설의 정상가동을 가정할 때 현재 영변지역에만 총 165메가 큐리에 해당되는 방사능물질이 집적되어 있다. 만일 이 영변지역이 초토화되어 방사능이 방출되면 이는 히로시마 원폭투하의 6천 배에 달해 500km 이내의 토양이 오염되고 한반도 전역이 사망자, 백혈병, 암 등의 각종 원자병환자의 집단수용소화 할 것이다.[56] 이러한 상황은 한국인에게는 전쟁의 목적도, 평화도, 군사적 응징도 아무런 의미가 없을 것이다. 이러한 영변폭격론은 한민족의 존립을 위태롭게 하는 강대국차원의 패권적 핵 금지정책의 발상이다.

---

55) 김태우, "韓半島核問題와 新國際秩序", 「北韓硏究」 (대륙연구소, 1992년 봄호), p. 73 ; 핵 농축포기 및 재처리 시설 의 보유포기에 관한 쟁점은 金泰宇·辛成澤, "비핵화선언과 핵 문제의 이중성", 「국방논집」 (국방연구소, 1992년 봄), 제17호, pp. 145~169에서 자세히 논의하고 있음.
56) 앞의 논문, 북한연구, pp. 75, 76 : 세계일보, 1992년 3월 14일, 4월 1일.

북한의 핵 문제를 놓고 한·미·북한관계에 있어서 한국은 한반도에 있어서 어떠한 전쟁이나 핵 원전시설의 파괴와 같은 비극적 사태를 방지하기 위해서도 미국의 입장에 그저 추종해서 따라가는 자세를 취할 것이 아니라 북한에 대해 보다 적극적인 대화를 열어 핵무기개발을 자제하고 민족의 번영을 가져 올 수 있는 평화적 핵 개발에 대한 공조체제도 구상해야 할 것이다. 한국이 북한의 핵 시설에 대한 폭격을 절대 반대하고 북한과 대화하고 공조체제를 모색해야 하는 이유는 북한의 소수 권력집단을 위해서가 아니라 북한에 있는 2천 3백만 동족의 생존과 안위를 위해서이다. 이들이 우리와 합쳐야 할 통일의 대상이기 때문이다.

만일 북한의 핵무기개발의도를 꺾지 못하고 북한이 핵무기를 보유하게 된다면 북한의 핵 개발은 필연적으로 잠재적 핵 대국인 일본의 핵무장을 결과할 것이고, 여기에 몇몇 中位국가들이 뒤따르게 될 것이다. 이러한 불가피한 核다변화가 장래에 들이닥칠 경우, 여기에 한국도 대열을 같이 하기 위하여 核 科學力을 제고시키는 한편, 미국의 패권주의와 북한의 核 보유욕 사이에서 핵 문제에 대한 우리의 입지를 강화하는 적극적인 협상의 주역으로 나서야 할 것이다.

제3절 결 론

이제 핵력을 이용하여 에너지를 확보하려는 핵의 평화적 이용은 선진국이나 개발도상국이나 할 것 없이 돌이킬 수 없는 불변의 추세가 되었다. 강대국은 全지구적인 패권전략으로, 또한 中位국가들은 지역안보의 차원에서 방어적·한정적 형태의 핵무기보유를 추구해 왔으며, 핵무기보유는 하지 않았다고는 하지만, 언제든지 최단시일 내에 핵 보유국으로 변신할 수 있는 막상한 핵 보유잠재력을 지닌 일본이나 독일과 같은 국가도 있다.

이러한 국제적 추세와 아울러 한국도 기존 원자핵에너지산업을 육성하고 있고, 또 한반도가 인접 4강의 패권적인 또는 지역방위적 핵 전략의 교차점에 있기 때문에 비례억지적 차원의 지역방위수준의 핵 보유능력은 갖출 필요성이 요청된다. 오늘날 핵의 보유는 선제적 공격용으로서의 의미는 없으나, 강대국의 패권주의와 강압을 견제하는 정치·외교·군사전략상의 효과는 지대한 것이다.

원자력산업에 있어서 농축우라늄과 핵 재처리시설의 필요성을 비유해서 표현하면 "남이 만들어 제공하는 밥을 비싸게 사먹을 것이 아니라 우리가 쌀을 준비하고 끓일 냄비를 가질 필요가 있다. 만일 밥장사가 기분 나쁘다거나 사이가 벌어졌다고 밥을 안 판다고 하면 그것처럼 낭패스런 경우가 없기 때문이다."

또한 지역방위적 수준의 한정적 규모의 핵 보유 필요성을 비유해서 말하면, "네 마리의 코끼리가 서로 싸우거나 아니면 求愛할 때, 한반도라는 '풀밭'이 엉망진창으로 뭉개지지 않기 위해서는 이에 대처해서 우리는 '풀밭'을 보호하기 위해서 警告性의 핵 인계철을 쳐 놓아야 한다"는 주장도 있다.

이러한 시각에서 여기에서 몇 가지 내용을 결론 삼아 제시하고자 한다.

첫째, 북한의 핵 개발을 저지하기 위하여 최대한의 노력을 기울일 것이지만, 설사 저지하지 못하고 핵 보유가 기정 사실화될 때, 북한정권 담당세력이 핵의 위세를 빌어 남한에 위협적으로 나올 때를 예상해서 북에 핵무기에 대한 '공포의 균형감각'을 심어 주기 위해서도 우리도 핵 보유의 잠재력을 확보해야 한다. 이는 남북간의 통일과정에서나 '통일한국'에 있어서 인접 강대국의 비우호적 적대를 견제하기 위해서도 필요하다. 한국이 만일 핵 능력을 보유하면 종래부터 일부 학자나 정치인들이 논의해 온 소극적인 '4대국에 의한 平和定着論이나 安全保障論'에서 탈피해서 한국은 4대 국가의 세력균형자로서 역할도 하게 될 것이다. 우리 민족사에 있어서도 이러한 적극적 사고의 발상이 요구된다.

일찍이 캐플란(Morton A. Kaplan)이 모든 국가가 핵을 보유했을 경우를 가정해서 논의한 '각국 거부권 보유 국제체제'[57](unit veto international system)가 동북아지역의 세력관계에서 나타날 가능성도 있다. 이 경우 한국과 같은 중위권 국가도 인접 강대국과의 관계를 새롭게 정립할 수 있을 것이다.

둘째, 한국이 현재 가동 중에 있는 원자에너지산업의 발전과 국익증대를 위하여 독자적인 농축우라늄 핵 원료의 계속적인 확보와 경제성 제고가 요청된다. 따라서 농축우라늄과 핵 재처리시설을 보유하지 않는다는 정책은 곧 국가이익의 포기행위이므로 과감히 재검토해야 한다. 이러한 핵 주권의 회복은 국민적 여망과 정통성이 있는 정부의 과제이다. 이 문제에 대해

---

57) Morton A. Kaplan, "International Systems", in David Shills, ed., International Encyclopedia of the Social Science (New York : The Macmillan Company and The Free Press), Vol. 15, pp. 479~480. 캐플란은 모든 국제체제를 6가지 유형으로 구분하였다. : 세력균형체제(balance of power system), 느슨한 양극체제(loose bipolar system), 경직된 양극체제(tight bipolar system), 세계적 체제(universal system), 위계적 체제(hierarchical system), 각국 거부권체제(unit veto system) 등이다. 이러한 제유형의 구분은 엄격한 것이 아니고 비교분석을 위한 것이다. 이 중에서 '각국 거부권체제'란 국가수준의 행위자의 체계이든 블록 행위자들의 체제든 간에 각 행위자들이 핵무기체계를 소유한다. 이 거부권체제에서는 전쟁의 발생가능성은 낮으나 상대적인 불안정을 조성할 수 있는 긴장을 일으키는 경향이 있다.

서는 북한과 공동보조를 취하고 원자력의 평화적 이용에 대해서 남북한의 핵 통제위원회에서 생산적인 협의를 볼 수도 있다.

셋째, 미·러 핵패권체제에 정면으로 갈등하는 것을 피하면서 프랑스나 중국에서 볼 수 있는 지역방위수준의 비례억지적 목적의 핵 보유는 장래 어느 시점, 예컨대 그 시점은 일본의 핵무장이 이루어지는 시점에 가서 동북아의 세력균형과 국가이익의 차원에서 고려해야 할 것이다. 사실 방어수준의 한정적 핵 보유는 재래식 무기의 증강과 군비확장의 필요를 상쇄시켜 막대한 국가예산의 절감과 방위비 지출 억제효과를 가져 올 것이다.

넷째, 동서고금을 막론하고 국가안보의 요체는 동맹이나 강대국에 의존하는 것보다 스스로의 힘에 의한 자주국방이 최선의 길이다. 우리의 안보를 남의 핵우산에 맡기는 것은 스스로 주체성의 제약하는 것이다. 우리가 경험했듯이 핵우산을 받쳐 준다는 대가로 엄청난 방위비를 분담해야 하고, 재고품성격의 재래식 무기의 구매를 수용해야만 하는 운명을 반복하게 된다.[58)]

다섯째, 북한의 핵 문제로 인하여 한국은 자주적 입장에서 핵 문제에 접근하여 우리의 立地를 넓히는 계기가 될 수 있을 것이다. 따라서 이런 때일수록 남북의 신뢰를 높이는 기반이 되는 남북교류를 연계시키는 정책은 冷戰的 思考의 발상이며, 이러한 관점에서 한국은 북한을 미국의 의도대로 계속 궁지에 내몰고 국제적 표적이 되도록 내버려두거나 수동적인 입장에서 설 것이 아니라 보다 적극적인 입장에서 서방측은 물론 중국과 소련의 협력을 얻어 북한의 개방을 유도하여 북한경제를 세계자본주의체제 속에 끌어들이려는 노력이 필요하다. 또한 한국은 미국과의 전통적인 협력관계를 지속시키면서 자체의 정치력에 상응하는 독자적인 군사안보능력, 즉 미국 측으로부터 한국군의 작전통제권의 반환과 독자적인 핵 능력과 핵 주권을 회복해야 할 것이다. 이러한 입장에 서서 북한 핵문제 해결에 좀더 우리가 주도권을 갖고 접근할 때, 남북한 문제가 좀더 '탈국제화'(Deinternationalization) 내지는 '한국화'(Koreanization)로 나아갈 것이며, 이것이 통일의 길이다.

북한의 핵 문제는 북한의 핵 발전과 핵 재처리시설 및 핵무기 제조의혹에 대한국제원자력기구의 특별사찰을 통한 핵 투명성 확보와 핵 보유 저지 문제이다. 이는 남북으로 대치하고 있는 한국으로서는 남북관계와 국가안보상 중대과제임에도 불구하고, 한국이 대북 관계에 있어서

---

58) 1993년도 국방예산은 9조 2천 1백 54억 원(정부예산 총액의 26%)이며, 이 중에서 3조 1천억 원은 무기도입 및 방위산업용이고, 또 그 태반이 과거 '5, 6공' 때 계약된 계속사업임이 밝혀졌다. 이러한 무기도입 및 방위산업은 '栗谷事業'이란 암호명칭으로 추진되었다. 여기에는 엄청난 커미션, 로비자금이 개재되어 정치문제화 되었다. 東亞日報, 1993년 4월 26일, 2면.

주도적 역할을 하지 못하고 미국의 주도에 의하여 북한 미국간의 관계로 정착되어, 한국은 미국의 뒷전에서 "韓美共助"라는 명분 속에서 미국의 필요에 의해 '귀띔'이나 받고 미국의 뒷북만 치는 형편이 되어 왔다.

미국의 북한과의 핵 협상 과정에서 구사되는 회유와 강경(소위 '당근과 채찍')전략에 따라 우리는 그때그때 이리저리 소신 없이 추종하는 비주체적 입장을 견지해 왔다. 이러한 입장을 한국의 한 외교당국자는 핵 문제는 힘있는 미국에 맡겨보는 것이 좋다는 식으로 말하면서 다음과 같은 비유를 들었다. "가령 내 자동차가 진흙에 파묻혔는데, 이게 내 자동차니까 반드시 내가 꺼내야겠다고 해야 합니까. 너무 우리 역할에 집착하는 것이 어찌 보면 소아병적이 아닌가도 생각합니다."[59]라고 말했다. 이런 식의 미국에 의존하는 편의주의적 사고가 한국외교의 일관성과 주체적인 핵 정책을 수립하는데 영향을 주지 않을지 識者層은 우려한다.

한국의 이러한 핵 정책 부재는 NPT체제하에서 미국이 핵 패권을 계속 유지하고, 이에 도전하는 북한의 핵 저지에 직접 대처하겠다는 미국의 의지와 여기에 작용하는 북한의 계략이 크게 작용하고 있다. 북한은 한반도의 남녘에서 군사작전통제권을 행사하며 막강한 영향력을 구사하는 미국을 상대로 협상을 벌여야만 실익이 있고, 이후 남북관계 해결에 있어서도 미국을 상대로 평화협정을 하겠다는 태도를 견지하고 있다. 이러한 북한의 의도와 미국의 입장이 서로 맞아 떨어져 한국이 '찬 밥'이 된 것이다.

미국은 북한과 핵 문제 협상을 벌이면서도 최악의 경우 과거 이라크에 대해서 걸프전쟁 때 했던 것처럼 그들의 의도가 관철되지 않으면 유엔안전보장이사회의 결의를 통해서 북한에 강력한 제재를 가하려 했으나 안보리 상임이사국인 중국과 러시아의 견제와 미온적 태도로(사실상 반대로) 관철시킬 수 없었다.

특히 북한과 긴밀한 중국은 전기침(錢其琛) 외교부장을 통해서 한반도의 非核化와 평화유지의 원칙을 확인하면서 "어떠한 경우라도 대화와 협상을 통한 해결"을 강조하였으며, 對북한 경제제재는 한반도의 긴장을 고조시킬 뿐이라는 입장을 분명히 하였다.[60]

러시아는 북한 핵 문제와 관련해서 자국의 국제적 입지를 강화하기 위해서 1994년 3월 남북한·미·일·중·러, IAEA, 그리고 유엔 등 8者 회담을 제의한 바 있다.[61]

또 일본의 경우는 유엔안보리를 통한 제재에는 동참하지만, 안보리제재가 불가능할 경우에 한·미·일이 주재하는 다국적 제재에 참여하는 것은 주저하였다.[62] 이와 같이 주변 3강들이

59) 시사저널, 1994. 3. 10. p. 23 한승주 외무장관의 인터뷰 내용.
60) 중앙일보, 1994. 6. 9.
61) 중앙일보, 1994. 6. 8.

북한에 대한 적극제재를 회피하고, IAEA의 對北制裁결의에 북한이 탈퇴로써 대응하자, 미국은 유엔 안보리결의나 다자간의 공조에 의한 제재압력 시도에서 물러서서, 북한과의 직접협상을 통해 타결을 모색하였다. 사실 미국정부 일각에서도 대북강경노선이 있었지만, 미국이 제재에서 협상으로 선회한 것은 중국·러시아가 원치 않고 있는데 對북 제재를 강행할 경우, 그것이 미국의 동북아지역에서의 장기적 국가이익을 해치고, 미국주도의 NPT 체제를 위협하기 때문이었다.

또한 미국은 그러한 미·북 교착상황과 미국의 정책선회에 분쟁해결사로서 세계적 평판이 높은 카터 前미국대통령의 방북을 허용하여, 카터가 김일성과의 회담(1990. 6. 16~18)을 통해서 북한의 조건부 핵 동결, 남·북한정상회담 개최를 합의케 하고, 중단되었던 북미협상을 재개케 함으로써 북미간의 협상타결의 轉機를 마련해 주었다.63)

1994년 7월 8일 김일성의 사망으로 국내외에서 기대했던 김영삼·김일성 회담은 무산되었지만, 카터·김일성의 회담이 결정적인 계기가 되어 김일성 사망 후 김정일 과도체제 속에서도 갈루치 미국무 차관보와 강석주 북한외교부 부부장은 제네바에서 핵 협상을 전개한지 1년 반만에 미·북간에 핵 문제에 대해 극적으로 합의하였다.

제네바 고위급회담의 합의내용은 다음과 같다.

① 북한이 黑鉛減速爐들과 연관 시설을 경수로 발전소로 교체할 용의를 표명했으며, 미국은 가능한 빠른 시일 내에 200만KW(2천Mw) 발전 능력의 경수로 발전소들을 북한에 제공하며, 그 동안 북한에 흑연감속원자로들을 대신할 에너지를 제공하기 위한 조치를 취하기로 하였다.

② 북한과 미국은 정치경제관계의 완전한 정상화를 위한 조치로써 각기 상대방의 수도에 외교대표부(diplomatic representation)를 설치하고, 무역 및 투자장벽을 완화하기로 서로 합의하였다.

③ 한반도의 비핵화와 평화 및 안정을 이룩하기 위해, 미국은 북한에 핵무기를 사용하거나 핵무기로 위협하지 않는다는 보장을 할 용의가 있음을 표명하였으며, 북한은 한반도의 非핵화에 관한 남북공동선언을 이행할 일관된 용의를 표명하였다.

④ 북한은 핵확산금지조약(NPT)의 회원국으로 잔류할 것이며, 조약에 따르는 안전협정의

62) 중앙일보, 1994. 6. 11.
63) 중앙일보, 1994. 6. 17.

이행을 허용할 용의가 있다. 그리고 이후 경수로로 교체하는 사업과 폐연료의 안전한 보관과 처리, 대용에너지의 보장, 외교대표부 설치를 위한 전문가들의 협상에 합의하였다.64)

이러한 미·북한 협상내용의 핵심은 두 가지로 요약할 수 있다. 그것은 첫째, 미국이 북한으로부터 NPT잔류와 북한의 현 상태에서 核 凍結을 보장받는 대가로 북한에 핵 발전을 위한 경수로 건설과 그 건설기간(협상체결 이후 8년 이내)에 대체에너지를 공급할 것을 약속한 것이다. 둘째, 미국과 북한은 상호 외교대표부를 설치하여 정치·경제관계의 정상화를 기하고, 무역 및 투자장벽의 완화를 합의함으로써 이제까지의 미·북한과의 관계를 해소하고, 북한의 국가적 위상을 인정하고, 미국의 대북한 경제적 진출의 발판을 마련한 것으로 생각된다.

이러한 북·미 핵 협상 과정에서 소외되면서 이제 와서 한국 측은 미국의 요구에 의해서 대략 3조 2척 억 정도 소요되는 경수로 건설비용부담을 전부 아니면 적어도 80~90%는 떠맡게 되는 처지가 되었다.65)

한국은 북한과의 경협을 핵 문제와 연결시키려는 미국의 방침 때문에 아무런 일도 못하고 뒷전에 물러 서 있다가 북·미의 핵 문제가 원칙적으로 합의·타결된 현 시점에서는 경수로 건설사업이라는 '봉잡이'를 자청하고 '북한 행'의 패키지에 끼지 못할까 염려해서 미국에 매달리는 입장이 되었다. 이제 새로이 전개될 남북한과 미국간의 삼각관계에서 한국은 미국에 매달린다고 해서 모든 일이 되는 것도 아니고, 그렇다고 안 매달릴 수도 없는 딜레마에 빠져있다. 그러나 한 가지 분명한 것은 종래의 소극적인 '봐 달라는' 의존외교·추종외교에서 벗어나 국가의 자율성과 주체성을 제고시키는 전방위외교 통일전략이 절실하게 요청된다.

---

64) 동아일보, 1994년 6월 14일에 게재된 '북미 3단계회담 공동성명' 참조.
65) 동아일보, 1994년 6월 14일.

제8장 북한정체(政體)의 특성과 대외관계

1945년 분단이래 북한 사회를 50년간을 지배했던 김일성이 1994년 7월 8일 사망했다. 김일성의 사망직후부터 김일성의 親子 김정일의 권력승계 문제를 놓고 김일성 이후의 체제안정과 그 장래에 대해서 국내외의 많은 북한문제 전문가들이 여러 가지로 전망해왔다. 당시 북한이 2, 3년 안에 붕괴할 것이라는 조기붕괴론 에서부터 5, 6년은 유지할 것이라는 주장도 있었고, 또 북한의 전쟁도발 가능성도 거론되기도 한다. 지금도 그때와 유사한 의견들이 이야기되고 있다. 한편으로는 김정일이 당・정・군의 메커니즘을 확실히 장악하고 있고 북한 내에는 체제저항세력이 존재하지 않기 때문에 쉽게 붕괴하지 않을 것이라는 견해도 있었다.[1] 그러나 탈북자들이 늘어나고 있는 실정에 비추어 볼 때, 장기적으로는 식량난과 사회통제력의 상실로 체제붕괴까지는 가지 않더라도 정권붕괴나 교체 또는 군부쿠데타의 가능성은 예상된다.

그러나 4년이 지난 지금까지도 김정일 체제는 버티고 있다. 김일성 사망직후 국방위원장과 인민군 최고사령관이라는 직책으로 소위 유훈통치(遺訓統治)를 지탱해오던 김정일이 1997년 9월 21일 조선노동당 평남도당 대표자회의 결의를 시발로 각 도당회의의 추대를 받아 10월 9일 당 총비서에 취임했다.[2] 1년 후 김정일은 1998년 9월 5일 헌법을 개정하여 국가주석제도를 폐지하고 최고인민회의의 상임위원회에 종래 국가주석이 가졌던 외교분야를 이관시키고 정무원을 내각으로 확대 개편하여 정부대표권과 행정집행권을 대폭 이관시키고 그 자신은 국가의 최고직책으로 격상된 국방위원장에 취임하여 사상과 군사로 후견하는 이른바 국방위원장 非常體制를 출범시켰다. 또한 그는 强盛大國을 선언하였다. 이러한 김정일이 이끌어나가고 있는 북한체제의 속성과 그 대외관계를 살펴보려 한다.

먼지 북한 정권수립의 배경과 북한체제의 속성을 몇 가지 차원에서 논의한 뒤에, 북한과 주변 4국(중국・러시아・미국・일본)과의 대외관계를 북한체제 출범 초부터 지금까지의 변천을 살펴보고자 한다. 이러한 논의가운데서 북한체제의 대외관계의 추세와 패턴을 읽을 수 있고 나아가서는 한반도 정세추이를 파악할 수 있기 때문이다. 또 1990년대 들어서서 심각한 경제

※ 이 글은 전국 대학통일문제연구소 협의회가 창간한 「통일연구논집」(창간호, 1997. 12)에 게재한 저자의 논문을 약간 보완한 것임.

1) 구종서, 「격변하는 세계, 도전하는 한국」(서울, 나남출판사), 1994.
김용욱, 「한민족의 평화통일론」(서울, 대왕사), 1995, pp. 382~384.
김학준, "金正日지도체제 현황과 장래," 「북한, 언제까지 버틸수 있나」(서울, 서울신문사), 1997, pp. 27~37.

2) 동아일보, 1997년 10월 10일.

난, 식량난, 에너지 난을 겪고있는 북한3)의 김정일 정권의 체제유지 능력(붕괴문제)에 대해서 주변국가의 전문가와 정책수립자들이 다양한 평가를 내리고 있다. 여기에 대한 논의와 함께 우리의 대응책을 생각해 보고자 한다.

제1절 북한체제의 이념과 구조상의 특성

북한체제는 미·소 연합군간의 한반도 분할 합의로 1945년 8월 한반도의 북위 38도선 이북에 진주한 소련군 제25군이 일찍이 남만주에서 항일 빨치산 투쟁을 하다가 1940년대 초 일본 관동군의 치열한 군사적 공세에 밀려 소련군에 편입되어 소련군에 복무했던 약관 33세의 소련군 대위 김일성(본명 金成柱)을 내세워 만든 非자생적 정권을 창출한데서 시작된다.

해방직후 소련군당국은 1945년 10월 14일 평양 공설운동장에서 열린 대중집회에서 소련군 대위 김일성에 무게를 실어주기 위해서 "김일성 장군"으로 소개했고 소련군 사령부의 지도하에 평남정치위원회, 이북 5도 행정국 등을 설치하여 그로 하여금 정권창출의 예비조직으로 활용하게 했다. 특히 아무런 대중적 카리스마도 아직 없는 김일성을 북한의 명망 있는 민족지도자 및 토착공산주의자와 연합전선을 구축하게 했을 뿐만 아니라 심지어는 남한지역에서 활동했던 민족지도자 김구, 김규식 등을 평양의 "남북정당 사회단체 지도자 연석회의"에 끌어들여 김일성의 "카리스마"를 조작하고 정권창출 명분을 축적하기에 급급하였다.4) 소련군 점령통치 3년은 김일성이 소련점령군과 같이 入北한 러시아화한 韓人 300여명의 소위 甲山派를 주축으로 북한에 공산정권창출을 도모하였던 시기였다.5) 그 20년 후인 1974년에 이들 정권창출자들의 후계세대가 김정일 권력승계를 위한 3대혁명소조운동을 벌였다.6)

---

3) 전홍택, "북한 경제력-실상과 전망,"「북한, 언제까지 버틸 수 있나」, pp. 74~82.
북한의 경제성장률은 90년 이후 96년까지 7년 동안 년 평균 -4.4% 성장률을 기록하고 있다.(1990 -3.7%, 1991 -5.2%, 1992 -7.6%, 1993 -4.3%, 1994 -1.7%, 1995 -4.5%, 1996 -3.7%) 식량부족은 연간 200만 톤 내외, 원유는 150만 톤(80년대 말 도입규모 250만 톤과 최근의 도입규모 100만 톤과의 차이)이 부족한 실정이다.

4) 曺圭河 李庚文, 姜聲才, 「南北의 對話」(서울, 한얼문고), 1972, pp. 37, 292~293, 302~304.

5) 김학준, 「한국문제와 국제정치」(서울, 박영사), 1976, pp. 27~30.

6) 1973년 9월 김정일이 조선노동당 제5기 7차 전원회의에서 당 정치위원과 조직 및 선전선동담당비서로 선임되자 1974년부터 사상혁명, 문화혁명, 기술혁명 이라는 명분을 내걸고 3대혁명소조운동을 벌였다. 이들은 한 조(組)에 3명 내지 7명으로 구성된 총 3만 명의 청년 및 학생당원들로서 이들이 벌였던 과업은 김정일의 권력기반을 구축하기 위한 무자비한 반대세력제거와 세대교체를 위한 작업으로 평가된다. 이러한 소조운동은 1970년대 중국의 "문화혁명기"의 홍위병의 역할과 유사한 것이다. 이들이 오늘날 김정일 체제의 핵심 권력적 기반이 되었다. 이와 같이 북한체제는 인격완성이 채 되기 이전의 10대 소년들을 일찍부터 정치권력세계에 끌어들여 그들의 단순성과 혈기를 이용하여 정치권력의 창출과 변동의 전위대로 삼고 있다. 이를 뒷받침하기 위해 북한의 사회주의헌법 제66조에는 17

1948년 9월 소련군당국의 지원 하에 소위 "조선인민공화국"이라는 일당체제를 수립한지 2년도 채 안되어, 김일성은 소련의 지도와 중공의 지원을 받아 1950년 6월 25일 미명에 남한을 침공하였다.[7] 이후 남북간에 3년간의 처절한 전쟁으로 6백만 이상이 사상(死傷), 실종되었으며[8] 일 천만 이산가족을 결과하여, 민족내부에 깊은 상처와 돌이키기 힘든 좌・우간의 사상적 갈등의 골이 깊이 패이게 하였다. 한국전쟁 과정에서 소련과 중국이 북측을 지도・지원했고 미국을 비롯한 유엔 16개국이 남측을 지원하여 한반도문제가 국제간의 갈등으로 비화되었다.

한국전쟁(1950~1953)은 소련의 세계전략의 일환으로 김일성에 의해 수행된 한반도 적화통일의 의도가 좌절된 것으로 평가할 수 있다. 6・25 전쟁은 본질적으로 김일성의 취약한 권력기반을 강고(强固)하게 만든 결정적 계기가 되었다. 전쟁 중에, 전쟁직후에, 북한의 권력투쟁 과정에서 김일성은 그의 반대세력에 패전의 책임을 물어 가차없이 제거했다. 그의 유력한 정치적 경쟁자인 친중파(연안독립동맹) 김무정을 그는 전쟁후반에 밀릴 때 평양을 사수하지 못했다는 책임을 씌워 숙청했으며, 그의 최대의 정적인 토착공산주의 지도자이며 부수상인 박헌영을 6・25 전쟁시 그들이 남침하면 "남조선 조직이 봉기할 것" 이라고 말해 오판케 했으며 미국과 내통해서 간첩행위를 했다는 죄목으로 그를 추종하는 소위 "남노당계"와 함께 처형시켜 김일성의 권력기반을 다졌다.[9]

또한 한국전쟁으로 인하여 남북간에 무고한 인명이 희생되어 이것이 남북간의 갈등을 심화시켜 북쪽에 김일성의 호전적인 일당독재체제, 병영국가체제를 지속시킨 사회적 심리적 기반을 제공하였다. 북한주민들을 적개심으로 한(限)맺힌 인간형으로 만들어낸 계기가 되었다. 한마디로 말해서 한국전쟁을 일으킨 장본인인 김일성이 한국전쟁이후 남북한의 대치・갈등 상황 속에서 최대의 정치권력 수혜자가 되었으며, 그가 1994년 7월 8일 사망 할 때까지 북쪽에서는 분단을 극복하려는 대단한 지도자로 자처하고 군림하였다. 이것이 역사의 아이러니이다.

살 이상의 모든 공민에게 선거권과 피선거권을 부여하고 있다. 또한 헌법 제31조에는 공민으로써 노동하는 나이를 16살로 정하고 있는 사실이 이를 증거 한다.

7) 소진철, 「韓國戰爭의 起源」, (익산, 원광대학교 출판국), 1997, pp. 75~81.

8) 한국전쟁의 희생자

	민간인		군인		연합군	
	남한	북한	남한	북한	중국의용군	유엔군
사망	406,000	373,599	294,151	227,748	184,128	36,813
부상	1,594,000	229,652	225,849	717,083	715,872	114,816
실종	680,000	387,744	91,206	43,572	21,836	6,198
총계	2,680,000	990,995	611,206	988,403	921,836	167,827

Young Whan Kihl, Politics and Policies in Divided Korea. (Boulder and London, Westview Press, 1984), p. 42.

9) 신복룡, " 한국전쟁의 휴전"「韓國戰爭과 休戰體制」(한국정치외교사논총 제16집), 1997. pp. 132~133.

더욱이 그는 죽어서도 그의 장남 김정일에까지 권력을 세습시켜 소위 "유훈통치"를 하게 하고 있다. 이러한 김일성 체제와 그 후계체제를 지속시키게 한 북한체제의 특성을 몇 가지 관점에서 논의 하고자한다.

첫째, 북한체제는 이념적 또는 체제구조적 차원에서 볼 때 單一이데올로기와 一黨체제, 唯一수령체제를 특징으로 한다. 1946년 8월 북조선노동당 창립대회에서는 마르크스·레닌주의(Marx·Leninism)를 당의 지도이념으로 공식화하였으나 1970년대 이후부터는 김일성 우상화작업과 함께 소위 主體思想이라는 실천이데올로기(practical ideology)를 내세웠다. 1945년 북한의 공산화이후, 1940년대 후반부터 1950년대 초반까지는 북한체제이념(즉, 북한 노동당의 당 지도이념)은 마르크스·레닌주의였다. 그러나 1950년대 후반부터는 그러한 마르크스·레닌주의에 조선인민의 혁명전통이란 것이 추가되어 김일성의 역할을 부각시키기 시작했다. 1960년대 초반 1970년대에 와서는 마르크스·레닌주의의 북한에서의 창조적 적용과 항일무장투쟁의 혁명적 전통으로 수정되었다. 1980년대에는 김일성 혁명전통과 주체형 마르크스·레닌주의로 각색되었다. 그러나 1990년대 초부터는 종래 형식적이나마 마르크스·레닌주의 당 노선으로 위장해왔던 것을 이제는 완전히 그 탈을 벗어버리고 김일성의 주체사상만을 조선노동당의 당 지도이념(노선)으로 삼고 있다.

이러한 조선노동당의 당 지도이념의 변천과정을 간략하게 정리하면 다음의 〈표 6〉과 같다.

〈표 6〉 조선노동당의 당 지도이념의 변화

당 대회 시기	당 지도 이념	정치적 목표와 전략전술
1946. 8. 30 북조선 노동당창립대회	마르크스·레닌주의 (Marx-Leninism)	① 국제공산주의의 지도와 연대 하에 각국 공산주의 운동전개 ② 폭력혁명, 게릴라전을 통한 남한의 공산화
1948. 3. 30 조선노동당 제2차대회	마르크스·레닌주의	위와 같음
1956. 4. 28 조선노동당 제3차대회	마르크스·레닌주의 조선인민의 혁명전통	6·25 전쟁을 통한 남한의 공산화 좌절 후에는 북한의 적화기지 강화
1961. 9. 18 조선노동당 제4차대회 1970. 11. 3 조선노동당 제5차대회	마르크스·레닌주의를 북한에 창조적으로 적용 항일무장투쟁의 혁명적 전통	① 남한내의 적화폭력혁명과 게릴라전 시도 ② 和·戰 양면 전략 ③ 반제국주의 반봉건 혁명
1980. 10. 13 조선노동당 제6차대회	주체형 마르크스·레닌주의 김일성혁명 전통, 김일성 주체사상	① 김일성·김정일 부자 후계체제 확립 ② 북반부 사회주의 완수
1992. 1. 3 최고인민회의 제9기 제3차회의 1992. 4. 9 사회주의 헌법	주체사상	① 우리식 사회주의 추구 ② 북반부의 인민정권 강화, 사회주의제도 보위 ③ 북한체제의 방어적 입장

※ 위의 표는 양성철, 「北韓政治論」(서울, 박영사 : 1991), Dae-Sook Suh, *Korean Communism, 1945-1980 : A Reference Guide to the Political System* (Honolulu : The University Press of Hawaii 1981), 徐大肅, "朝鮮勞動黨의 指導力", 바실리 미헤이프(Vasily Mikheev), "北韓의 政治理念과 社會構造," (박한식 편, 「北韓의 實相과 展望」) 1991, 그리고 1972년과 1992년 북한 사회주의헌법 등을 참조하여 작성했음.

주체사상이 최초로 거론된 것은 1955년 12월 28일 김일성이 당 선전선동자 대회에서 "사상사업에서 교조주의와 형식주의를 퇴치하고 배외사상(拜外思想)을 배격하여 사상에 있어서 주체를 확립하자"고 연설한데서 비롯되었다.[10] 이후 주체사상은 김일성에 반대하는 연안파(친중파), 소련파, 토착공산주의자들을 숙청하고 이들을 견제하기 위한 권력투쟁의 명분으로 내세워졌으며, 경제적인 면에서는 주체사상이 1950년대, 1960년대 중·소로부터 기대했던 원조가 미흡하자 자력갱생의 논리로 내세워졌고, 대외적으로는 1960년대 후반 중소분쟁의 격화와 공산권의 다원화추세 속에서 북한체제의 자주노선의 명분으로 내세워졌다.[11] 또한 주체사상은 김일성이 군중노선방식에 의해 북한의 주민을 세뇌하고 노동을 강요하는 사회통제의 방법으로도 활용되었다. 그러나 1970년대에 들어서서 주체사상은 김정일에 의해 김일성 우상화작업이 진행되면서 김일성의 말과 생각이 곧 주체사상이 되었으며, 1980년 10월 10일 제6차 당 대회에서 김일성주의로 정착했다.

북한「조선로동당」규약 전문에는 "조선 로동당은 오직 위대한 수령 김일성 동지의 주체사상, 혁명사상에 의해 지도된다"고 규정하고 있다. 북한의「사회주의 헌법」제3조에는 "조선민주주의 인민공화국은 사람중심의 세계관이며 인민대중의 자주성을 실현하기 위한 혁명사상인 주체사상을 자기 활동의 지도적 지침으로 삼는다"고 규정하여 주체사상은 북한사회의 최고의 가치이자 체제이데올로기로 확립하였다.[12] 따라서 주체사상은 북한사회의 모든 영역을 지도하는 절대적 원리도 가능했으며, 사실 각종 교육과 학습을 통하여 북한 주민의 행위준칙을 결정하는 도덕규범이 되어 보는 개인의 생활과 사고방식까지도 규율해왔다. 이는 북한이 마치 현대판 봉건군주(왕가)가 신민을 통치하는 가산적 봉건국가(家產的 封建國家)로 전락했음을 의미한다.[13]

---

10) 도홍렬, "김일성 주체사상의 허구성 논증,"「민족사 입장에서 본 북한정권」(서울, 남북문제연구소), 1997, pp. 163~172.

11) 한기식(한승조), "소련의 극동정책과 한국통일",「한국통일과 체제 재통합」(고려대학교 아세아문제연구소, 1972), pp. 131~132.

12) 1980년 10월 13일 제6차 당 대회에서의 개정된「조선로동당 규약」과 1992년 4월 9일의 개정된「사회주의헌법」에서는 김일성의 주체사상이 명문으로 정립되어, 처음에는 실용주의적인 책략이나 전략 정책으로 채택된 주체의 논리가 이제는 허구적인 지배이데올로기, 또는 맹신적인 신화로 변질되었다.

13) 이러한 북한의 체제를 김태희 교수는 "김일성의 신격화"(神格化)와 김일성일가의 "신성가족화"를 특징으로 하는 권

1980년대 중반이후 舊소련 해체와 동구권 몰락이후 마르크스·레닌주의의 조락(凋落)과 프롤레타리아트의 국제적 연대가 파탄지경에 이르자 공산권 내에서 독자성을 강조했던 북한의 주체사상도 갈등의 대상이 사라지자 스스로 풀이 죽어 그 한계성을 들어내기 시작했다. 그리하여 "우리식 사회주의"로 각색되어 주체사상의 한계를 극복하려하고 있다. 그들이 내건 "우리식 사회주의"란 그들의 논리에 의하면, 주체사상을 구현하는 인민 대중중심의 사회주의이며, 수령과 당과 대중이 일심으로 단결하는 "불패의 사회주의"이다. 그들의 "사회주의는 사상의 자유화, 정치의 다당제, 소유의 다양화와 같은 다원주의체제와는 결코 양립할 수 없음을 강조하고 있다.14)

또한 북한지배층은 주체사상의 유일성과 연관시킨 수령론(首領論)을 인민들에게 세뇌시키고 있다. 그러나 이러한 주체논리는 탈냉전적 탈이념적 개혁개방의 세계적 추세 속에서 김일성의 신화를 창조하는 종교와 같은 것이다.15) 더욱이 그러한 거창한 종교적 신화의 논리로 김일성에 비해 모든 면에서 왜소하고 조폭(粗暴)한 김정일의 리더십을 정당화하는 데에는 문제가 있다. 더욱이 1997년 주체사상의 관리자이며 선전자였던 그들 당의 국제비서 황장엽의 귀순으로 주체사상은 큰 타격을 입고 있다. 이제 주체사상은 주체사상의 이론정립자인 황장엽의 망명으로 퇴색하고 있지만 실은 그 이전에 전체인민의 가치관의 붕괴로 내면화되기 시작했다.16)

둘째, 북한정체(政體)의 특징은 그 경제가 국가 계획관리경제로서 모든 생산과 분배를 국가가 주도하며 모든 소유형태가 국유나 공유이다. 국가권력에 의한 획일적인 중앙집권적 계획관

력세습을 무관신성왕국(無冠神聖王國)으로 규정했고, 북한에서 1979년 귀순한 북한연구전문가 안찬일 박사는 "김일성을 위대한 어버이로 한 대가정(大家庭)국가" 또는 "봉건적 가부장제" 국가로 평가하고 있다.

김태희, "북한사회주의 건설과 유일체제 형성," 「眞理에의 架橋」(東義大學校, 三山 김태희박사 문집), pp.66~71.

안찬일, 「주체사상의 종언」, (서울, 을유문화사), pp. 223~235.

14) 한용원, "김정일 사후 북한의 체제변화와 통일정책의 전망," 「통일문제논집」 제14집, (원광대학교 통일문제연구소, 1994), pp. 46~47.

15) 김일성과 그 一家의 신화를 조작하기 위해, 모든 교육이나 행사에 앞서 의례히 김일성의 은혜에 대한 감사를 말하도록 하고 있으며, 북한권력층은 한국의 근, 현대사에서 김일성과 그 선대들을 애국자, 항일 투쟁자로 미화시키고, 북한의 전역에 김일성의 항일운동을 뒷받침하기 위해 300여 개의 혁명사적지와 8개의 혁명박물관을 건립했으며, 수많은 김일성 친필비를 세웠으며, 1973년부터 현재까지(1996년) 김일성, 김정일을 찬양하는 가요를 400여 편을 보급했으며, 김일성 일가의 이름이 붙은 교육기관도 30여 개에 달한다. 그리고 북한전역의 금강산을 비롯한 모든 명산이나 명소에 김일성·김정일 부자를 찬양하는 내용을 거대한 글자로 자연바위에 깊이 새겨놓는 유치한 짓들을 하고있다. 특히 김일성·김정일 부자의 혁명전통을 일상생활을 통해서 교양 할 뿐 아니라 각처의 혁명사적지를 당원, 근로자, 청소년 학생들이 끊임없이 방문답사 하도록 해오고 있다.

金泰希, 앞의 논문, pp. 731~735.

16) 안찬인, 「주체사상의 종언」, (을유문화사, 1997), p. 7.

리체제는 상부의 계획기능과 하부의 조직간에 창의와 능률의 결여를 결과했으며, 관료주의, 기관 본위주의, 지방주의, 형식주의, 요령주의를 체질화하여 생산성의 저하를 가져왔다. 또한 그간에 선진국의 산업기술의 수용을 외면하는 폐쇄적인 "자급자족"(autarkies) 경제체제를 지향해왔기 때문에 산업의 모든 분야에 있어 국제경쟁력을 잃게 되었다. 더욱이 산업이 군사무기 생산에 치중하는 군수(軍需)중공업체제이기 때문에 해외에 무기를 수출판매하지 않는다면 자본의 회수가 불가능한 소모적인 산업구조로 전락하였다.

군수중공업치중의 정책 때문에 경공업은 물론 농업분야를 상대적으로 소홀히 하여 북한주민의 소비수준을 말할 수 없이 열악하다. 이러한 북한경제의 구조적 모순을 극복하기 위해 북한은 1980년대에 들어서서 대외무역의 필요성과 외국자본의 도입을 절감하고 1984년 9월 합영법 제정을 시발로 외국인 투자법(1992. 10. 5), 합작법(1992. 10. 5)등을 제정・공포하였다.

「남포」「나진・선봉」등의 몇몇 지역을 경제특구로 선정하여 개방을 한다고 하지만 그것은 중국의 "1국2체제적" 개방노선이나 베트남의 도이・모이(Doi Moi : 刷新) 정책과는 질적인 면에 있어서나 규모 면에서 열악하기 때문에 개방의 실효를 거두지 못하고 있다. 만일 북한이 "중국이나 베트남처럼" 개방되면 그들의 폐쇄체제와 주체사상이 충격을 견디어 내지 못하고 무기력하게 되어 결국 체제가 붕괴될 것이라는 위기의식 때문에 개방의 필요성을 절감하면서도 개방을 주저하고 있다.

셋째, 북한정체의 특징은 병영국가 체제이다. 북한은 분단 50년 동안 더러 평화를 위장하는 정치공세를 펴면서도 무력적화통일을 준비하는데 연간 국가예산의 30%이상의 군사비를 지출해왔다. 1996년 현재 북한은 113만 1천명의 현역병력과 650만의 예비병력(교도대 160만 명, 노동적위대 390만 명, 붉은청년근위대 90만 명, 인민경비대 10만 명)을 유지하고 있다. 이러한 병력은 북한인구 2천3백55만 명(1996년 현재)의 30%를 상회하는 수치이다.[17] 이러한 수치는 노년층과 어린아이 부녀자들을 제외한 북한 주민의 대부분이 군사활동 내지 準군사활동에 종사하고 있다는 것을 의미한다. 실로 북한은 일종의 兵營國家(garrison state)체제를 유지하고 있다.

이러한 병영국가적 특징은 북한헌법에도 명시되어 있다. 북한헌법 제60조에서도 〈전 인민의 무장화〉,〈전국요새화〉,〈전군간부화〉,〈전군현대화〉라는 규정을 통해 병영국가의 현실을 정당화하고 있다.

---

17) 정석홍, 「남북한 비교론」 (도서출판 사람과 사람, 1997), pp. 340~341.

1992년 개정 북한헌법 제111조에서는 조선민주주의 인민공화국의 국방위원회를 1972년 헌법 제105조에서와 같이 중앙인민위원회의 단순한 부속기관이 아니라, "국가주권의 최고군사지도기관"으로 격상시켰으며, 제113조에는 "국방위원회의 위원장이 일체의 무력을 지휘 통솔한다"고 규정되어 있다. 이는 김정일이 그 국방위원장 겸 인민군 최고사령관의 지위에 있어 군정권과 군령권을 동시에 행사한다는 것을 의미한다. 1998년 9월 5일 개정된「개정헌법」 제100조에서는 "국방위원회가 국가주권의 최고군사지도기관"일 뿐 아니라 "전반적 국방관리기관임"을 명시하고, 그 최고직인 위원장에 김정일을 재 추대하였다.

김정일은 김일성 사후 권력을 승계 한 후, 그의 권력을 강화하기 위해 권력서열의 상위에 군사엘리트를 다수 등장시키고 있으며, 김정일은 모든 일정 중에서 군부대 방문을 최우선시 하고 있다. 현재 북한의 군부는 2만 명 이상의 해외군사유학 경력을 가진 장교단과 1300명 이상의 장성을 가진 비정상적인 거대 지휘체제를 형성하고 있다.[18] 한편 인민무력부 내에 25개 이상의 상급부대가 독자적으로 외화벌이를 하는 무역회사를 차리고 외국과 무역을 하여 자체경비를 조달할 정도로 군의 자율성이 크게 보장되어 있다.[19]

이와 같이 군부가 직접 나서서 외국과 장사하도록 하는 경우는 세계 어느 나라에도 그 유래가 없다. 김정일이 군대에 최대한의 특혜를 주고 관심을 쏟고 있지만 군대의 후방가족들은 극심한 식량난에 허덕이고 있으며 군 자체도 식량난, 경제난을 원천적으로 해소하지 못하고 있어 체제불안이 증폭될 경우 과도하게 비대한 군이 장래에 쿠데타를 일으켜 김정일을 밀어내고 정치의 전면에 클로즈업될 가능성도 있다. 그리하여 김정일 이후에 "개발군사독재"의 등장도 예상된다.[20] 이와 같이 군부가 북한의 북한체제의 안정요인이기도 하지만 한편으로는 불안요인・위기요인이 될 수도 있다. 또한 위기요인으로는 극심한 식량난과 에너지난 그리고 체제불만으로 인한 사회 일탈현상과 탈북현상의 증가를 지적할 수 있다.[21]

넷째, 북한체제의 특징은 주민을 "군중노선" 이라는 이름으로 항상 세뇌하고 감시하는 동원

---

18) 이기택, "주변4강의 대북접촉 진전과 우리의 대응책", 민주평통자문회의 정책심의위원회 제37차 회의자료, p. 28. (1996. 3. 28)

19) 권오기, "남북관계 전망과 통일정책 추진방향", 민주평통자문회의 운영・상임 합동회의 회의자료, p. 4. (1997. 5. 30)

20) 이러한 북한군부의 쿠데타론은 미국 국방성을 포함한 군부가 제기하는 전망이며, 새로 집권하게 되는 북한의 군사쿠데타 세력은 서방측과의 화해정책을 채택하고 결국 시장경제체제로 전환하게 된다는 것이다. 그러나 이 군부정권도 집권 후 몇 년 못 가서 해체될 것이라는 결론이다.
金學俊, "김정일 지도체제 현황과 장래,"「북한, 언제까지 버틸 수 있나」(제3회 서울신문 국제포럼), 서울신문사국제전략연구소, 1997, p. 34.

21) 엄재호 외 공저,「북한개론」(대왕사, 1998), pp. 270~271.

체제(mass-mobilization regime)이다. 북한에는 현재 문화·예술·학술·종교·스포츠 등 다양한 분야의 사회단체들이 있다. 그러나 그러한 단체들이 자율성과 집단이익 표출의 본래의 기능을 수행하지 못하고 정치적으로 동원되고 있는 것이 그 특징이다.22)

1948년 정권수립이후 계속해서 그들은 "조선민주주의 인민공화국"이 한반도를 대표하는 유일한 국가이며, 남한을 인민공화국의 "남반부"로 지칭하면서 "하나의 조선"의 논리를 내세우면서 "남반부 혁명론"과 "고려연방제 통일방안"에 의한 통일을 끊임없이 획책해오고 있다. 이러한 그들의 통일정책 특징을 시기별로 구분하여 요약하면 다음의 〈표 7〉과 같다.

〈표 7〉 북한의 통일정책의 변천

시 기	내 용	주 요 사 건
제1기: 무력통일 시도기 (1948-1953)	·북한은 1948년 9월 정부수립이후, 그들은 남북간의 민족통일전선형성획책, 남한내의 정부전복활동지원 ·1950년 6월 한국전쟁(1950~53)을 통해 무력통일을 시도하다가 좌절	·1950~53년 한국전쟁 ·1953년7월27일 정전협정체결
제2기: 평화통일 공세기 (1954-1961)	·한국전쟁으로 피폐된 체제정비와 산업복구에 주력하면서 위장평화론 제기 ·중국 및 소련을 비롯한 동유럽공산권으로부터 원조를 받음 ·남한의 4·19혁명 직후 북한은 남북연방제 제의	·1954년 제네바에서 정치회담 개최 ·1960년 남북연방제 제의
제3기: 통일혁명 추진기 (1961-1979)	·남한의 5·16군사정변 후에는 민족해방혁명을 강조하면서 남한 내에서 정부전복과 게릴라활동 전개. ·무력을 통한 적화통일을 추구하면서 한편으로는 1971년 미·중간의 접근을 계기로 남북대화도 시도. 적극적인 유엔외교 전개. 화전(和戰) 양면전략.	·1968년 게릴라를 남파하여 청와대 습격. 울진·삼척의 침투사건 ·1972년 7·4 남북공동성명 ·1975년 베트남 적화통일 후 김일성 북경방문에서 무력 통일 지원요청
제4기: 연방제통일 선전기 (1980-1987)	·80년대에 들어서자 김정일 후계체제 공식화 ·고려민족연방공화제 통일방안 제시	·1983년 미얀마 아웅산에서 한국정부요인 폭탄테러 ·1987년 KAL기 폭파
제5기: 공존적 통일 모색기 (1988-1998 9월 현재)	·舊소련의 해체, 동유럽의 민주화, 한·중, 한·러의 수교와 북한의 경제난 식량난의 위기로 북한의 통일 정책은 수세적으로 전환 ·미국과의 관계개선과 평화협정체결 주장 ·종래의 "호전적·공세적 통일전략"에서 "체제 수호적 통일전략"으로 전환 ·김정일 세습체제를 굳힌 최근에는 강성대국지향 선언, 전략무기 개발	·1990년 한·러 수교 ·1992년 한·중 수교 ·1994. 7. 8. 김일성 사망. 김정일의 "유훈통치"시작 ·1994년 북·미간 제네바핵협정 체결 ·1996년 한·미의 4자회담 제의를 북한이 수용 ·1998. 9. 5. 헌법개정을 통해 김정일 "국방위원장" 비상체제 출범

22) 채경석 외 공저, 「北韓學 槪論」(법문사, 1995), pp. 265~309.

제2절 북한의 주변4국과의 관계

북한의 대외관계를 뒷받침해주는 두 후견국가는 중국과 러시아(舊 소련)이다. 북한은 정권 수립 이후 중국, 소련 등과 북방3각 동맹관계를 형성했으며 이와 대치했던 남한은 미국, 일본 등의 남방3각 관계를 형성하여 냉전적 대결을 벌였다. 이러한 관계는 1950년대, 1960년대, 1970년대에 이어서 1980년대 중반까지 지속되었다. 1980년대 후반에 들어서면서 舊소련의 해체와 동유럽 사회주의권의 민주화 그리고 전세계가 국가이익의 경합시대로 진행되면서 남북간의 3각 대치구조가 깨졌다. 북한은 지금 그 어느 때보다도 동북아 지역에서 주변국가들의 실리 경합구도 속에서 대외관계의 조율에 고심하고 있다. 특히 북한은 그들의 전통적인 우방인 중국과의 유대강화와 새로이 접근하는 미국과의 관계개선에 고심하고 있다.

1. 對중국 관계

1948년 9월 북한정권이 수립된 이래, 북한과 중국은 주변의 어느 나라보다도 지속적인 우호관계를 유지해왔다. 북한과 중국과의 관계에 있어서 항구적인 변수가 되는 것은 양국의 지정학적인 요소이다. 한반도(북한을 포함한)는 중국대륙과 연접해있기 때문에 역사적으로 중국과 한반도의 관계는 순망치한 관계(relation of "teeth and lips")로 생각되었다.[23] 또한 1945년 이후부터는 북한에 사회주의 정부가 들어서면서 "사회주의"라는 이데올로기적 연대가 큰 변수로 작용하고 있다.

북한의 중국관계의 본격적인 시발은 1950년 5월 김일성이 북경을 방문하여 毛澤東과 한반도 통일을 위해 한국전쟁을 모의하고 그 지원을 내락받은 데서 비롯한다. 1950년 6월 북한의 남침 초반에는 그들이 한반도의 남부지역을 거의 석권할 정도로 전세가 북한에 유리했으나 미군을 위시한 유엔군의 참전으로 전세가 역전되어 북한군이 한·만 국경지대에까지 패주하자 동년 10월 25일 중국은 대규모의 "의용군"을 파병하였다. 전쟁 중에 중국의용군은 자급하면서 중국의용군내의 식량을 절약하여 그 여분을 북한주민에게 나눠주고 피복을 제공할 정도로 돈독한 "혈맹" 관계를 유지했다.[24]

---

23) Qimao Chen, "China-Korean Peninsula Relations in The 21st Century,"「Korea in The 21st Century」, (Chongju University Press 1977), p. 95.

24) 김동성, "북한의 대중국 정책,"「북한의 외교정책」(양성철·강성학 공편), 서울 프레스, 1995, pp. 235~236.

이러한 북・중간의 혈맹관계에도 불구하고 한국전쟁 기간 중에 중국인민의용군 사령관 팽덕회(彭德懷)의 "한반도의 制限介入論"은 김일성과 전략상의 의견충돌이 있었다.25) 또한 한때 김일성의 리더십에 대해 서휘, 윤공흠, 하학송 등의 당내 연안파의 도전과 이들을 지원했던 중국의 간섭으로 한때 북・중간에 불화가 있었으나 곧 회복되었다. 한국전쟁 이후 1954년에서 56년까지 3년간 북한은 국가예산총액의 23.6%를 사회주의 진영의 원조로 메웠는데 중국과 소련의 원조의 역할이 컸다.26)

남한에 5・16 군사정권이 들어서자 김일성은 1961년 7월 6일 소련을 방문하여 "조・소 상호원조조약"을 체결했고 귀국 길에 중국을 방문하여 동일한 성격의 조약을 조・중간에 체결하여 북한은 대중, 대소 외교를 강화했다. 북한은 1960년대부터 1970년대 초까지 중・소 분쟁이 격화되는 상황 속에서 자주외교노선을 내세우면서 한편으로는 중・소로부터 경제적 실리를 취했다. 예컨대, 1960년에서 1966년까지의 북한의 대외무역의 총액에서 소련이 40%, 중국이 36.5%를 각각 점유할 정도였다.

1970년대에 들어와서 북한은 중・소 불화를 틈타 이들과의 관계에 있어서 상대적 자율성과 안정성을 누리면서 제3세계에 대한 비동맹외교를 적극 전개했다. 북한의 1960년대의 비동맹외교(non-alignment policy)는 소련과 중국의 제3세계에 대한 패권경쟁이나 혁명모델의 수출에 편승하는 反제국주의적 이데올로기적 요소를 특징으로 들어냈다면, 1970년대의 북한의 비동맹외교는 유엔이라는 무대에서 제3세계 국가의 다수의 지지를 받아 유엔에 단독가입하고 통일문제에 대해서 북한의 국제적 사회에서의 이니시어티브를 확립하기 위한 것이었다.27)

1980년대에 들어서자 북한외교는 또 다른 변신을 시도했다. 그것은 1960년대, 1970년대의 "명분"과 "이데올로기"에 집착한 실속 없는 비동맹외교를 반성하고 그들의 전통적 동맹국인 중국 소련과의 유대를 강화하고 나아가서는 미・일을 비롯한 선진자본주의 국가들과의 관계

---

25) 팽덕회와 당시 중국지도층(毛澤東, 周恩來 등)의 한국전쟁 참전목적은 한반도의 통일이라기보다는 중국의 동북공업지역(만주)으로부터 적대세력을 일정거리 떼어놓을 완충지역을 형성하는 것이었으므로, 중공군이 錦江 이남으로 남하하는 것을 유보했다. 이는 미군의 중국본토공격가능성을 배제하기 위한 것이었으며 이는 한반도 전체를 적화통일하려는 김일성의 의도와는 전혀 달랐다. 한반도에 대한 중국의 이러한 제한적 개입태도는 당시 미국이나 소련의 경우도 비슷했다. 이러한 소위 한반도에 대한 제한적 개입과 방어적 입장이 주변국가들의 "현상유지정책"이라고 말할 수 있다. 이러한 논리는 오늘날에도 지속되고 있다.
허만호, " 휴전체제의 등장과 변화,"「韓國戰爭과 休戰體制」(한국정치외교사논총 제16집, 1997), pp.164~165.

26) 김동성, 앞의 논문, p. 236.

27) 김용욱, "비동맹국과의 협력증진 방안,"「한국안전보장논총」 제9집, (국가안전보장회의 정책기획실, 1978), pp. 105~119.

개선에 적극 나서게 되었다. 이러한 외교좌표의 일대전환은 중국의 실용주의 노선과 그 과감한 개혁개방정책의 충격의 결과이다.

주지하다시피 중국은 등소평체제 등장이후, 농업, 공업, 국방, 과학기술 등의 4개 부문의 현대화 전략을 수립하고 선진자본주의 국가의 자본투자와 공업기술을 적극 수용·유치하기 위해 1980년 8월 26일 제5차 전국인민대표자 대회의 상임위원회 15차 대회에서 중국국무원이 입안한 광동성 경제특구례(廣東省 經濟特區例)의 통과시켰다. 이를 계기로 1984년 4월 6일에는 중국의 동북부의 대련(大連), 천진(天津)에서 시작하여 동남부의 광주(廣州)에 이르기까지 연안 14개 거점도시를 완전 개방했다.[28] 이들 개방도시의 일정지역에 「경제특구」를 설치하여 시장경제를 도입하는 소위 1국 2체제를 실험·운영하였다.[29] 특히 중국은 개방의 대상국가에 한국도 포함시키어 한국과 직·간접적인 경제협력관계를 모색하기 시작했다.

이러한 한·중의 접근에 북·중간의 관계는 소원해지기 시작했다. 1983년 북한공작원에 의한 미안마 랑군에서의 한국정부관료들에 대한 폭탄테러사건과 1987년 KAL858기 폭파사건도 북한이 한·중 관계의 개선을 견제하기 위한 것으로 생각된다.

1980년대 후반에 와서 북한은 舊소련을 비롯한 동유럽의 사회주의권이 붕괴되고, 특히 1990년 9월 30일 한·러 간의 수교, 동년 10월 20일 한·중간에 무역사업소개설에 합의하고 경제협력관계를 가속화시키자 북한은 심각한 외교적 고립과 위기감을 느꼈다. 더욱이 이보다 수개월 앞서 1990년 3월 14일에 중국의 강택민 주석이 평양을 방문하여 "두개의 한국" 정책을 천명한바 있었기 때문에 북한으로서는 사실상 심각했다. 1991년 5월 4일 이붕 총리가 북한을 방문하여 남북한이 UN에 동시가입 할 것을 설득했으며, 동년 10월 24일 김일성이 중국을 답방(答訪)했을 때도 강택민은 한반도의 통일에 대한 중립적이고 현상유지적 입장을 거듭 확인했다. 강택민은 남과 북의 어느 한편이 상대를 "먹어버리는" 통일이 되어서는 아니 되며 연방체제하에서 상대방의 이념과 사회체제를 상호 용인하는 1국가 2정부를 지지한다고 거듭 입장을 밝혔다.[30] 이러한 주변상황이 북한으로 하여금 1990년대 초 미국의 전세계적인 핵 패권주의에 도전하여 NPT에서 탈퇴하는 "비상카드"를 내놓게 했다. 북한이 "핵 개발"로 미국을 위협하여 핵 갈등을 빚은 것은 어느 의미에서는 "한반도의 비핵화"와 2개의 한국을 선호

---

28) 문정구, "중공의 경제개발정책과 그 문제점," 「중국연구」(건국대학교 중국문제연구소, 1987), Vol. 6. pp. 96. 103~104.

29) 안석교, "중국개방의 실상과 문제," 「사회과학논문집」, (경희대학교 사회과학연구소, 1987), pp. 15. 중국의 1국2체 제의 구상은 중국 각처의 「경제특구」에서 실시되었을 뿐만 아니라, 1997년 7월 1일 홍콩의 중국환수로 현실화 되었고, 장래에는 마카오와 대만까지도 무리 없이 중국에 편입시키려는 실용주의적 정치적 포석이다.

30) Beijing Review(Oct. 14-20, 1991), p. 7. 김동성, 앞의 논문, p. 246.

하는 중국의 입장에 쐐기를 박고 중국으로 하여금 북한에 무게를 두게 하려는 북한의 "계산된 의지"도 작용한 것으로 생각된다.

2. 對러시아 관계

북한의 舊소련과의 관계와, 舊소련 해체 이후의 러시아와의 관계는 분명히 차원이 다르다. 舊소련의 전신인 짜르 러시아의 전통적인 동북아정책은 중국과 일본을 견제하면서 한반도에 지배권을 행사하고 "부동항"을 획득하여 태평양에 진출하려는 남진정책 이었다. 1917년 볼셰비키 혁명에 의해 짜르 專制政이 무너지고, 공산주의 체제가 들어서자 소련의 한반도에 대한 남진정책은 종래의 政體를 초월한 영토적 지정학적인 요소에 이 지역의 공산화를 획책하기 위한 이데올로기적 요소가 복합적으로 작용하였다. 소련은 일제식민지하에서는 抗日反帝투쟁을 전개한 한국의 사회주의 세력과 민족세력을 지원했으며 제2차대전 후 한반도가 분단된 이후에는 북한 정권의 창설을 주도하였다. 북한정권 수립이후 1980년대 중반까지 북・소 관계는 한마디로 사회국가간의 국제적 연대에 충실했다. 그러나 1980년 후반에서 1990년대 초 舊소련의 해체, 동유럽사회주의권의 몰락이 북・러 관계를 근본적으로 변하게 하였다.

첫째, 舊소련의 기존 관료적 사회주의체제의 개혁과 시장경제체제의 도입으로 상징되는 페레스트로이카(Perestroika)와 글라스노스트(Glasnost) 소련 자체의 해체뿐만 아니라 이로 인하여 동유럽사회주의권의 붕괴, 특히 루마니아의 차우세스쿠 체제의 비극적 종말과 동독의 서독에로의 병합에 큰 영향을 주었다. 이것이 북한에 충격을 주었다. 실로 북한의 김일성은 평소 차우세스쿠 체제의 정부통제 능력이나 그 최고 권력자의 카리스마에 대해서 대단한 경외심을 가지고 있었으며, 또 동독에 대해서는 북한은 같은 분단국가로써 이념적 연대감을 느끼고 동독을 동유럽의 제일의 사회주의 모델로 생각했던지라 그 충격은 말할 수 없이 컸다.

둘째, 한국정부의 과감한 북방정책 추구로 한국이 헝가리, 폴란드, 체코 등의 舊사회주의권 국가와 이데올로기와 체제의 장벽을 깨고 외교관계를 수립한 것이 북한에게 준 또 하나의 충격이었다.

셋째, 1980년대 중반 이후 중・소간의 화해와 접근으로 북한은 종래 이들로부터 받았던 "경쟁적" 특혜를 상실하게되고, 한편 1991년 한・러 간의 수교로 한・러 간에 천연자원개발과 자본과 기술협력이 급진전되자 북한은 깊은 소외를 느꼈다. 특히 한・러 간의 밀월은 1991년 1월 한국정부의 30억 달러의 對러 차관제공협정 체결로 그 절정을 이루었다.

한때 러시아는 북한을 "스탈린주의의 마지막 요새의 하나로 보고 페레스트로이카와 민주화의 적"으로 간주하기까지 했다. 이러한 러·북간의 "거부적" 관계는 양국간의 쌍무적인 무역총량에도 직접적으로 영향을 주어 1989년의 25억 달러에서 1990년에 11억 달러로 감소되었으며, 1991년에 경화(硬貨)로 결제되었을 때에는 3억 6천 4백만 달러로 급격히 감소했다.[31)]

북·러 간의 종래의 우호관계를 청산케 한 결정적 요소는 한마디로 말하면, 러시아의 사회주의의 이념적 요소의 폐기와 원조중단에 있었다. 사회주의를 아주 포기하지 않았던 정부보다는 옐친 정부에 와서 이러한 현상은 보다 현저했다. 옐친은 1992년 11월 한국방문 시에도 "러시아는 북한에 대해서 어떠한 군사적 원조도 계속하지 않을 것" 이라는 극적인 발언도 서슴지 않았고, 1961년 북한과 맺은 "朝·러 우호조약"은 완전히 폐기하거나 근본적인 수정이 있을 것이라고 공언하였다.[32)] 더욱이 옐친은 러시아는 한국과 군사적 기술적 부분의 협력을 준비하고 있으며 한국전쟁에 관련된 극비 정부문서를 한국정부에 양도하기로 결정했다는 입장을 밝힌바 있으며 실제 그 문서의 일부를 건네주기도 했다. 그러나 이러한 한·러 관계는 현재로서는 한·미 관계에 의해서 조율될 수밖에 없다.

그러나 러시아와 북한과의 관계는 아직 완전히 청산되지는 않았다. 그것은 러시아가 지정학적으로 북한과 접경해 있고, 북한의 기존의 공업구조와 산업시설이 아직도 러시아와 연계되어 있기 때문이다. 또한 북한은 현재 러시아에 대해 40억 달러의 채무를 지고있다.[33)] 더욱이 최근 한국에 대한 러시아의 지나친 경제적 기대가 충족되지 못하고 있고 옐친에 반대하는 "친북적"인 좌파와 중도민족주의 세력이 러시아의회에서 다수파로 등장하면서부터 이것이 옐친 정부에 압력으로 작용하여 남북한 등거리외교로 선회하게 하고 있다.

하지만 러시아는 금후 동북아지역의 세력재편 과정에서 그들의 지정학적인 기득권을 계속 유지하고, UN안보리 상임이사국으로써의 역할과 위상을 견지하기 위해서 동북아지역국가들의 "다자적 상호공동안보(mutual common security)체제를 추구하고 있다. 이는 종래 어느 한쪽에 대한 지지를 통한 적대적「절대적 안보」(absolute security)의 탈피를 의미하는 것이다. 예컨대 미·북간의 핵 갈등이 빚어졌을 때나 4자 회담이 제의될 때에도 러시아는 6자 회담(미, 중, 러, 일, 남한, 북한)을 제의했으며, 북한 핵 문제와 관련해서는 IAEA와 UN까지도 추가해서 8자 회담을 제의한 바 있다.

---

31) 하용출, "북한의 對러시아정책,"「북한의 외교정책」(서울프레스, 1995), p. 221.
32) 하용출, 앞의 논문, p. 228.
33) 쿠나제 駐韓러시아대사, "북·러 조약폐기에 따른 러시아의 대한반도 정책," (연설문),「코리아포럼」, 1996, 10.

3. 對미국 관계

한반도 분단이후 근 50년간 북한과 미국과의 관계는 적대적이었다. 북한의 대미관계는 미·소를 주축으로 한 동서냉전의 틀 속에서 시작했으며 특히 한국전쟁 초 단기간의 전쟁을 통한 승리를 자신하고 한반도의 남단에까지 전선을 형성했던 북한은 미국의 참전으로 좌절을 경험했다. 그 뒤 북한은 駐韓미국의 계속적인 주둔이 북한의 적화통일을 저지하고 있다는 인식을 계속 견지해 왔다. 북한은 미국이 한국에 대해서 제국주의정책을 쓰고 있으며 남한지역을 "강점"하고 있다는 思考에서 아직 벗어나지 못하고 있다. 이러한 차원에서 북한정권은 출범초부터 駐韓미군의 철수를 내내 주장해왔고, 1970년대 중반이후부터는 정전협정에 대신하는 평화협정체결을 미국 측에 요청하고 있다. 북한은 한국에 대해서는 한국이 정전협정의 당사국측이 아니고 미국의 군사적 영향력 하에 있기 때문에 협상주체로 상대하지 않으려 하고 있다. 이것이 소위 봉남통미(封南通美)의 논리이다. 이러한 북한의 대미관계를 시기별로 살펴보면 몇 가지 변화의 패턴을 읽을 수 있다.

(1) 對미 적대관계 형성·강화 시기(1948년~1972년)

전후 한반도에 진주하여 38도선을 경계로 양 지역을 점령한 미·소 점령당국의 3년간의 군정을 실시하고 1948년에 남북에 각기 그들의 후견 하에 친미정부와 친소정부가 수립되는 것을 도왔다. 이후 북한정권은 미국에 대해 적대적이었다.

1956년 2월 제20차 소련공산당대회에서 가 스탈린 격하운동과 서방측과의 평화공존노선을 추구하자 이에 반대한 김일성은 소련에 대한 추종을 거부하고 중국과 연합하여 反미 정책을 지속했다. 1962년 미·소간의 쿠바미사일위기(Cuba crisis)시에는 소련의 유화정책을 비난하였다.[34] 그러나 1966년 10월 제2차 당 대표자대회에서 김일성은 소련을 수정주의 노선으로, 중국을 교조주의 노선으로 비난하고 어느 측에도 가담하지 않는 자주외교를 표방하였다. 한편으로 북한은 1960년대 1970년대에는 유엔 등의 국제무대에서 제3세계의 비동맹그룹과 연대하여 맹렬한 반제국주의, 반식민지주의, 반서구, 반미운동을 전개하였다. 특히 북한은 제3세계와의 연대를 강조하면서 소위 "미제의 각을 뜨는 전략"을 공언하였다. 이러한 북한의 對美적대는 직접적으로는 1950년대의 한국전쟁과 1960년대의 베트남 전쟁에서의 미국의 역할에 기인한다.

---

34) 김용욱, "중·소분쟁과 공산주의의 지역화,"「箕堂 이한기박사화갑논문집」(대한국제법학회, 1977), pp. 72~73.

(2) 對미 평화공세와 對南도발의 이중외교시기(1972년~1988년)

미국은 1969년 닉슨 독트린(Nixon Doctrine)선언[35]이후 1940년대 말이래 추구해왔던 對공산권 포위견제전략(containment policy)[36]에서 한발 물러서서 1972년 닉슨의 중공방문을 계기로 미·중화해로 나아갔다. 북한은 이러한 중국과 보조를 맞추어 1973년 9월 뉴욕에 유엔주재 북한대표부를 개설하는 등 물밑에서 대미접근을 활발히 전개했다. 1974년 3월 25일 북한의 최고인민회의 제5기 3차 회의에서는 북한이 한반도에서 긴장을 해소하고 평화를 증진하기 위해 미국과의 직접 협상할 것을 제의하고 나섰으며 한반도의 정전협정을 평화협정으로 대체할 것을 제안했다. 그 제안내용에는 상호불가침서약, 무력충돌위험제거, 미국의 평화통일 방해중지, 내정불간섭, 무력증강과 군비경쟁의 중지 및 군수물자반입중지, 주한미군의 철수 등이 포함되었다.

북한의 이러한 평화협정제의에 미국은 냉담했으며, 한반도문제는 남·북한이 스스로 해결해야 하며, 한국의 참여 없이는 이를 받아들일 수 없다고 대응했다. 당시 미국은 남북한이 직접대화로 풀어나갈 것을 종용하면서 평화협정의 대안으로 만약 중국과 소련이 남한을 승인한다면 미국도 북한을 승인한다는 이른바 "교차승인방안"을 내놓았다. 또 미국은 이듬해 1975년 9월에 개최된 제30차 유엔총회에서도 한반도 문제를 협의하기 위한 남한, 북한, 미국, 중국 등의 4자 회담을 제의한 바 있다. 그러나 북한측은 미국 측의 이러한 제의를 "두개의 조선 조작음모"라고 비난하면서 미국과의 평화협정체결만을 고집했기 때문에 대화가 단절되었다.

1970년대 후반, 미국에서 민주당의 승리로 들어선 카터 행정부는 1977년 2월 카터 대통령의 성명을 통해 북한, 베트남, 라오스, 캄보디아, 쿠바, 이라크 등에 대해 화해를 제의하고 주한미군의 부분철수를 단행하자 북·미간에는 다시 약간의 대화가 트였다. 그러나 1980년대 초 소련이 아프가니스탄을 침공하고 레이건 행정부가 對소 초강경 노선을 채택하자 세계는 新

---

35) 「닉슨 독트린」이란, 첫째, 한국 일본 태국 필리핀 오키나와 등지에서의 미군의 부분적 철수 둘째, 미군철수의 보완책으로 아시아의 동맹국들의 자위력 강화와 미국에 대신하는 일본의 방위비 분담 셋째, 아시아 분쟁지역에서의 美지상군의 직접개입의 회피와 미국의 핵우산의 보호를 주요 내용으로 하는 미국의 군사전략 방침이다. 여기에는 미국의 군사비 절감과, 일본의 미국에 대신하는 역할이 강조되고 있으며 또한 닉슨 독트린은 아시아지역에서의 미군개입의 자제와 오키나와를 일본에 반환하는 것을 계기로 한 미국의 對중국 화해포석으로 해석된다.
한배호, "미국의 아시아 정책과 한·미 관계," 「한국·미국·일본」, (아세아정책연구원, 1977), p. 48.

36) 「컨테인먼트 팔리시」(containment policy)란 1947년 미국의 「죠지·케난」(George F. Kennan)이 「포린 어페어」誌에 익명으로 게재한 "소비에트 행위의 원천"(The Source of Soviet Conduct)이라는 논문에서, 서방측이 공산주의자들의 적화음모와 팽창을 저지하기 위해서는 군사적으로 공산권 주변을 포위·견제해야 한다는 전략이론으로, 이는 냉전시대의 미국대외정책의 기조가 되었다.
X., "The Source of Soviet Conduct," *Foreign Affairs*, (July 1947), pp. 566~582.

냉전체제로 들어가면서 북·미 관계는 또다시 경직되었다. 특히 1983년 북한의 랑군에서의 한국정부관료 암살폭파사건과 1987년 KAL858기 공중폭파사건을 계기로 미국이 북한을 테러국가로 규정하고 대북 제재를 강화하자 북·미 관계는 급속히 악화되었다.

(3) 北·美 간의 직접협상 시기(1988~1998년 현재)

1980년대 후반에 이르러 88서울올림픽을 앞두고 공산권의 올림픽참가와 한반도의 긴장완화를 위해 한국정부는 과감한 북방정책을 추구하였다. 한편 북한도 테러사건으로 악화된 국제여론과 미국과의 관계개선을 위해 노력한 결과 1988년 10월 미국은 對북한제재를 완화하는 태도를 보이기 시작했다. 이리하여 1988년 12월부터 1992년 7월말까지 미·북간에는 북경에서 23차에 걸친 정무참사관급 실무회담이 개최되었다. 여기에서 주로 주한미군의 철수문제, 팀 스피리트 한·미 합동군사훈련의 중지, 북한의 테러문제, 한국전쟁시 실종된 미군유해의 송환문제 등이 다각적으로 논의되었다.

그러나 1990년 초반부터 북한의 핵 개발 가능성과 그 의지가 표출됨으로써 미·북간의 갈등이 또다시 시작되었다. 1993년 3월 12일 북한의 핵확산금지조약(NPT) 탈퇴성명을 계기로 북한은 미국의 핵 패권주의에 정면으로 맞섰다. 그러나 북한의 이러한 핵 카드와 "벼랑 끝" 외교는 궁극적으로 핵 개발에 그 목적이 있다기보다는 미국과의 극적인 협상을 통한 당면한 경제난의 타개, 외교적 고립의 탈피, 김정일 체제의 정통성과 안정의 확보, 안보위협의 해제 등에 있었기 때문에 결국 1994년 10월 21일 북·미간의 제네바 핵 협정에 동의했다.

「제네바 핵 협정」은 북한이 핵 개발을 동결한다는 조건으로, 북한에 2백만 킬로와트의 경수로 건설제공, 경수로 건설 시까지 대체에너지인 중유의 제공, 미·북간에 상호 대표부교환, 북한의 남북대화 착수, 북하의 NPT 복귀와 IAEA 임시 및 일반사찰의 허용, 그리고 미국의 對북한 핵무기 불위협 및 불사용을 보장한다는 내용을 담고 있다. 그러나 이 미·북 핵협정 타결과정에서 남·북 관계가 경색되고 한국은 철저히 소외되었다.

북한의 대미접근은 미국의 클린턴 정부의 대외정책과 연계되고 있다. 클린턴 행정부의 대외정책의 기조는 1995년「동아시아의 전략 보고서」(The East Asia Strategy Report : EASR)에 구체화된 바 있는「개입·확대정책」(Engagement and Enlargement Policy)이다. 이는 미국이 자국의 국가이익을 위해 동맹국 및 우방과의 협력증진은 물론 전통적인 비동맹국이나 중국, 북한, 베트남 등과 같은 舊適性國家까지도 포용하여 관계개선을 확대해 나간다는 정책이다. 특히 미국은 아·태 지역에서 경제협력의 강화와 다자간의 안보협력을 모색하기 위하여 냉전시대의 적성국가에 까지도 접근하고 있다.[37] 그러한 협력의 대상으로 북한도 예외가 아니다. 현재 미국은 체제에 많은 문제점을 지니고 있고 체제 붕괴의 요소를 안고 있는 북한을 붕괴시키지 않고 개방을 유도하여 안정시키려는 소위 연착륙(soft landing) 정책을 쓰고 있다. 이것은 한반도의 평화유지와 그들의 국가이익이 된다고 판단하고 있기 때문이다.

그러나 북한은 최근 다단계 장거리미사일 개발 실험을 하면서 김정일 국방위원장체제를 출범시키고 "强盛大國"을 선언하면서 미국과 "미사일 협상"을 통하여 미국으로부터 실리를 얻어내려 하고 있다.

4. 對일본 관계

김일성은 1948년 9월 북한최고인민회의 제1기 1차 회의에서 일본을 "민족의 원수"로 규정한 바 있다. 그러나 1957년 9월 최고인민회의에서는 일본과의 수교가 양국간의 호혜와 아시아의 평화에 기여할 것을 강조하면서 관계개선을 일본에 제의하였다.[38] 이러한 북한의 요청에 당시 일본은 미국의 점령통치 7년을 마감하는 1952년 샌프란시스코 미·일 강화조약을 체결한 뒤에 미국의 지원 하에 한·일간에 기본조약, 어업문제, 청구권협상을 진행시키고 있었기 때문에 북한의 제의에 응할 수 없었다. 사실 일본은 한국과 공식적인 외교관계는 수립하지 않았지만, 미·일 안보협력관계에 근거해서 한국전쟁 중에 미국의 병참기지가 되어 전시경제 특수 붐을 일으켜 전후폐허에서 비약적인 경제발전을 이룩할 수 있었다. 이렇게 해서 한·미·일의 3각 협력국제체제가 형성된 것이다. 이러한 이유로 북·일간의 관계는 소외될 수밖에 없었다. 그러나 1959년 8월 북한·일본 간에 인도의「캘커타」에서 在日교포 북송협정이 체결되어 대략 8만 8천명의 在日교포가 北送되어 한·일 간에 한때 심각한 갈등이 빚어지기도 했다. 이후 북·일 간의 관계는 공식적인 국교관계가 아닌 민간단체나 정당간의 수준에서 이루어졌다.

1952년이래 1964년까지 13년간 끌어온 한·일 간에 국교정상화를 위한 기본조약이 타결

---

37) Ralph A. Cossa, "Security Goals And Military Strategy of The U.S and Japan : Mutual Defense Treaties and Their Impact on Regional Security, (Chapter 4),"「The Search for Peace and Secrity in Northeast Asia Toward the 21st Century」by ed. Tae-Hwan Kwak, (Seoul, Kyungnam University Press), 1997, pp. 88~89, 93~94.

38) 박성훈, 「북한의 對일본정책」, (국토통일원, 1978), pp. 34~35.

됨으로써, 이후 한·일 관계에 부수되어 북한과 일본간의 관계가 조율되었다. 당시 한국정부의 정통성 인정을 놓고 치열한 외교담판 끝에 「한·일 기본조약」 제3조에 "1948년 UN총회 결의 제195호(Ⅲ)에 명시한 바와 같이 대한민국이 한반도에 있어서 유일한 합법정부임을 확인한다"는 내용을 삽입함으로써 한·일 관계는 공식화되었으며, 이로 인하여 한반도의 북부지역에 "실효적인 관할권"을 행사해온 북한과 일본의 관계는 비공식적인 관계로 전락하였다.

1970년대 들어서서 북한이 脫자력갱생정책으로 선회하면서 일본으로부터 자본, 기술, 설비를 도입하게 되어 무역량이 1972년에는 1억 3,175만 달러, 1974년에는 3억 6천만 달러로 급증하게 되었으며 1979년에는 4억 3,500만 달러 수준에 이르렀다. 그러나 80년대 초 美 레이건 행정부의 출범과 1982년 말 일본의 나까소네 내각이 등장하여 남한의 전두환 정권과 상호 밀착함으로써 북·일 관계는 또다시 소원해지기 시작했다.[39] 북한이 1984년 "합영법"을 제정하여 서방측 및 일본의 기업들에게 경제기술교류와 합작투자를 요청했으나 북한의 1983년의 미얀마 랑군에서 한국 측 각료일행을 폭파 살해한 사건을 자행하고, 1987년 11월 KAL기 공중폭발 사건을 일으키자 그 영향 때문에 북·일간에는 경제협력은커녕 오히려 관계가 악화되었다.

1990년 9월 일본의 자민당과 사회당 대표단이 방북 하여 북한의 노동당과 공동으로 '3당 수교협상'을 선언하여 북·일간의 수교협상은 새로운 전기를 맞이하게 되었다. 이후 8차에 걸친 북·일간의 회담에서는 양국간의 국교정상화문제, 일본의 일제식민착취에 대한 배상문제, 북송 된 조선인의 일본인 妻의 고향방문문제, 일본인 이은혜의 납치문제, 북한의 핵사찰수용문제, 종군위안부 문제, 남북대화문제, 유엔동시가입문제 등이 다각적으로 논의되었다. 그러나 당시는 북·미간의 핵 갈등이 격화되어 가는 시기였으므로 일본은 미국을 의식하여 회담진행을 중도에서 중단하였다. 이러한 북·일 간의 협상중지에는 일본의 김정일 정권의 안정성에 대한 회의와, 일본을 사정거리 권내에 둔 북한의 장거리 미사일 개발에 대한 의구심도 크게 작용했다.

북한의 핵 문제에 대한 일본의 입장은 미묘하다. 일본은 미국의 "핵우산"하에서 지금까지 비핵원칙을 고수해왔고 한반도에서 한국이나 북한이 핵을 보유하는 것을 극히 경계하고 있다. 그러나 일본은 북한의 핵무기개발 의도와는 관계없이 일본내의 사회주의계열이나 在日조총련을 통해서 간접적으로 북한의 핵 개발을 경제적으로 기술적으로 지원해온 것도 사실이다.[40]

---

39) 현인택, "북한의 대일본정책," 「북한의 외교정책」 (양성철·강성학 공편), p. 262.
40) 이춘근, 「북한 핵의 문제 : 발단, 협상과정, 전망」, (세종연구소, 1995), p. 235.

따라서 일본은 북한 핵 개발의 잠재적 지원국이며, 동시에 잠재적 표적국이라는 이중성을 가진다.[41]

또한 脫 냉전시대라고는 하지만 일본은 사실상 군사대국을 지향해왔으며, 결심만 서면 언제든지 즉각 핵무기를 대량생산 할 수 있는 능력을 가졌기 때문에 일본이 북한의 핵 개발을 빌미로 자체 핵무장을 정당화시킬 수 있는 사태가 장래에 올 수도 있다.

제3절 주변국의 對北 인식과 우리의 대응

1. 북한체제 안정성에 대한 4국의 인식

1994년 10월 북·미 간에 제네바에서 핵 협정 기본합의서가 체결된 이후 북한과 주변 4개국의 관계는 전반적으로 화해의 방향으로 나아가고 있었다. 당시 주변국들은 북한의 경제지원과 식량원조에 관심을 두고 있었다.

미국은 북·미간 핵 협정 기본합의서에 따라 합의서 체결이래 연간 50만 톤의 중유를 북한에 제공해 왔으며 1997년 9월에는 신포지역에 한반도 에너지 개발기구(KEDO)를 통해 경수로 건설을 착공하였다. 對北식량원조에 있어서 미국은 1995년이래 유엔세계식량기구(WEP)를 통해서 1천 8백만 달러를, 그리고 1996년에는 1천 500만 달러의 식량원조금을 출연했다. 이에 동조해서 일본도 1995년과 1996년 2회에 걸쳐 50만 톤의 쌀을 지원한 바 있으며 장래 북·일 수교 시 북한에 50억 달러 내지 70억 달러의 식민지배 배상금을 지불할 것을 북한과 협의하고 있다.[42]

중국은 1995년 5월 북한과 "중·조 경제기술교류 협정"을 체결하여 향후 5년간 대북 경제지원을 약속하고 현재 실행에 옮기고 있다. 그 주요내역은 첫째, 매년 밀가루, 옥수수 등 50만 톤의 식량원조를 제공하고 그중 50%는 무상으로, 50%는 국제우호가격으로 한다. 둘째, 에너지 원조에 있어서는 매년 원유 110만 톤(무상 50%, 국제우호가격 50%), 석탄 250만 톤(무상 50%, 국제우호가격 50%)을 제공한다는 것이다.[43] 이와 같은 중국의 對북한지원은

---

41) 김강녕,「남북한 정치외교론」, (대왕사, 1997), p. 274.
42) 세종연구소,「주변 4개국의 북한인식과 우리의 대응방향」, (정책과제 보고서 97-01), 1997, 6, pp. 3~5
43) 세종연구소, 앞의 보고서, pp. 8~9.

북한이 지리적으로 중국과 인접해있어 중국의 안보에 긴요하며 나아가서는 '사회주의' 북한의 붕괴가 '사회주의' 중국체제에 부정적 영향을 미칠 것을 우려하기 때문이다. 그러나 김일성과 등소평의 사망으로 상징되는 양국의 혁명1세대의 퇴장으로 양국지도부의 관계는 보다 실용주의적이 되어가고 있는 것도 사실이다. 따라서 중국의 현 지도층은 북한과 1961년 체결한 군사동맹조약의 내용 중 "자동군사개입" 조항에 구속되지 않으려 하고 있다. 따라서 북한의 對南 군사행동에 대해서도 한반도의 안정과 평화를 해치는 행위로 보고 이를 반대한다는 입장을 분명히 하고 있다.

한편 러시아의 對북 관계는 러시아의 출범 초기나 한・러 수교 당시와 비교해서 점차 우호관계를 회복하고 있다. 러시아정부는 1995년이래 러시아 의회에서 공산당 등의 좌파세력이 득세하여 종래 남한편중외교로 인해 한반도 지역에서 러시아의 영향력이 감소되는 것을 비판하고 이를 여론화하고 있어 러시아 정부는 남북한 등거리 외교로 전환하고 있다. 그러나 러시아는 북한의 위기극복에 대해서 정치적으로는 도울 것이지만 러시아의 경제사정의 지속적인 악화로 경제적으로는 별 도움을 주지 못하고 있다.

4개국 전문가들의 북한체제의 안정성과 붕괴여부에 대한 전망도 각기 다르다. 미국의 전문가와 정책집단은 북한경제가 1990년부터 현재까지 연평균 -4.5% 성장을 기록하고 있고, 연간 평균 250만 톤 내외의 식량부족과 세계 제4위의 군병력을 유지하기 위해 과도한 군사비를 지출하고 있으며 군대우대정책으로 결국 북한이 파산하여 2, 3년 안에, 그렇지 않으면 5년 이내에 붕괴할 것이라는 의견도 있었다. 그렇지만 미국은 이러한 북한이 붕괴되도록 내버려두지 않고 연착륙(soft landing)시켜야 한다는 입장이다. 이러한 입장의 저변에는 미국이 북한을 그들의 전세계적인 핵 패권체제에 굴복시키고 미래의 북한을 그들의 자본주의 시장경제권에 편입시키려는 의도가 깔려있다. 또한 미국은 북한이라는 존재를 통해 한국은 물론 인접국가들을 견제하려는 의도도 작용하고 있다. 이에 비하여 일본의 북한전문가나 관료들은 북한이 식량문제로 당장 조기 붕괴할 것이라고 보지는 않으나 북한이 장기적으로 체제를 유지하기가 어려울 것으로 판단한 바 있다.

이러한 미・일의 붕괴론 과는 달리 중국의 전문가나 정책집단은 북한 붕괴가능성이 희박한 것으로 보고 있다. 그러한 이유로 첫째, 경제난에도 불구하고 김정일에 대한 북한주민의 충성이 확고하고, 둘째, 군대를 김정일이 장악하고 있고, 셋째, 북한주민들은 절대빈곤과 내핍생활에 익숙해 있으며, 넷째, 주변 강대국 중에 어느 한나라도 북한의 붕괴를 원하지 않는다는 사실을 지적하고 있다.[44]

한편 러시아의 전문가들은 북한체제의 위기가 상당기간 존재할 것으로 보지만 붕괴에는 이르지 않고 만일 북한에서 정권변동이 일어난다고 해도 체제대체세력이 없기 때문에 북한체제는 유지될 것으로 본다. 북한체제의 유지와 관련해서, 러시아의 민족주의세력은 북한의 "독자노선"에 대한 기대 때문에 북한의 생존을 낙관하고, 반면에 러시아의 급진민주주의자들은 서방민주주의 국가에서 북한과 경제협력을 확대하여 북한의 현정권을 무너지도록 해야 한다고 주장했다.[45)]

또 4개국 전문가들의 상당수가 북한의 붕괴과정에서 남북한간에 전쟁이 발생할 가능성이 높다고 전망하고 있다. 북한의 붕괴를 가장 우려하는 중국 측에서 볼 때, 북한의 붕괴는 중국의 대외군사관계에서의 완충지대(buffer zone)의 상실을 의미하는 것이다. 만일 북한이 붕괴된다면 같은 사회주의 국가인 중국에 "도미노" 현상으로 파급되지 않을까 중국은 우려하고 있다. 북한 붕괴과정에서 만일 남북한간에 무력충돌이 일어날 경우, 미국이 개입하게 될 것이며 이것이 동북아 4개국간의 긴장을 유발할 수 있다고 보고 있다. 그리고 북한의 붕괴는 곧 한국에 의한 흡수통일로 이어질 것인데 이것은 동북아 지역의 세력균형을 깨뜨리는 것을 의미하므로 중국으로써는 바람직한 일이 아니라고 생각한다. 따라서 중국으로서는 만일 현재 북한에서 김정일 정권의 유지가 불가능한 경우에도 사회주의체제의 존속만이라도 기대하고 있다.[46)]

이러한 인접 4국의 동향, 특히 미국의 북한연착륙 정책이나 중국의 북한 붕괴방지정책 지향에 저항하고 그들과 맞설 수 없는 것이 한국의 입장이다. 또 그렇다고 해서 일부 親北者들이나 감상적 애족주의자들이 주장하는 것처럼 북한에 무조건 식량원조를 해주고 북한을 달래야 한다는 것도 사실 비합리적인 행위이다. 북한이 막대한 군사비를 지출하고 군량미를 비축하면서도 북한주민들을 굶주리게 하고, 김일성 우상화 상징물 건설에 막대한 예산을 쏟아 부으면서 세계를 향해서 식량을 구걸하고 있는 김정일 체제에 대해서 동포애만을 이야기하면서 그들을 도와주어야 한다는 논리는 지극히 순진한 발상이거나 아니면 그들과 연합하려는 의도가 이면에 깔려 있는 것이다. 또한 미국의 일부 전문가들은 현재 한국이 북한을 원조하지 않으면 나중에 통일비용이 더 커질 것이라는 무책임한 주장[47)]을 하고있다. 이들 역시 앞서 이야기한 무

---

44) 또 북한주민들이 그들의 지배권력에 의해 한국을 가상적(假想敵)으로 오랫동안 끊임없이 세뇌해왔다는 점을 지적하기도 한다.
김학준, 앞의 논문, p. 35.

45) Vladimir, P. Lukin, "On Scenarios of North Korea's Change,"「North Korea, How Much Longer They Can Sustain」(Seoul, The 3rd Seoul Shimun International Forum), 1977, pp. 188. 191~193.

46) 세종연구소, 앞의 보고서, p. 16.

47) Daryl M. Plunk, "Countering the North Korean Threat and Coping with its Crisis : An American

조건 식량지원논자들과 별로 다른 입장이 아니다.

러시아의 급진적 민주주의자들(Radical democrats)들도 북한에 대한 식량원조에 대해서는 회의적이다. 식량원조가 북한이 민주적 시장개혁으로 가는데 도움이 되지 못하고 북한의 현정권을 강화시키거나 전쟁에 대비하는 군량미로 전용되기 때문이라고 주장한다.[48] 어쩌면 김정일이 그들 주민들을 굶주리게 하고, 상대적으로 그들 지배층과 지배장치인 군은 상대적으로 우대하고 차별을 두는 것이 그들이 주민을 통제하는 방법이며 그들의 철저한 지배전략일 수도 있다. 극히 평범한 논리지만, 북한과 같은 통제된 사회에서 그날그날 굶주리며 허덕이는 주민들은 체제에 반항할 기력도 의욕도 생길 수 없다. 이와 같이 북한권력층이 북한주민의 굶주림을 방치하는 것은 계산된 정책일 수도 있다. 북한지역내의 오지에 20만 명 이상으로 추산되는 북한의 정치적 반대자들이 12개 처의 집단수용소에 격리수용[49]되어 인간이하의 취급을 하고 있는 현실을 볼 때 북한의 현 집권층은 상식과 합리성을 넘어선 집단들이다. 따라서 북한에 대한 식량지원에 있어서 그 투명성이 요구되며, 민간차원의 지원이 바람직하다고 본다.

2. 통일과 평화를 위한 우리의 대응과제

지금까지 북한체제와 그 대외관계를 살펴보고 특히 북한의 현 체제의 유지와 붕괴 가능성에 대해서 여러 가지 견해를 검토해보았다. 북한의 권력층은 권력의 유지와 강화를 위해 지난 수십 년 동안 온갖 전략과 전술, 강경과 온건을 다 구사해왔으며, 외부환경(주변국가)의 변화와 그 정책에도 민감하게 반응했다. 그들은 상대가 "누구이고", "어떠하냐"에 따라 수시로 정책과 전략전술을 달리했다. 이러한 북한에 효과적으로 대응해 나가기 위해서 우리의 기본적 입장을 먼저 정립해야 한다. 여기에 결론으로 몇 가지 실천적 과제와 입장을 제시하고자 한다.

첫째, 남북간의 갈등과 이질적인 요소를 해소하기 위해서는 다각적인 남북교류가 필요하다. 그 첫 단계가 비정치적 차원에서의 대화와 다각적인 인적·물적 교류이다. 이러한 교류가 확대될 때 신뢰가 생기고 남북간에 협력이 가능하다. 교류와 협력을 통해 통일을 성공적으로 이룩한 사례가 독일통일이며 그러한 교류가 민간수준에서 현재 비교적 성공적으로 진행되고 있는 사례가 중국과 대만의 관계이다. 분단된 양편주민을 폐쇄체제에 가둬놓고 지배권력층이 "통일국가"의 권력을 협상을 통해 分占해서 이룩한 통일이 예멘식 통일이다. 예멘의 소위 "지

Perspective,"「North Korea, How Much Longer They can Sustain」, 1977, p. 227.

48) Vladimir P. Lukin, "On Scenarios of North Korea's Change," Ibid. pp. 191~192.

49) 최성철 편, 「국제사회와 북한의 인권」, (북한인권개선운동본부), 1996, pp. 89~91.

배층의 합의통일"은 후에 그들간의 권력의 균형이 깨지자 곧 내전으로 비화되었고 결국 무력에 의해서 가까스로 통일이 봉합되었다. 이러한 통일사례에 비추어 볼 때 남북한은 통일 이전에 반드시 민간교류가 선행되어야 한다.

둘째, '다변적 통일외교와 자주적 안보체제 강화' 가 요청된다. 한국은 북한과 교류협력을 인내심 있게 추구하면서도 북한의 화전양면(和戰兩面)전략에 대응하기 위해서는 보다 유연하고 균형 있는 주변 4강에 대한 통일외교를 전개해야 한다. 미·일과는 기존 우호관계를 유지하면서도 중국과 러시아와도 선린관계도 추구해야 한다. 한마디로 한국의 통일외교는 주변국들과의 세력균형차원에서 추구되어야 한다.

또한 주체적인 통일외교와 병행하여 자주국방을 위한 군사역량도 강화해야 한다. 북한의 도발의지를 꺾을 수 있는 적정수준의 무기체계의 확보, 그리고 유사시에 대비해서 주한미군의 계속주둔과 한·미 공조체제의 확립 등이 그 주요 사안이다.

셋째, '다각적인 통일방법'이 추구되어야 한다. 북한체제의 급격한 변화로 인한 붕괴사태에도 대응하는 다각적인 대책이 수립되어야 한다. 소위 "점진적 통일론"이나 "국가연합형태"의 남북공존체제의 집착은 남북분단을 장기화할 우려도 없지 않다. 따라서 평화를 전제로 한 것이고, 군사적인 방법에 의한 통일이 아니라면 급진적인 통일방안도 배제해서는 안 된다.

일부에서는 북한의 급작스런 붕괴로 인하여 흡수통일의 상황이 벌어진다면 북한의 군사적 도발의 우려가 있으며, 또 남한이 북한의 경제적 어려움을 떠맡아야 하기 때문에 이것이 결과적으로 남한에 큰 부담이 되므로 조속한 통일은 곤란하며 북한이 경제적으로 어려움을 극복할 수 있도록 먼저 원조를 해야 한다는 주장을 한다. 그러나 이것처럼 한민족이 당면한 분단의 질곡을 외면하는 자기기만적 논리는 없다. 소위 흡수통일이 되었을 때 소요되는 비용은 그것이 아무리 크게 어림잡아도 분단으로 인해 겪는 정신적, 물질적인 희생에 비교해서는 작은 것이다. 또 흡수통일을 말할 때, 어느 일방의 통일의지가 타 일방을 강요하는 것으로 이해하고 그러한 예로서 일반적으로 독일통일 사례를 논의하고 있다. 그러나 실은 독일의 소위 "흡수통일"이란 것은 동독주민이 서독체제를 선호하고 그들 주민의 선거에 의하여 뽑힌 정당·정파의 다수가 동독의회에서 서독에의 병합을 결의했으며, 이것을 서독 측에서 받아들인 결과라는 사실을 간과하고 있다. 그러므로 북한의 흡수통일은 북한주민이 원하고 북한 지도층의 결단이 있어야 한다. 따라서 북한의 흡수통일은 북한체제 자체의 변화와 그들의 합의가 전제된 것이다. 이러한 통일이라면 왜 우리가 원하지 않겠는가.

우리의 입장에서는 적어도 흡수통일의 상황이 오느냐, 오지 않느냐가 문제이지 만일 흡수통일을 해야할 상황이 온다면 흡수통일을 마다해서는 안 된다. 앞서 논의했지만 흡수통일이 되더라도 북한의 경제적 어려움을 해결하기 위해서는 과중한 군사비를 복지후생비로의 전용한다든지, 남한의 민간기업을 북한지역에 진출시키고 공장을 건설하여 북한주민의 고용창출로 경제적 안정을 확보할 수 있다.

넷째, 우리는 북한주민의 인권문제도 북한지도층에 제기해야 한다. 한국은 북한의 신뢰회복과 화해·협력을 얻어내기 위해 북한당국의 비위도 맞추고 정부차원의 대화와 협상도 중요하지만 한편으로는 북한의 정권과 북한주민을 분리해서 고려하는 대북 정책도 병행해야 한다. 즉 북한주민의 인권문제, 복지문제(심지어는 그들의 식량난까지도 포함하는)에 대해서도 관심을 가져야 한다. 다시 말해서 한국은 북한권력집단들과의 협상이나 타협에만 집착하거나, 가시적인 남북 "정상회담" 개최 같은 것에 매달리거나, "예멘 식"의 남북한 집권세력간의 "나눠먹기 식"의 권력분점과 야합의 환상에 들뜨지 말고 북한의 專制的 집권세력의 체제관리상의 문제점과 인권탄압사태에 대해서도 확실하게 문제를 제기하여 북한 체제의 변화를 촉구하고 유도해야 한다.

다섯째, "자유민주주의 체제로의 국민적 합의와 효과적인 '통합적인 통일결정체'의 형성"이 요구된다. 우리는 북한과의 협상에 있어서 가이드라인으로서 또는 통일체제의 궁극적 목표로써 자유민주주의의 대 원칙을 견지해야 한다. 자유민주주의는 통일국가의 궁극적 가치체계이다. 이러한 자유민주주의는 온건한 사회민주주의 정당, 정파의 노선까지도 포용하는 서구의 자유민주주의와 같은 포괄적인 민주주의이어야 할 것이다. 그래야만 북한 내에 잠재되어있는 온건하고 개방적인 사회주의 세력까지도 통일체제에 수용할 수 있을 것이다.

또한 현재 우리의 통일정책의 다양한 쟁점(군사, 외교, 경제, 문화 등의)을 각기 관장하는 정부의 부서들의 기능을 효과적으로 통합, 조정할 수 있는 통합적인 통일결정체의 형성이 요구된다. 그리고 아울러서 통일정책 전략연구, 나아가서는 통일에 대한 각종 교육의 내용과 방향도 정부출연 통일관련 연구기관과 전국의 대학통일문제연구소, 그리고 주요 사회단체의 연구기관들이 상호 정보를 교환하고 진지한 협의를 통해서 모색되어야 한다.

제9장 "통일한국"의 이념지향과 체제향방

문제의 제기

지금까지 우리는 민족통일의 원동력으로서, 그리고 끈질긴 정치공동체의 추진력으로서 민족주의의 의미와 그 생성·변천을 살펴보았다. 특히 통일의 원동력으로 작용할 수 있는 한국민족주의의 생성과 발전을 역사적 맥락과 대한민국의 정통성을 찾아보았다.(제1·2장). 또한 베트남·예멘·독일·중국-대만 등의 분단 및 통합과정의 분석을 통해 분단국으로서 한국이 지향해야 할 통일정책을 살펴보았다(제4·5·6장). 제3장·제7장·제8장에서는 한국통일의 "장애물이자 동시에 디딤돌"인 주변 강대국의 정책, 핵 문제와 한·미·북한관계, 그리고 북한체제의 특성을 비판적으로 고찰하였다.

이 9장에서는 이상의 논의를 종합·정리하는 입장에서, "통일된 한국"이 지향해야 할 정치이념과 체제의 향방에 대해 논의하려고 한다.

남북한이 분단을 극복하고 통일을 이룩하였을 경우, 다시 말하면 통일 후에 한국의 정치체제가 지향해야할 이데올로기와 체제운영 방식 그리고 체제패턴이 무엇이어야 하는가 하는 주제는 다분히 당위론적 문제이다. 그래서 필자의 논의가 자칫 잘못하면 가공적인 희망사항에 그칠 수도 있다. 이러한 위험성을 극복하는 한편, 논의의 개연성과 구체성을 위하여 먼저 해방이후 남북한 양체제에 수용되어 실험해온 이질적인 이데올로기와 체제상의 문제점을 살펴보려 한다. 그리고 지금으로부터 대략 1세기간의 대결로 특징 지워지는 세계적인 이념추세인 자유민주주의와 사회민주주의의 갈등과 상호 수렴, 그리고 1980년대 이후의 전세계의 급진적 사회주의의 퇴조(退潮)를 개관하고, 특히 외세에 의해 분단되었다가 통일된 베트남·독일·예멘의 분단시와 통일시의 지배적 이념과 체제가 무엇인가를 살펴보고 나아가서는 두 이질적 요소들이 어떠한 형태로 극복되었는가를 규명하고자 한다. 우선 주제를 보다 명확히 하고 생각을 효율적으로 정리하기 위해서, 필자가 상정하는 '이념'과 '체제'의 의미를 간단히 전제해 두겠다.

한 국가 사회의 지배적 이념이란, 한 국가 사회 내에 성원들이 그 사회의 목표, 조직, 운영

※ 이 글은 원광대학교 개교 50주년 기념 국제학술회의 〔대주제 : 21세기 한민족의 전망〕에서 저자가 "통일한국의 이념과 체제"란 주제로 발표한 내용임. (1996년 10월 11일~12일, 원광대학교 숭산기념관)

에 대해서 공동적으로 가지는 신념체계이다. 특히 정치이념은 '인위적인 또는 假定的인 이념 기반 위에' 구축된 政治社會化(political socialization) 계획이나 철학이다.[1] 정치이념은 정치현실에 대한 진단과 처방전이며, 어떤 사람의 이념은 그가 속한 사회조직 내의 위계나 위치에 의해서 결정되며, 때로는 그것이 진실일수도 있고 허위의식일 수도 있다.[2] 또한 이념은 마르크스주의자들의 말처럼 기득권 층의 이익을 정당화하는 보수성향의 신념체계나 가치일 수도 있으며, 그와는 반대로 보수적 지배이데올로기에 대항하는 개혁적 내지 혁명적인 성격을 띨 수도 있다.[3] 이념은 흔히 상식적으로 생각할 때 비실천적인 것으로 생각될 수도 있으나, 일반적으로 이념은 정치엘리트의 정치적 신조나 비전과 동일시되며 거기에는 반드시 실천이 수반된다.

이념이 중요한 것은 이념자체가 다음과 같은 몇 가지 본질적인 속성을 지니고 있기 때문이다. 첫째, 이념 그것은 개인이나 집단의 정치사회에 대한 認知능력(cognitive capability)이다. 특히 어느 집단이 그들의 가치를 그들이 속한 정치사회에서 추구할 때, 그들의 감정과 신념은 정치이념화 되게 된다. 이때의 정치이념은 당위적인 가치관을 의미하는 것이 아니고 현실에 대한 인식자체와 인식능력을 포함한다. 이념은 또한 장기적으로는 역사의식을, 단기적으로는 시국관을 수반한다. 둘째, 이념은 정치사회의 체제나 현실의 제반문제를 객관적으로 "평가하는 능력"(evaluative capability)이다. 셋째, 이념은 "행동지향성"(action orientation)을 내포한다. 이렇기 때문에 이념은 유토피아나 신화와는 다르다. 물론 이데올로기에 '유토피아적 요소'나 '신화적 요소'가 없는 것은 아니다. 다만 그러한 이상들이 구체적 계획과 전략에 연결되어 있는 것이 이념이다.

앞에서 논의한 이념의 속성 때문에 이념, 특히 정치적 이념은 다음의 몇 가지 정치적 기능을 수행한다. i) 정치적 행동목표의 설정과 그러한 목표달성을 위한 수단의 선택, ii) 정치적 행동자의 정당성과 사명감 고취, iii) 사회현실과 정치현실을 객관적으로 인지하고 그러한 기반 위에서 국민을 통합하고 대중을 설득하고 동원하는 전략을 제공한다. 정치이념의 이러한 속성 때문에 정치적 변화를 겪고있는 많은 국가에서는 여러 가지 정치적 이념이 내세워진다. 더욱이 남과 북으로 갈라져 갈등하고 있는 한민족의 처지에서 비교우위를 다투는 이념상의 대

---

1) Harry M. Johnson, "*Ideology and the Social System*", Int'l Encyclopaedia of the Social Science, vol. 7(1979). p. 76.
2) Edward Shils, "*Ideology*", *Idid.* p. 73.
John Plamenatz, Ideology, (London : Pallmall Press Ltd, 1970) p. 27.
3) Edward Shils, "*Ideology*", *Idid.* p. 68.

결과 그 선택은 매우 중요한 문제이기도 하다.

또한 체제란, 넓게는 국가구조와 형태, 좁게는 정부운영의 방식 틀이나 패턴을 의미하는 것이다. 체제의 성격을 결정지어주는 중요변수로써 이념정향·정부권력구조·정당제도·선거제도·이익단체·경제체제·군부·대외관계 등 여러 가지를 상정할 수 있으나 그중 가장 중요한 것은 정부의 권력구조, 정당·선거제도, 경제 메커니즘이다.

여기에서 먼저, 서로 대치하면서 50여 년을 지속시켜온 남북한의 이념과 체제의 성격 그 문제점을 살펴보고, 한편으로는 세계사적인 이념대결과 상호수렴의 일반적 추세, 그리고 서로 이념과 체제를 달리하면서 갈등하다가 결국 통일을 성취한 베트남, 독일, 예멘의 이념과 체제 통합과정을 조명하고자 한다. 그리고 결론적으로 앞서의 논의나 경험에 비추어 볼 때, 통일한국의 바람직한 이념과 체제가 어떠한 것이어야 하는가 그 방향을 생각해 보고자 한다.

제1절　남·북한의 이념과 체제 그리고 문제점

1945년 8월 미·소 연합국이 일본을 패망시키고 한반도를 북위 38도선을 경계로 남북으로 분할 점령한 후 각기 점령통치를 실시하면서, 한반도는 미·소가 주도하는 자본주의체제와 사회주의체제에 각기 편입되었다. 이러한 분단체제는 전후 미·소간의 패권적 냉전에서 시작되어 1950년 6월 한국전쟁의 발발로 3년간 수백만의 사상자를 낸 동족상잔을 겪으면서 두 개의 정치권으로 고착되었다. 이후 지금까지 남과 북은 서로 통일을 내세우면서 이념적 대결과 군사적 대치상태를 지속시켜 왔다.

북한의 체제는 주지하다시피 소련군 제25군의 점령통치하에 스탈린 체제의 후견을 받은 김일성을 중심으로 일단의 항일 빨치산들이 주축이 되어 출범시킨 소비에트식 사회주의 체제였다. 그들이 내건 체제이념은 1946년 8월 북조선 노동당 창립대회에서 黨노선으로 천명한 마르크스·레닌주의였다. 이것이 이후 김일성 일파의 독재체제로 굳혀지면서 1961년의 조선노동당 제4차 黨대회에서 마르크스·레닌주의의 '북한에서의 창조적 적용과 항일 무장세력의 혁명적 전통'으로 부연·수정되었다.

1972년 12월 17일 다시 전면 개정된 '조선인민공화국 사회주의헌법'에서는 마르크스·레닌주의를 북한의 현실에 창조적으로 적용한 주체사상(동 헌법 제4조)을 등장시켰고 1980년 조선노동당 6차 대회에서는 주체형의 마르크스·레닌주의 혁명사상을 당 지도이념으로 내걸었다. 그러나 1980년대 후반부터 舊소련을 비롯한 동구 사회주의 체제가 몰락하자, 1992년 4월 9일 북한의 최고인민회의 제9기 제3차 회의에서는 새로 사회주의 헌법을 개정하여 마르크스·레닌주의를 아예 삭제해버리고 "주체사상"과 "우리 식 사회주의"만을 당의 지도이념으로 내세웠다.[4)]

주체사상은 원래, 김일성이 1955년 12월 28일 '당 선전선동일꾼들' 앞에서 사상사업에서 교조주의와 형식주의를 퇴치하고 배외(拜外)사상을 배격하여 주체를 확립하자고 연설한데서 처음으로 제시되었다. 이후 주체사상은 1960년대에는 국제적으로는, 중소분쟁과 공산권의 다원화 추세 속에서 북한체제의 자주와 자율성을 확립하는데 기여했고,[5)] 국내적으로는 김일성에 반대하는 연안파, 소련파를 숙청 견제하고 경제적으로는 자력갱생의 논리를 내세워 소위 김일성의 군중노선에 따라 북한 주민을 노동현장에 내몰아 넣고 세뇌시키는 이데올로기로 정착하였다.[6)] 이와 같이 1950년대 1960년대의 주체의 논리는 자주적 대외관계, 그리고 독자적인 경제건설방식이라는 전략적 이데올로기로서의 의미가 강하였다. 그러던 것이 1970년대에 들어와서는 그것이 점차 김일성의 독재와 카리스마를 정당화하기 위한 김일성주의, 김일성사상으로 각색되어 유사 宗教化하였다.

특히, 김일성과 그 가계의 우상화와 부자세습체제, 김일성 개인에 대한 신격화를 도모하여 당과 인민의 중심인 首領의 유일적 영도체계를 절대화한 정치이념이 되었다.

주체사상은 1994년 7월 김일성 사망 이후에도 김정일에 의한 유훈통치(遺訓統治)와 김일성=김정일이라는 이미지 조작에 절대적으로 활용되고 있다. 실로 현재의 북한은 죽은 김일성의 주체사상에 의해 지도·통제되는 병영적 일당 전체주의체제이다.

또한 북한은 경제구조에 있어서는 50년대 후반에 완료한 사회주의적 소유 및 지배구조에 기초한 중앙집권적 계획경제체제를 고수하고 있다.[7)] 그러나 1980년대 중반부터 舊소련을 비롯한 동구와 중국으로부터 원조중단과 보다 근본적으로는 그들 중앙집권적 계획경제와 그 폐쇄성 때문에, 급격한 생산감소와 대외무역적자가 누적되어 경제가 매년 마이너스 성장을 기록하게 되자, 그들은 경제위기를 타개하기 위해 1980년대 말부터 개방을 시도해왔다. 그러나 그들의 개방은 개방으로 인한 북한 경제체제에 대한 직접적 충격을 완화 완충하려고 경제특구

---

4) 양성철, 「북한정치연구」, 박영사, 1993, pp. 53~58.
5) 한기식(한승조), "소련의 극동정책과 한국통일", 「한국통일과 체제 재통합」 (고려대학교 아세아문제연구소 1972) pp. 131~132
6) 김일평, "중공의 대 북한관계", 앞의 책 pp. 92~93.
7) 신도철, "북한에서의 사회주의소유 및 지배에 관한 고찰", 한국비교경제학회 「비교경제연구」 창간호, 1992. pp. 194~195.

나 "자유경제 무역지대"에 한정 지우는 '점진적이고 제한적인 개방'을 추구하고 있어 그 개방의 실효를 거두지 못하고 있다. 여기에 설상가상으로 북한은 극심한 식량난을 겪고 있으며, 유엔과 세계를 향해 식량원조를 요구하고 있다.

이러한 상황하에서 북미, 북일 간의 수교가 본격화되어 경제교류가 활발히 진행되고 개방이 보다 확대되고 전면화 될 경우, 북한은 폐쇄적 사회주의적 계획경제체제의 고수가 불가능하게 된다. 그렇게 된다면 주체사상도, 일당독재체제도 수정이 불가피하게 된다.

또한 북한은 20년 이상 후계자 작업을 통해서 김정일이 김일성 사망직후 사실상 권력승계를 받았고 4년 동안 다지는 작업 끝에 이를 공식화했다. 이러한 김정일의 "王朝的 권력승계"는 의 개혁・개방이후 러시아를 비롯한 동유럽에서 선거를 통해 권력의 민주적 승계를 정착시키고 있고, 또한 인접한 중국에서도 등소평이 권력의 개인적 세습이 아니라 '정책승계'를 공식화했던 추세를 고려할 때,[8] 북한의 개방이 가속화되는 어느 시점에 가서는 분명히 변화가 있을 것이다. 북한의 김정일 권력세습은 북한의 체제를 현재 총체적으로 정체시키고, 경직시키고 있기 때문에 만일 김정일 정권이 무너진다면, 북한사회 전체는 총체적 위기를 맞이하게 될 것이다.

한편 이러한 북한과는 달리 일제식민통치가 종식된 후 남한은 미군정 3년 동안 서구 자본주의 체제를 수용하여 실험한 후 1948년 이승만과 한민당을 비롯한 우익보수세력이 주축이 되어 대한민국 정부를 수립하고 자유민주주의를 표방하면서 대통령중심제, 다당제, 자유선거를 실시했고 경제체제의 근간으로는 사유제와 시장경제를 채택했다. 그러나 실제 1950년대의 남한의 정치체제는 반공이라는 냉전 이데올로기를 내세운 이승만의 권위주의적 독재로 시종 했고 경제는 미국의 원조에 의한 관급경제와 수입억제에 의한 대체산업에 머무는 산업화 이전 단계였다.

1950년대 중반에 조봉암(曺奉岩)을 비롯한 온건한 민주사회주의자들이 진보당(進步黨)을 결성하고, 자본주의의 수정과 변혁, 계획경제, 평화통일을 표방했으나,[9] 보수세력은 여야 할 것 없이 일치하여 이들을 제도권 밖으로 내몰았으며, 종국에 가서는 제3대 대통령선거에서 자유당의 이승만 후보에 대항하여 2백 16만 표의 지지를 받은 진보당의 조봉암 후보를 보안법에 걸어 사형시키고 진보당을 해체하였다.[10] 이후 남한에서 민주사회주의 정당은 집권정당의

8) 이우정, "사회주의국가의 권력승계에 관한 이론과 사례", 동국대학교 안보연구소, 「安保硏究」 제 23호, 1993, pp. 30, 32.

9) 정태영, 「조봉암과 진보당」, (서울 : 한길사 1991), pp. 566~608.

10) 이성구, 한국정치와 좌익이데올로기 문제, 한국정치학회, 「한국자본주의와 좌파 이데올로기」 제5회 한국정치 세계

위성정당이나 체제민주화를 위장하는 장식품으로 전락하였다. 이러한 자유당정권의 독재에 항거한 학생들의 4·19혁명으로 한때, 정치적으로 자유민주주의가 최대한 기대되었으나 장면(張勉)정권의 체제관리능력의 부족, 자유당 정권시에 억눌렸던 사회주의적 진보세력들의 치열한 도전으로 체제가 위기에 봉착하게 되었고 이것이 군부의 궐기에 빌미를 주어 종내에는 5·16 군사정변이 일어났다.

박정희를 주축으로 한 5·16 정변세력은 소위 3공화국 기간에 근대화와 공업화를 추구하면서 새로운 '근대화 민족주의'를 내세우고 다당제적 정당정치를 실험했으며, 경제적으로는 국가 주도의 산업화를 통해 급속한 발전을 이룩하였다. 그러나 장기집권욕으로 3선 개헌을 단행했으나 야당의 치열한 정치공세로 민주적인 체제관리능력에 한계를 느끼고 또다시 헌정을 중단하고 의회와 정당을 체제유지의 보조수단으로 격하시키고 1972년 10월 소위 '유신체제'라 이름하는 권위주의적 과두체제를 수립하였다.

제4공화국이라는 이름하의 이 '유신'시기의 폭압적인, 집정관적 권위주의 체제(praetorian authoritarian regime)에 도전하는 학생과 재야세력의 투쟁노선은 자유민주주의 체제의 확립과 군사독재의 종식에 있었다.[11] 이들은 또한 1970년대 후반에 와서는 廣州단지 폭동과 「Y·H사건」이 상징하는 바와 같이, 노동현장과 빈민의 권익과도 연대하였다. 이후 치열한 민주화 운동과 유신 지배층 내부의 '자중지란'으로 1979년 10·26사태로 유신정권이 무너지고 민주화가 모색되었다.

그러나 권력지향적인 全斗煥 등의 신군부는 10·26사태 이후의 민주화 운동을 12·12 군사반란과 5·18 광주대학살을 통해 좌절시켰다. 이들은 일당독재에 버금가는 민정당을 중심으로 한 패권정당체제(hegemonic party system)를 구축하고 남한에서 자유민주주의를 후퇴시켰다. 형식적인 다당제, 자유선거도 있었지만 실질적으로 강권적인 군부독재체제로 시종했다. 1980년대에 반민주적인 전두환 등의 新군부체제는, '정권승인·안보'를 위해, 미국의 레이건 행정부에 매달려 완전히 과학기술, 방위산업 및 주요산업을 미국에 종속시킨 비주체적 반국가이익적 정책을 펴 나갔으므로 이를 규탄했던 80년대의 학생운동은 반미, 반제국주의적 사회주의적 민중민주주의를 강도 높게 내세운 급진이념성향을 드러냈다.[12]

이러한 군부독재 체제는 1987년 6월 민주화 세력의 항쟁과 그 이면에서 작용한 미국의 압

학술회의, 1995, pp. 14~18.

11) 최평길, 한국의 정치와 학생운동, 한국정치학회, 「한국의 정치변동과 학생 및 노동자」, 제5회 한국정치세계학술회의, 1995년 7월 20일~21일, p. 5.

12) 최평길, 앞의 논문, pp. 5~6.

력으로 민주화를 이행하는 합의개헌을 하지 않을 수 없었다. 합의개헌을 통해 노태우의 과도정부가 들어서고 1992년 김영삼 문민정부 시대를 열게 되었다. 1987년 6월 항쟁은 급진적인 재야, 학생들이 연대하는 소위 민중민주주의의 승리가 아니라 오랜 군사독재에 염증과 환멸을 느낀 도시 소시민·중산층 온건한 학생·지식인 등이 광범위하게 참여한 '시민적 연대'가 군사독재를 굴복시킨 결과이다.

남한의 광복 50년의 정치사를 개관할 때, 북한과는 달리 자유민주주의를 정치이념으로 내걸었지만 이승만의 독재, 4·19 학생혁명, 5·16 군사정변, 제3공화국의 다당제적 정당정치의 실험과 그 좌절, 제4공화국의 집정관적 권위주의체제, 제5공화국의 신군부의 쿠데타에 의한 패권정당정치로 얼룩져왔다. 金泳三 문민정부는 과거 군사권위주의 체제에 의해 뿌리내린 군사문화와 부정부패구조를 척결하기 위해 사정과 역사바로세우기 운동을 벌였다. 그리하여 군사독재와 부정과 비리의 상징적 인물인 전두환, 노태우 두 전직 대통령을 법의 심판대에 올려놓고 단죄한 바 있다.

한편 남한의 경제체제는 이러한 파란과 좌절로 점철된 정치적 역정과는 달리 1960년대부터 국가주도하의 급격한 공업화와 수출지향적 시장경제체제의 추구로 경제적으로 선진국권으로의 도약을 이룩하였다. 그러나 급격한 공업화가 상대적으로 농업분야의 소외와, 국제경쟁력 조장이라는 이름 하에 재벌에 대한 특혜중심의 경제체제를 운영하여 이것이 고질적인 정경유착과 분배의 불평등의 심화를 가져왔던 것도 사실이다. 그러나 김영삼 문민정부는 토지와 금융실명제 실시, 기업의 소유와 경영분산 권장, 노사관계에 대한 정부의 조정, 그리고 복수노동조합의 인정과 정치활동허용, 중소기업의 육성강화 등으로 자본주의 경제체제의 구조적 모순을 극복하려는 정책을 강화해 나가고 있다. 그러나 방만한 기업운영, 단기외채의 무분별한 도입, 성급한 시장개방과 투기적 국제금융재벌들의 횡포가 우리 경제의 대외적 경쟁력을 약화시키고 있다.

이제 남한의 정치는 과거의 군사문화 유산의 철폐나, 부정부패의 척결이나 억압체제의 종식이라는 면에서 권위주의 체제로부터의 자유화, 즉 민주화에로 이행은 성취했으나, 민주주의의 가치와 이념, 제도, 절차를 뿌리내리는 '공고화'에 있어서는 아직도 많은 문제점을 지니고 있다. 민주정치의 실질적인 동력이 되는 정당이 비민주적인 보스정치와 지역 할거주의를 30여년 이상 추구해와 실로 고질적인 지역갈등이 심화되고 있다.[13)]

---

13) 김만흠, "한국의 정치갈등과 권력자원", 한국정치학회, 「한국정치의 갈등구조」 제5회 한국정치 세계학술대회, 1995년 7월20일~21일, pp. 9~14.

특히 한국정치에 있어 지역분할 구도는 남북분단 못지 않게 권력배분 구도와 맞물려 한국정치의 민주화의 공고화를 어렵게 하고 있다. 예컨대 ① 건전한 대의제도의 발전을 위태롭게 하고, ② 지역중심으로 정치세력간의 대결구도를 조장하고, ③ 나아가는 지역적 패권화를 촉진시키고 있다.14) 아울러 여기에 여야 할 것 없이 정당지도층은 금권정치의 생리가 체질화되고 있어 정경유착이 심하고 특히 야당은 정치자금 확보를 위해 헌금과 黨공천을 연계시키고 있다. 이러한 정당내부의 비민주성, 私黨性이 한국정치 발전을 저해하고 있다.

이외에도 남한의 정치는 명실상부한 권력분립체제의 확립을 위해 국회의 위상강화문제, 민주화의 공고화를 위해 극우·극좌의 극단적인 세력을 배제·약화시키는 문제, 국가와 재벌·노동자 등의 3자간에 있어 균형적 관계의 재정립과 제도화하는 문제, 그리고 새로이 대두되고 있는 환경오염문제와 지역이기주의 문제 등 많은 과제를 안고 있다.

제2절 이념과 체제의 세계사적 추세와 "통일된" 국가사례

1. 이념과 체제의 상호 수렴과 전환

1980년대 중반이후 시작해서 1990년 초까지 舊소련을 비롯한 동유럽의 급진적 사회주의의 퇴조로 지금까지 자본주의와 사회주의간에 팽팽하게 대결해온 全세계적 균형이 깨지고, 자본주의의 판정승을 결과하였다. 그러나 또 다른 형태의 사회주의를 추구하는 정당들이 서유럽의 자유민주주의 체제하에서 양당제의 카운터파트로서, 또는 다당제의 유력한 정당형태로 영국·독일·프랑스·이태리 등에서 우파 정당을 견제하는 역할을 수행하고 있다. 그러므로 현 상황을 사회주의의 몰락 또는 붕괴단계로 보는 것은 지나친 논리의 비약이다.

일찍이 자유민주주의 체제는 그 정치참여를 19세기 후반이후 노동·하층계급에까지 허용했으나, 그 하부구조인 자본주의경제가 고도화됨에 따라, 계급간의 빈부의 격차와 노사간의 대립을 격화시켰다. 이러한 자유민주사회의 자본주의의 체제적 모순을 극복하기 위한 대안으로 등장한 것이 사회주의이다.

사회주의의 여러 유형 중에서 1848년 '공산당선언' 이후 급진적인 사회주의를 추구한 것이

14) 신정현, "21세기를 향한 政治圈의 과제", 정무1장관실 주관 - '96여야정책토론회 주제발표논문,(1996. 9. 12), p. 13.

마르크스주의이며 그것을 현실정치에 심은 것이 1917년 소비에트의 볼셰비키혁명이다. 1945년 이후 舊소련의 영향권에 들어간 동유럽에서는 마르크스-레닌적 사회주의가 확산되어 실험되다가 1980년대 후반에 舊소련의 개혁공산주의자 에 의해 공산당 일당독재와 사회주의 계획경제를 포기하자 그 영향을 받아 이들 지역에서 다당제, 시장경제, 제한적 형태의 사유제, 권력분립의 정부형태와 의회주의를 채택하면서 사회주의는 혁명적 변화를 겪게 되었다.

그러나 동유럽과는 달리, 서유럽과 북유럽에서는 사회주의가 자유민주주의체제를 거부하지 않고 정치적 민주주의와 의회제도의 틀 속에서 그 하부구조인 자본주의와 경합하였다. 이것이 소위 19세기후반에서 20세기초에 등장한 프랑스, 독일, 영국, 벨기에, 네덜란드, 그리고 스웨덴 등의 스칸디나비아 3국에서 등장한 사회주의의 정당으로, 이들은 사회주의의 이상을 자유민주주의의 틀 안에서 합법적 수단과 민주적 절차를 통해 실현하려 노력했다. 이의 사상적 기초는 영국에서는 페이비안이즘(Fabianism)과 독일에서는 유럽의 수정사회주의, 즉 점진적 사회주의에서 전형적으로 나타났다. 이러한 사회주의 이념을 영국의 노동당과 독일의 사회민주당은 각기 黨노선으로 채택하였다.

1884년 영국에서 창설된 페이비안 협회는 사회주의의 점진적 실현을 지향하고 사회주의가 자본주의보다 도덕적이며 경제적으로 평등화를 기하는 효율적인 이념으로 보고, 생산수단의 사유화와 국가적 통제 그리고 가능한 많은 사회적 평등을 초래하는 복지이념을 추구하였다. 이러한 페이비안 사회주의 이념은 1901년 창당된 영국노동당 정강에 의하여 구체화되었다. 1945년 전후 영국에서 애틀리 노동당 내각이 집권하게 되자 철도, 석탄, 가스 강철산업과 철의 생산을 국유화하고 광범한 사회복지정책을 실시하였다.[15] 그 6년 후 1951년 보수당 정권이 집권했을 때에는 강철산업과 철의 생산만 국유화에서 해제했을 뿐 이미 국유화가 진척된 모든 산업영역을 그대로 유지하였다. 그러나 그후 노동당이 다시 집권했을 때에는 국유화원칙을 포기하지는 않았으나, 국유화의 효율성에 관해서는 회의를 갖고 국유화를 더 이상 진전시키지 않았다. 이렇게 해서 전후 영국에서는 보수당과, 사회주의 정당인 노동당이 양당체제를 구축하게 되었고 양당이 상호 이데올로기와 정책을 수렴하고 정권교체를 관례화하면서, 영국의 자유민주주의 체제를 이끌어 왔다.

또한 전후 서독에서는 사회민주당이 베른슈타인의 수정주의노선에 따라 혁명적 사회주의 노선을 포기하고 점진적 사회주의를 추구하였다.[16] 특히 1959년 黨대회에서 채택한 소위 고

---

15) Roy C. Macridis, Contemporary Political Ideologies (Boston. Toronto : Little, Brown and Company, 1983), pp. 54~55.

16) Roy C. Macridis, *Ibid*, pp. 57~58.

데스베르거(Godesberger) 강령에 의해 생산수단의 사회화와 공유(共有)를 규정하지 않고, "가능한 한 자유경쟁과 필요한 경우에 한하여 계획" 이라는 명제를 내걸어 자유경쟁과 국가 및 공공계획의 조화를 모색했다. 그들은 마르크스주의자들과는 달리 국가는 신앙과 양심의 자유를 보장해야 한다고 선언하여, 교회와의 협력기반도 구축하였다.17) 이렇게 하여 전후 서독에서 사회민주당은 기독교민주당과 연립내각을 구성하거나, 단독내각을 수립하여 광범한 사회복지정책을 추구하였다. 특히 사회민주당정권의 존재는 동·서독이 분단되어 있을 때 동독의 주민들로 하여금 서독의 자본주의적 체제와 연합할 수 있는 심리적·경제사회적 기반을 마련하는데 기여하였다. 이것이 독일 통일의 밑거름이 되었다. 그러나 막판 통독 직전에는 동독의 총선에서 동독의 노동자 등 하층계급은 사회주의 정당보다 자본주의 체제에 더 前向的이고 호의적이어서 기독교민주당에 더 많은 지지를 보냈다.

이와 같이 전후 영국과 독일에서는 물론 프랑스에서도 볼 수 있듯이, 오늘날 많은 자유민주주의 국가에서도 산업의 상당한 부분이 국가의 수중에 놓여있고, 또한 국가가 투자·소득·수입·수출·경제성장·시장가격 등의 경제활동의 주요 부분을 직접 통제하고 있다. 환언하면 자유민주주의 체제 내에서도 민주사회주의 정당이 집권하여 체제 내에서 사회주의적 요소를 채택하고 있다. 적어도 거시적 시차를 놓고 볼 때, 자본주의와 사회주의는 19세기 후반이래 지난 1세기 이상의 기간에 이념적으로 갈등하면서도 한편으로는 상호 수렴하면서 제2차 세계대전이후 선진 서유럽의 자유민주주의체제의 현실정치에서 구체화되었다. 이러한 이데올로기의 상호수렴은 오늘날 비유럽권에서도 보편적인 현상으로 확산되고 있다.

2. 베트남·독일·예멘 등의 통합사례

세 분단국의 통일은 그 성격이 각기 다르다. 1975년의 베트남의 통일은 북부 베트남의 무력에 의한 사회주의체제로의 통일이고, 1990년 독일통일은 동독의 서독에의 병합에 의한 자유민주체제로의 통일이며, 그리고 1990년 예멘의 통일은 두 이질적인 체제의 지배세력간의 권력안배에 의한 혼합체제적 통일이었다. 이들 국가들의 이념과 체제적 대결과정과 통일후의 체제 이념지향이 우리에게 시사해주는 바가 적지 않다.

(베트남의 통일)

첫 번째로 베트남의 통일에 대해서 논의하면, 남·북 베트남의 대결은 외면상으로는 베트남

17) 「정치학 대사전」 (박영사, 1976), "고데스베르그 강령"

인들의 대결이고 내전인 것처럼 보였지만, 실은 베트남인 자신들의 외세에 대한 독립과 자주를 위한 항전과정으로 보는 것이 올바른 역사인식 이다. 부연하면 19세기후반 베트남이 프랑스의 식민지로 편입되었다가 20세기후반 남북베트남이 통일되기까지(1884년에서 1975년까지) 약 1세기에 걸친 베트남의 최근세사는 강대국에 의한 식민통치와 지배, 그리고 그러한 분할지배를 거부한 토착민족세력 내지 공산주의 세력의 철저한 저항으로 특징 지워진다. 특히 1954년 제네바 협정이후의 남북베트남의 분단을 베트남에 있어서의 동서간의 이데올로기적 갈등이나, 남베트남의 자유민주주의 체제와 북베트남의 공산주의 체제간의 갈등구조로 보는 경향도 있으나, 그 본질은 그 이전부터 추구되어온 민족해방운동 내지 통일운동의 연속으로 볼 수 있다. 소위 '도미노 이론'의 발상에 의한, 이 지역에 대한 미국의 패권주의와 반공정책이 남북베트남의 대결을 격화시켰다. 그러나 닉슨 독트린에 의해 미국이 베트남 철수를 단행하자 미국의 후견 하에 있던 소위 '자유민주체제'라 이름하는 군사독재체제는 수개월을 버티지 못하고 붕괴되어 사회주의 체제로 통일되었다.

통일을 목전에 두고 한때 남부베트남지역에서 반정부 무장투쟁을 벌였던 민족해방전선(NLF) 주도하에 남부베트남 사회의 진보적인 인사들로 민족통합 임시정부를 수립하여 북베트남과 통합하지 않고 과도체제를 유지하려는 시도가 있었으나, 북베트남 측은 남의 자본주의적 잔재가 북의 체제에 영향을 주고, 남북간의 사회통합이 지연될까 싶어 북의 체제를 남에 철저하게 심기 위해서 전격적으로 남부베트남 지역에 북부의 黨중견간부에서 차출한 약 5만 명의 행정요원을 파견하여 남부지역의 하위 행정단위인 도시의 구·동, 지방의 군·면 단위까지 장악하였다.

무력통합의 승자인 북베트남 측은 철저한 중앙집권적인 행정체제의 구축을 통해서 토지의 사회화·국유화를 단행했고, 과거 남부베트남의 핵심 지배권력층 5, 6만 명을 처형시키고, 3백만 내지 6백만을 재교육시키고, 산간오지에 도시민을 방축하고 남부베트남에 있어 농업의 집단화를 강행하였다.[18)]

원래 하노이 지도자들은 통일직전에 남과 북의 경제체제의 이질성을 고려하여, 남베트남에 적어도 5년간의 별도의 경제체제를 유지하는 점진적 통합방안을 고려했으나, 막상 군사적 평정을 단행한 후에는 남북베트남간의 생활수준의 격차, 남부지역에서의 공산당의 열세, 그리고 남부엘리트의 분권화지향과 독립성향이 강하다는 점에 유의하여 당장 통합하지 않으면 반통

---

18) 이은호, "통일직후 남·북 베트남의 통합시도과정", 민병천 편, 「전환기의 통일문제」(대왕사 : 1990), pp. 138~141.

합성향이 강화될 것을 우려하여 급속히 통합을 서둘렀다.[19)]

북베트남은 남베트남을 통합한 후 10년간 소련식 사회주의 모델을 채택하여 중공업 치중의 중앙집권적 사회주의 계획경제체제를 추구했으나, 관료사회주의 경제의 운영의 미숙, 기술의 낙후성, 자본부족, 동유럽 사회주의권으로부터 원조중단, 국제수지의 악화, 인플레 등으로 마이너스 성장을 거듭하는 경제적 파탄에 직면하였다. 이러한 국가적 · 체제적 위기를 극복하기 위해 1986년 12월 제6차 베트남공산당 전당대회에서 黨총서기로 선출된 구엔 반 린(Nguyen Van Linh)은 도이 · 모이정책(Doi Moi Policy ; 도이는 '바꾸다', 모이는 '새롭게 한다'는 뜻)을 채택하였다. 이는 베트남 공산당지도부가 주도하여 기존 사회주의 계획경제체제를 버리고 과감하게 자본주의적 시장경제로 전환시키는 과감한 개혁 · 개방정책이다.

이러한 도이 · 모이정책(쇄신정책)의 특징을 요약하면, 첫째, 정책의 주도는 공산당이 하지만 중앙의 관료주의적 黨조직과 행정기관의 권한과 역할을 대폭 축소하여 하급기관과 지방정부에 분산시키고, 중화학공업체제에서 농업중시, 소비재 생산과 경공업분야 육성, 수출증대를 강조하고 있다. 둘째, 외국인 투자법을 제정하여 외국자본을 적극 유치하고, 심지어는 40개 지방정부수준에서 서로 차관도입조건을 달리하면서 독자적인 외국자본 유치경쟁을 벌이고 있는 실정이다. 셋째, 국유화에서 사유화로 토지정책을 전환하고, 토지의 사용권, 관리권도 인정하며 상속도 가능하게 하고 있다. 넷째, 기업경영에 있어서 국가의 간섭을 배제하고 자율성을 최대한으로 보장하고 있다.

이러한 경제체제의 운영에 있어서, 베트남의 기본적이고 급진적인 개혁은 비단, 경제분야뿐만 아니라, 정치, 사회, 문화 등의 모든 영역에까지 파급되어 큰 영향을 주고 있다.

개혁개방으로 인해 외국자본과 기업과 함께 묻어오는 자유민주주의 가치나 자본주의 이데올로기와 기존 사회주의 이념이 어떻게 조화를 이룰지가 금후 문제시된다. 이러한 갈등을 극복하기 위한 방안으로, 초 · 중 · 고등학교 교육과정에서 일찍부터 민족주의 교육이 강조되고 대학교육에서는 사회주의 사상교육보다는 각계 전문분야가 강조되고 있다.[20)] 또 통일직후 금지했던 종교의 자유가 최근 허용되고 있어 이들의 향배가 사회변화의 큰 변수로 작용될 것이 전망된다. 또한 산업화가 진행됨에 따라 각계 직능집단이 종래 공산당과의 일방적 예속관계에서 자율적 관계로 전환해 가는 움직임이 보여 이것이 또한 베트남 사회의 다원화와 민주화를 촉진시키는 요인이 되고 있다.

---

19) 김용욱 "통일베트남의 사회통합과정", 대학통일문제연구소협의회 편 「분단국 통합사례 연구」(독일 · 베트남편) 1994. 12, p. 69.

20) 박찬억, "베트남의 경제통합과 개혁정책" 대학통일문제연구소협의회 편, 앞의 책 pp. 61~65.

마지막으로, 개혁개방의 이 시점에서 지금까지 일당체제로 베트남을 이끌어왔던 공산당의 위상이 변할 것인가, 그렇지 않을 것인가가 관심의 대상이 되고 있다. 공산당이 계속 일당체제를 유지할 것인가, 아니면 정치적 다원주의를 선언하고 일당우위체제나 헤게모니정당체제로 나아갈 것인가에 대해서는 여러 가지 견해가 있으나, 일반적으로 공산당이 주도한 개혁개방이 계속 강력히 추진하기 위해서는 일정기간 일당권위주의체제를 유지할 것으로 전망된다. 그러나 장래 산업화와 경제발전이 어느 수준을 넘어서게 되고 자유와 복지에 대한 국민의 요구가 증폭될 때는 다원화된 민주사회, 다당제로 가지 않을 수 없게 될 것이다.

(독일의 통일)

두 번째로 독일의 분단과 통일과정을 살펴보면 먼저 독일의 분단은, 독일인 내부의 분열이나 대결에 의한 분단이 아니라, 두 차례에 걸쳐 세계대전을 일으킨 군국주의와 나치 독일을 연합국이 분할점령한 데서 비롯된 것이며, 이후 서방측 3개국인 미국·영국·프랑스의 점령지를 통합해서 자유민주주의를 지향하는 서독정부가 수립되고, 소련이 점령했던 독일의 동부지역에 사회주의 동독정부가 들어섬으로써 분단되었다. 그러나 양독은 독일인의 민족적 일체감을 그들의 의식 깊이 비장하고 있어 분단이 되었어도 동서 냉전이 고조되지 않는 시기에는 국경지역에서 양측 관헌이 소규모적인 인적 내왕은 묵인할 정도였다. 그러나 분단이 된지 20여년만에 1972년 동·서독은 기본조약을 체결하여 서로 정통성을 다투지 않고, 동등한 지위를 인정하면서 상호교류를 공식화·본격화하였다. 이 상호교류의 공식화가 체제이념의 상호수렴의 시작이며 결국 서독의 자유민주주의적 정치문화와 이념이 동독에 비교우위로 작용하여 동독주민에 대한 정치사회화에 결정적인 영향을 주게 되었다.

문화교류·체육교류·언론교류는 물론, 특히 경제교류는 1972년 기본조약체결로 더욱 가속화했다. 이미 1945년 10월 8일 동서독간에는 프랑크프르트 협정을 맺어 교역청산단위에 합의했으며, 1951년 7월 6일 베를린 협정은 양독간의 무역에 관한 제반지침을 결정하였다. 이후 양독간의 교역은 원칙적으로 독일내부의 교역으로 간주되어 관세가 부여되지 않았고, 환율도 실질가치인 1:4를 무시하고 1:1로 적용하였다. 또한 서독은 의도적으로 동독에 대해서 수입초과정책을 써서 동독의 경제향상에 기여했으며 서독은 동독경제를 지원하기 위해 1980년대 초부터 동독에 차관을 제공했다. 이러한 대가로 동독은 동독인의 서독이주를 허용했으며 가족 방문 등 인적교류의 확대를 허용했다.[21] 이렇게 해서 1972년 기본조약체결이래 1990

21) 박성조, "동서독간의 교류 및 협력형태가 남북한교류에 주는 시사점", 「통일문제연구」, 제1권, 4호, 1989, 겨울

년 통일될 때까지 매년 수백만의 동·서독인이 상호 교류했다. 이러한 경제협력과 인적교류의 확대로 독일 통일의 튼튼한 기반이 조성되었다.

그러므로 독일통일은 서독인의 일방적 '끌어안기'나 서독에 의한 '동독 접수'와 같은 것으로 묘사될 수는 없다. 독일통일에는 서독 측의 노력 못지 않게 동독내부의 진통과 변화가 큰 역할을 했다. 그러한 변화에는 동독내의 기독교교회세력과 지식인들의 '민주화 시민운동',[22] 舊소련을 비롯한 동유럽의 민주화추세에 떠밀려 절대적인 헤게모니 정당인 '사회주의 통일당'이 그의 지도적 역할을 헌법에서 삭제하고, 정당체제를 다원적 경쟁정당제로 전환했다는 점,[23] 그리고 최종적으로 독일통일직전에 있은 1990년 3월의 동독의회 의원선거에서의 동독인들의 선택이 결정적으로 작용했다. 당시 대부분의 동독지역의 소외계층과 노동자들은 독일통일의 신속한 실현을 공약하고 자본주의적 시장경제체제를 보다 철저하게 실시할 것을 약속한 기독민주동맹을 비롯한 "독일을 위한 대연합 세력"에 전폭적인 지지를 보냈다. 반면에 사회주의적 경제운영방식을 아직도 털어 버리지 못하고 시일을 늦추는 점진적인 통일노선을 추구했던 사회주의계열의 정당들을 그들은 철저히 외면하는 입장을 선거를 통해 보여주었다. 이러한 동독주민들의 통합된 의지를 동독의 정당지도자들이 받들어 서독과 합의하여 독일연방에 합병하는 식으로 통일을 마무리지은 것이다.

서독이 동독을 통합하는 방법을 놓고 1989년 말부터 1990년 중반까지 서독의 여야 정치인 및 헌법학자들간에 두 가지 방법이 대립하고 있었다.[24] 그 하나의 방법으로, 통일이전의 서독지역에서 실시했던 독일헌법인 '기본법(Grundgesetz) 제23조의 내용에 근거해서 동독(DDR) 전체가 하나가 되어서 또는 동독의 영역 내에 있는 5개의 연방주(브란데부르크, 메클렌부르크-포포메른, 작센, 작센-안할트, 튀링엔)가 각각 주체가 되어 독일연방공화국에 가입(Beitritt)을 선언하는 방법이 논의되었다.

또 하나의 통합방법으로는, 기본법 제146조의 규정의 입법정신아래, '제헌위원회'를 구성하여, 전체독일에 적용할 새로운 헌법을 마련하여 이를 국민투표에 붙이자는 방안이 논의되었다. 제146조에 의한 통일방안을 선호하는 측은 서독의 진보적인 지식인, 야당정치가들로서 이들은 새로이 탄생하는 통일독일에 충분한 민주적 정당성을 부여할 것과 통일국가 형성에 있

호, 통일원, pp. 53~54.

22) Gert-Joachim Glaessner, The Unification Process in Germanay : From Dictatorship to Democracy (London : Pinter Publishers, 1992), p. 69

23) Gert-Joachim Glaessner, *op. cit.*, p. 72.

24) 박성조, 「독일통일의 전개과정」 (통독실태 현지보고(I)), 국토통일원 간행. 1990, pp. 20~24.

어서, 동독이 동등하게 참여하여야 한다는 것이 그들의 명분이었다. 그러나 기민당·기사당·자민당 측과 헌법학자들이나, 당시의 동독지역의 주민여론은 기본법 제23조에 의한 통일 방식을 선호하였다. 그들의 주장은 첫째, 서독의 기본법이 지금까지 아무런 문제점이 없이 諸기능을 잘 수행해 왔고, 둘째, 이 방법에 의하면 통일과정이 단축되며, 동독지역에 즉각적으로 시장경제체제를 적용할 수 있다는 점, 셋째 서독에 동독의 諸州가 독일연방에 가입하는 형식이어야만 통일 독일이 EC회원국으로서 지위를 계속 누릴 수 있고 대외정책으로도 기존의 관계를 지속적으로 유지할 수 있는 정치적 편의성이 있다는 점을 강조하였다. 이렇게 하여 결국 동독을 대표하는 드 마이지에레(de Maiziere) 동독수상이 서독에의 가입을 의미하는 제2차 국가계약(이른바 통일조약)에 서명함으로써 1990년 10월 3일을 기해 동서독의 통일이 완성되었다.

독일통일로 동독의 사회주의적 계획경제, 관리경제는 서독의 자유민주주의 정치체제하의 자본주의 시장경제권에 완전히 편입되었다. 따라서 새로운 통일독일의 이념과 체제는 과거 서독의 이념과 동일한 것이다. 또한 동서독은 그들의 통일을 국제적으로 확실히 보장받기 위해서 2+4(동·서독과, 미·영·불·러)조약을 체결하여 통일독일의 외교·안보적 조건을 확정하였다. 그 핵심내용은 통일독일의 주권회복, 국경확정, 병력제한, ABC무기의 제조 및 보유의 포기, 동독지역의 舊소련군 철수 등이다.[25]

(예멘의 통일)

세 번째로 예멘의 통일과정을 논의하면, 예멘은 기존의 통일된 예멘국가가 어느 한시기에 분단되었다가 재결합된 것이 아니다. 다만 외부적으로 예멘은 동일민족으로 알려졌고, 같은 아랍어를 쓰고 회교를 신앙하지만 여러 종족단위로 소규모의 자치공동체로 분립되어 있었다. 이는 마치 19세기 후반 통일을 이룩하기 이전의 독일과 이탈리아의 처지에 비유할 수 있다. 이러한 분절된 예멘은 그 북부지역이 일찍이 오스만 터키제국이 지배하에 있다가, 1918년 反외세적 전통세력인 '이맘 야흐아(Yahya Hamid al-Dim)'가 영도하는 자이디파가 이 지역을 터키로부터 해방시켜, 이맘왕정체제를 수립하여 1962년까지 유지했다. 한편 남부예멘지역에서는 1839년 영국이 아덴을 중심으로 식민지를 개척하고, 아덴의 後背地에 있는 11개 土侯國을 끌어들여 南部아라비아연합을 형성하면서 남과 북의 분단이 시작되었다.

1962년 북부예멘지역에서 자이디파 이맘왕정의 근위사령관 살랄(Abdullah Al Sallal)이

25) 한종수, "동독의 붕괴와 독일통일", 호남정치학회, 「호남정치학보」 제6집, 1994, p. 328.

쿠데타를 일으켜 왕정을 폐지하고 예멘아랍공화국(Yemen Arab Republic)을 수립하자, 이에 자극 받아 남부예멘인들은 종래의 독립항쟁을 강화하여 도시폭동을 통해 1967년 영국으로부터 독립을 쟁취하여 예멘인민민주공화국을 수립하였다.[26] 이때부터 남북예멘 양측에서 통일운동이 적극적으로 전개되기 시작하였다.

북부예멘은 공화정이기는 하지만 구성종족들의 자치권이 어느 정도 허용되는 이른바 봉건적인 부족연합의 功利主義體制(interest-coalitions and utilitarian political system)로 시장경제를 유지하고 있었다. 이러한 북예멘과는 달리 남예멘은 보다 이념지향적이고 급진적인 마르크스·레닌주의정파가 체제를 주도하는 아랍 유일의 사회주의 국가였다. 남예멘은 또한 대외적으로는 舊소련과 긴밀한 관계를 가졌다. 1968년 소련과 군사기술협정을 체결하고 1975년 아덴, 소코트라軍港을 소련의 해군기지로 제공하여 소련으로 하여금 1980년대 중반까지 홍해지역을 거점으로 대 중동·아프리카 세력확장의 교두보를 구축하게 하였다. 이러한 남예멘의 좌파정권과 소련의 남예멘 거점전략에 위협을 느낀 보수왕정인 사우디아라비아는 이들을 견제하기 위해서 북예멘에 다각적인 원조를 단행했다. 또한 사우디는 영향력 하에 있는 '아랍국가협력회의'(GCC)을 북예멘 지지세력으로 끌어들이고 수단·소말리아·요르단 등과 '홍해안보체제'를 구축하고 미국의 對중동 패권전략과 연결하였다.

남북예멘의 갈등은 1960년대, 1970년대에는 이상에서 논의한 바와 같이 주로 냉전적 국제상황과 연계되어 증폭되었지만, 본질적으로는 양체제의 이데올로기적 이질성에서 근원 한다. 양체제는 공화정이라는 형식을 공유하기는 하지만 북은 사실상 봉건적 족장중심의 부족집단을 하위체제로 두는 보수적인 군사과두체제였다. 1962년 전제군주 '이맘 야르하니'를 군사쿠데타로 제거한 살랄(1962-67)이나 그를 실각시키고 등장한 이르야니(Iryani 1967-1974)나 새 쿠데타의 두 主役 하마디(Hamadi 1974~1977)와 가스미(Ghashmi 1978) 그리고 이들이 1977년 11월과 1978년 6월에 각기 암살당한 후 북예멘의 지도자로 등장하여 예멘통일을 주도한 살레(Salih 1979, 현 통일예멘공화국 대통령)에 이르기까지 모두 군부 출신이다.[27]

남북예멘은 70년대 초부터 서로 상대방에 자기체제를 강요하려고 상대 국가내의 반체제세력을 지원했으며 1972년과 1979년 2차에 걸쳐 대규모 무력충돌을 일으킨 바 있다.

---

26) Karl Pieragostini, *Britain, Aden and South Arabia* (London :Macmillan Academic and Professional, Ltd., 1991), pp. 38~42. 60~63. 120~145.

27) Arther S. Banks ed., *Political Handbook of the World,* (New York: McGraw-Hill Book Co., 1981), pp. 554~555.

1972년 무력충돌 이후 양예멘 간에 체결된 '카이로 협정'에서는 양예멘이 단일국가로 합병할 것을 약속하였고 통일체제를 민주·민족·공화제로 할 것(협정 제3조)과 아랍의 유산과 이슬람의 가치에 고무된 사회주의사회 건설에 합의하였다. 또 1979년의 2차 무력충돌 직후에 맺은 '쿠웨이트협정'에서는 남북예멘은 두 국가의 통일작업을 감독하고 실천할 예멘최고평의회의 구성에 합의하였다. 이는 일종의 국가연합형태의 출범이다.

대규모 무력충돌과 뒤이어 쿠웨이트 화해협정을 맺은 남북예멘이 1980년대 중반부터 남북 양측의 지도자들이 통일작업을 급속히 서두르게 된 요인은 첫째, 1980년대 중반 舊소련이 동유럽의 변화를 수용하고 그들의 우방에 종래의 군사적, 경제적 지원정책을 중단했다는 점이다. 이것이 남예멘에 큰 영향을 주었다. 둘째, 북예멘의 지도자 살레 대통령은 종래 북예멘에서 반통일적인 부족세력에게 지역개발이익을 수혜케하고 이들 지역에 대한 정부의 권위를 강화하여 이들 부족집단들과 사우디아라비아의 유착을 떼어놓았다. 셋째, 양예멘의 지배층은 각기 국내의 보수반동세력과 급진세력을 배제하고 그들의 기득권을 계속 유지하기 위하여, 서방측 회사들과 컨소시엄 형태로 석유·가스·광물 등의 공동개발사업을 추진하면서 보다 큰 경제권을 형성할 필요성을 절감했으며 미국·프랑스·러시아·쿠웨이트로부터 차관 합작투자를 끌어들여 자본주의적 국제체제에 접근했다.[28] 넷째, 남북예멘간에 충돌이 있을 때마다 항상 화해와 중재를 주도한 아랍연맹과 그들의 "아랍주의"가 큰 역할을 하였다.[29] 아랍연맹 구성국들은 친서방적인 세력과 사회주의세력에 이르기까지 다양한 노선을 추구하고 있었지만 대체적으로 미·소 양국이 남북예멘에 극단적으로 개입하는 것을 견제하는 보호막의 구실을 하였기 때문에 남북예멘은 통일문제를 보다 민족의 내부문제로 접근할 수 있었다.

그러나 양측의 이념상의 수렴이나, 경제 메커니즘의 통합 또는 행정이나 군대 등의 제도상의 통합이 이루어지지 않은 채 통일을 서둘렀기 때문에, 이것이 나중에 분열의 불씨가 되었다. 1990년 통일된 예멘의 체제는 일찍이 1981년에 제정해둔 헌법에 의하여 의회민주주의를 예정했으며 헌법의 제 규정은 남예멘의 마르크스주의와 상호 모순되는 북예멘의 자유주의적 이상과 이슬람교의 전통이 혼재되어 있다. 예컨대 헌법 제3조에는 '샤리아'(Sharia : 이슬람법)가 '입법의 주요근원'(main source of legislation)임을 규정하여 이슬람법을 절대적 존재에서 상대적인 지위로 격하시켰다. 통일헌법의 이러한 조항이 북예멘의 부족집단과 이슬람적 보수세력의 반대를 받았다. 또한 헌법규정에는 경제질서와 사회질서간에 모순이 내재해 있다.

---

28) Eric Watkins, "Yemen perseveres with Democracy," *The Middle East* (May 1992), p. 20.

29) Ursula Braun, "Yemen : Another Case of Unification," *Aussen Politik, German Foreign Affairs Review*, Vol. 43, Quartely Edition, No. 2(Hamburg : Inter Press Verlag, 1992), p. 175

즉 중앙경제기획, 공공부문, 외국무역의 통제 등에 있어서는 사회주의적 요소도 있고 한편으로는 국민의 기본권, 모든 정치적 결사의 자유 등의 정치적 다원주의를 인정하는 자유민주주의적 요소가 공존하고 있다.

또한 통일예멘은 정치적으로 다당제를 취하고 있다. 통합 직후에 다양한 이데올로기 성향을 대변하는 38개의 정당이 등록했으나 정국을 주도하는 지배적인 정당은 예멘사회당(Yemen Socialist Party : YSP), 총인민회의(General People's Congress : GPC), 예멘개혁운동당(Yemen Reform Movement Al-Islam : YRM)등 3개 정당이었다. 예멘사회당은 통일 이전에 남예멘의 유일한 마르크스주의적 지배정당이었으나 통일 후에도 그 영향력이 남부에 국한되었다. 한편 총인민회의는 살레 대통령이 이끄는 북예멘의 집권정당으로 제 정파간의 느슨한 실용주의적 연합체이다. 이들 양대 정당 사이에서 제3의 정치세력으로 위치한 예멘개혁운동당은 그 명칭과는 걸맞지 않게 세속적인 자유화와 민주적 개혁에 반대하는 이슬람의 전통을 고수하려는 보수집단이다.30)

1990년 5월 남북 예멘의 통합직후 걸프전쟁의 여파로 경제적 사회적 위기를 맞은 통일예멘은 석유개발 등의 경제적 효과로 가까스로 체제안정에 접근했으나 1993년 4월 통일이후 첫 총선에서 이슬람근본주의를 내거는 보수세력인 '예멘개혁운동당'이 제3당으로 크게 진출하자 종래 북부예멘의 총인민회의와 남부예멘의 예멘사회당간의 권력분점의 틀이 깨지게 되었다.

1990년 통일예멘정부의 출범 당시 총인민회의와 예멘사회당 간에는 50대 50의 권력분점이 이루어졌으나 1993년 총선 이후 예멘개혁운동당의 내각에 참여하게 되자 부통령인 바이드가 반발하여 1993년 7월, 자신의 본거지인 아덴에 귀향함으로써 남북예멘 지도자간의 정치적 불화가 표면화되었다. 특히 남예멘 출신의 바이드 부통령은 통일 이후 살레 대통령의 권력독점, 예멘사회당의 고위당직자에 대한 암살, 정치테러의 묵인, 국정운영에 있어서 사회당의 소외에 강력히 반발하였다. 당시 양측이 요르단의 중재로 정・부통령의 권력분담과 지방분권화를 내용으로 하는 평화협정에 합의하여 일시 정국이 진정 국면에 들어갔으나 미통합상태에 있었던 남북예멘의 군대가 각기 지역패권정치세력을 추종함으로 내전으로 비화되었다. 그러나 결국 살레 대통령의 강력한 군사적 진압에 의해 가까스로 내전은 평정되고 봉합되었다.

통일예멘이 내전으로 일시 재분단의 위기에 처했던 상황을 돌이켜 볼 때, 통일을 지향하는 우리에게 시사해주는 바가 크다. 첫째, 이념적으로 이질화된 두 체제간의 통합에 있어서는 두

30) Liesl Graz, "Yemen Weathers the Storm," Middle East International, No. 398, 19. April 1991, p.24 ; Ursula Braun, ibid., p. 180

체제지도층의 결단과 통합의지도 중요하지만 두 체제간의 지속적인 교류를 통한 이념상의 상호수렴이 전제되어야 한다는 점을 깊이 인식시켜 준다. 둘째, 이념과 정치적 관행이 서로 다른 체제간의 통합에 있어서는 중앙집권적인 단일체제보다는 '지역자치적' 정부간의 느슨한 국가연합에서 시작하는 것이 보다 바람직하다는 것이다.

제3절 통일한국의 지향할 이념과 체제

1. 통일국가의 이념지향

남북한의 통일은 바로 하나의 종족・언어・문화와 전통・역사를 가진 韓民族이 하나의 정치공동체로 재결합하는 것을 의미하는 것이며, 한편으로 그것은 50년간 이질화된 양체제가 새롭게 통합되는 것이기도 하다. 이러한 통일 한국은 개인의 차원에서는 자유와 평등 그리고 인간으로서 최소한의 삶을 유지할 수 있는 복지를 누릴 수 있어야하고 공동체 차원에서는 정의(정치적 경제적 사회적 차원의 불의와 부정부패의 방지와 척결)와 사회적 효율성 그리고 공동체의 유지와 안정 및 번영, 그리고 국제적인 상호협력과 세계평화라는 諸가치를 실현할 수 있어야 한다.

통일한국의 이념과 체제를 모색하는 데에는 다음과 같은 내용도 고려되어야 한다. 앞서 논의한 바 있는 이념과 체제의 세계사적 추세를 살펴 볼 때, 자유민주주의 체제는 공산주의는 물론 민주사회주의보다 더 우월하며 오늘날 전세계적으로 지배적 사조가 되고 있다는 것을 인식할 수 있다. 또한 자유민주주의와 사회민주주의는 상호 이데올로기와 체제를 수렴해 왔다는 것을 확인할 수 있다.

베트남・독일・예멘 등의 통일과정에 대한 조명을 통해서 얻은 몇 가지 인식을 요약하면 첫째 양 이질적인 체제를 접목시키고 통일로 이끌었던 것은 이들 분단국의 주민이 공유하는 민족주의였으며 통일 후 그들은 모두 자본주의적 시장 경제를 지향하고 있으며 그리고 외국의 자본과 기업에 모두 개방적이며 베트남과 예멘의 경우에 있어서는 개방을 국가정책으로 강력히 추진하고 있다는 점이다. 둘째 통일후의 정부형태에서는 독일이 자유민주주의적 의원내각제, 베트남이 공산당의 권위주의적 일당지배체제를 유지하고 있다. 예멘이 의회민주주의와 대통령제를 채택하고 있으며 정당제도에 있어서 독일과 예멘은 다당제, 베트남은 일당제를 채택하고 있다. 또 하나 지적할 수 있는 이들 분단국의 통일이 모두 민족 내부문제이기는 하지만 주변 강대국들이 적어도 소극적인 협력 내지, 비적대적 불개입정책을 견지했기 때문에 그것이 통일에 긍정적인 국제정치적 요인으로 작용했다는 점을 부인할 수 없다.

이상에서 간략히 논의한 세계사적인 이념과 체제의 추세와 분단국 통합사례나 북한의 소위 "우리식 사회주의"라고 하는 변칙적인 사회주의의 모순과 독재와 그리고 최소한 물질적 생존 문제도 해결하지 못하는 그들 경제를 지켜볼 때, 통합한국의 체제방향은 한마디로 남한의 자유민주주의체제 이어야 한다는 데에는 이론의 여지가 없다. 다만 남한의 자유민주주의체제는 자체 내에 자유민주주의를 저해하는 많은 문제점이 있으며 또한 현재 민주화가 이룩되었지만 아직도 '제도화'와 '공고화' 그리고 '효율성 제고'의 과제가 우리 앞에 놓여있다.[31]

여기에서는 통일한국의 이념과 체제의 향방을 남북한의 체제현실의 문제점을 직시하고 남북한의 이질성을 해소시켜 화합하는 차원에서 논의하고자 한다.

1) 대외적 이념 : "열린 민족주의"(Open Nationalism)

언어·문화 그리고 오랜 역사를 같이해온 한민족의 정치적 공동체가 日帝 35년의 식민통치하에 있다가 전후 외세에 의해 분할되어 파행적 갈등을 지속시켜온 것을 하나의 공동체로 재통합되어야 한다는 논리는 민족적 이상이며 역사의 명령이다. 동족끼리 죽이고 갈등하는 분단의 질곡에서 벗어나 보다 질 높은 삶을 살며 더 이상 강대국들에 의해서 '분리해서 지배' 당하지 않고 보다 큰 민족의 생존권으로 통합해야 한다는 것이 열린 민족주의의 발로이다.

19세기 유럽에서 근대 민족국가 형성기에 민족주의는 그 원동력이 되었고, 서유럽 열강의 민족주의가 제국주의로 변형되어 아시아·아프리카에서 식민지 쟁탈을 벌일 때, 이들 아시아·아프리카지역의 해방과 독립을 고무시키고 열정적으로 추진한 것도 이들 지역의 '저항적 민족주의'였다. 이러한 근대국가형성기의 저항적 민족주의는 오늘의 국제화 시대, 세계화 시대, 한 지구촌 시대에 그대로 적용될 수는 없지만 적어도 분단의 질곡을 경험하고 있고, 국가단위로 치열하게 이익을 다투고 있는 이 시대에도 민족주의는 용도폐기 된 낡은 주의가 아니라 살아 생동하는 이념이다.

지금으로부터 100여년 전 구한말 한민족은 강한 문화적 동질성을 가진 '문화민족'으로서 '민족국가'를 형성할 계기가 있으나, 집권상층부가 강대국의 세력을 추종하는데 급급할 정도로 비주체적이었고 밑으로부터 융기하는 민족주체적인 동학민중운동을 외세를 끌어들여 압살하

31) 신정현, 앞의 논문, pp. 7~9.

였기 때문에 결국 제국주의 일본의 식민지로 전락하여 근대 민족국가형성에 실패하였다. 일제로부터 해방된 시점에서 민족해방, 독립운동세력들에 의해 '민족국가'의 실현이 기약되었으나, 외세에 의한 남북분단으로 좌절되었다. 북에서는 민족주의가 마르크스・레닌주의에 종속되었다가 그 다음 단계에는 김일성주의(주체사상)이나 '우리식 사회주의'의 장식물로 전락했다. 그리고 남에서도 민족주의가 국제적 조류에 역류하는 파시즘적 국가주의나 낡은 쇼비니즘쯤으로 낮은 평가를 받아왔다. 그러나, 이제 한국민족주의는 치열하게 경쟁하는 국제사회에서 아(我)와 비아(非我)를 분별하면서 국제적 협력과 평화에 기여하고[32] 통일과정에서나 통일 후에도 모든 이데올로기를 통합하거나 선별 취사하는 '상위의 정치이념'으로 기능을 하는 '열린' 민족주의로 승화되어야 한다. 이는 우익 파시즘적 민족주의도, 좌익 프롤레타리아 민족주의도 아니라는 점에서 '脫계급적 민족주의'라고 규정할 수 있다.

1990년 독일통일 이전에 동독이 「2민족 2국가」라는 기본입장에서 1972년 기본조약에 서명했고, 1974년 동독의 개정헌법에서도 동서독은 완전히 별개의 외국이며 뿌리가 다른 '사회주의 민족'과 '자본주의 민족'으로 구분했지만[33] 서독의 '열린 민족주의'는 과감하게 동방정책을 통해서 舊소련과 동유럽지역 여러 국가를 포용하였고, 동독에 대해서는 타산이 개재되지 않은 교류협력을 추구하여 통일의 위업을 달성할 수 있었다. 예멘의 통일도 크게는 아랍민족주의가, 작은 범주로서는 예멘 민족주의가, 편협한 북부의 부족주의와 남부의 급진적 사회주의를 극복할 수 있었다. 통일직후에 남북엘리트간의 불화와 내분이 있었지만, 그들이 공유하는 민족주의가 이를 잠재웠다. 또 통일 베트남의 공산당이 현재 사회주의 계획경제를 폐기하고, 시장경제, 개방경제를 수립할 수 있었던 것도 그들에게 사회주의라는 체제이념의 상위에 베트남 민족주의가 상존 하여 작동하였기 때문이다.

한민족의 경우에도 해방 직후 개방적 민족주의가 좌익이나 우익의 이념을 극복하려는 중간적 입장에서 추구되어 상당한 대중적 지지를 받으면서 김규식과 여운형에 의해서 '좌우합작운동'으로 승화되었고, 김구・김규식 등에 의해 남북협상으로 나타난바 있으나 압도적인 외압과, 극좌・극우세력에 의해 저지 당하거나 이용당한 바 있다. 통일된 한국에 있어서는 열린 민족주의가 민족분열을 조장하는 외세와 이에 편승하는 사대주의자들을 견제하기 위해서도 체제를 이끌어 가는 지도이념으로 발양되어야 할 것이다.

---

32) 진덕규, "한국민족주의 미래구도 : 통일을 위한 민족주의 이념의 정향", 「통일연구논총」 제 2집 1호, 1993, 참조.
33) 이태영, "독일통일과 한반도 통일" (제2주제 발표논문), 「조국평화통일의 모색」 (서울: 조국평화통일 불교인협의회, 1991년 3월 14일(토)), pp. 34~35

2) 대내적 이념 : "복지 공동체적" 자유민주주의(Welfarist Liberal Democracy)

자유민주주의는 일반적으로 자유주의라는 이념에 민주주의라는 절차의 개념이 결합한 것이다. 자유주의란 개인의 理性과 자율을 신뢰하여 개인의 자유와 평등의 추구가 최대한으로 보장하는 개인주의, 다원주의를 기저가치로 하고 있다. 또한 그 하부구조로서의 경제는 국가권력이 계획하지 않고 국민 개개인의 경제활동을 되도록이면 자유롭게 하고 시장의 수요와 공급에 맡기는 자본주의를 경제활동의 지도원리로 한다.

자본주의의 고도화가 오히려 개인간이나 계급간의 불평등과 불화를 결과하여 이를 시정, 극복하려는 노력이 프롤레타리아 계급차원에서 이루어질 때, 사회주의나 공산주의가 되고 국가권력에 의해서 극복하려 할 때, 파시즘이 대두하게 된다. 이러한 사회주의나 공산주의의 시도가 한 사회의 초기 발전단계에서는 성공하는 듯 하다가도 결국 그들의 획일성, 관료적 병폐, 개인의 창의와 사적 욕구의 배제로 인한 비경쟁성으로 인해, 자본주의체제와의 경쟁에서 실패하고 있음은 주지의 사실이다. 그것이 소위 민주사회주의 형태로, 일부 국가에서는 한때 지배이데올로기가 되어 성공하기도 했고, 오늘날의 선진 자본주의 보수체제 내에서 진보적 견제이데올로기로 기능하기도 했다. 그러나 자유민주주의 이념의 근간이며 체제운영의 방식인 다원주의에 입각한 의회제민주주의와 시장경제가 사회주의 국가들에 의해 서로 수용되어, 공산주의 일당독재와 명령경제보다 우월하다는 것이 입증되고 있다. 세계는 이제 자유민주주의를 궁극적으로 인류가 지향해야 할 이상적 이데올로기라는 점에서 인식을 같이 하고 있다.

그러나 자유민주주의도 오늘날 그 안에 많은 문제점을 내재하고 있다. 자유민주주의 체제는 사회통제의 유연성으로 인해 마약·범죄 등의 사회악이 독재체제보다 상대적으로 높고, 실업, 빈부격차 등의 사회적, 경제적 불평등 문제가 제기되고 있다. 또한 불평등을 교정하려는 지나친 복지 후생정책 때문에 개인의 무기력을 조장하고 국가에 대해서 지나친 부담을 주고 있다. 따라서 자유민주주의의 이러한 취약점을 보완하기 위해서는 일정한 지역수준의 공동체차원에서의 대응이 필요하다고 생각한다. 공동체적 대응이란 개인의 시민적 권리나 시장경제의 논리를 존중하면서 개인으로부터 멀리 있는 국가보다는 개인에게 보다 친밀감이 있고, 위압적이 아닌 '지역자치체'가 공동체적 가치관과 도덕관념으로 주민을 계몽하고 복지를 서비스하는 상호보안의 기능을 하도록 하자는 것이다. 이러한 지역수준의 공동체는 각종시민 단체와 연대하여 활동할 때 그 소임을 다할 수 있을 것이다. 복지공동체적 자유민주주의란, 자유민주주의의 큰 틀에서 벗어나지 않고 공동체의식과 유대를 강조하는 민주주의이다. 바꾸어 말하면 자유민주주의라는「틀」안에서 일정지역 수준에서 민주사회주의적인 포괄적인 경제통제와 사회복지

적 요소를 가미한 것이 될 것이다.34)

3) 정치적 다원주의(Political Pluralism)와 그 보완이념체계들

- 민주적 조합주의, 다극 공존민주주의, 중도주의 -

통일이 되었을 때, 남북한의 諸지역간에 계층간·세대간에 이념과 사상적으로 또는 기득권을 둘러싸고 갈등이 증폭될 것은 너무도 명백한 사실이다. 이때 통일국가의 집권층이 어느 지역이나 계층, 세대, 또는 특정이데올로기에 편집해서 체제를 이끌어 나간다면 분열과 분단상황이 재연될 수 있을 것이다. 그러므로 정치적 다원주의 정치질서 속에서 흔히 빚어지는 이익단체들의 아노미적 분파성, 분열성을 극복하는 "민주적 조합주의"와, 다수결 민주주의의 횡포를 견제하고 소수와 부분의 권익을 보장하는 "다극 공존민주주의", 그리고 이데올로기와 그 실천에 있어서 과격한 급진세력이나 보수 반동적인 극우세력을 견제하는 '중도주의' 내지 중립주의가 정치적 다원주의의 보완이념체계로서 수용되고 실천되어야 한다.

① 민주적 조합주의(democratic corporatism)

정치적 다원주의체제는 분명히 '참여적 자유민주주의'의 전제조건이 되며, 시민의 참여 확대를 지향하지만 현실적으로 관료적 행정조직을 통해 개인이나 이익단체들의 다원적 이익을 조정, 계획할 필요성 때문에 '테크노크라트적인 결정'을 수반한다. 따라서 관료의 독단적 테크노크라트적 결정을 방지, 견제하기 위해서 이익단체들의 자율성이 보장되고 그들 조직의 자발적 협동과 조정을 존중하는 사회조합주의를 가미해야 한다는 입장이 있다. 사회조합주의 가운데에는 국가가 협의대상으로 인정하는 단일적이고 강제성을 지니며 수직적으로 계층화된 비경쟁적 특성을 지닌 신조합주의(neo-corporatism)도 있다.35) 어떠한 선택을 하느냐는 통일주도세력의 결단의 문제이다. 사회조합주의는 선진자본주의의 민주적 복지국가에서 나타나는 형태이며 국가조합주의는 1920년대에서 40년대의 파시즘이나 후진자본주의 국가의 권위주의체제에서 나타났다.36) 통일한국은 통일직후 무절제하게 난립하는 이익단체 출현을 방지하고 국가의 독주를 예방하기 위해서는 국가와 시민사회의 조직원리로써 국가조합주의가 아닌 국가의 조정역할과 시민사회의 자율성을 기반으로 한 '민주적 조합주의'의 채택이 필요하다고

---

34) Roy C. Macridis, *Contemporary Political Ideologies*,(Little, Brown and Company, Boston, 1983) p 61.

35) Philippe C. Schmitter, "*Still the Century of Corporatism*", *The Review of Politics*, Vol. 36. No. 1. (Jan, 1974) pp. 94, 97.

36) 황병덕, 「통일한국의 정치이념」, 민족통일연구원, (1994. 12) p. 147.

본다. 이러한 이익집단의 조합주의나 그 제도는 정치적 다원주의를 보완하는 하위이념이나 장치로서 필요하다.

② 다극공존민주주의(consociational democracy)

정치적 다원주의를 보완하는 또 하나의 하위이념이나 장치로써 일정수준의 지역정치(예컨대, 우리의 '도'나 '직할시' 수준)에서 多極共存민주주의(협의민주주의, 연합민주주의라고 호칭 : consociational democracy)를 실시하는 것도 고려할 수 있다.[37] 이는 레이파트(A. Lijphart)가 베네룩스 3국과 스위스, 오스트리아 등과 같이 그 내부에 역사적으로 분열적 요소가 많고, 외부의 압력에 영향을 받기 쉬운 나라에서도 민주주의가 잘 되는데 착안해서 제시한 민주주의 모델이다.[38]

다극공존민주주의의 특성은 ⅰ) 다원사회에서 명확히 구별되는 각 부분(segment) 의 지도자들이 대연합(grand coalition)하여 정치적 결정을 좌우하며, ⅱ) 부분(segment)에게 자체를 보호할 수 있는 상호거부권(mutual veto power)가 인정되며, ⅲ) 비례제원리(proportionality)가 적용되며, ⅳ) 각 부분의 자율성이 보장되는 원리로 요약할 수 있다.[39] 이는 이질성과 다원성이 높은 통일 직후의 남북의 상황 속에서 다수결원칙의 절대적 집착이 사회적 대립을 불러일으키고, 특정 지역에서 정당정파가 지역패권세력으로 군림할 경우에 나타나는 다수결의 횡포를 견제하며 지역문제 해결에 있어서 적어도 서로 다른 각 부분의 이익을 현실적으로 안배하는 방법이 될 수 있다. 그러나 국가적 차원에서 적용할 때에는 자유민주주의 원리를 전적으로 거부하고 해치는 것이 되므로 바람직하지 않다.

③ 중도주의(moderative middle stance)

통일직후에 새로운 질서형성과정에서 국내적으로 극단적인 좌파나 우파의 논리가 표출될 때 비동질적인 이들을 강력히 견제하기 위해서는 중도주의가 요청된다. 더욱이 그들이 대외적으로 주변 4대국에 편승하거나 그들과 연합하여 국내정치를 좌지우지하려 할 경우, 이를 견제할 수 있는 주체적인 중도세력이 요청된다. 이러한 중도주의는 해방직후에 원불교 종법사 송정산(宋鼎山)에 의하여 그의「건국론」에서 강조된바 있다.

정산은 천하의 큰 道로서 一圓, 共和, 中正을 지적하면서, 그 중 中正의 道를 정치와 관련해

37) 신정현, 앞의 논문, p. 16.

38) 김영작, "바람직한 통일조국의 미래상",「통일에 관한 한·독 비교연구세미나논집」, 국민대학교 사회과학연구소, (1993. 11. 12.) pp. 55~56.

39) Arend Lijphart, "Democracy in Plural Societies" : A Comparative Exploration, (New Haven : Yale University Press, 1977), pp. 21~50.

서 논의하였다.[40] 즉 그는 정치의 표준은 中道이고 균형 있는 정치에는 中正의 정치가 제일이며 一圓은 "진리의 體"이며 중정은 "진리의 用"이라고 규정하여 정치에 있어서, 중도주의 내지 中正을 중시했다.[41] 또한 그의 건국론의 제3장 「정치」에서 "중도주의는 過와 不及이 없는 것이니 즉 상대편에 서로 권리편중이 없는 동시에 또한 각자의 권리를 정당하게 잘 운영하는 것"이라고 부연해서 설명하였다.[42] 이와 관련하여, 그는 "우리는 공평한 태도와 자력의 정신으로 연합국에 똑같이 친절할지언정 자기의 주의나 세력배경을 삼기 위해서 어느 일개 국가에 편보(編付)해서 다른 세력을 대항하려는 어리석고 비루한 생각을 절대로 하지 말며 조선의 정세를 살피건 데, 중립주의가 아니고는 도저히 서지 못할 것이며, 연합국의 다 같은 원조가 아니면 건국공작이 순조로이 진행하지 못할 것"이라고[43] 주장하여 국제관계에 있어서 주변국가들에 대하여 균형 있는 우호적인 중립주의 노선을 강조하였다.[44]

통일한국의 중립주의 내지 중립노선은 이 이전단계의 남북한의 중립화통일론과도 맥락을 같이 한다. 그간 중립화통일론은 냉전상황과 분단상황에 비판적인 많은 민족주의적인 지식인, 정당인, 해외동포 및 진보적인 외국정치인, 석학들이 제기해 왔으며 많은 청년학생, 그리고 기득권에 안주하지 않은 사람들이 잠재적으로 동조해 왔다. 특히 중립화 통일논의는 1950년대, 60년대에, 특히 4·19직후 많이 논의되었다. 1960년 맨스필드 美상원의원은 한반도의 통일론으로 오스트리아식의 한반도중립화를 내세운 바 있고, 1961년 미국 버클리대학의 스칼라피노 교수, 최봉윤 교수, 1976년 헨더슨(G. Henderson)이나 바네트 교수도 한때 한반도 중립화를 논의한 바 있다.[45] 흔히 중립화를 논의할 때는 주변4대강국들의 보장을 전제로 하지만, 통일한국의 중립주의는 자주적 역량 위에서 주변 어느 국가에 의해서도 종속되지 않고 주변 국가들과 대등한 위치에서 적극적인 선린 외교관계를 가지는 방향으로 전개되어야 할 것이다.

---

40) 김영두, 「원불교 통일노력의 상황과 평화통일사상」, 「원불교사상」, 제19집, 원불교 사상연구원, 1995. pp. 259~261. 정산종사법어 : 「원불교전서」, 원불교 중앙총부, 1977, p. 984.
41) 김영두, 앞의 책, p. 261. 정산종사법어 : 「원불교전서」, p. 980..
42) 송정산, 「건국론」 (원불교 教書총간 제 4권 부록), 원불교 정화사, p. 20.
43) 송정산, 「건국론」, p. 18.
44) 송정산, 「건국론」, p. 18.
45) 정대화 역 (In K. Hwang저), 「중립화통일론」, (신문학사, 1988) pp. 180-184, 207~221.
양호민, 이상우, 김학준, 「민족통일론의 전개」, (서울: 형성사, 1982), pp. 306~434.
Choy Bong-Youn, Korea : A History (Ruth Vermont and Tokyo : Charles E. Tuttle Co. 1982), p. 490.

2. 통일한국의 체제

정치・경제체제에 대한 논의는 제도・기능・구조 등의 여러 차원에서 논의할 수 있으나 여기에서는 정치경제체제의 핵심구성요소이며, 체제를 특징 지워주는 정부 권력구조, 정당・선거제도, 경제메커니즘에 국한해서 논의하겠다.

1) 정부권력구조

통일한국의 권력구조를 논의하는데 있어서, 고려해야 할 기준은 자유민주주의체제의 기본적 틀 속에서 통일된 국가의 "효율성"과, 남북한에 상존 하는 이질적 요소간의 "화합"을 고려하고 남북간 양자의 '체제통합'을 조화시키는 방향으로 정부의 형태가 결정되어야 한다. 예컨대, 통일과정에서 남・북한 내부에 혼란이 야기된다든지, 또는 통일비용이 과도하게 예상된다든지, 주변국가들의 동향이 통일한국에 유리하지 않을 경우는 국내외의 주변상황에 강력하게 대처하고 국정을 효율적으로 운영할 수 있는 대통령제가 보다 바람직하다고 생각된다.

대통령이 남북한 통합의 상징으로 공정하고 강력한 리더십을 발휘한다면 화합에 긍정적일 수도 있으나, 남한이 정부권력을 주도할 경우, 북한지역의 불만과 소외감이 제기될 수도 있다. 따라서 이 경우에는 남북간의 지역적 안배를 위해서 정・부통령제를 고려해 볼 수 있다.

한편 의원내각제를 통일한국의 정부형태로 할 경우, 의회의 다수당에 의해 정부가 구성되고 다수당은 국민의 신임을 확보하기 위해 노력함으로써 책임정치가 체질화 될 수 있다. 그러나 정당이 난립하거나, 의회의 다수당이 과반수를 넘지 못하여 연립내각을 구성할 경우, 정국의 안정성 확보가 문제시된다. 요컨대 정부형태의 선택은 통일한국의 정치상황과 정치적 성숙과 밀접히 관련된다. 보다 구체적으로 예시하면 남한의 현 정세 하에서도, 의원내각제가 지역패권주의자들의 흥정이나 연합형태로 논의되고 있기 때문에 회의적이다. 특히 통일이 되어 이질적인 남북간의 대결에다가 道 단위수준의 지역적인 담합에 의해서 내각이 구성될 경우, 그러한 정권은 안정성이 크게 문제시된다. 거기다가 국내의 諸정당정파가 주변 강대국들과 각기 연결된다면 문제는 참으로 심각할 것이다. 이러한 관점에서 생각할 때, 의원내각제 보다 대통령제가 보다 합리적이다.

의회구성에 있어서는 일반적으로 단원제와 양원제가 고려될 수 있다. 국정의 신속한 처리와 영토의 협소성과 민족의 단일성이라는 한국적 여건에서 단원제가 보다 효과적일 수 있다. 그러나 인구에 있어서 남한이 북한보다 월등히 많기 때문에 단원제가 실시되면 남한이 과다대표되기 때문에 북한지역의 이익이 소외될 수 있다. 따라서 양원제를 택하여 하원은 인구비례에 의해 선출하고 지역대표로서의 의미를 갖는 '상원'은 남북이 적정수(適正數)의 대표를 화합적 차원에서 고려할 수도 있으며, 상원의 기능이 남북간의 지역문제를 주로 다루도록 하는 것도 바람직하다. 상원의 선출방식에 있어서는 남북한을 2개 선거구로 나눌 것인가, 아니면 보다 세분화된 선거구(道단위 정도의)로 할 것인가 하는 문제는 정치상황을 고려해야 할 문제다. 그러나 남북간의 지나친 대결구도를 피하고, 종래의 도단위 수준의 지역적 이해관계를 수렴한다는 의미에서 도 단위의 선거구획정도 고려할만한 가치가 있다.

다음으로 중앙과 지방간의 권력관계는 연방제를 택하여 지방분권제로 하느냐, 아니면 중앙집권제로 하느냐에 따라 달라질 수 있다. 중앙집권제는 전국을 대상으로 통일적인 강력한 행정이 가능하고 부처별로 전문인력을 통한 행정의 전문화와 효율화를 기할 수 있다. 그러나 지방분권화를 채택하여 자치단체에 보다 많은 권력을 배분한다면, 남한주도의 통일이 될 경우에도 북한주민들에게 심리적 안정감을 주게 될 것이며 이는 또한 새로운 체제에 그 지방의 북한출신 엘리트들을 다수 참여시킬 수 있는 제도적 장치가 된다. 또한 분권화 형태는 특정정파의 독주를 방지하고 화합이라는 측면과 민주주의의 훈련이라는 측면에서 보다 바람직하다. 그리고 이원정부제(二元政府制)같은 혼합형정부형태는 실제 권력배분의 불분명성 등 많은 문제가 수반되기 때문에 여기에서는 검토하지 않겠다.

2) 정당체제와 선거제도

통일은 남북한의 각 지역, 각 계층과 정치집단에 차등적인 파급효과를 가져올 수 있기 때문에 결국 지역간, 계층간, 세대간에 갈등이 중층적으로 나타나 정당의 선호가 다양해 질 것으로 전망된다. 특히 지역적 요인과 이념적 요인이 결합하여 다당제가 형성될 것이 예상된다. 다당제의 극단적 형태인 '원자화된(atomized) 다당제'는 물론 이념적으로 '양극화된(extreme) 다당제'는 정당간의 정치적 쟁점에 대한 합의가 힘들며, 중도세력의 안정적 기반이 잠식될 가능성이 크며 정치적으로 권력교착상태에 빠질 가능성이 크다.

따라서 통일한국에서 현실적으로 다당제가 존립할 경우를 고려하여 보수정당, 중도우파정당, 중도좌파정당이 중간영역에 위치하고, 극좌·극우정당을 배제하는 온건다당제(moderate plural political party system)가 형성되도록 체제적인 차원의 정책방안이 강구되어야 한다. 실로 온건다당제는 절대 다수당이 존재하지 않고 3~5개의 정당이 합의된 틀 내에서 정치적 경쟁을 하게 됨으로 정치체계의 안정과 효율을 유지할 수 있으며 정당들이 이데올로기보다는 지역적 또는 정책적인 요인에 의해 다원화되므로 정당간의 연립정부형성이 용이할 것이다.

온건다당제의 확립을 위한 정책적인 방안으로, i) 통일 후 북한 노동당(공산당)같은 극좌 세력의 영향력을 약화시키는 조치를 취할 것, ii) 북한지역에서 노동당이외의 위성정당이나 새로 창당된 정당들을 남한지역의 이념성향이 같은 정당이 지원할 것(인적교류, 재정지원, 정치·선거 전문가 파견), iii) 북한의 민주화와 민주적 선거문화 정착을 위한 일반주민의 시민교육을 실시할 것, iv) 소수정당의 난립방지를 위해 정당설립조건을 강화할 것 등을 고려해야 할 것이다.

또한, 다당제 하에서 정책연합·연립정권·정당통합문제가 흔히 제기될 수 있다. 특히 대통령제가 실시될 경우 대통령의 소속정당이 국회에서 다수당이 되지 못하여 국회에서 '여소야대' 현상이 야기될 때, 정치적 안정을 위해 대통령에 의해 정책연합, 정당통합이 시도될 수 있다. 내각책임제가 실시될 경우 다당제 하에서는 연립정권이 형성될 것이다. 연립정권의 형태로써는 대연합(grand coalition)과 소연합(small coalition)이 있다.

또, 정당의 정치자금 확보에 있어서, 국고로 제도권에 있는 전국적 정당에 일정비율로 지원하는, 종래의 국고지원제도를 폐지하고, 지구당 수준에서, 자발적인 후원회를 구성하여 정당을 운영해야 할 것이다. 이는 정당별 국고지원이 중앙당의 '보스'나 간부들의 권력을 강화시켜 그들에 의해 당이 비민주적으로 운영되는 것을 방지하고 금권정치와 정치적 부패의 온상이 되는 것을 예방하기 위한 것이다. 만일 정당에 대한 국가적 보조금제도를 그대로 둔다면 그러한 보조는 반드시 보조를 받는 정당의 중앙당부와, 각 지역 지구당에 의무적으로 적절히 배분하는 규정을 마련해야 할 것이다.

선거제도에 있어서는 대통령제나 의원내각제나 모두 국회의원선거방식에 있어서는 다수대표제와 비례대표제를 병행, 실시하는 것이 바람직하다. 특히 의원내각제를 실시할 경우, 다수대표제에 의한 지역구와 비례대표제에 의한 전국구를 어떻게 조화시킬 것인가가 큰 문제이다. 일본과 같이 1인 2투표제에 의해 다수대표제와 전국구 비례대표제를 병행시킬 수도 있다. 또 비례대표제의 의석 할당은 독일과 같이 주 단위수준에서 후보자명단을 작성하고 득표비율에 따라 주단위로 전국구의원을 선출하는 사례를 도입하는 것도 바람직하다.[46]

3) 경제체제

46) 박종철, 통일한국의 정당제도와 선거제도, 민족통일연구원, (1994, 11), pp. 106~110.
양건, "국회의원 선거제도 개혁의 방안", 「사회과학연구」 창간호(서강대학교 사회과학연구소), 1992. p. 200.
통일원, "전독 총선에 관한 참고자료", 「독일통일 실태자료집:비경제분야」, 1992, pp. 360~365.

통일한국의 경제체제는 남한의 시장경제체제에 북한의 사회주의 계획경제체제를 편입, 전환시키는데 주안을 두어야 한다. 여기에서는 통합을 위한 기본방향, 북한 경제체제 전환방법을 간략히 논의하겠다.

통일한국의 경제정책은 첫째, 북한지역에서 생산물과 생산요소의 수요와 공급이 시장메커니즘을 통해 균형을 이룰 수 있도록 정부가 조정적 역할을 해야한다. 둘째, 노사간의 조화를 이룩할 수 있도록 국영기업에서는 노동자경영을 실현하고 사기업에서는 노동자의 경영참여를 촉진해야 한다. 특히 북한지역에서 '기업인'이라는 새로운 인간형을 양성해야 한다. 종래 사회주의 체제하에서는 '당과 정부의 관료'와 '노동자'라는 두 가지 유형의 인간만이 존재했다. 즉 관리하고 명령을 내리는 인간과 명령을 받아 움직이는 두 가지 유형만이 있었는데, 이제 제3의 '기업인'이라는 새로운 인간형이 창조되어야 한다.

셋째, 통일후의 북한지역의 신속한 산업화와 경제발전을 추진해야한다. 남한의 유력한 기업들로 하여금 북한 지역에 집중적인 투자와 공장건설을 하도록 각종 금융, 세제상의 특혜를 주면서 권장하면, 수년 내에 큰 성과를 기대할 수 있다. 이렇게 되면 흔히 논의되는 통일비용을 걱정할 필요가 없다.

넷째, 민족경제와 세계경제와 조화를 이룩하기 위해서 경제적으로 개방을 추구해야한다. 그러나 외국자본에 전적으로 의존하는 기업의 외연적 성장은 지양해야 하며, 가능한 순수 민족자본으로 성장을 추구해야 한다.47) 이를 위해 민족자본의 축적과 동원을 가능하게 하는 자본시장의 육성을 위한 적극적인 정책이 요구된다.

다섯째, 북한의 경제체제의 전환은 일반적으로 법적·제도적 장치의 도입을 전제로 해야한다. 가격의 자유화, 생산자와 소비자의 자유로운 시장의 진입과 이탈, 토지의 사유화와 기업의 민영화, 해외 무역과 자본이동이 국가독점으로부터 해제, 화폐금융상의 제도전환 등을 강구해야 한다.

경제체제의 전환에는 일반적으로 충격요법적인 급진적인 방법과 점진적인 방법이 있다. 충격요법적 급진적 방법은 '시장경제질서와 자유민주주의적인 정치질서수립에 필요한 주요 기본정책들을 한꺼번에 채택하고 동시에 시행됨으로써 사회주의 체제로부터 자본주의 체제로의 전환을 꾀하는 것을 의미하며, 반대로 점진적인 방법은 이러한 전환이 단계적인 계획에 따라 장기간에 걸쳐 일어나는 것이다.

---

47) 임종철, "통일한국의 경제체제와 산업구조", 한국정신문화연구원 편, 「통일한국의 미래상과 삶의 양식」 (서울 : 한국정신문화연구원, 1991), p. 94.

동독의 체제전환은 전자였으며, 그 때문에 통일 후 많은 후유증을 겪었으며, 舊소련을 비롯한 일부국가들의 경우에는 점진적인 체제전환을 시도하고 있지만, 그 실효가 미미한 점을 고려할 때,[48] 명실상부한 통일국가로 가는 길이라면 다소 시련이 있더라도 전자가 선호되어야 할 것이다.

명령적 계획경제가 시장경제로의 전환을 위해 기본적으로 요구되는 핵심내용은 ① 경제적 자유의 확장, ② 私的 소유영역의 확대, ③ 관료적 개입과 자의적 규제 축소, ④ 법의 지배를 전제로 한 소유의 자유, 계약의 자유, 영업의 자유, 직업선택의 자유, 자본과 노동이동의 자유 보장, ⑤ 가격의 자율화 단행 등으로 요약할 수 있다.[49]

이러한 조치 이외에도 흔히 체제전환 과정에서는 실업과 물가상승 및 가치관의 혼란이 따르기 때문에 체제전환과 관련해서 보다 적극적인 사회 및 정치교육이 요청된다.

---

48) 안두순, "통일후 경제통합과 경제체제", 구영록, 임용순 공편 「한국의 통일정책」, pp. 257~258.
49) 김영윤, 「통일한국의 경제체제」, 민족통일연구원, (1994, 12), p. 156.

제10장 김대중 정부의 대북 포용정책과 남북한 관계

문제의 제기

서기 2000년에 들어서서 남북관계에 있어 획기적 변화가 예고되고 있다. 김대중 대통령이 2000년 1월 20일, 4월 13일 총선의 승리를 위해 새로 결성한 새천년민주당의 창당사에서 총선에서 원내 안정의석을 얻으면 북한의 김정일 국방위원장과의 남북 정상회담을 열 것을 국민에게 제의한데 이어서 1월 26일 대통령 연두 기자회견에서도 남북 정상회담을 4월 총선 이후에 할 것을 거듭 제의하였다. 이는 그간의 대북 포용정책에 대한 기대에 못 미치는 국민의 여론, 야당인 한나라당의 반대, 여권내의 共助 파트너인 자유민주련합의 소극적 태도와 견제, 그리고 소위 보수계층과 집단들의 우려와 비판을 총선을 계기로 한꺼번에 돌파하려는 의지로 해석할 수 있다. 따라서 이미 남북문제는 4・13 총선을 계기로 아마겟돈식 변동이 예상되었다.

김대중 정부가 1998년 2월 출범한 이래 대북 포용정책(햇볕정책)을 추구했으나 북한은 무장 간첩선의 남파와 군사적 도발, 한국 정부를 따돌리고 민간수준의 친북 세력과 특정 재벌과 연계하여 실리를 추구해왔으며, 한편 남북문제를 미국과의 협상을 통해서만 해결하려는 자세로 일관해왔기에 별다른 성과를 거두지 못했다.

1998년 2월 김대중대통령은 대통령 취임사에서 대북 정책의 3대 원칙으로 "북한의 무력도발 불용", "북한에 대한 흡수통일 배제", 그리고 "남북간의 교류협력의 적극 추진" 등의 소위 대북 정책 3대 원칙을 내세우고 지금 당장은 "통일"이 아니고, "화해・협력"의 단계임을 강조하였다. 특히 대북 정책의 추진방향이 정경분리원칙에 의하여 경제교류를 활성화하고, 정부수준

※ 이 글은 제목이 시사하는 바와 같이 1998년 김대중 정부가 들어서서 햇볕정책(혹은 포용정책)을 쓴 이래 이에 대한 초기의 북한의 반응과, 북한의 주변 4강과의 관계와 남북 정상간의 "6・15 공동선언"에 대한 평가를 중심으로 논의한 것이다.

제1절, 2절, 3절은 대북 포용정책에 관하여 저자가 각 대학별 또는 호남, 충청, 영남 등의 권역별 학술회의와 1999년 8월 20~21일 전국 대학통일문제연구소 협의회 莊山학술회의(하계 워크샵)에서 세미나의 기조강연자, 주제발표자, 행사주관자로서 발표한 내용을 간략하게 정리한 것이다. - 호서대(1999. 11. 10), 충남대(1999. 10. 19), 동신대(1999. 11. 24), 영남대(1998. 10. 16), 경북대(1999. 11. 26), 원광대(1999. 10. 20), 군산대(1999. 5) 등 -

제4절은 사단법인「4월회」의 계간지(2000년 봄 3월 1일 통권 35호)에 「21세기 진단 정치편」에 쓴 "2000년이 남북 통일정치의 원년이 될 것인가"를 그대로 全載한 것이다. 이상의 논의는 모두 남북 정상회담이 제의되고 成事되기 이전에 쓰여진 것이다.

그리고 제5절에서는 남북 정상회담과「6・15 공동선언」이 있고난 후 이에 대하여 저자의 생각을 정리해 보았다.

에서는 상호주의를 견지하며, 인내를 가지고 북한의 개방을 유도하고 북한을 포용하자는 소위 "햇볕정책"(sunshine policy)을 내세워 왔다.

이러한 김대중정부의 대북 정책 내지 통일정책에 대한 평가를 제1절, 2절, 3절에서 북한측의 반응과 국내의 여론, 그리고 주변국가들의 그간의 대북 정책이 어떠했는가를 살펴보고, 제4절에서는 김대중 정부의 대북 통일정책의 의도를 살피고 추가 집필한 제5절에서 2000년 6월 15일 남북 두 정상의 공동선언의 의미를 논의하고자 한다.

제1절 대북 포용정책의 의미와 북한의 초기반응

햇볕정책이란 이솝의 우화에서, 나그네의 외투를 세찬 强風으로는 벗기지 못하지만, 따뜻하게 내리쪼이는 햇볕이 결국 외투를 벗기듯이, 남한이 북한에 대해 계속 溫情을 계속 베풀면 북한이 결국 그들의 폐쇄체제를 개방하게 될 것이라는 논리이다. 이러한 햇볕정책의 실효성(효과)은 그 정책의 대상인 북한이 초기에 햇볕을 받기를 거부하고 폐쇄체제를 고집하고 있는데 문제가 있었다.

남한의 포용정책(햇볕정책)이 '强盛大國'을 지향하는 북한을 변화시킬지 의문시된다. 그것은 북한이 현재 자본과 시장경제에 의한 경제적 개방체제를 지향하기보다는 혁명의 논리에 서서 사상과 군사력에 의한 강국을 지향하고 있기 때문이다. 북한은 한국의 포용정책을 시험하기라도 하듯 국민의 정부 출범 직후에 강릉지역에 무장잠수정을 밀파하고 서해안, 남해안 지역에 계속 간첩선을 침투시켜왔을 뿐만 아니라, 1998년 8월 21일에는 인공위성이라는 명목으로 다단계 장거리 미사일을 시험하는 소위 "광명성 1호"를 쏘아 올려 세계를 놀라게 하고 일본과 미국을 자극해왔다. 특히 일본은 핵탄두를 장치한 북한의 미사일개발 때문에 자국의 안보에 불안감을 느끼고 있다. 이러한 위협은 비단 일본에 국한된 것이 아니라 휴전선이남의 남한에도 동일한 것이다. 북한의 이러한 행태에도 불구하고, 우리정부는 지금까지 북한을 응징하거나, 단호한 결의를 보여주지 않고 애써 인내해왔다. 오히려 한 걸음 나아가서는 현대 재벌그룹의 파격적인 대북 접근을 뒤에서 후원하여 정주영 현대그룹 회장이 직접 2차에 걸쳐 1001마리의 소(牛)를 몰고 휴전선을 넘어, 북한의 김정일 국방위원장을 만나, 금강산 관광과 개발사업을 합의하도록 유도하였다. 그 결과 현대그룹은 1998년 11월부터 향후 6년간 총 9억 4천 2백만 달러를 북한의 김정일 정권에 계속 송금해주는 조건으로 금강산 관광사업을 벌이고 있다.

그러나 신문이나 TV에서 금강산 관광에 대해 대대적인 홍보를 하는데도 불구하고, 금강산 관광의 붐은 기대했던 것과 달리 크게 일어나지 않고, 주로 현대가족과 일부 소수 실향민, 그리고 정부 시책에 편승하는 인사들만이 금강산관광에 임하고 있는 실정이다. 1998년 12월 18일 첫 출항이래 1999년 12월 현재까지 약 15만 명의 관광객이 다녀왔다.

정부가 금강산관광사업을 남북교류의 획기적이고 可視的인 사업으로 홍보하고 있으나, 이는 북한지역에 다른 어떤 기업보다 앞서서 독점적으로 기업의 기득권을 심으려는 현대그룹의 상업성과 경제적 어려움에 처해있는 김정일 정권의 체제유지와 군사력 증강을 위한 달러 확보라는 목적이 서로 맞아떨어진 작품이다.

이러한 관광사업은 북한정권과 일종의 "커넥션"을 갖는다는 점에서 현대에는 큰 의미가 있을지 모르지만, IMF사태로 구조조정과 인력감축, 명퇴로 거리에 한때 200만을 육박하는 실직자들이 쏟아져 나왔던 한국의 현실 속에서 분명히 국민감정에 맞지 않는 것이다. 우리 속담에 금강산도 "식후 구경"이라는 말이 있다. 또한 북한이 받는 거액의 방북료가 국가안보에 위협이 되는 김정일 체제의 군사비로 전용되고 있다는 점이 큰 문제이다. 그리고 유사시에 금강산 관광객이 북한에 인질이나 볼모로 잡힐 가능성도 배제할 수 없다.

김대중정부 출범이후 1998년 4월 30일 남북 經協을 확대하기 위해 남북경협 활성화조치를 취한 이래, 이후 1년간의 "경협 내용"을 평가할 때, 남북경협규제가 대부분 완화되고 기업인의 방북이 증가하고 다수기업들이 협력사업을 승인 받았고 또 남북경협사업이 종래의 섬유, 봉제 중심의 제조업에서 관광업, 농업, 수산업 등으로 대북 투자 업종과 분야가 다양화되기도 했다. 그러나 남북경협 활성화 조치에도 불구하고, 1998년의 남북교역규모가 1997년의 3억 8백 34만 달러에서 28%가 감소한 2억 2천 1백 94만 달러로 줄었다. 더욱이 금강산관광사업과 같은 재벌차원의 대규모 선심성 협력사업에만 대한 북한이 관심을 곤두세우고 있었기 때문에 그 동안 추진되어온 여타 대북 사업이 지체되는 부작용이 발생한 바 있다.

남북경협의 부진은 경기침체에 따른 채산성 악화 외에도, 경협의 채산성에 직접적인 영향을 미치는 제약요인들에 대한 실질적인 개선이 이루어지지 않았고 일부제약요인이 오히려 가중되고 있기 때문이다. 그 동안 경협 현장에서 제기되어온 과다한 물류비부담과 기술지도의 곤란과 같은 애로요인은 근본적으로 해결이 안된 상태이다. 더구나 물동량의 감소로 운송비용은 오히려 상승하는 결과를 초래하고 있다. 더욱이 북한은 대규모 외화획득이 가능한 협력사업에만 눈을 돌리고 있으며, 동시에 남한의 일방적 지원성 경제협력사업만을 북한은 유난히 눈독을 들이고 있는 입장이다.

특히 북한은 금강산 관광사업과 같이 그들에게 생산비가 전혀 들지 않고 재벌이 시혜(施惠)하는 대규모 사업에나 관심을 두고, 소규모의 중소기업의 대북 진출에는 관심을 별로 두지 않는 실정이다. 또한 경제인 등의 민간인의 방문자수가 증가한 것은 사실이지만 이들 대부분이 親北人士이거나 고액의 방북료(訪北料)를 내거나 식량원조나 북한에 특혜사업을 벌이면서 북한을 넘나드는 사람들이다.

정부가 남북간의 갈등을 풀고, 한반도의 평화를 구축하겠다는 의도로 북한에 쌀을 보내주고 비료를 지원하며 현대를 통해 관광사업을 벌이는 등 적극적인 접근을 시도하고 있지만 북한의 김정일 정권은 남북간의 직접적인 대화를 현재 회피하고 있다. 이러한 남북관계를 볼 때 정부의 인내심 있는 노력은 충분히 이해할 수 있으나, 대북 지원이 지나치게 일방적이고 너무 성급하다는 인상을 준다. 이것이 대기업의 발빠른 북한진출을 지원하려는 의도인지, 아니면 북한의 현 체제와의 「국가연합」으로 가기 위한 전 단계인지 확인할 수 없다. 만일 후자의 경우인 북한체제와 국가연합이라면 현 김정일 체제와는 곤란하며 장래 북한에 보다 온건하고 개혁·개방체제가 등장할 때나 생각해볼 문제이다.

햇볕정책이란 그 상징적 의미가 시사하는 바와 같이, 우리의 따뜻한 햇볕이 북한에 쏘여 북한체제를 변화시켜야 하는데, 우리측의 "짝사랑"하는 일방적 시혜를 받기만 하고, 핵 개발이나 다단계 장거리 미사일을 만들어 국제사회, 특히 미·일과 갈등하면서 "깽판" 놓아가면서 실리를 따내려하는 북한에 대해서 우리는 언제까지 햇볕정책만 되뇌고 있을 것인가. 정책이란 구두선(口頭禪)이나 말의 성찬이나 홍보작전이 아니라, 실효성(實效性)이 있어야 한다. 실효성이 없는 정책은 폐기하거나, 수정할 수 있는 것이다. 정책의 실효성이 없는데, 햇볕정책을 고수하는 것은 그야말로 허상을 쫓는 행위이다.

햇볕정책의 일방적 시혜성과 그 비현실성은 김대중 대통령취임 초에 대북 정책의 추진방향으로 책정된 상호주의 원칙을 의미 없는 것으로 만들고 있다. 또한 정부가 남북 경제교류의 활성화의 원칙으로 내세운 政經分離란 것도 사실 따지고 보면, 일 국가의 대외적 경제교류에 있어 글자 그대로 政治와 經濟의 분리가 과연 가능한가도 의심스럽다. 자유민주주의 시장경제하에서는 그것이 어느 정도 가능할 수도 있지만, 북한체제와 같이 모든 영역이 독재자와 그 일당의 도그마와 권력이 지휘하고 통제하는 기획경제의 틀 속에서 움직이는 체제 속에서 과연 政(정치)과 經(경제)을 분리해서 생각할 수 있겠는가.

또한 한국에서도 현실적으로 남북이 서로 대치하고 있는 상황 속에서 정부가 북한에 진출하는 기업을 정경분리라고 해서 "자율적"으로 행동할 수 있도록 방임할 수 있겠는가. 그러므로 남북한간의 경제교류에 있어서 政經分離라는 의미는 매우 제한적인 것이다.

제2절 주변 4국의 대북 정책

남북한의 갈등과 대치가 현실적으로 남북간의 관계만이 아니고, 한반도의 주변 4대국의 국가 이익과 동북아의 평화와 관련된 문제이므로, 우리 정부의 북한에 대한 포용정책(햇볕정책)은 주변 4국의 한반도정책에 의하여 직·간접으로 영향을 받지 않을 수 없다. 그렇기 때문에 김대중정부는 취임이래 각종 국제회의에서는 물론 대통령 자신이 미국, 일본, 중국을 방문하여, 한국의 포용정책-햇볕정책을 설명하고 그들의 지지를 호소해왔으며, 1999년 5월 27일 러시아의 방문을 끝으로 4대국의 지지를 얻어내는 외교적 활동을 완료한 바 있다.

한편 북한은 핵 개발을 놓고 갈등을 벌이다가 1994년 10월 제네바 핵 기본협정이 체결되자 미국을 비롯한 주변 4개국의 대북 관계는 전반적으로 화해의 방향으로 나아가고 있다. 특히 주변국들이 북한의 기아문제와 식량원조에 큰 관심을 두어왔다. 그러나 1998년 10월, 북한의 김정일이 국방위원장으로 취임하여 강성대국을 지향하고, 다단계 장거리 미사일을 개발·실험하고, 또한 이 이전 1998년 8월 평북 금창리 지역의 핵 개발의혹이 포착됨으로써, 미·일과 새로운 갈등관계로 들어섰으며, 미국은 북한의 핵과 미사일개발을 중지시키려는 외교적 노력과 담판을 시도하게 되었다. 이를 위해 미국관리들이 북한을 방문한 바 있다. 1999년 5월 27일에는 미국의 前국방장관이며 미국의 대북 정책 조정관「페리」가 평양을 방문하여 미국과 한국, 일본 등과 사전에 조율한 대북 프로그램을 제시하고, 북한고위층과 포괄적 협상을 시도한 바 있다.

우리의 대북 포용정책은 현실적으로 한·미·일간의 共助체제하에서 추진되고 있으며, 중국과 러시아의 협력도 필요하므로 주변 4국의 대북 관계를 여기에서 간략하게 논의하고자 한다.

1. 중국의 對北관계

해방 이후 1948년 9월 북한에 공산정권이 수립된 이래 중국은 주변 4국 중에서 어느 나라보다도 북한과 지속적으로 우호관계를 유지해 왔다. 한반도 특히 북한지역은 중국대륙과 지리적으로 접속되어 있기 때문에 중국의 입장에서 볼 때 중국과 한반도는 순망치한의 관계(relation of "teeth and lips")이다. 사실상 중국은 중국대륙의 정치적 중심지인 화북(華北)과 산업지대인 만주를 보호하는 외곽지역으로써의 한반도의 전략적 위치를 매우 중요시 해왔다.

북·중 관계는 북한의 1950년 6·25남침 시 중국의 지원과 1961년 7월 朝·中상호원조조약 체결로 血盟으로 다져졌다. 그러나 1980년대 후반에 와서 舊소련을 비롯한 東유럽의 사회주의권이 붕괴되고 1990년 9월 한국과 러시아간에 국교관계가 맺어지자, 중국도 한국과 수교 관계에 들어가, 경제협력관계를 가속화시키고 "두개의 한국"을 인정하게 되었다. 이때부터 북한은 고립감을 느끼고 독자적 방위력을 강화하기 위해 핵 개발을 시도하고, 미국의 전세계적인 핵 패권에 도전하게 된 것이다. 이러한 도전은 어느 의미에서는 "한반도의 비핵화"와 "2개의 한국"을 選好하는 중국의 입장에 쐐기를 박고 중국으로 하여금 북한에 무게를 두게 하려는 북한의 "계산된 의지"가 작용한 것이기도 하다.

그러나 북한과 중국의 기본적 협력관계는 중국이 북한에 등을 돌리지 않는 한 지속될 것이다. 김일성 死後에도 중국은 북한과 1995년 5월 "中·朝기술교류협정"을 체결하고 향후 5개년간 대북 경제지원을 약속하고 실행해 왔다. 그 경원 내용으로 매년 밀가루, 옥수수 등 50만톤의 식량원조(50%는 무상, 50%는 국제우호가격으로)와, 에너지원조의 일환으로는 원유 110만 톤, 석탄 250만 톤(각기 무상과 국제우호가격으로 半半)을 제공해왔다. 또한 중국은 북한의 최대의 교역상대국이 되어왔다. 중국은 북한이 지리적으로 중국과 인접해있어서 중국안보에 긴요하며, 나아가서는 "사회주의" 북한의 붕괴가 사회주의 중국체제에 부정적 영향을 미친다고 생각하고 있다.

1998년 7월에 발간된 중국의 "國防白書"에서는 중국의 亞太지역 안보전략의 3대 목표로, 중국대륙의 안정과 번영, 주변지역의 평화와 안정, 域內국가들과의 대화와 협력을 내세우고 있으며 미국을 세계 평화와 안전에 대한 잠재적 장애로 간주한 바 있다. 특히 중국은 미국의 패권주의와 타이완 문제의 개입, 나토확장 문제, 핵 억제와 미사일 방어정책에 대해서 매우 부정적인 입장을 보이고 있으며, 아태지역에 있어서의 미국의 리더십을 대신할 수 있는 일본·한국 등을 포함하는 역내국가들 간에 "중국식" 多者간 안보메커니즘을 제의하고 있다.

이러한 중국에 대해 미국은 중국의 "인권문제"를 제기하고 WTO(세계무역기구)에의 가입요청을 한 때 유보한 바 있다. 한편, 지난 유고의 코소보사태에서도 중국은 러시아와 함께 미국과 NATO의 개입과 공습에 맹렬히 반대하여 이로 인하여 미·중간의 갈등이 고조된바 있었다. 만일 한반도에서의 어떠한 정치적 군사적 위험이 발생할 경우, 중국은 어떠한 결정적 역할을 수행하려 할 것이다.

2. 러시아의 對北관계

러시아의 현재의 대북 관계는 舊소련의 경우와는 분명히 다르다. 러시아는 짜르 專制政이래, 동북아지역의 연해주를 태평양지역에 이르는 거점으로 생각하며, 한반도에 대한 중요성을 인식했으며, 日帝시에도 소련은 抗日투쟁을 전개한 한국의 사회주의 세력과 민족세력을 지원했으며, 제2차 세계대전 이후 한반도가 분단된 이후에는 북한정권의 창설을 도왔고, 1980년 후반까지 북한에 대해 사회국가간의 국제적 연대에 충실해왔다.

그러나 러시아는 1980년대 후반 사회주의 체제개혁과 시장경제체제의 도입으로 舊소련체제가 붕괴되고, 한국이 러시아에 적극적인 북방정책을 펼치고 한·러 수교 직후 한국이 러시아에 30억 달러의 차관을 약정하자(그중 半이 집행됨) 러시아의 對北관계는 급속히 소원해졌다. 그러나 이후 한·러 관계가 러시아의 기대했던 대로 한국과의 경협이 활발하게 성사되지 못하고 한편, 러시아의 국내에서 공산당 등의 左派세력이 의회에서 득세하게 되자 러시아의 외교는 종래의 남한편중에서 남북한 등거리외교로 전환하고 있다. 그리고 원천적으로 북한의 기간산업의 기초가 일찍이 러시아의 원조에 의해 형성되었고 1995년 현재로 북한은 40억불의 채무를 러시아에 지고 있어, 러시아와 북한은 당장 갈라설 수 없는 입장이기 때문에 러시아는 북한의 붕괴를 원하지 않는다.

더욱이 러시아는 금후 동북아의 세력재편과정에서 북한에 대한 그들의 지정학적 기득권을 계속 유지하고 UN안보리 상임이사국으로써의 역할을 다하면서 소위 동북아지역국가들의 "다자적 상호공동안보"(mutual common security)체제를 구축하려 하고 있다. 1994년 북·미간에 핵 갈등이 빚어졌을 때나 동북아의 평화를 위한 한·미·중·북의 4자 회담 성립 시에도 러시아는 자국과 일본이 소외되는 것을 반대하고 그들을 포함한 6자 회담을 제안한바 있다. 특히 러시아는 북한 핵 문제와 관련해서 국제원자력기구(IAEA)와 UN까지도 참여시키는 8자 회담을 제의한 바 있다. 이와 같은 러시아의 행태로 미루어 보아, 장래 한반도에 어떠한 군사적 사태가 벌어졌을 때 러시아는 중국과 함께 중요한 이해당사자로 개입할 것이다. 이러한 러시아와 유대를 강화하기 위해 김대중 대통령은 러시아 방문 시 러시아와 무기구매와 "나홋가" 지역에 합작공단 조성에 이미 합의한바 있다.

3. 미국의 對北관계

1945년 한반도분단 이후 1948년 9월 북한수립 이후 미국의 대북 정책은 북한·중국·소련간의 북방 3각 관계와, 한국·미국·일본간의 남방 3각 관계의 대치 속에서 적대일변도였다. 그러나 1980년대 후반 이후 소련을 비롯한 동구공산권의 붕괴와 전세계적인 냉전구조의 해체과정에서 남측의 미·일·한과 북측의 중·소·북 등의 서로 대치적 3각 구도는 약화되었으며 북한의 핵 개발 의지와 미국의 핵 패권주의와의 대립은 남·북 갈등구도를 미국과 북한의 갈등구조로 전위시키기까지 했다.

물론 남·북한간의 갈등구조는 그대로 잔존시킨 채 미·북간의 핵 갈등이 가까스로 제네바 핵 협정의 타결 지우면서, 미국은 북한을 붕괴시키지 않고 경제파탄과 기아에서 구하고 미국의 세력권으로 끌어들이려는 소위 확대·개입정책(engagement and enlargement policy)과 연착륙정책(soft landing policy)을 추구해왔다. 이에 대해서 미국내의 대북 강경파들은 북한의 핵 개발을 저지하기 위해서는 북한을 강력히 군사적으로 응징해야 한다는 비판의 목소리를 높이고 있다.

더욱이 최근 미국의회 내의 공화당계의 강경파들은 북한에 건설중인 경수로를 화력발전소로 대체할 것을 클린턴에 요청하고 있고 미국 하원의 「길먼」 국제관계위원장은 「북한위협감축법안」(North Korea Threat Reduction Act)을 제안하여 중국 또는 제3국으로 탈출한 북한난민의 정착을 돕는 3000만 달러의 정부예산배정을 요구했으며, 이외에도 이 법안에서는 북한 미사일에 대응한 亞太 조기경보체제, 대북식량지원에 대한 전제조건 등을 제시하고 있다.

그러나 1998년 북한은 다단계 장거리미사일 개발을 공개적으로 실험하고 '强盛大國'을 선언하면서 미국을 자극하면서, 미국과 미사일협상을 통해서 미국으로부터 당근을 얻어내려 하고 있다. 또한 평북 금창리 지역에서 핵실험의혹이 또다시 미국에 포착되어 미국과 북한은 새로운 갈등을 야기 시키고 지금은 협상단계로 들어가고 있다.

4. 일본의 對北관계

일본은 1945년 패전 이후, 미국의 점령통치 7년을 거쳐 1952년 샌프란시스코 미·일 강화조약을 체결하였다. 이후 일본의 대북 정책은 그러한 미·일 안보협력 틀 내에서 추구되었다. 일본은 북한과 未수교상태였지만 60년대 이후 정경분리 차원에서 북한과 민간수준에서 교역을 늘려왔으며, 1990년 9월 일본의 자민당과 사회당 양당 대표단이 평양을 방문하여 북한의 노동당과 공동으로 3당 수교협상 개시를 극적으로 선언한 바 있다. 이후 북・일간에는 8차에 걸쳐 국교정상화 문제, 일제식민착취에 대한 배상문제, 북송 된 일본인 처의 고향방문 문제, 일본 여인 이은혜의 납치문제, 북한의 핵사찰 수용문제, 종군위안부 문제, 남북대화 문제 등을 다각적으로 논의했다. 그러나 돌출한 북미간의 핵 갈등과 김일성 사망으로 수교회담이 도중에 중단되었다. 그리고 1994년 미・북간의 핵 합의가 이루어진 뒤에도 김정일 정권의 안정성에 대한 회의와 북한의 미사일 개발에 대한 의구심이 작용하여 회담이 속개되지 못하였다. 그러나 북한의 입장에서는 경제난을 타개하기 위해 일제식민착취에 대한 배상금 조로 일본에 70억 달러 내지 100억 달러를 요구하면서 협상을 추진하려 하였으나, 1998년 북한이 일본열도를 위협하는 다단계 미사일개발을 실험함으로써 협상이 중단되고 새로운 긴장관계로 들어섰다.

이상으로 주변 4대국의 대북 관계를 간단히 살펴봄으로써 한국의 대북 포용정책(햇볕정책)이 당면한 국제적 상황을 알아보았다.

한국의 포용정책(햇볕정책)에 있어, 북한의 반응도 물론 주요변수 이지만 아울러 인접 4대국의 국가이익에 따라 북한에 대한 정책이 달라질 때마다 그 영향을 받아왔다. 바꾸어 말하면 한국의 햇볕정책은 북한의 주변 4대국과의 관계, 특히 미국과의 관계에 따라 영향을 받게되는 종속적인 존재이다. 더 부연해서 말해서 우리 정부의 햇볕정책은 한반도의 주변상황이 허락치 않으면 그 실효성이 약하다. 다만 미국의 대북 정책이 강경 노선에서 온건 노선으로 선회할 때는 한국의 햇볕정책은 미국의 입장에서 볼 때, 그들이 북한에 제공할 경제적 지원을 한국에 전가시키는 좋은 명분이 될 것이다.

제3절 남북관계에 있어 우리의 과제

그간 경직된 남북관계를 변화시키고, 화해와 교류협력의 새 轉機를 마련하기 위해 미・북간에는 꾸준히 협상을 벌여왔다. 특히 1999년 5월 26일 미국의 윌리엄 페리 對北 조정관이 평양을 방문하여 북한의 고위층과 포괄적 협상을 제의했다. 페리 조정관의 대북 협상 안에는 북한의 핵 및 미사일개발 자제, 한국과의 평화공존 수용, 한・미・일 3국의 북한에 대한 제재완화 및 경제협력 추진, 미국과 일본의 대북 관계 개선 등이 포함되어 있었다. 또한 사전에 한·미·일 3국의 외교 당국자들간에 의견조율과 협의가 있었으며, 페리 조정관의 방북편에 클린턴 대통령의 친서는 물론 김대중대통령의 김정일 북한 국방위원장에 보내는 親書도 휴대케 했다고 한다.

이와 같이 페리 조정관이 한국이나 일본과 사전에 포괄적 협상 안을 조율하게 된 것은 한국과 일본이 북한에 제시할 당근(경제적 시혜)을 부담하게 될 것이기 때문일 것이다. 그리고 이와 시기를 거의 같이 하여 5월 27일부터 6월 1일까지 김대중대통령이 러시아와 몽골을 방문한 것은 한국의 포용정책에 대한 국제적 지지와 북·미간의 포괄적 협상에 대한 주변국가들의 분위기 조성을 위한 것으로 생각된다. 이후 북·미간의 포괄적 협상의 성취 여부가 한국의 대북 포용정책의 성패와 남북한 정상회담의 단서가 될 것이라는 전망도 있다.

그러나 미·북간의 포괄적 협상에서 어떠한 결과가 도출될지는 아무도 정확히 예상할 수 없다. 그러나 대체로 그간의 북한의 외교 행태로 미루어보아서 당장 어떤 확실한 합의가 있을 것으로는 기대되지는 않는다. 다만, 미국 측의 입장이 확실하게 전달되는 기회가 될 것이며, 추후 이 문제가 계속 논의 될 것으로 보였다. 미국 측으로써는 2000년 11월에 있을 미국 대통령선거를 앞두고 한국 측은 국내정국의 돌파구를 마련하기 위해 무엇인가 조속한 합의를 바랄 것이며, 특히 한국 측은 남북 정상회담 같은 것을 기대할 것이다.

또한 북·미간의 포괄적 협상은 지금까지 큰 성과가 없는 한국의 포용정책을 뒷받침하는 효과를 가져다 줄 것이다. 그러나 북·미 협상에 큰 진전이 없을 때는 한국의 포용정책에 악영향을 줄 것을 우려해서, 한국 측의 외교당국자들은 1999년 5월 17일 한·미 의견조율을 통해 북한이 한국에 전면전을 개시하거나 핵과 미사일개발을 강행하지 않는 한 한·미 양국은 포용정책을 유지할 것을 합의했다고 성명 하였다.

페리 조정관의 포괄적 협상이 성공하기는 매우 어려운 상황이다. 국제적으로 유고의 코소보 사태에 대한 NATO와 미국의 공습으로, 러시아와 중국이 미국과 갈등하고 있으며 더욱이 駐유고 중국대사관 폭격사건으로 미·중 관계가 더욱 악화되고 있기 때문이다. 적어도 북한은 그들의 우방인 중국과 가까운 시일 안에 협의가 우선 필요할 것이다. 이미 북한은 코소보 사태와 같은 미국의 군사적 공세를 우려해서, 또한 일어나지도 않을 군사적 공세를 과장해서 미국과 갈등을 유발해 더 많은 당근을 받아 내려하고 있다.

사실 북한은 지하 핵시설 건설의혹을 둘러싼 북미간의 긴장상태가 증대되고 일본의 「미·일 신방위협력지침」(가이드 라인) 관련 법안 등으로 한반도에 제2의 유고사태가 발생할 경우에 대비해서, 유고 현지에 군사조사단을 파견하여 나토의 공습작전 등을 정밀 분석하고 있으며 자국의 외교 및 군사전략도 재검토하고 있다. 한편 북한은 1999년 5월 18일 미국 측의 국무·국방성의 전문가 15인의 입국을 허용하여 평북 대관 금창리 지하시설(2만평 규모) 조사에 응하고 있다. 이는 지난 3월 북한이 60만 톤의 식량을 제공받고 양국간의 정치·경제적 관계개선 조치를 취한다는 조건에 합의한 내용에 따른 것이다. 이 금창리 조사결과는 이후 별 것이 아니라는 것이 판명되었다.

미·북 관계는 미국의 전세계적인 핵 패권주의와 북한의 핵 및 미사일개발 의지와 맞서 상호 갈등하고 있다. 특히 북한은 핵 및 미사일개발의 중지를 빌미로 삼아 미국으로부터 최대한의 당근을 얻어내기 위해서 '빅딜'을 시도하고 있다. 그러나 그들은 결코 핵 개발과 미사일개발은 포기하지 않을 것이다. 포기 그것은 곧 그들을 무력화시켜 체제붕괴에 이르게 할 것이기 때문이다. 이러한 상황 속에서 한국정부가 현대그룹으로 하여금 금강산 관광사업을 벌여 김정일에게 매달 2천 5백만 불씩을 지불하여 군사 공작비, 체제 공작비로 쓰게 하고 있는 것이 과연 올바른 판단인지 염려된다. 전 세계로부터 식량을 구걸하면서, 1995년이래 지난 4년 동안 북한은 2백만 내외의 주민이 굶어 죽게 방치하면서도 군사강국, 핵 개발, 미사일개발을 강행해 왔다. 이러한 김정일 정권을 상대로 화해를 구걸하면서 식량지원을 한다, 비료를 지원한다는 것은 국민감정을 외면한 처사이다.

1998년 정부가 대한적십자사를 통해 10만 톤의 비료를 북한에 지원하기로 결정하고 그중 정부지원부분 5만 톤은 남북경제협력 기금에서 1백 80억 원을 확보하고, 국민성금으로 충당해야 할 5만 톤 분의 모금은 모금활동이 시작된 지 두 달이 됐으나 31억 원밖에 확보하지 못한 경험이 있다. 이러한 저간의 사정은 대북 포용정책에 대한 국민일반의 인식이 그간 어떠한가를 단적으로 말해준다.

한국정부의 당면과제는 북한체제가 유지되고, 강화되도록 지원하는 것보다는 북한체제가 개혁되고, 변화하도록 적극적으로 유도하는 것이 보다 바람직하다. 또 하나 더 지적할 수 있는 것은, 지금의 국제환경은 우리의 포용정책, 햇볕정책에 크게 불리한 여건 속에 있으며, 특히 미국과 중국이 한반도에 대해 갖는 전략적 이해관계가 각기 다르므로 중국의 영향력 하에 있는 북한에 의해 미국의 포괄적 협상 안이 그렇게 쉽게 받아들여 질 것 같지 않기 때문이다.

김대중 정부는 대북 포용정책 내지 햇볕정책이라는 북한에 대한 화해 협력정책을 추진함에 있어서 그 정책의 善意性, 정당성만 믿고 무한정적으로 북한에 대해서 무조건 시혜적(施惠的)으로 나아갈 것이 아니라, 북한의 반응과 주변 여건을 주시하면서 탄력적으로 적용하는 선택적 포용정책(selective engagement policy)이 필요하다. 또한 포용정책을 추진함에 있어서도 일정한 가이드 라인도 정해야 할 것이다. 다시 말하면 북한에 양보할 수 없는 것은 분명히 선을 긋고 남한의 자유민주주의체제를 지켜나가고, 북한을 계몽하고 교정할 수 있는 보다 적극적인 대북정책을 구사해야 할 것이다.

첫째, 남한의 자유민주주의 체제를 지키는 국가안보(national security)는 북한에 대한 포용정책(햇볕정책)보다 당연히 우선 시해야 할 원칙이다. 흔히 국가안보와 체제안보를 햇볕정책과 병행시킨다는 생각은 잘못된 논리이다. 국가와 체제가 "안보능력"을 보유할 때 비로소 모든 정책들을 성공적으로 추진할 수 있는 것이다. 그러므로 남북간의 교류, 군비통제 협상, 통일대화 등은 국가안보가 대내외적으로 위협받지 않는 상황 속에서만 가능한 것이다. 예컨대, 금강산 관광 시에 북한에 주는 매달 2천 5백만 달러(약 300억 원)가 김정일 정권의 군사력 강화와 우리의 안보를 위협하는데 쓰여지는 개연성이 있는데 금강산 관광사업이 과연 바람직한가. 1998년 11월 김대중대통령이 말레이시아에서 개최된 APEC 정상회의를 마치고 歸路에 들린 홍콩에서의 기자회견에서「南韓·北韓·中國」3국간의 군사교류를 제의했는데 이는 한·미 동맹과 北核에 대한 한·미 共助체제하에 있는 한국의 안보를 혼란시킬 소지가 있는 내용이다. 이러한 관점에서 볼 때 현 정부의 대북 정책은 지나치게 환상적이고 비현실적이다.

둘째, 대북 정책은 국제환경의 조건이나 남북한 내부의 상황의 변화에 따라 기복이 심하므로, 한판에 승부를 거는'빅딜'이나 극단적인 처방보다는 "점진적"으로 "상호 호혜적"으로 추진할 필요가 있다. 남북간의 획기적인 개선을 위해, 국가경제와 국민생활에 큰 부담이 될 북한에 대한 일방적 물질적 시혜는 자제해야 한다. 정부는 먼저 IMF 경제극복에 전념해야 할 시기이기 때문이다. 다만 북한에 대해서는 그들이 요구하면 인도적 차원에서 식량원조와 같은 지원을 하는 것은 바람직하다.

셋째, 對北정책에 있어서는 국론이 분열되지 않고 여야간에 정쟁의 이슈로 비화되지 않기 위해서는, 정부가 통일정책에 대한 정보를 공개하고 각계각층이 공유하도록 해야 하며, 적어도 국회차원에서나 정당간에 초당파적인 共助가 이루어져야 할 것이다. 통일정책이 국내외의 정치에 있어 어느 특정 정당 정파가 저들에게 유리하게 정국을 이끌어 가기 위한 "깜짝쇼"에 이용되어서는 안 된다. 역대정권의 행태에서 이러한 요소가 있었음을 부인할 수 없다. 지난 많은 逸話에서 역대 정권들이 "남·북 정상회담"과 같은 깜짝쇼를 하기 위해 그들의 실세들을 비밀리에 방북시켜 북측과 협의해왔다는 사실이 이를 증명한다.

넷째, 남북간의 통일문제가 국내에서 재벌 간의 '빅딜'이나, 국내의 여·야 정치세력 간의 일괄협상에서 볼 수 있는 것 같이 남북 양측 정권들 간에 일괄타결이나 포괄적 협상으로 처리되어서는 곤란하다. 통일문제는 두 이질적인 체제가 지속적 교류와 상호 수렴과정을 거쳐 남북주민이 민주적 절차에 의해 최종적으로 결정할 문제이다.

다섯째, 장래 통일한국의 체제는 자유민주주의체제이어야 한다. 그러므로 체제의 향방과 내용에 관련해서 남한과 북한의 협상이란 생각할 수 없다. 또한 북한체제의 군사적 도발에 의해 평화가 깨질까 싶어 북한정권과 "연합"해야 한다는 논리는 패배주의적 발상이다. 그 보다는 북한체제의 개혁 개방을 유도하기 위해 우선 상호이익이 되는 민간수준의 경제교류를 점진적으로 확대하려는 노력이 필요하다. 우리는 북한정권을 덮어놓고 달래는 자세보다는, 북한을 진정으로 변화시키기 위해서 북한지역의 수십 개 처에 강제 수용되어 기본권을 짓밟히면서 인간이하의 학대를 받고있는 20여 만 명으로 추정되는 "정치적 반대자"의 「인권문제」와 북한과 중국의 국경지대에서 떠돌고 있는 수만 명의 脫北者들의 생존권 문제도 아울러 제기해야 한다.

또한 2백만 명 내외가 굶어 죽어간 북한의 기아문제는 북한의 경제사정의 악화와 그들 농업생산구조의 취약성에도 그 원인이 있지만, 그보다는 그들 지배권력의 고의적인 방치 내지 국가재정에 있어서 과도한 군사비 지출 및 불합리한 재정배분이 보다 큰 요인이라는 점을 지적하지 않을 수 없다. 따라서 넓은 의미에서는 북한의 기아문제, 식량문제는 북한주민의 생존권이나 인권문제와 직결된 것이다. 그럼에도 불구하고 남한의 많은 종교단체, 인권단체들은 북한주민의 기아상태를 해소하기 위해 식량지원을 열렬히 주장하면서 정작 북한정권의 불합리한 기아방치 문제나 인권문제에 대해서는 문제를 제기하지 않는 것은 균형감각을 잃은 처사이다.

이 시대에 살면서 통일을 생각하는 자유민주주의체제의 지식인이나 행동하는 양심세력은 북한의 인권실태에 대해서 침묵해서는 안 된다. 북한사회의 인권문제는 그 어느 문제보다도 우선 주시해야 할 근본적 문제이다. 이들 피탄압자들은 장래 북한의 체제민주화와 민주적 통일세력의 형성의 교두보가 될 것이다.

마지막으로 하나 더 지적하고자 하는 것은 한반도의 통일문제는 본질적으로 민족내부의 문제이지만 이것은 동시에 주변 강대국들의 이해관계가 맞물려 있는 국제문제이다. 환언하면 통일과정은 남과 북에 있는 한민족이 화해하고 재결합하는 과정이며 그것은 동시에 동북아지역 국가의 多者的 安保協力체제의 형성을 의미하는 것이므로 우리의 통일외교는 주변 강대국들에 대해서 보다 균형 잡힌 다변 외교를 추구해야 할 것이다.

제4절 2000년이 남북통일"정치"의 元年이 될 것인가

- 김대중정부의 의도와 총선 이후 과제 -

우리는 종래 통일문제 하면 8·15와 같은 국가적 기념일이나 또는 역대 대통령 취임식 같은데서 대통령의 정책의지 표명이나, 학자나 통일연구가들의 원리론적 통일연구, 남북한 회담 대표들의 협상, 남북한을 둘러싼 주변 4강들간의 관계를 지켜보는 객관화된 대상이거나, 아니면 어려움에 처한 북한동포를 구휼하고 분단으로 생이별한 이산가족이 서로 만나는 감정적·인도적 수준의 것으로 생각해왔다.

그러나 근원적으로 냉철하게 따지고 보면 그것은 두 개의 적대하는 정치권 통합의 문제이고, 국가적 수준의 예산과 또는 민간적 수준의 막대한 물량이 교류협력이란 명목으로 이동하는 문제이며, 남북간의 전쟁과 평화가 걸린 문제이므로, 어떠한 정책의 기계적 집행의 문제가 아니라 국민적 명운이 걸린 큰 정치이다. 그것은 대통령이 마음대로 할 수 있는 위임사항도 아니다. 또한 통일과정에서는 양측사회의 격변이 일어나고 통일로 기존체제에 변화가 결과되는 문제이므로 끊임없는 국민적 합의와 초당파적 협조가 요구되는 대상이다.

역대정부는 국내의 정치적 난국을 돌파하기 위해 통일문제를 이용하기 위해 비밀리에 밀사를 북에 보내어 정상회담을 타진했으며, 1994년에는 김영삼·김일성 정상회담이 카터 전 미국대통령의 중재로 예정되었으나 김일성의 사망으로 무산된 바 있으며, 김대중정부가 들어서서도 정상회담에 대한 기대를 대통령 자신이 한껏 부풀리고있다.

2000년 1월 20일 김대통령은 국민회의의 後身으로 결성된 새천년민주당 창당대회에서 "4·13 총선"에서 원내 안정의석을 얻으면 북한의 金正一 국방위원장과 남북정상회담을 열 것을 국민에게 제의한데 이어서, 1월 26일의 연두기자회견에서는 남북정상회담을 4월 총선 이후로 할 것을 거듭 제의하였다. 이는 그간 정부의 소위 "햇볕정책"에 대한 야당인 한나라당의 반대, 같이 공동정권을 구성했던 자유민주연합의 비판과 견제, 소위 안보와 체제안정을 강조하는 계층과 집단의 강한 반대, 그리고 일부 국민의 만만치 않은 거부감과 여론동향을 정면돌파 하겠다는 김대중 대통령의 의지로 보여진다.

더욱이 국민일반의 머리에 호전적이고 무자비한 인간으로 각인되었고, 또 김일성 독재의 태생적 상속자이며, 强盛大國을 부르짖으면서 남한과 주변국가를 핵 개발과 미사일로 위협하는 국제적 테러국가의 수뇌이며, 무장간첩의 침투를 지휘하는 사령탑인 김정일을 최근에 김대중 대통령은 일본과 유럽의 신문과의 회견에서 김정일을 "식견 있는 지도자", "실용주의적 지도자"로 평가하면서 그가 북한을 실질적으로 장악하고 있기 때문에 그를 상대로 정상회담을 열어보겠다는 의지를 거듭 강조하여 국민의 정서와 괴리감을 조성하고 있다.

또한 기회 있을 때마다 김대중 대통령은 보안법폐지와 수정의향을 피력하고, 보안법위반 복역중인 많은 장기수를 석방했으며, 북한이 남북관계개선을 계속 거부하고 있는데도 김대중정부는 사실상의 대리인 격으로 정주영 현대그룹 명예회장을 내세워 김정일을 만나 북한에 공단조성을 추진하게 하고, 남북교류의 가시적인 사업으로 금강산관광사업을 벌이고 있다.

실로 금강산관광사업은 서해 연평도 근해에서의 북한측의 침략도발에도 불구하고 정책의 일관성 때문에 또 관광객의 예상억류사태가 현실화되었음에도 불구하고 무리하게 계속해왔다. 1998년 11월 금강산관광사업은 그 시작이래, 이후 6년간 총 9억 4천 2백만 달러를 북한 김정일 정권에 현찰달러를 송금하기로 약정했으며, 그 중에서 이미 2억 달러 이상이 북에 넘어갔다. 그리고 김대중정권 출범이후 대북 식량·비료지원비, 북한지역의 경수로 부지매입 등으로 상당한 경비가 지출되었다. 그러나 이러한 우리의 일방적 지원에도 불구하고 북한의 대남정책은 변함이 없었기 때문에 국내의 여론은 햇볕정책에 만만치 않은 거부감을 느끼고 있다. 더욱이 관광비 지출이라는 명목으로 북한에 넘어간 달러지원에 김정일 체제의 강화나 군사력 증강에 이용되고 있다는 개연성을 우리체제의 안보를 생각하는 국민들의 심각한 우려를 자아내게 하고 있으며, IMF이후 대량실업사태, 빈부격차의 심화라는 현실 속에서 "금강산관광"이 뭣하는 짓이냐 하는 회의감마저 낳게 하고 있다. 자칫 잘못하면 금강산관광사업은 정주영 현대그룹 명예회장이 2차에 걸쳐 소 1001마리를 몰고 휴전선을 넘어 북한의 김정일 국방위원장을 만나러 간 쇼맨십과 凍土의 땅, 압제의 땅에 속하는 북한 땅에 관광객이 발을 들여놓음으로써 북한에 대한 안보의 불감증을 낳게 하는 가능성도 있는 것이다.

북한은 변함없이 남한에 국가보안법폐지, 주한미군 철수 등을 요구하면서 미국의 전 세계적인 핵 패권주의에 맞서 핵 개발과 미사일 대량생산을 추구하고 있다. 최근 몇 년간 그러한 개발의 중지를 빌미로 삼아(폐지가 아니라) 미국으로부터 경제봉쇄의 해제와 "당근 획득을 위해 '빅딜'을 진행시키고 있다. 그렇지만 그들은 결코 핵 개발이나 미사일 개발을 포기치 않을 것이다. 포기 그것은 곧 그들을 무기력하게 하여 체제붕괴로 이어질 것이기 때문이다. 이러한 북한의 김정일 체제에 대해 왜 그토록 김대중 대통령이 집요하게 유화적으로 나가느냐에 대해서 말들이 많다. 임기 중에 통일정치에 있어 큰 위업을 남기려는 과욕 때문이라는 말도 있고, 노벨 평화상을 수상하려한다는 이야기도 있다. 통일부나 정부관계홍보부처 또는 각종 언론매체나 학술회의를 통해서 햇볕정책을 홍보하고 있지만 많은 사람들이 냉소적이다. 필자의 생각에도 말라리아 病이 든 사람이나 광인에게는 이솝우화에 나오듯이 아무리 햇볕을 쪼여봐야 옷을 벗지도 않을 것이므로 햇볕정책은 효능이 없고, 또 햇볕은 비바람이 불고 먹구름이 덮인 상황 속에서는 더욱이 효능이 없는 것이다. 햇볕은 햇볕을 받을 被體상태나 날씨(상황)가 어떠하냐에 따라 그 효과가 다르다. 그러므로 햇볕정책은 선택적이어야 한다. 이와 같이 선택적일 수밖에 없는 햇볕정책(selective sunshine policy)에 절대적인 편집(偏執)이나 신드롬(syndrome)화할 때 이미 그것은 정책이 아니다. 그것은 다만 권위주의적 아집으로 비판받을 수 있다.

김대중 대통령이 끈질긴 집념의 정치인이라는 것은 누구나 다 아는 사실이다.

김대통령은 젊었을 때 많은 시련을 겪으면서 성장한 정치인이다. 국회의원 선거에 고향 목포에서 3번 도전해서 실패하고, 4번째 강원도 인제 보궐선거에서 당선되어 5·16이 나서 국회에 등원도 못했지만, 그 뒤 의회정치인으로 크게 활약했으며, 40대 후반에 야당의 막강한 대통령 후보로 나섰다가 실패한 이래 죽을 고비를 여러 번 넘겼고, 대통령 후보도 3번 낙선하고 4번째에 대통령이 된 집념의 지도자이며 말 그대로 인동초(忍冬草)같은 존재이다. 김대통령은 남달리 상황판단이 빠르고 극복하는 남다른 권모(權謀)도 있다. 그리고 그에게는 끈질기고 불굴의 권력의지가 있고 상황에 그때그때 대응하는 능력이 탁월하다. 그러한 상황에 따른 언행의 변화가 정치인의 일관성을 강조하는 사람들로부터 더러는 기회주의적으로 말을 잘 바꾼다고 비난받는다. 이것이 김대중 대통령의 강점이자 약점인 것이다.

김대중 대통령은 2년 전 대통령선거에서 지역감정의 격동 속에서 마이너리티「호남」의 열세를 극복하기 위하여 지역등권론(地域等權論)을 내세우면서 충청도의 지지기반을 가진 자유민주연합과 내각책임제 개헌을 약속하고 정권을 창출했으나, 최근 내각제개헌을 파기하고 그의 정치기반인 국민회의를 모태로「새천년민주당」을 출범시켰다. 이러한 새 정당에 386세대로 불리 우는 "새 피" 수혈이라는 명분으로 시민운동단체의 간부 등의 일부가 충원되고있으며, 또 재야에 남아있는 그들 세력들은 낙천·낙선운동을 벌여 새 정계개편에 바람몰이를 하고 있다. 이들의 활동을 정치권에서 위법으로 보는 시각도 있으나 대통령은 이들을 격려하고 있다. 이러한 처사를 일부 식자들은 시민단체들로 하여금 정치권의 외곽을 흔들어 김대통령으로 하여금 새판을 짜도록 유도하여 적어도 마이너리티정권이 기존질서를 완전히 엎어버리고, 모든 것을 다시 구축하겠다는 의도로 해석하고 있다. 김대중 대통령과 共助했던 김종필 前 국무총리는 이를 "홍위병식" 수법이라고 공격하고 있다.

이는 모택동이 생전에 자신의 권력기반을 다지기 위해 1960년대 후반 문화혁명 당시 중국 각처에 젊은 10대 20대를 보내어 일체의 기득권 층과 모든 정부기관을 공격하게 하여 그의 권좌를 유지하고 사회발전을 후퇴시켰다. 이러한 중국의 사례를 한국의 현실에 빗대어서 표현한 것이다.

김종필 자민련 명예총재의 "홍위병식"이라는 발상은 현재 "386세대"라고 호칭되는 시민운동단체의 핵심세력들이 과거 5共 6共시절의 군사문화에 저항했던 "주사파" 경험자들이라는 문제의식에서 연유되며, 이들이 늙은 몸체의 "새 피"로 유입되어 기성 정치체질과 갈등할 것을 우려한 것으로 볼 수 있다. 또 실제 많은 보안법에 의해 유죄판결을 받고 복역했던 간접행위자들이 특사로 나와 활동하고 있는 현실을 기성세력들은 주목하고 있다. 그 단적인 예로 작년에 간첩죄로 수년간 복역했다 나온 서경원이 집권여당인 국민회의의 지구당 연수원 교육장에 나가 자신을 "통일운동가"로 자칭하고 북한에 밀입국하여 환대 받고, 받아 가지고 나온 5만 달러를 통일비용으로 쓴 것처럼 자처하는 작태가 오늘의 현실이다. 이들의 활동과 의도가 총선과 정치변화에 어떠한 변수로 작용할지 국가안보와 안정을 바라는 다수 국민들은 우려하고 있다. 구체적으로 이들 좌파성향의 세력들이 4·13 총선에 어떻게 작용할지 주목된다.

그러므로 이번 4·13 총선은 야당에서 말하는 김대중정권에 대한 중간평가 이상의 것 일수도 있다. 잠재적 좌경세력이 총선 후 제도권 내에 들어올 경우 정국의 향방에 큰 영향을 줄 것으로 예상된다. 정형근 의원이 소위「좌익광란의 시대」라고 말한 것도 조금 과장된 표현이지만 이러한 좌익의 잠재적 실상을 우려한 발상에서 나온 것이라고 해석될 수도 있다.

한편 오늘의 우리의 사회적 상황은 상당히 불안한 상태에 있다. IMF위기를 극복했다고는 하지만, 실제 내면을 들여다보면 외환보유고의 격증으로 당장의 경제위기는 모면했지만, 많은 우량 국책기업이나 시중은행이 외국자본에 팔려 한국경제의 체질이 바뀌어 외국자본에 작용에 의해 항상 환란의 위험성은 항상 존재하며 한국경제의 대외적 경쟁력을 약화시켰을 뿐만 아니라 중산층이 엷어지고, 빈부의 격차가 심해지고 있다. 이러한 빈부양극화현상이 선거에 어떻게 작용할지 구체적으로 말해서 개혁논리를 표방하는 세력에 유리할지 온건중산층의 형성을 요구하는 보수안정세력에 유리하게 작용할지 극히 불투명하고 유동적인 상황이다.

또한 지역감정, 지역갈등이 이번 4·13 총선에 그 어느 때 보다도 악재로 작용할 것이 분명하다. 정치인들은 지역감정이 서로 "네 탓"이라고 상대를 비난하고 있지만 실제 지역감정의 최대의 수혜자들은 이들 정치인들이고, 피해자들은 그들에게 볼모로 붙잡힌 지역주민들이다. 이들 정치인들은 勢가 불리하면 최소한 자기 출신지역에서라도 발판을 굳힐 수 있기 때문이다. 차라리 지역감정을 탓할 것이 아니라 각기 치열한 "애향심"(愛鄕心) 경쟁으로 승화시키는 것이 지역갈등 타파의 대안이 될 수 있다는 생각도 가져본다.

국내적인 좌우세력간의 잠재력 갈등, 지역갈등 구조, 그리고 적극적인 구조개혁 운동 -예컨대 제2건국운동- 등이 맞물려 국내적으로 갈등이 정치사회에 내연(內燃)되고 있다. 이러한 현실을 김대통령은 불가피한 현실로 받아들이고 이를 기반으로 획기적인 체제변화 내지 정계개편을 시도하고 있는 것으로 전망된다.

한편 김대통령은 노령에도 불구하고 그의 대외적 위상제고를 위하여 취임이후 미・일・중・소 정상회담을 비롯한 수많은 외국 방문외교를 통해 민주화의 수훈자로써 이미지를 확립하고 그들 국가의 국익과 직접 갈등하지 않는 햇볕정책에 대한 지지를 얻어내려 하고 있으며, 한편으로는 노벨 평화상에 도전하고 있다. 그러나 이러한 김대중 대통령의 개인적인 명망(名望)에도 불구하고 국가차원의 실리외교에 있어서는 그리 큰 성과를 거두지 못하고 있는 현실이다. 예컨대 일본과의 어업수역에 불리한 협정을 체결했고, 중국과도 어업수역 문제가 아직 미결상태에 있다. 또한 중국, 러시아에서 특히 중국의 북한 접경지역인 남만주 지역에서 수만명의 탈북자에 대해서는 북한을 의식하여 그들 국가에 단호한 외교적 조치를 요구하지 못하고 있는 실정이다.

김대중 대통령은 1970년대 초부터 "한반도 평화의 4대국 보장론"을 주장한 이래 국제환경에 비중을 두고, 한국문제, 통일문제를 생각해온 국제주의 성향이 강한 정치인이다. 이는 그가 해외에서의 민주화 투쟁에서 외국 지도자의 도움을 받았던 경험이 크게 작용한 것이다.

대통령 취임 후 미국을 순방하여 미국 의회에서 영어로 연설을 하는 장면을 보았을 때, 한국어가 있는데 우리 나라 대통령이 미국에 가서 왜 저러나 국민들은 석연치 않았다. 또 작년엔 가는 미국의 모 인권단체가 시상으로 달아준 메달을 걸고 공항에서 내리는 것을 생각 있는 국민들은 연민의 정을 느꼈다. 김대통령은 국내정치의 투쟁에 있어서 상당한 카리스마를 가지고 있지만 외국의 평가에는 민감하고 여리다. 특히 햇볕정책에 대해서 부단히 외국에 호소하고, 그 힘을 빌어 북한의 김정일을 움직이려 하고 있다. 이것이 김대통령의 강점으로 지적되고 있으나, 또한 약점일 수도 있다. 그러나 이러한 김대통령의 매우 적극적인 외국방문외교를 통한 우회적 압력에도 불구하고 김정일의 대남 정책은 변동이 없고, 국민적 지지도 크게 오르지 못하고 있다.

지난 2000년 2월 23일자 조선일보와 한국갤럽이 김대중 대통령 취임2주년 여론조사에서 전국의 성인 1062명을 상대로 한 김대통령의 국정운영에 관한 전화여론조사를 한 결과 김대통령의 직무수행능력의 평가에 있어서 "잘하고 있다"가 48.5%, 對北 정책 "잘했다"가 49%로 나타났다.(최대 허용오차는 ±3.0)

조선일보와 한국갤럽의「김대통령」의 국정운영에 관한 평가는 1998년 4월에서 시작해서 지난 2000년 2월까지 9차례에 걸쳐 실시되었는데, 취임이래 대체로 하락세를 보여왔다. 예컨대 98년 4월 70.7%, 7월 56.6%, 10월 56.2%, 99년 1월 63.1%, 4월 55.9%, 7월 48.3%, 10월 46.4%, 12월 49.8%, 2000년 2월 48.5%였다. 특히 IMF 극복 후 경제분야를 제외하고는 계속 내림세였고, 취임 2년이 지난 지금은 그 지지도가 절반수준 정도이다. 오는 2000년 4월 13일에 치러질 총선에서 집권당인 "새천년민주당"에 대한 지지가 김대중정부 집권 2년의 평가로 직결될 것이며 그 원내 정치판세가 이후 정국의 향방을 결정해 줄 것이다.

오늘의 대다수 우리 국민들은 4·13 총선을 앞두고 정치적 안정을 희구하고 있다. 변화를 바라더라도 개혁 속의 안정을 선호한다. 김대중 대통령과 그의 정부는 이 점에 착안하여 법과 질서를 존중하면서 그 테두리 내에서 보수세력에게는 안정감을 주고 개혁세력에 희망을 주는 보수·개혁 공존의 화합체제의 확립이 바로 통일정치의 든든한 기반이 될 것이다.

4·13 총선 후 원내 제1당이 다수당이 되든, 못되든 지난 대통령 취임 초와 같이 표적사정과 같은 것을 해서 야당의원을 빼내가 소위 원내 51%의 민주주의, 즉 다수결민주주의(majoritity democracy)를 통해서 날치기나 힘으로 국정운영을 하려는 구태를 버리고 소수의 의견도 존중되고 이념과 가치관이 다른 정치세력간에도 화합과 타협의 접점(接點)을 찾는 소위 다원적민주주의(plural democracy)를 국정운영 방향으로 삼아야 할 것이다.

더욱이 남북간의 통일문제 또는 남북 정상회담이 국내의 정치적 갈등 해소의 수단이나 정국의 돌파구로써 이용하려한다면 자칫 그것은 국가적 분열과 혼란을 자초하게 될 것이므로 어떤 형태의 정부의 대북 접근도 초당파적으로 대처해야 할 것이다. 따라서 현재 김대중 정부가 내걸고 있는 햇볕정책도 정책의 일관성에 집착한 나머지 북한에 대해서 무조건 시혜적(施惠的)이어서 곤란하며, 북한의 반응과 주변상황 특히 국정의 파트너인 국회 내의 야당의 의견이나 여론을 존중하여 탄력적으로 전개해야 한다. 한마디로 "통일정치"는 국내 정치적 세력간의 합의가 전제되어야 한다.

현재는 물론 4·13 총선 후 김대중 정부가 통일정치의 가이드라인으로 삼아야 할 과제를 몇 가지로 정리하면서 나의 논의를 매듭짓고자 한다.

첫째, 우리의 자유민주주의 체제와 국가안보(national security)는 햇볕정책 보다는 당연히 우선시해야 할 국정운영의 기조이다. 햇볕정책의 취지나 정책발상은 매우 좋으나 그 실천은 국가안보를 전제로 해야 한다. 흔히 햇볕정책과 안보의 병행을 이야기하나 이는 논리적으로나 현실적으로 잘못된 것이다. 햇볕정책은 어디까지나 안보개념의 하위개념이며 선택적인 것이다. 그러므로 남북간의 교류협력이나 군비통제협상 등은 국가안보가 대외적 상황 속에서 위협받지 않는 상황 속에서만 가능한 것이다. 예컨대 금강산관광비로 북한에 매달 현금(달러)으로 지불하는 문제나, 북한에 각종 지원에 있어 현금지원형태는 재고되어야 한다. 이는 그것이 군사비로 전용될 개연성이 있기 때문이다.

둘째, 금후 우리 정부는 북한의 김정일 체제와 북한의 피지배 다중(多衆)과 분리시키는 인식의 전환, 思考의 전환이 있어야겠다. 따뜻한 햇볕을 김정일 체제에만 쏘이려고 할 것이 아니라 북한의 억압체제 속에서 굶주리는 수 백만 인민, 20여 개 처의 정치범수용소에 갇혀 꼬리 없는 짐승처럼 학대받는 20만 내지 30만으로 추산되는, 우리 식 표현으로 말해서 양심범의 인권에 대해서도 문제를 제기하여야 한다. 또 기아와 정치적 탄압을 피해서 북한을 탈출한 수만 명의 난민들이 북한에 강제 송환되지 않고 우리의 햇볕을 쏘일 수 있는 방도와 대책을 강구해야 하며, 나아가서는 이를 북한의 김정일 체제를 견제하는 지렛대로 이용해야 한다. 이들은 장래 남북통일시에 북한의 민주화를 주도할 세력이 될 것이므로 이들에게 어떠한 형태로든지 정부의 대책이 세워져야 한다.

셋째, 남북간의 통일정치과정은 남북 양측 정권담당자들간의 상호 이익이 물리고 "나눠먹기식"의 '빅딜'이나 일괄타결이나 포괄적인 협상이 되어서는 곤란하다. 통일에의 접근은 두 이질체제간의 상호 지속적이고 점진적인 교류를 통해 신뢰가 쌓아지고 어느 시기에 가서 이것이 축적되어 최종적으로 각기 주민들의 밑으로부터의 의사가 위로 반영되어 양측 지도층끼리의 협상으로 진전되어야 한다. 그리고 현 단계에서는 먼저 북한체제 내지 지도층의 변화가 전제되어야 하며, 전범 상속체제인 김정일 체제와의 정상회담은 아직은 이르다고 생각된다. 현 단계는 남북간의 교류협력의 활성화 단계이다.

넷째, 남북통일문제는 본질적으로 민족 내부의 문제이기는 하지만 현실적으로 주변 강대국간의 이해관계가 맞물려있는 국제적 문제이다. 그러므로 통일을 위한 민족 내부의 화해와 통합을 지향하면서도 주변 강대국의 협력이 절실하며, 적어도 강대국의 어느 일방, 특히 중국이나 미국 중 어느 일방의 반대가 있어서는 곤란하므로 균형 있는 다변적 통일외교를 전개해야 할 것이다. 물론 당장은 한·미·일간의 긴밀한 공조체제를 통해서 대북 정책에 임해야 하지만 장기적으로는 그러한 방향으로 나아가야 할 것이다. 예컨대 남·북한·미·중·일·러 등을 포함하는 "동북아 지역공동안보협의체"의 구성도 적극 모색할 필요가 있다고 생각된다.

※ 이상의 내용은 저자가 6월 남북 정상회담이 개최되기 3개월 전인 3월 1일 4월회 계간지 「봄」號에 게재한 글을 그대로 옮겨놓은 것이다.

제5절 남북 "兩金"의 정상회담과 "6·15 共同宣言"

2000년 6월 13일에서 15일까지 남측(대한민국)의 김대중 대통령과 북측(조선인민공화국)의 김정일 국방위원장이 남북분단 55년만에 평양에서 만나 남북간의 통일과 현안문제를 논의하였다. 이는 남과 북의 두 권력의 주역이 상대체제를 상호 '사실상의 국가'로서 그 실체를 인정한 것이다. 또한 이는 남북문제를 남북 양 당국이 주도하겠다는 의지를 보여준 것으로 역사적인 의미를 지닌다. 그러나 남북 두 정상이 합의한 소위 "6·15 공동선언"의 내용과 그것을 실천할 후속조치들이 국민적 합의와 국내의 제 정파간의 협력문제와 주변 4强의 이해관계와 직·간접적으로 관련되어 있기 때문에 '기대와 희망', '우려와 불신'이 교차되고 있는 것도 사실이며 이는 앞으로 우리체제 내부의 정치적·사회적 진통을 수반할 수 있는 문제를 내포하고 있다.

이번 남북 정상회담이 성사될 수 있었던 결정적 요인은 김정일 체제의 남측의 경제적 원조에 대한 기대와, 김대중 대통령의 평화통일에 대한 의지, 그리고 국내외적으로 당면한 현 정권의 어려운 立地를 남북문제를 가지고 총체적으로 돌파하겠다는 정치적 의도가 그 저변에 작용하고 있다. 그간 북한은 김대중정부 출범이후 햇볕정책의 추구에도 불구하고 무장간첩 남파, 연평해전을 촉발하는 등 "남한을 따돌리면서" 미·일과는 핵과 미사일을 내세워 소위 "벼랑 끝 외교", "깽판 외교"를 통해 경제적 '빅딜'을 시도해왔으나 그것이 뜻대로 되지 않자 이제 그들의 경제난을 해결하기 위해 남한에 기대할 수밖에 없다는 생각을 가지게 되었다. 김대중 정부는 그간 정권출범 이후 기회 있을 때마다 남북 정상회담을 할 의향을 북에 전달했다. 특히 2000년 1월 20일 새천년민주당 창당대회에서 김대통령은 4·13 총선에서 원내안정의석을 얻으면 북한의 김정일 국방위원장과 정상회담을 가질 것을 국민에게 성명했으며 1월 26일 연두기자회견에서도 거듭 제의했다.

김대중 정부는 4·13 총선 직전에 남북 정상회담 발표를 터트려 사실상 선거에 영향을 미치려 했으나, 선거 결과는 기대와는 달리 새천년민주당이 제1당이 되지 못하고 야당이 제1당이 됨으로써 김대중 정부의 정상회담 의지에 대해 국민은 사실상 부정적 반응을 보여 주었다. 또한 국민가운데는 김대중 대통령이 정상회담에 너무 집착하여 남측의 버거운 경제적 부담을 자초하지나 않을까 우려하는 여론도 있었다. 그러나 김대중 대통령은 유럽을 순방하면서 북한에 계속 메시지를 보냈으며 2000년 4월 8일 "베를린 선언"을 통해 남북간의 경제협력과 북쪽의 정상회담 수락을 촉구했으며 결국 그의 측근 박지원 문화관광부 장관은 중국에서 북측의 아태평화위원회의 송호경 부위원장과 접촉하여 정상회담 확정을 이끌어 냈다. 그리고 5월에는 임동원 국정원장을 비밀리에 평양을 방문케 하여[1] 정상회담의 윤곽을 그리게 하였다.

실로 김대중·김정일 兩정상의 만남은 국제사회에 큰 파문을 일으켰다. 대한민국의 선거직 대통령이며 민주화운동의 상징적 인물인 김대중 대통령이 6·25전쟁 도발자 김일성의 "王朝的" 권력세습자이며 불량배 국가(rogue state)의 수뇌이며, 유일 독재정당인 조선노동당 총비서인 김정일 국방위원장을 만나러 75세의 노령에도 불구하고 17세 연하인 58세의 김정일을 찾아 나선 것은 그 자체가 파격이었다. 이후 김대중 대통령은 김정일의 말대로 "은둔자 김정일"을 남한사회는 물론 국제무대에 화려하게 등장시킨 파트너가 되었다. 더욱이 김대통령 자신은 獨對 5차례, 총 6시간 20분을 함께 한[2] 김정일을 가리켜 "감수성이 강한 인물", "그의 행동은 대단히 유교적이어서 매우 예의바른" 인물로 평가했다.[3]

또한 김대통령을 수행한 방북인사들도 김정일의 발언은 "정치적이 아니라고 자신은 믿고 있다"(박재규 통일부 장관), "두뇌회전이 빠르고 유머와 위트가 있는" 인물(손병두 전경련 상근부회장) 이라는 식의 말을 하고 있다.[4]

이러한 평가는 지극히 사적이고 주관적이고 감성적인 것이다. 김정일이란 공인(북한 노동당 총비서)에 대한 인물평가는 어디까지나 그가 속한 체제 속성과 정책을 보고 평가해야 한다. 김정일의 허장성세적 "제스처"나 상대방을 의식한 과장된 "언동" 등의 개인적 면모를 보고 북한 체제를 평가하고 그 장래를 점친다는 것은 위험천만한 사고라는 입장도 있다.[5] 국정홍보원이나 도하신문들에서는 권력의 바람잡이로 나서기 좋아하는 "권력편향적" 지식인들이 너도나도 정상회담의 의미와 결과를 예찬하고 흥분하고 있는데, 대부분 국민들이나 실제 여론의 밑바닥을 들여다보면 모두 축제분위기인 것만은 아니다.

실향민이나 월북자들의 이산가족의 상봉은 당해 가족들의 기쁨은 이루 말할 수 없겠지만 대체로 IMF 이후 계속되는 경제난국의 극복, 노사문제, 의약분업문제 등 산적한 민생문제에 대처하지 못하는 정부정책의 난맥상에 매우 비판적이다. 한 마디로 말해서 김대중 정부는 우리 체제의 내부의 여러 현안문제에 더욱 전념해야 하는데 이것보다는 북한에 대한 지나친 편향적 접근에만 관심을 쏟고 있어, 이데올로기상의 保革 갈등을 새삼스럽게 자극하고 있다는 것이

1) 東亞日報, 2000년 6월 22일 1면.「임동원 국정원장, 교계지도자들에게 발설」
2) 조선일보, 2000년 6월 17일 5면.
3) 세계일보, 2000년 7월 18일 3면. 영국「파이낸셜 타임스」와의 회견에서.
4) 月刊朝鮮, 2000년 7월호. 孫炳斗 「비망록」(pp. 106~107), 月刊朝鮮, 8월호, 朴在圭 통일부장관의 「남북頂上회담보고」 pp.86~91
5) 조선일보, 2000년 6월 27일 4면.「美 부시 외교참모 폴 월포위츠 회견」참조.

다.

정부는 차기정권에서도 이번 정상회담에서와 같은 남북협력관계가 지속되어야 한다느니, 또는 북한이 남쪽의 제1야당 지도자인 이회창 한나라당 총재나 김영삼 前職 대통령을 이놈 저놈 하면서 反통일세력으로 규정한다든지, 남쪽의 최대 일간지인 조선일보를 폭파시킬 대상으로 보고 기자들의 취재를 봉쇄하려는 일련의 북의 행동에 대해서 소극적으로 대처하거나 묵과하는 태도를 보여주면서, 북한의 입장을 이해할 수밖에 없지 않느냐 하는 행태를 보여, 한때 국회에서 한나라당의 權五乙 의원의 "청와대 친북 발언"까지 낳게 하여 국회가 여야간의 대결장이 된 경우도 있었다.[6] 이는 정상회담의 성과를 깰까싶어 북한의 언동에 미온적으로 대처한 청와대와, 또한 이를 경계한 한나라당의 비판에서 결과된 것으로 생각된다.

김대중 대통령은 대북 관계도 중요하고 정상회담에서 합의한 사항에 대한 후속조치도 중요하지만, 이에 앞서 그가 대한민국의 헌법의 수호자로서 자유민주주의 체제 유지와 국가안보, 국민복지에 더 충실한 남쪽의 정상으로 역할을 할 것을 국민들은 기대하고 있다. 자유민주체제 안에는 보수세력, 진보세력, 개혁세력 등을 두루 망라하고 있으므로 대통령은 이들간의 충실한 조정자로서 화합을 주도해야 한다. 만일 어느 한쪽 세력을 지지하고 다른 세력을 소외시키고 배척하는 입장을 취한다면 그것은 국가적 위기로 이어질 것이다.

흔히 학자들이나 명분론자들은 물론 언론에서까지도 냉전적 사고의 청산을 학술적으로나 이론으로 쉽게 말하지만 심정적으로는 "먹혀들지 않는" 피상적인 이야기들이다. 1950년 6·25는 북의 김일성 집단의 도발로 남북한에 600만 명 이상의 사상자가 났고, 그 중에서 좌·우익으로 갈라져 수십만의 민간인들이 학살과 테러에 희생되어 그 상처와 유산이 남아있다. 연령적으로 50대 이상의 상당수의 사람들이 결손가족으로 사회적 불이익을 받아왔으며 그 후손들도 그 한(恨)과 유산을 물려받고 있다. 이러한 恨과 유산이 남북간의 앞으로 보혁 간의 이념적 대결의 잠재적 폭발요인이 될 수 있다는 것을 부인하지 못한다. 이러한 이념적·감정적·혈육적인 상처는 우리가 종래 망국적인 문제로 논의해왔던 지역감정 같은 것과는 비교가 될 수 없다. 종래 정권적 야욕에 사로잡혀 정치꾼들이 지역감정을 직·간접으로 은연중에 사주하여 그 이득을 챙겼는데, 앞으로 이념문제가 勢몰이 정치의 수단으로 이용된다면 그것은 돌이킬 수 없는 국가적 파란을 결과할 것이다. 이는 민족과 역사의 순리(順理)에 반(反)하는 것이다.

---

6) 東亞日報, 2000년 7월 14일. A 3, 4면. 朝鮮日報, 2000년 7월 14일. 1, 3면.

(6 · 15공동선언과 그 관련 쟁점들)

남북 兩金이 평양 정상회담에서 합의한 내용이 "6 · 15 공동선언" 이란 형식으로 포괄적으로 정립되었다.

6 · 15공동선언 〈전문〉[1)]

조국의 평화적 통일을 염원하는 온 겨레의 숭고한 뜻에 따라 대한민국 김대중 대통령과 조선민주주의 공화국 김정일 국방위원장은 2000년 6월 13일부터 6월 15일까지 역사적인 상봉을 하였으며 정상회담을 가졌다. 남북 정상들은 분단 역사상 처음으로 열린 이번 상봉과 회담이 서로 이해를 증진시키고 남북관계를 발전시키며 평화통일을 실현하는데 중대한 의의를 가진다고 평가하고 다음과 같이 선언한다.

1. 남과 북은 나라의 통일문제를 그 주인인 우리 민족끼리 서로 힘을 합쳐 자주적으로 해결하기로 하였다.

2. 남과 북은 나라의 통일을 위한 남측의 연합제안과 북측의 낮은 단계의 연방제안이 서로 공통성이 있다고 인정하고 앞으로 이 방향에서 통일을 지향시켜 나가기로 하였다.

3. 남과 북은 올해 8 · 15에 즈음하여 흩어진 가족, 친척방문단을 교환하며 비전향 장기수 문제를 해결하는 등 인도적 문제를 조속히 풀어나가기로 하였다.

4. 남과 북은 경제협력을 통하여 민족경제를 균형적으로 발전시키고 사회, 문화, 교육, 보건, 환경 등 제반분야의 협력과 교류를 활성화하여 서로의 신뢰를 다져 나가기로 하였다.

5. 남과 북은 이상과 같은 합의사항을 조속히 실천에 옮기기 위하여 빠른 시일안에 당국사이의 대화를 개최하기로 하였다.

김대중 대통령은 김정일 국방위원장이 서울을 방문하도록 정중히 초청하였으며 김정일 국방위원장은 앞으로 적절한 시기에 서울을 방문하기로 하였다.

2000년 6월 15일

대한민국	조선민주주의 인민공화국
대통령 김 대 중	국방위원장 김 정 일

이상의 6 · 15공동선언을 평양에서 서명한 김대중 대통령은 '평양출발인사'에서 평양시민과 북녘동포에게 "우리 두 사람은 민족의 장래와 통일을 생각하는 마음과 열정에 큰 차이가 없으며 이를 추진하는 방법에 공통점이 많다는 것을 확인했으며 우리 두 사람이 합의한 '평양선언'

은 화해와 협력의 새 시대를 향한 첫걸음" 임을 강조하였다. 그리고 6월 15일 성남 '서울공항'에서 가진 도착보고에서도 공동선언문에 대한 자신의 입장과 김정일 국방위원장의 답방(答訪) 문제에 대하여 설명하였다.

특히 도착성명에서 김대중 대통령은 자주적 해결원칙은 1972년 7·4 남북공동성명에도 있었지만 그 뒤 아무 것도 이뤄지지 않았으므로 이제 원칙만 얘기해서는 안되고, 구체적인 것을 보여주는 회담이 되어야 한다고 북측을 설득하여 종래 북한이 주장한 연방제에서 중앙정부가 지방정부에 외교권과 군사권을 내놓는 "낮은 단계의" 연방제로 북한이 선회했음을 밝혔으며 이는 우리의 통일방안인 남북연합안과 상통하는 점이 많은데, 앞으로 양측 대표가 이 문제를 놓고 토론해보자고 설득·합의했으며 이는 통일운동사상 획기적 계기임을 스스로 강조하였다.

또한 그는 평양공항에 나오면서 김정일 국방위원장에게 8·15전까지 이산가족 방문단 교환 및 장기수 문제를 논의했으며 김정일 국방위원장의 서울방문 원칙을 합의했음을 국민에게 설명했다. 특히 그는 경제적 지원에 대한 북한의 기대를 겨냥해서 "우리가 북한에 들어가서 철도를 깔고 전력·도로·항만·통신문제를 해결해주고 북한에 공단을 만들어 우리 기업이 진출하면 대한민국의 경제는 남한 내부만이 아니라 한반도 전체의 경제로 확대될 것이다. 경의선(京義線)만 이으면 물류비용이 30% 절감된다. 북한 노동력은 대단히 우수하고 임금도 대단히 저렴하다. 이러한 교류협력을 전면적으로 하기로 확실히 합의했다. 실천을 위해 남북 당국자들이 구체적으로 일을 만들어 나갈 것" 임을 밝혀 이번 정상회담의 의미를 거듭 확인하였다.[7]

이러한 "남북간의 공동선언문"을 놓고 여러 쟁점들이 부각되고 있고 여야 정치인, 관계 전문가, 국민여론에서 많은 의견들이 분출되고 있다.

첫째, 공동선언 〈제1항〉에서 등장한 "자주적 해결"에 대해서 해석들이 구구하다. 自主 해결의 의미를 우리측은 당사자 해결원칙으로 해석했고, 북측은 외세배격, 주한 美軍의 철수로 보고있음이 문제이다. 그리고 〈제2항〉에서 논의된 북측의 "낮은 단계의 연방제"와 남측의 연합제 案 간에 과연 공통점이 있는지에 대하여 쟁점화되고 있다. 김일성과 김정일 세습체제가 종래 주장해온 연방제(소위 고려연방제)란 1개의 민족연방국가와 2개의 지역정부를 두는 통일국가형태이며 그들은 그 동안 연방제 통일의 전제조건으로 ① 국가보안법 폐지 ② 공산당을 포함한 모든 사회단체의 합법화 ③ 聯共정권 수립 ④ 북·미 평화협정 체결, 駐韓미군의 철수

7) 김대중 대통령이 남북 정상회담을 마치고 서울 귀환 도착성명에서 강조한 내용임. 조선일보, 2000년 6월 16일. 5면 참조.

⑤ 미국의 한반도 내정간섭 반대 등을 주장해왔다.

통일과정에 있어서 최고민족연방회의와 연방상설위원회의 설치를 주장해왔으며, 그 기능으로 ① 남북의 지역정부 지도 ② 남북공동문제 토의 결정 ③ 민족연합군 창설 ④ 비동맹중립을 내세워왔다.

그런데 이번 정상회담에서 김정일이 제기한 소위 "낮은 단계의 연방제"에서는 그러한 5개 항목의 전제조건을 전부 폐기했는지 아니면 그 5개 항목 중에서 몇 항목을 폐기했는지 또는 그대로 모두 유보하고 있는지에 대해서 북한의 분명한 태도표명이 없다. 그리고 "낮은 단계"란 언제나 "높은 단계"를 지향하는 것으로 그들에게 유리한 상황이 오면 하루아침에 높은 단계의 연방제로 선회할 가능성도 있으며 장래 기도비익하려는 낮은 포복단계로 비유할 수 있다. 그것은 또한 공산주의자들이 즐겨 쓰는 높은 단계의 사회주의(공산주의 단계)에 이르는 과도기로써의 낮은 단계의 사회주의론을 연상케 한다. 이러한 북한과는 달리 6공 정부 이래의 대한민국 정부의 통일방안은 한민족공동체 통일방안 인데, 그 최종적인 단계인 단일 민주공화제로 가는 前段階로서 1민족 2국가 2체제를 지향하는 남북체제연합을 제시한 바 있다. 그러나 이번에 남측에서 제기한 "연합제 통일안"은 일찍이 김대중 대통령이 집권하기 이전 야당 정치인이었을 때 주장해온 김대중 3단계 통일론(남북연합→연방→완전통일)의 제1단계인 "남북연합"으로 파악되며 북측의 연방제(낮은 단계든, 높은 단계든)와는 합치되지 않는다.

남북연합제는 김대중 대통령이 대통령에 당선되어서 국민들에게 공적으로 제시되어 동의를 받았거나 검증된바가 없는 대통령이 되기 전의 개인적 통일방안론이다. 또한 김대중 대통령은 정상회담이 있기 전 까지는 늘 당장의 통일보다는 화해・협력의 단계임을 분명히 해왔다. 그런데 남북 정상회담을 계기로 국민의 동의나 여론의 향배를 묻지 않고 자신의 임의로 북한과 통일방안에 관해서 합의한 것이다. 그러므로 지금이라도 김대중 대통령이 남측의 통일방안으로 제시한 연합제안은 국민의 동의나 최소한 국회의 동의를 받아야 한다. 왜냐하면 연합제통일방안은 대통령 선거를 통해서도 검증된바 없기 때문이다.

한 마디로 말해서 북측의 "낮은 단계의" 연방제는 그 실체가 분명치 않고 남쪽에서 제시한 "국가연합체"는 공식화되거나 검증되지 않은 김대중 대통령이 대통령이 되기 이전에 정립한 개인적 代案이다. 그리고 이들 양자간에는 분명히 한쪽은 분명히 연방제이고 다른 한쪽은 연합제라는 차이가 있다. 낮은 단계의 연방제는 남에 접근하기 위한 북의 기만책이며 전략적 성격이 농후하다.

북측이 정상회담 과정에서 제기한 주한미군 철수나 보안법 폐지는 북측이 제기한 연방제 통일방안의 전제조건들이며 아울러 그것은 남측의 국가안보, 체제유지 그리고 한・미 동맹과 상치되는 중요 현안이다. 특히 보안법 철폐는 급진적 재야세력이나 일부 정치권 내의 일부세력이 주장하고 있으나 이는 기존체제를 흔들고 위협할 수 있는 세력들에게 기회를 주는 것이다. 현재 김대중 정부가 들어서서 보안법을 위반해서 복역하고 있었던 장기수를 거의 다 사면복권시켜주어 보안법이 실효성이 상당히 약화되었으나 그렇다고 철폐해서는 안 된다. 어느 나라 어느 체제하에서 체제안보를 위해 이런 유형의 법은 현실적으로 존재한다. 이번 남북 정상회담 시에 김대중 대통령이 김정일 국방위원장에게 남한만의 일방적 보안법 철폐는 불가하고 남북 쌍방이 이 문제를 매듭짓기 위해서 남한과 상응하게 북한의 對南赤化 路線을 명시한 북한의 노동당 規約과 형법도 고쳐야 한다는 주장도 했다고 한다. 이 문제는 남북 양측이 모두 체제안보에 직결된 문제이므로 그 개폐・수정이 사실상 곤란한 문제이다.

또한 일부 재야에서 제기하는 駐韓미군철수문주장은 미군의 주둔이 현실적으로 남북한의 전쟁방지와 억지력이 되어 왔을 뿐만 아니라, 중국과 일본의 군사대국화와 그들의 대결을 방지하기 위하여 반드시 필요하며 동북아의 세력균형자로서의 미국의 역할을 과소평가 한 것이다. 이와 관련된 주한미군지위협정(SOFA) 문제도 독일이나 일본의 경우와 같은 수준으로 개정하여 국가이익과 국민의 이익을 보호하는 방향으로 조율해 나가야 한다. 특히 美軍피의자 재판에 있어서 起訴단계에서의 신병확보문제, 미군 주둔지역에서의 환경범죄, 그리고 미군부대의 한국근로자의 노동법 적용문제는 반드시 관철시켜야 될 주요과제이다.[8] 그러나 좌파세력이 무조건 제기하는 감정적인 반미운동은 대한민국의 국익에 도움이 되지 못한다.

둘째, 남북 공동선언문의 제3항에서 8월 15일에 남과 북의 이산가족 및 그 친척들의 상봉과 비전향 장기수문제를 인도적 차원에서 조속히 해결할 것을 합의했다. 이산가족 상봉은 매우 환영할만한 일이다. 그러나 그것이 1백 명 내지 2백 명 수준에서 논의되고 있어 남쪽 내의 이산가족수가 766만 명이나 되고, 그 중에서 60세 이상이 60여만 명인 것을 고려할 때[9] 시범적, 전시효과적 이벤트행사 수준에 그쳐서는 안된다. 남북 국경지대에 수 개 처의 상설 "면회소"를 설치하여 언제든지 만날 수 있도록 해야하며 또한 대규모로 개방해야 한다. 또한 남측에서는 고령자 순으로 非정치적 수준에서 선발되고 있는데 반해서 북측은 저들 체제의 有力人士 내지 북체제를 선호해서 越北한 자를 집중적으로 선발했으며, 非전향 장기수의 북송(108명중 58명 北行 희망), 在日조총련의 남한 방문 등 체제선전효과를 극대화하는 방향으로 나아

8) 동아일보, 2000년 7월 13일. A. 4.
9) 세계일보, 2000년 6월 16일. 5면.

가고 있다. 그러나 남측은 교환대상으로 당연히 거론해야 할 국군포로와 납북자를 포함시키지 않고 있다. 이는 인도주의적 차원에서 脫北者 문제, 북한 내의 정치범 수용소 인권문제도 함께 제기했어야 했는데, 이 문제를 전혀 거론하지 않은 것은 남측의 정상회담에 임하는 자세의 취약성을 단적으로 증거하는 것이다.

국군포로는 현재 정부가 생존을 확인하고 명단을 확보한 경우는 213명이지만 정부가 지난 1997년에 발표한 6·25전쟁 행방불명자가 1만 9,409명이나 되며 이중에 상당수가 국군포로일 것으로 추정된다. 또 당시 학도의용군이나 유격대원을 포함한다면 국군포로는 5만~8만명에 이른다. 이들 국군포로는 북한군에 재 징집되거나 강제노역에 동원되었으며 1956년에 북한 공민으로 편입되었으나 계속 감시당해왔다. 현재 북한측은 국군포로는 종전직후에 모두 송환했다고 주장하고 있어 이 문제는 앞으로 남북간에 풀어야 할 큰 쟁점으로 남아있다. 또 국가정보원에 의하면 납북자 수는 1950년 6·25 이후 1999년 3월 현재까지 3756명이며 이중 454명이 억류중인데 이들도 시급히 석방되어야 한다. 이들 납북자 신원은 대부분이 어부이며 항공기 승무원, 목사, 학생 등이다.[10)]

탈북자의 인권문제는 세계의 여론과 국제인권단체의 비상한 관심의 대상이 되고 있다. 극심한 굶주림과 절망적 생존에서 벗어나기 위해 북한을 탈출하여 중국과 러시아의 변경지대에서 떠도는 난민들은 그 수가 10만 내지 20만 정도로 추정된다. 이번 남북 정상회담을 통해서 정부가 같은 민족의 인권문제를 해결한다는 차원에서 公論化했어야 했다. 현재 이들 탈북자들은 북한에 강제 송환되어 정당한 사법절차를 밟지 않고 처형되고 있다[11)]. 이들 "탈북자들"은 유엔 난민협약에 규정된 "난민"으로서 이들에 대한 구제는 이 조약에 가입하고 있는 우리 정부의 당연한 의무일 뿐만 아니라, 헌법상 규정된 우리 '국민'의 보호사항이다. 더욱이 한국은 유엔 난민협약의 집행위원회의 위원국이므로 그 역할이 막중한데, 지금까지 너무 외면해 왔다.[12)]

또한 북한에는 김일성과 김정일 세습체제에 의해서 강제노동수용소에 수용되어 있는 정치범·사상범이 15만 내지 20만 명이나 된다. 이들은 전직 고위관료를 비롯한 정치적 반대자들로 북한 전역 12개 처에 집단 수용되어 인간 이하의 학대를 받으면서 굶주림과 강제노동에 시

10) 세계일보, 2000년 6월 16일. 5면.
11) 세계일보, 2000년 6월 16일. 5면.
국제인권옹호 한국연맹(北韓 人權改善運動本部)「國際人權報」(月刊), 2000년 3월 15일. p. 1. 美국무부 발간「1999 세계인권보고서」내용.
12) 홍성필, "탈북자와 난민문제", 박찬순, "한국의 난민정책의 문제점과 그 개선방향",「시민과 변호사」, 2000년 7월호, pp. 68~71, pp, 62~67 참조.

달리고 있다. 북한의 강제수용소는 스탈린 시대의 소련의 강제수용소보다 더 참혹하다. 스탈린은 정치범과 그 가족들과 분리시켰는데 북한 정권은 그들이 범죄자라고 지목하는 당사자뿐만 아니라 그 가족들인 할머니로부터 손자에 이르기까지 궁벽한 오지마을 같은 곳에 몰아넣고 정치범의 가족이라는 이유로 처참한 강제노동을 시키고 있다. 이것은 세계적으로 유례가 없는 북한 수용소의 유별난 특징이다. 이러한 북한 현실과 김정일 체제를 고발하는 유럽, 특히 프랑스의 지식인들은 북한의 인권을 위한 인류의 연대와 참여를 호소하고 있다.[13] 이러한 북한의 인권탄압현실을 지적하여 시정을 요구하지 않고 북한의 권력실세와 연대만을 강조하는 통일운동을 전개하는 것은 분명히 편향적인 처사이다.

셋째, 남북 공동선언문 제4항에서는 남북간의 경제협력을 합의하고 있다. 이것이 북한이 남한과 정상회담을 하게된 가장 큰 이유이다. 그것은 북한이 당장의 경제난국을 극복하고 강성대국을 이룩하기 위해서는 경제적 지원이 필요하기 때문이다. 남측은 북의 경제를 일으키기 위해 북의 사회간접자본(SOC)을 확충하고 경제원조를 서두르고 있으나, 이것은 북의 체제를 강화하고 강성대국 추구를 돕는 효과를 내게되고 이것이 결국 남측의 안보를 해치고 미국과 일본을 위협한다는 논리로 연결된다는 주장도 만만치 않다. 이 때문에 국민의 일부 여론과 국가의 안보를 생각하는 계층의 깊은 우려를 낳게 하고 있으며 이것이 또한 미・일의 의혹을 사고 있다.

따라서 남북경협은 북한의 핵 개발 중지나 미사일개발 중지와 반드시 연계해야 하며, 현실적으로 국가안보를 위해 미・일과의 긴밀한 군사적 공조를 이룩해야 한다는 입장도 만만치 않다.

현실적으로 한국 정부는 남북한간의 경제협력보다는 북한의 핵과 미사일개발의 억제와 중지를 위한 한・미・일간의 군사적 협력 내지 共助체제를 굳혀야 한다. 지난 남북 정상회담 때 북측의 미사일 개발억제와 군비축소에 대해서는 전혀 합의를 보지 못하고 이것을 공동선언에 포함시키지 않은 것이 남측의 실수였다고 생각된다.

현재 북한은 장거리 미사일개발이 동북아의 안보상황을 불안하게 하고 있을 뿐만 아니라 북한은 이미 이란, 이라크 등 중동국가와 파키스탄 등에 미사일을 수출하고 있어 중동과 서남아의 안정을 위협하고 있다. 이것이 미국의 세계전략의 걸림돌이 되고있는 상황이다.[14] 2000년 7월 북한은 콸라룸푸르 미・북 미사일회담에서 미사일과 부품 및 기술의 수출중단 대가로

13) 조선일보, 1999년 11월 26일. 5면.
피에르 리굴로(프랑스 '사회사평론' 편집장) 인터뷰記事, "中國은 탈북자를 난민으로 인정하라" 참조.
14) 세계일보, 2000년 6월 23일. 5면.

미국측에 연간 10억불의 보상을, 미사일 개발 포기에는 30억불을 각각 요구하고 있다.[15] 한편 2000년 7월 20일 김정일은 북한을 방문한 러시아의 푸틴 대통령과의 공동선언문에서(그 들 선언문 제6항에서) 북한과 러시아간에는 미사일문제에 대한 "連帶"와 "共助"를 과시하였다. 특히 북한은 지난 1972년 소련이 미국과 맺은 '탄도탄 요격미사일(ABM) 조약'에 대한 전적인 지지를 표명하여 러시아의 입지를 강화시켜 주었다. 한편으로 북한은 미국이 불량배국가들의 공격을 막는다는 명분을 내세워 추진하고 있는 국가미사일방위체제(NMD)와 미국이 아시아태평양지역에 배치를 검토하고 있는 전역미사일방위체제(TMD)에 대해서도 반대의 의사를 분명히 하였다.[16] 북한은 미국을 견제하면서 내막적으로는 G8 정상회담에 참석하는 러시아의 푸틴 대통령을 통하여 클린턴 미국대통령에게 미국 측이 보상해준다면 북한이 미사일개발을 중지할 것이라는 내용을 흘리고 있다. 북한의 미사일 개발문제 때문에 북한이 일본에 요구한 對日청구권(식민지 배상금)에 관한 협상도 지연되고 있는 실정이다. 북한은 현재 일본에 배상금으로 최고 200억 달러, 최저 100억 달러를 요구하고 있다.[17]

금후 남북경협에 있어서 가장 핵심적인 사항은 사회간접투자문제이다. 남한측은 북한의 산업경제의 기반이 되는 도로·철도·항만·전기 등의 사회간접자본(SOC)의 건설을 위해 남북정상회담 이전부터 시도해온 국제금융자본의 유치나 그 컨소시엄(consortium) 형태로서의 美·日 자본의 북한투자를 종용해 왔지만 북한의 미사일 개발과 그 위협 때문에 어려워지고 있다.

남북 정상회담이 열리기 2개월 전인 2000년 4월 13일, 한국의 재계는 남북경협 5대 원칙을 발표하고 그간 국제부흥개발(IBRD:International Bank for Reconstruction and Development))나 아세아개발은행(ADB) 등의 국제금융기관으로부터 '프로젝트 파이낸싱'방식에 의한 남북경협자금 조달을 협의해왔으며, 투자위험을 줄이기 위해 북한에 유럽연합(EU) 등 제3국 기업과의 공동진출을 모색해왔다. 남북경협에 있어서 재계가 중점을 둔 5대 원칙이란 ① 프로젝트 파이낸싱을 통한 투자자금 조달 ② 사회간접자본(SOC) 확충을 통한 남북경협 활성화 ③ 남북 정상회담을 통한 투자보장 협정 ④ 한국기업간의 과당경제경쟁과 중복투자 방지 ⑤ EU 등 제3국기업과의 대북 공동진출 등을 말한다.[18]

이러한 한국 측의 남북경협을 위한 재원조달은 북한과 미·일간의 미사일 갈등으로 진전을

15) 세계일보, 2000년 7월 13일. 1면. 조선일보, 2000년 7월 21일. 3면.
16) 조선일보, 2000년 7월 21일. 3면.
17) 세계일보, 2000년 6월 23일. 5면.
18) 세계일보, 2000년 4월 13일. 2면.

보지 못하고 있다. 그것은 세계은행 측이나 미국의 울브라이트 국무장관도 다같이 북한에 대한 世銀의 차관을 미사일문제 해결과 결부시키고 있기 때문이다.

금후 북한을 어느 정도 산업사회로 올려놓기 위해서 필요한 도로·철도·전력 등의 SOC 투자액은 대략 10조원 규모로 삼성경제연구소는 추정하고 있다. 그러나 한국 정부가 현재 비축한 경협재원은 대외경제협력기금(EDCF) 7,000억 원, 국제협력단(KOICA)기금 400억 원이며 남북협력기금은 5,000억 원에서 1조원으로 확충하는 방안을 검토 중에 있다.[19] 남북경협은 사실상 남한의 경제력으로 감당하기에는 역부족이다. 그럼에도 불구하고 결국 남한이 감당하는 수밖에 없다는 결론이 나오게 된다. 현재 남한경제 자체의 대기업은 심각한 구조조정과 IMF 몸살을 지금까지 겪고있으며 기업의 상업성 때문에 민간기업의 무리한 투자가 불가능하므로 정부 주도하에 공적수준에서 북한에 대한 지원이 이루어질 수밖에 없다. 그러므로 정부가 남북경협 자금으로 통일기금이나 중소기업 구조개선 자금 및 국제협력기금을 전용할 수 있으나 향후 그 협력자금의 규모는 향후 10년 동안 매년 최소한 10억 내지 20억 달러가 소요될 것으로 전망된다.[20] 이러한 협력자금은 당연히 국회의 동의가 필요한 것이다. 예컨대 100만 달러 이상의 공적 지출은 국회의 동의를 받아 지출하는 법적 근거를 마련할 필요가 있다. 투입되는 공적자금은 관계부처가 개인의 '쌈지 돈' 쓰듯이 임의로 사용할 수 없으며 반드시 어떠한 형태로든지 국회의 동의를 거치도록 해야한다.

이러한 관점에서 볼 때, 북한에 대해 남한내부의 경제적 여건과 형평성에 어긋나는 무리한 정부의 공적 투자는 신중해야 하며, 민간투자가 안전하게 이루어질 수 있도록 투자보장 협정이나 이중과세방지 협정을 남북간에 조속히 체결해야 하며 대규모의 공적투자는 북한의 미사일개발 중지 및 기타 군비축소 조치와 반드시 연계되어 이행되어야 한다. 이렇게 될 때, 비로소 남측이 요청하는 남북간의 군사협력이 실효를 거둘 수 있게 된다. 남북간의 경협 조건과 연계되지 않는 군사적 논의는 무의미한 것이다. "군사문제 따로, 경제협력문제 따로"하는 상황에서는 남한의 국가안보체제 구축은 유실(流失)되고 말 것이다.

2000년 6월 25일 김대중 대통령이 6·25 50주년 기념사에서 남북간 군사문제를 다룰 군사위원회의 설치를 강조하였다. 이는 兩金이 남북 군부의 직통전화 설치에 원칙적으로 합의한 것에 뒤따른 것으로 직통전화 설치, 군사훈련의 참관, 나아가서는 인적, 병력이동의 사전통보 등이 포함된 것이다.[21] 그러나 이 문제는 주한미군과 聯合司를 구성하고 있는 남측으로서는

---

19) 조선일보, 2000년 6월 16일. 6면, 17일. 13면.
20) 外交安保硏究院, "남북경협 활성화와 대북투자재원 조달방안", 「主要國際問題分析」(2000. 7. 5), pp. 4~8.
21) 세계일보, 2000년 6월 23일. 1면. 조선일보, 2000년 6월 27일. 1면, 28일 2면.

미국과 사전협의가 필요한 매우 예민한 사항이다.

군사·경제영역을 제외한 문화, 예술, 스포츠, 학술교류는 별 제한 없이 개방하는 것이 남북 상호 이질성을 극복하고 동질성을 확보하는 첩경이 될 것이므로 권장되어야 하며, 정부가 주도·간섭할 것이 아니라 민간수준에 맡겨야 한다.

(6·15남북정상간의 공동선언의 2항에서 南측의 연합제안과 北측의 '낮은 단계'의 연방제안이 "공통성이 있다고" 인정했는데, 이에 대한 평가와 함께 그러한 남북간의 통일방안의 接點이 현실적으로 어떠한 의미를 가지는지 논의하고자 한다.)

남과 북의 연합제와 연방제를 논의하기 전에 먼저 연방(federation)과 연합(confederation)의 개념을 간단히 살펴보고자 한다. 원래 연방이나 연합의 개념은 두 가지 相異한 발상에서 비롯된다. 연방은 구성단위국가 사이에 정치권력의 분배를 통해서 이미 결속된 인민을 통합시키는 수단으로 생각하는 경우이다. 이 경우, 연방체는 전체 국가의 변경할 수 없는 부분이 된다. 다른 하나는 연방을 구성하는 개개 정치체(individual polities)에 대한 기본적 유대를 해치지 않고 제한된 목적을 위해 다양한 인민을 연합하게 하는 것으로, 이 경우, 연합체의 권한은 제한적이며 구성 정치체(정부)는 완전한 자치를 보유하게 된다.[22] 이러한 두가지 형태의 정치체의 결합은 역사적으로 각기 발전되어 왔다. 전자의 국가연방(national federation)형태가 BC 13세기경에 몇 개의 종족이 결속해서 만든 것이 고대 이스라엘 국가이며, 후자의 전형적인 예는 古代 그리스에서 남부도시국가간에 방위를 위한 超도시국가적인 협력체제를 형성한 아카이아 동맹(Achaean League)이나 1291년 스위스의 州(canton) 연합 같은 경우이다. 이 후자의 경우에서 오늘날 우리가 말하는 國家聯合(national confederation)형태를 볼 수 있다.

19세기 중엽 독일통일을 전후해서 연방(Bundesstaat, federation)과 국가연합(Staatenbund, confederation) 개념이 구별되어 국가 구성의 방법으로 본격적으로 논의되기 시작했다. 현대에 있어서 가장 "전형적인 연방"의 형태는 미국 연방제이며 연합의 대표적인 형태로 유럽연합(European Union)이 있다. 연합(국가연합)은 주권국가간의 상호 협력형태를 의미하며 특히 경제적인 면에서 강조되고 있다.

22) International Encyclopedia of the Social Sciences, Volume 5, The Macmillan Company & The Free Press, 1979, pp. 354~362. "Federalism".

일찍이 16, 17세기에 민족국가(nation state)의 등장이 국가적 통합에 있어서 연방제적 해결을 자극했고 근대의 제국주의도 多인종사회의 연방제의 출현에 기여하였다. 연방제는 일반적으로 연방관계가 成文憲法(written constitution), 非中央集權化(non-centralization), 권력의 지역적 배분(areal division of power), 결합유지(maintaining union) 등의 요소를 공유하는 것으로 특징지어지며, 개개 연방국가는 그 나라의 전통과 특수성에 따라 각기 다른 패턴을 보여주고 있다.[23] 연방제의 유형은 크게 英美식 연방제, 스페인식 연방제, 독일식 연방제 그리고 사회주의권의 연방제 등으로 생각할 수 있다. 이러한 구분은 문화적 유산과 전통에 의한 편의적 구분이다. 이들 연방제 유형 중에서 가장 안정적이고 비교적 견고한 것은 앵글로・아메리칸 시민사회(Anglo-American civil societies)를 지향하는 英美식 연방제이다. 반면에 스페인 식의 연방제는 중남미 현실에서 보는 바와 같이 정치적 안정에 기여하지 못하고 있으며, 독일식 연방제는 권위주의적 중앙집권화 경향이 있고, 舊소련, 舊유고에서 보는 바와 같이 사회주의 국가의 연방제는 이름뿐이지 공식적 구조는 연방제라 볼 수 없으며 각 구성국가(支分國家)를 연결하고 통제하는 1黨지배체제국가이다. 그러한 일당제가 사라지고 다당제로 되니까 결국 연방이 와해되고 말았다.

연방제의 성공적인 유지는 인민의 정부(민주정부), 정치적 협력과 自制의 전통, 기본적 이익의 동질성, 힘의 사용보다는 자발적 협력이 존재하는 사회체제 속에서, 그리고 인간자원이 공정한 경쟁을 통해 공직에 충원되는 기회가 보장되며 자유를 누릴 수 있을 만한 물질적 자원이 풍부한 시민사회에서만 기대할 수 있다.[24]

특히 엘라잘(Elazar)에 의하면, 연방제는 입헌주의(constitutionalism)에 관한 강한 집착과 非중앙집권화(non-centralization)를 선호하는 전통이 있는 앵글로・아메리칸 사회(Anglo-American societies)[25]에 매우 적합한 제도이다. 또한 연방주의에서는 중앙정부나 지역정부 수준에서 이질적인 정당들이 선거에 자유롭게 참여하고 경쟁할 수 있어야 한다. 연방화 과정(the process of federalizing)은 하나로 통합되면서도 다양한 하위 정치단위로 분화(differentiation)되어 그들 수준에서 결정과 정책을 추구하는 질서라고 프리드리히(Friedrich, C. J.)는 강조한 바 있다.[26] 또한 그로진스(Grozins M.)는 미국 연방제를 경

23) International Encyclopedia of the Social Sciences, Ibid., pp. 357~358.
24) International Encyclopedia of the Social Sciences, Ibid., p. 365.
25) Mary HawKesworth and Maurice Kogan, Encyclopedia of Government and Politics, Volume I, Routledge, London, 1992. p. 349.
26) Friedrich, C. J., Trends of Federalism in Theory and Practice, New York Prager, 1968. pp. 176~177.

험을 토대로 연방제를 "다양한 수준의 정부와 機關(agencies)간의 복합적 연계"로 파악하였다.[27] 그는 미국 연방제를 三層구조를 가진 '마블 케이크'(marble cake)와 같은 정부(government at three levels)로 보았으며 거기에는 어떤 수준의 정부가 독점하는 영역이 있을 수 없고 각급 수준의 정부가 모든 영역에 다같이 관계할 수 있게 된다. 이것이 소위 공유와 통합의 구조(sharing and integration)이다. 「그로진」이 연방제의 특징을 기능의 다층적 연계와 공유로 본 점을 유의할 때, 연방제는 북한체제와 같은 권위주의적이고 명령하달적인 일당체제하에서는 부적절하고 운영이 어렵다는 것을 의미한다.

연방주의적 원리들이 한 사회의 보수계층의 힘이 될는지 아니면 사회적·정치적 변화를 촉진시키는 세력에 유리할 지는 그 사회적 여건에 따라 다르다. 그것은 연방제를 어느 계층이 보다 내세우느냐 하는 문제와도 직결되는 것이다. 현대국가의 연방제는 과거의 연방제에서 볼 수 있듯이 주로 제국주의자들이나 보수주의자들이 이른바 작은 이웃국가들의 小민족주의(micro-nationalism)를 극복하고 영토적 팽창을 수단으로 내세웠던 것과는 달리 오히려 급진적 좌파들이 낙후된 지역국가의 경제적 발전과 수혜를 위해 의도적으로 연방제를 만들려는 경향이 있다.

이상에서 논의한 연방제 및 국가연합에 대한 논의에 비추어 볼 때 남북한이 "연합제"든 "낮은 단계의 연방제"든 간에 상호 접근은 민족의 숙원의 하나인 공동체를 이룩해야겠다는 염원이 서려있다고 볼 수 있다. 그러나 상호접근을 가속시키고 서두르는 이유 가운데에는 양측의 최고 권력자들의 의도도 작용하고 있음도 부인할 수 없다. 그것은 한마디로 북측이 남측의 경제적 지원과 원조를 받고자 하는 열망과, 남측(김대중 정권)은 특정지역에 기반을 둔 마이너리티 정권으로서 열세를 극복하기 위해, 소위 "近代化勢力"이라는 이름하는 구세력이나 非民主的인 전두환, 노태우 등의 新軍部세력까지도 끌어들여 "勢"를 확보하려 했으나 그것도 여의치 않자 결국 "적과의 동침"으로 비유될 수 있는 북의 김정일까지도 끌어들여 "勢몰이 정치"를 강화하려는 정치적 의도가 깊이 깔려있다. 김대중 정권에는 정치이념이나 목표, 체제이상보다는 정치권력의 "합종과 연형"에서 승자가 되어보겠다는 집요한 권력의지가 존재한다. 애초 소수에서 출발한 정권이기에 기존의 판도를 다 깨버리고 새로 쌓더라도 손해볼 것이 없다는 입장이며, 기존 체제에서 소외된 세력과 계층은 지지기반으로 끌어들이기 위해 끊임없이 사회적 문제를 제기하여 갈등을 일으킨다. 개혁이란 명분을 내세우면서 이른바 "갈등의 日常化"를 통

---

27) Grodzins, M., The American System : A New View of Government, Chicago : Rand McNally, 1966. p. 18.

해 권력을 유지하고 창출하려는 것이 김대중 정권의 한 속성이다. 그러나 갈등의 일상화는 체제불안과 국론의 파열(破裂)을 결과하므로 그것이 심화되면 권력으로도 어쩔 수 없는 한계상황이 올 수도 있다. 또한 북의 김정일 정권에 대한 온정주의와 파격적인 경제적 시혜가 "트로이의 木馬"로 우리에게 되돌아 올 가능성도 있기 때문에 이를 경계해야 하며, 북한과의 협력이나 통일지향도 우리 체제의 안보를 고려하는 선에서 전개되어야 한다.

첫째, 통일방안으로서 북한과의 연방제는 그것이 설령 "낮은 단계의 연방제"일지라도 우리가 당장 수용하는 데에는 신중을 기해야 한다. 북한이 민주화되지 않고 일당체제의 해체가 전제되지 않는 상황 속에서 그들 체제와 다당제 시장경제를 기축으로 하는 우리의 자유민주체제를 한 "연방"안에 둔다는 것은 논리적으로나 현실적으로나 타당하지 않다. 북한이 적어도 조선노동당 일당체제를 포기하고 다당적 사회민주주의체제(democratic socialism's multi parties system)로 변할 경우, 합의통일이 될 때까지 일정영역에서 -예컨대 경제, 사회, 문화면에서- "남북연합"의 형성을 생각해 볼 수 있다.

둘째, 자유민주체제인 남측은 북측과 통일협상과정에서 설령 당장은 다소 장애가 되는 한이 있더라도 우리의 통일의 궁극적인 목표가 민주주의, 자유, 평등, 인권의 실현에 있기 때문에 한만(韓滿)·한러(韓露) 국경지대에서 방황하는 수만 명의 탈북자, 북한 내의 강제노동수용소에서 신음하는 수십만 명의 정치범, 사상범의 생존과 인권문제를 제기해야 한다. 또한 북한과의 정부의 접촉과정을 국민에게 투명하게 알려야 하며, 비밀협상이나 그와 연관된 정보의 독점이 통일정책의 효율화를 필요하다는 낡은 사고를 버려야 하며, 정책 추진의 공개성이 요청된다.

셋째, 남북문제, 통일문제에 대해서 대통령은 헌법상의 보장된 직무권한 내에서 처리하는 것도 중요하지만, 국민의 대표기관이며 常時的 立法機能을 하는 국회와의 긴밀한 협조 하에서 통일정책을 추구하는 것이 바람직하다. 대통령의 대북 정책에는 국회의 법적 뒷받침과 동의가 요청되며 특히 국가의 예산이나 공적자금이 투입되는 통일사업이나 국가적 중대문제의 결정에 있어서 그러하다. 또한 남북관계와 관련해서 국민의 권리 의무나, 자유를 제약하는 기본적 문제에 대해서는 헌법에 예비된 국민투표 방식을 통해서 결정할 수 있어야 한다. 이것이 자유민주주의 기본적 체제운영방식이고 정치과정이다.

참고문헌

1. 국내문헌

강병규,「현대외교정책론」, 중앙대학교 출판부, 1967.

———, "EEC와 지역경제협력", 원광대학교 행정대학원,「최고정책관리논집」제1집, 1992.

강성학,「카멜레온과 시지프스-변천하는 국제질서와 한국의 안보-」, 나남, 1995.

강신창, "북한의 미사일 개발현황과 전망", 제5회 호서대학교 통일문제연구소 학술심포지엄 논문집(「북·미 베를린회담과 동북아 정세」), 1999년 10월 27일.

강영훈,「민족족통일—의 길」(青儂 姜英勳박사 古稀紀念論文集), 법문사, 1992.

강지한, "남북합의서의 이행과 북한의 핵개발,"「평화연구」(경북대학교 평화문제연구소), 제17집, 1992.

고용권, "남북한 인적 교류에 대한 대학생들의 의식에 관한 연구",「통일연구논집」제2집, 전국 대학 통일문제연구소협의회, 1999.

고재식, 「사회문제와 기독교윤리」, 대한기독교출판사, 1984.

高暉柱, 「이승만의 정치권력에 관한 연구」, 중앙대학교 대학원 박사학위논문, 1989. 12.

———, "이승만의 건국노선", 원광대학교 통일문제연구소,「통일문제논집」제10집, 1990.

곽태환, "한반도 비핵화문제와 전망," 「통일문제연구」, 제4권, 1호, 1992.

———, "전환기의 대북정책과 주변국과의 관계", 원광대학교 통일문제연구소,「통일문제논집」제19집, 1999.

구영록 외,「한국과 미국」, 박영사, 1983.

——— 외 5인,「남북한 통일시나리오」, 나남, 1993.

구종서,「민족과 세계:제국주의에 대한 민족주의의 항전」(구종서 언론집 2)」, 나남, 1990.

———, "한민족공동체 형성에 관한 이론구조", 「통일방안논문집」, 제2집, 통일원, 1991.

———, "언론과 사회", 원광대학교 행정대학원,「최고관리논집」제1집, 1992.

———, "남북통일과 한국민족주의 : 그 과제와 전망", 원광대학교 통일문제연구소,「통일문제논집」제13집, 1993.

———,「격변하는 세계, 도전하는 한국」, 나남, 1994.

——— 外 5人,「남북한 통일시나리오」, 삼성경제연구소, 1996. 10.

권기수, "페리 보고서와 한반도 정세변화", 1999년도 전국 대학통일문제연구소협의회 영남지역 통일문제 학술세미나 발표논문집(「정부의 대북정책 평가와 전망」), 경북대학교 평화문제연구소, 1999년 11월 26일.

권무수, "동서독의 통일정책," 「전환기의 통일문제」(민병천 편). 대왕사, 1990.

권오기, "남북관계 전망과 통일정책 추진방향", 민주평통자문회의 운영·상임 합동회의, 1997. 5. 30.

기정진,「盧沙集」, 卷5, 丙寅疏.

김갑철,「南江 金甲喆教授 華甲紀念論文集」(사회주의체제, 북한, 통일문제 관계논문집),형설출판사, 1992.
———,「민중민주주의와 민중통일론」, 문우사, 1992.
김강녕,「핵확산이 국제평화질서에 미치는 영향」, 동국대학교대학원(박사학위논문), 1987.
———,「남북한 정치외교론」, 대왕사, 1997.
———,「한반도 군사안보론」, 대왕사, 1999.
김경원, "국제정세 변화와 남북한관계의 전개방향", 원광대학교 행정대학원,「최고관리논집」제1집, 1992.
김계수,「한국과 정치학」, 일조각. 1987.
김광수, "외부환경의 변화와 통일논의의 재음미", 원광대학교통일문제연구소,「통일문제논집」제1집, 1990.
김귀곤, "통일기반조성을 위한 지방자치", 원광대학교통일문제연구소,「통일문제논집」제2집, 1983.
———, "북한의 지방행정과 주민통제", 원광대학교 통일문제연구소,「통일문제논집」제3집, 1984.
김기태,「한국의 베트남전 參戰과 한미관계」, 한국외국어대학교대학원(박사학위논문), 1982. 12.
김낙중·노중선 편저,「現段階 諸統一方案」, 한백사, 1989.
김대중,「한국 : 민주주의의 드라마와 소망」, 청도, 1992.
김덕룡, "문민정부의 개혁방향과 통일", 원광대학교 통일문제연구소,「통일문제논집」제13집, 1993.
김도종, "평등논리의 한 시각", 원광대학교 통일문제연구소,「통일문제논집」제2집, 1982.
———, "통일과 철학의 개조", 원광대학교 통일문제연구소,「통일문제논집」제9집, 1989.
김동성, "북한의 대중국정책,"「북한의 외교정책」(양성철·강성학 공편), 서울 프레스, 1995.
———, 「한국민족주의 연구」, 오름사, 1996.
김만기, "통일된 한국의 행정체계", 전국대학통일문제연구소협의회, 「통일연구논집」제2집, 1999.
김만흠, "한국의 정치갈등과 권력자원", 한국정치학회,「한국정치의 갈등구조」제5회 한국정치 세계학술대회, 1995년 7월20~21일.
김민하,「현대사회와 한국정치」, 金玟河博士華甲紀念論文集刊行委員會, 1994.
———,「한국정당정치론」, 교문사, 1976.
김상기,「동학과 동학란」, 대성출판사, 1974.
김석우 옮김(고샤카 마사다카 지음),「불가사의한 미일외교」, 자유포럼, 1998.
김성주, "동북아의 외교·안보환경과 한국의 선택",「통일문제논집」제16집, 원광대학교 통일문제연구소, 1996.
김소중 편역,「중국특색의 사회주의: 사회주의 시장경제」, 대륙연구소 출판부, 1994.
김순규,「군비통제론」, 경남대 출판국, 1980.
김영두, "원불교 통일노력의 상황과 평화통일사상",「원불교사상」, 제19집, 원불교사상연구소, 1995.
김영래 편,「이익집단정치와 이익갈등」, 도서출판 한울, 1997.
김영문, 서보근,「鄧小平政治思想」, 법문사, 1994.
김영선,「정치권력의 변동과 언론정책」, 성균관대학교 대학원 박사학위논문, 1994. 5.
———,「한국의 정치권력과 언론정책」, 전예원, 1995.
———, "북한체제의 변혁과 남북교류의 전망", 전국 대학통일문제연구소 협의회, 「통일연구논집 제

2집, 1999. 2.
———, "서해안지역개발과 한·중·북한간의 교류협력", 전국대학통일문제연구소 협의회, 「통일연구논집」 제3집, 2000.
김영윤, 여인곤, 황병덕, 「통일독일의 분야별 실태연구(연구보고서)」, 민족통일연구원, 1992.
———, 「통일한국의 경제체제」, 민족통일연구원, 1994, 12.
김영작, 「한말 내셔널리즘 연구: 사상과 현실」, 청계연구소, 1989.
———, "바람직한 통일조국의 미래상", 「통일에 관한 한·독 비교연구세미나논집」, 국민대학 사회과학연구소, 1993. 11. 12..
김영환, 「한국정부의 통일정책 발전과정 연구」, 조선대학교 대학원 박사학위논문, 1994. 2.
金玉均, "甲申日錄," 金玉均·朴殷植 외, 「한국의 근대사상」, 삼성출판사, 1976.
김용섭, "朝鮮後期에 있어서의 身分制의 動搖와 農民所有," 「朝鮮後期 農業史硏究」, 일조각, 1976.
김용욱, "통일베트남의 사회통합과정", 대학통일문제연구소협의회 「분단국 통합사례 연구」(독일·베트남편) 1994.
———, "미군정과 중간노선의 위상과 역할", 「한국현대정치론」, I, 나남, 1990.
———, "중·소 분쟁과 공산주의의 지역화," 「箕堂 이한기박사 화갑기념논문집」, 대한국제법학회, 1977.
———, "비동맹국과의 협력증진방안," 「한국안전보장논총」 제9집, 국가안전보장회의 사무국정책기획실, 1978.
———, "대학에서의 통일교육의 내실화 방향", 대학이데올로기비판교육 교수협의회, 전남·북지역학술회의 주제논문책자, 1984.
———, 「국제환경과 한국정치」, 법문사, 1986.
———, "黃海시대의 개막과 한국의 北方政策 방향", 「통일문제와 국제관계」 제2집, 인천대학교 평화통일연구소, 1988. 12.
———, "통일을 위한 新思考", 「한국의 中·蘇 관계 변화와 북한의 개혁전망」(1990 自由論壇論文集), 韓國自由總聯盟, 1990. 12.
———, "북한의 체제변화와 한국의 통일전략", 1994년도 한국정치학회 연례학술회의 발표논문집, 1994. 12. 6.
———, 「한민족의 평화통일론」, 대왕사, 1995.
———, 외 6인 공저, 「21세기 한국사회의 비젼과 정치학의 과제」(1996년 한국학술진흥재단 연구보고서), 대학사, 1997.
———, "북한체제의 특성과 대외관계", 전국대학통일문제연구소협의회, 「통일연구논집」 창간호, 1997. 12.
———, 「한국통일과 분단국통합론」, 전예원, 1998.
———, "대북 포용정책과 남북관계 전망", 1999년도 군산대학교현대이념연구소 통일문제 학술회의 발표 논문집, 1999년 5월 31일.
———, "대북 포용정책의 성과와 과제", 1999년도 동신대학교 민족통일 연구소 제4차 학술회의 자료(「대북 포용정책 어떠한가」), 1999년 11월 24일(수).
김용호, "포용정책과 정경분리 원칙의 일관성 유지방안", 민주평화통일자문회의, 「자문건의 총람」(1998년도), 1999.

김운태 외 공저,「한국정치론」, 박영사, 1994.
김유남 편저,「美蘇比較論」, 어문각, 1992.
———,「두개의 한국과 주변국들」, 훈민정음, 1996.
김의환,「抗日 義兵將 列傳」, 정음사, 1975.
김재홍,「한국정당과 정치지도자론: 분단극복의 정치과정연구」, 나남, 1992.
김정기, "북한정권의 수립과정 및 향후 전망", 원광대학교 통일문제연구소,「통일문제논집」 제18집, 1998.
김종욱 옮김(베트남공산당중앙위원회 마르크스레닌주의연구소 산하 베트남공산당사연구회 지음),「베트남 공산당사: 베트남 인민의 반제 반봉건투쟁에서 해방후 사회주의 건설까지」, 도서출판 소나무, 1989.
김준보,「農業經濟學 序說」, 고려대학교 출판부, 1980.
김준엽,「中國共産黨史」, 문명사, 1973.
김진홍 역(엘리자베스 폭스 엮음),「제3세계의 언론과 정치」, 전예원, 1992.
———, "한국의 통일과 언론정책", 원광대학교통일문제연구소,「통일문제논집」제17집, 1997.
김태우, "美・蘇核減縮과 한반도 核安保",「新東亞」, 1991년 11월호.
———, "한반도 核問題와 新國際秩序",「北韓硏究」, 대륙연구소, 1992년 봄호.
———,・신성택, "비핵화선언과 핵문제의 이중성",「국방논집」 제17호, 국방연구소, 1992년 봄.
———, "한반도핵문제와 신국제질서",「북한연구」, 대륙연구소, 1992년 여름호.
김태희,「진리에의 架橋」(동의대학교 교수 三山 金泰希博士文集), 세종출판사, 1996.
———, "북한의 권력변동 전망", 원광대학교통일문제연구소,「통일문제논문집」제17집, 1997.
김창희,「북한의 정치사회화에 관한 연구」, 전북대학교 대학원 박사학위논문, 1988. 8. 30.
———,「북한정치사회의 이해」, 법문사, 1998.
김하룡, "등소평체제와 중국적 사회주의", 원광대학교 통일문제연구소,「통일문제논집」제11집, 1991.
———,「中國文化革命硏究」, 고려대학교 출판부, 1975.
김태일, 한국의 농민운동과 국가, 고려대학교 대학원 박사학위 논문, 1991.
———, 동・서독간 '도시자매결연의 교훈', 전국대학통일 문제연구소협의회「통일연구논집」 제3집, 2000.
김학준,「한국문제와 국제정치」, 박영사, 1976.
———, "民族共同體와 南北韓體制聯合硏究",「통일문제연구」, 통일원, 1989, 가을호.
———, "김정일 지도체제 현황과 장래,"「북한, 언제까지 버틸 수 있나」(제3회 서울신문국제포럼), 서울신문사국제전략연구소, 1997.
———,「한국정치론:연구의 현황과 방향」, 한길사, 1983.
김호섭, "일본의 신민족주의",「일본평론」, 제1집, 1990.
김호성,「韓末義兵運動史硏究」, 고려원, 1987.
김호진,「한국정치체제론」, 박영사.
노계현, "韓日修好條規硏究,"「한국외교사연구」, 海文社, 1968.
노태구,「한국민족주의의 정치이념:동학과 태평천국혁명의 비교」, 새밭, 1981.
———, "평화통일을 위한 정치이념 모색", 원광대학교 통일문제연구소,「통일문제논집」제11집,

1991.
도홍렬, "김일성 주체사상의 허구성 논증,"「민족사 입장에서 본 북한정권」, 남북문제연구소, 1997.
라종일, 「증언으로 본 한국전쟁」, 예진출판사, 1991.
랄프 N. 클리프, 윌리엄 M. 카펜터, 駐韓美軍에 대한 연구 (Deterrence and Defensive in Korea : The Role of the U. S. Forces) (국방대학원 안보문제연구소 역)
문정구, "중공의 경제개발정책과 그 문제점", 「중국연구」, Vol. 6, 건국대학교 중국문제연구소, 1987.
문홍호, "한・소관계의 발전과제와 전망", 「전환기의 남북한관계」, 대왕사, 1990.
민경배, 「韓國基督教會史」, 대한기독교서회, 1973.
민병천, "越南共産化의 要因에 대한 고찰", 「통일정책」, 제6권, 제2호, 평화통일연구소, 1980.
——— 편, 「전환기의 통일문제」, 대왕사, 1990.
박권상, "언론의 자유와 책임과 윤리", 원광대학교 행정대학원, 「최고정책관리논집」 제1집, 1992.
박동희, "대한민국의 정통성에 관한 법적 연구", 「民族史的 正統性研究」, 국토통일원, 1986.
박두복, "中共 對韓半島政策의 新趨勢와 韓・中共關係", 「외교」, 제6호, 1988. 7.
박상증, "기독교 시각에서 본 한반도 통일 문제", 원광대학교 통일문제연구소, 「통일문제논집」 제13집, 1993.
박성조, 「독일통일의 전개과정」 (통독실태 현지보고(I)), 국토통일원, 1990.
———, "東西獨 간의 交流 및 協力形態가 南北韓交流에 주는 示唆點", 「통일문제연구」, 제1권, 4호, 통일원, 1989, 겨울호.
박성훈, "북한의 대 일본정책," 국토통일원, 1978.
朴壽伊, 「李朝貿易政策論巧」, 민중서관, 1980.
박 실, "김대중씨 통일방안," 「민족지성」, 1988년. 4월호.
박정희, 「평화통일의 大道」 (朴正熙大統領 演說文選集), 대통령비서실, 1976.
박종성, 「왕조의 정치변동: 조선조의 국가존속과 농민의 정치적 저항」, 인간사랑, 1995.
박종철, "통일한국의 정당제도와 선거제도", 민족통일연구원, 1994, 11.
———, "남베트남 : 혁명운동의 기원과 전개과정", 「제3세계의 혁명과 발전」, 경남대학교 극동문제연구소, 1987.
박찬순, "한국의 난민정책의 문제점과 개선방향", 「시민과 변호사」 2000년 7월호.
박찬억, "베트남의 경제통합과 개혁정책", 대학통일문제연구소협의회 편, 「분단국 통합사례연구」 1994.
박찬표, 「한국의 국가형성과 민주주의: 미군정기 자유민주주의의 초기제도화」, 고려대학교 출판부, 1997.
박한식 편저, 「북한의 실상과 전망」, 동아연구소, 1991.
박홍순, "남북교류협력의 새로운 패턴", 전국대학통일문제연구소협의회, 「통일연구논집」 제3집, 2000.
배재식, "대한민국의 唯一合法性에 관한 法的 究明", 「民族史的 正統性研究」 국토통일원, 1986.
백영철, 「제1공화국과 한국민주주의: 의회정치를 중심으로」, 나남, 1995.
——— 편, 중국과 대만의 경제교류의 발전과 전망, 전국대학통일문제연구소협의회, 「통일연구논집」 제2집, 1999. 2.

백종천, 김태현, 이대우,「한・미 군사협력: 현재와 미래」(세종연구소연구총서 98-10), 세종연구소, 1994.
———, "미국의 동아・태 안보전략과 한국의 안보", 전국대학통일문제연구소협의회, 「통일연구논집」 제2집, 1999. 2.
브루스 커밍스 외,「분단전후의 현대사」, 일월서각, 1983.
서대숙(현대사연구회 옮김),「한국 공산주의 운동사 연구」 이론과 실천, 1985.
서동구 편역,「한반도 긴장과 미국」, 大韓公論社, 1977.
서진영,「현대중국정치론: 변화와 개혁의 중국정치」, 나남, 1997.
———, 중국혁명사, 한울, 1992.
소진철,「韓國戰爭의 起源」, 원광대학교 출판국, 1996.
송건호, "한국민족주의의 역사적 배경,"「한국의 민족주의」, 현대사상사, 1976.
——— 외 11인,「鮮放前後史의 인식」, 한길사, 1979.
송 자・이영선 편,「통일사회로 가는 길」, 오름사, 1996.
송정산,『건국론』(원불교 敎書총간 제 4권 부록), 원불교 정화사, 1981. 12. 20.
송준호, "朝鮮時代의 科擧와 兩班 및 良人,"「歷史學報」, 제69집.
송해룡, "남북한의 연립주의적 방송채널 운영에 관한 고찰", 원광대학교 통일문제연구소,「통일문제논집」제14집, 1994.
———, "독일통일과 언론",「통일문제논문집」제15집, 원광대학교 통일문제연구소, 1995.
신도철, "북한에서의 사회주의소유 및 지배에 관한 고찰", 한국비교경제학회「비교경제연구」창간호, 1992.
신명순,「한국정치론」, 법문사, 1993.
신복룡,「동학사상과 한국민족주의」, 평민사, 1977.
———,「한국정치사」, 박영사, 1991.
———, "한국전쟁 휴전"「韓國戰爭과 休戰體制」(한국정치외교사논총 제16집), 1997.
신용하,「한국근대민족주의의 형성과 전개」, 서울대학교출판부, 1987.
———,「韓國近代民族運動史研究」, 일조각, 1988.
신인형, "大韓民國臨時政府의 정치적 正統性에 관한 연구", 경북대학교 대학원 정치학박사학위논문, 1992
신정현,「한반도의 군비통제: 평화와 통일의 새 국면」, 예진출판사, 1990.
———, "한민족공동체의 실현방안 : 남북연합을 중심으로",「統一方案論文集」, 第2輯, 통일원, 1991.
———, "21세기를 향한 정치권의 과제", 정무1장관실 주관 - '96 여야정책토론회 주제발표논문, 1996. 9. 12.
———, "정부의 대북 정책과 남북교류의 과제", 전국대학통일문제연구소협의회 호남지역 학술회의 발표논문집(「통일환경의 변화와 남북한 관계」), 원광대학교 통일문제연구소 주최, 1999. 10. 21.
———, "동북아의 전략환경과 한반도문제", 전국 대학통일문제연구소협의회,「통일연구논집」제2집, 1999.
신철균, "북한의 최근 정세와 北・美・韓國關係 전망",「통일문제논문집」제15집, 원광대학교 통일문제연구소, 1995.
안두순, "통일후 경제통합과 경제체제" 구영록, 임용순 공편「한국의 통일정책」, 나남, 1993.
안병만, "미·일 안보협력관계의 발전과 한국안보",「통일정책」, 제4권, 제1호, 평화통일연구소, 1978.
———,「한국정부론」, 다산출판사, 1985.
안석교, "중국개방의 실상과 문제",「사회과학논문집」, Vol. 13, 경희대학교 사회과학연구소, 1987.
안찬일,「주체사상의 종언」, 을유문화사, 1997.
양 건, "국회의원 선거제도 개혁의 방안",「사회과학연구」 창간호, 서강대학교 사회과학연구소, 1992.
양무목,「한국정당정치론」, 법문사, 1983.
양성철,「북한정치연구」, 박영사, 1993.
———,「비교정치연구」, 박영사, 1994.
———, 강성학 공편,「북한외교정책」, 서울프레스, 1995.
양영식, "통일정책의 발전적 전개방향", 원광대학교 통일문제연구소,「통일문제논집」제13집, 1993.
———,「통일정책론」, 박영사, 1997.
양재인,「한국정치엘리트론」, 대왕사, 1990.
양호민,「북한의 이데올로기와 정치(I)」(고려대학교 아세아문제 연구소 공산권 연구총서), 동아출판사, 1970.
———·이상우·김학준,「민족통일론의 전개」, 형성사, 1986.
———, "南北聯邦論",「分斷國家 統合理論研究」, 국토통일원, 1986.
———, "마르크스·레닌주의와 민족주의", 원광대학교 통일문제연구소,「통일문제논문집」 제1집, 1982.
———, "한국정치에 있어서 보수와 진보", 원광대학교 행정대학원,「최고정책관리논집」제1집, 1992.
양호민, 이상우, 김학준,「민족통일론의 전개」, 형성사, 1984.
양흥모, "高麗民主聯邦共和國案의 분석",「민족지성」, 1988년, 4월호.
어윤중,「從政年表」(韓國史叢書, 第6) (국사편찬위원회간행), 1971.
엄재호외 공저,「북한개론」 대왕사, 1998.
에브른(Yair Evron), "이스라엘과 핵무기", 핵확산과 개발도상국, 경남대학교 극동문제연구소 1979.
오기평, "신 국제질서와 한·미관계," 원광대학교 행정대학원,「최고정책관리논집」제3집, 1993.
———,「한국외교론」, 도서출판 오름, 1994.
———,「세계외교사」, 박영사, 1988.
오세홍, "남북협력과 정보화", 전국 대학통일문제연구소협의회,「통일연구논집」제2집, 1999.
여영무,「통일의 조건과 전망」, 문예출판사, 1992.
吳在玩, "北韓核에 대한 南北의 시각",「북한연구」, 1992년 여름호.
왕임동, "탈냉전시대의 남북한 관계", 전국대학통일문제연구소협의회,「통일연구논집」제2집, 1999.
우승용, "독일분단과 통일의 재조명",「독일통일과 언론」, 韓國言論研究院, 1990.

우철구, "북미관계의 진전과 미국의 대한반도정책," 제40차 영남대학교 통일문제연구소 학술세미나 제3주제 발표논문, 1995, 9, 1.
유근일, "우리시대의 언론", 원광대학교 행정대학원,「최고정책관리논집」제1집, 1992.
兪吉濬, "中立論", 「兪吉濬全書」, 第四卷, 1982.
―――,「西遊見聞」, 박영사, 1976.
유석렬,「韓國社會思想史論巧」, 일조각, 1980.
―――, "북한의 핵개발과 周邊國關係", 「평화연구」 제17집, 1992년 12월.
―――,「남북한통일론」, 법문사, 1994.
―――, "햇볕정책의 是와 非", 한미우호협회(KAFS), 「미래의 세계」 제78호(1999. 4)
柳璲鉉,「韓國近代政治史」, 정음문화사, 1984.
윤기관, "한반도 주변정세의 변화와 남북한 경제관계 전망", 전국대학통일문제연구소협의회, 「통일연구논집」제2집, 1999.
윤용희,「한국정치의 체계분석」, 법문사, 1987.
――― 역(J. 라팔롬바라, M. 웨이너),「정당과 정치발전」, 법문사, 1989.
―――, "베트남 통일후의 교육정책", 원광대학교 통일문제연구소,「통일문제논집」제14집, 1994.
―――(대표저자),「지방자치론」, 대왕사, 1995.
윤정석, 신명순, 심지연 편,「한국정당정치론」, 법문사, 1996.
윤진헌,「現代人文社會科學의 諸課題」(明村 尹晋憲 교수 停年紀念論文集), 기념논문집간행위원회, 1998.
윤천주,「한국정치체제」, 일조각, 1991.
尹致昊, (宋炳基역),「尹致昊 國漢文日記」(上), 탐구당, 1976.
윤태룡, "중립화통일론을 재검토한다", 「民族知性」, 1988년, 4월호.
윤형섭,「한국정치론」, 박영사, 1988.
李光麟, "韓國開化史研究", 일조각, 1980.
李廣淨,「통일론」 원불교 총부 법무실, 1999.
―――, "統一大道로 나서자", 전국대학통일문제연구소협의회, 「통일연구논집」제3집, 2000.
이은철, "北韓核이 가하기술적 의미", 「북한연구」, 대륙연구소, 1992년 여름호.
이 근 편저,「발전・개혁・통일의 제 모델」, 21세기 북스, 1994.
이기택, "주변 4강의 대북접촉 진전과 우리의 대응책", 민주평통자문회의 정책심의위원회 제37차 회의자료, 1996. 3. 28.
이근달 역(엘리 아벨),「동구의 붕괴: 공산불록의 민주화내막, 국제언론문화사, 1991.
李能和,「朝鮮基督教 及 外交史」(上編). 學文閣, 1968.
이달순,「조선왕조정치연구」(한국정치사Ⅰ), 수원대학교 출판부, 1990.
―――,「韓國政治史의 再評價」, 수원대학교 출판부, 1995.
―――, "평화통일에 관한 정치사적 연구", 원광대학교 통일문제연구소,「통일문제논집」제6집, 1986.
이동원, 「대통령을 그리며」, 고려원, 1992.
이문규, "중국의 통일정책", 「통일문제연구」, 제2권, 2호, 통일원, 1990, 여름.
이삼성, "미국의 對韓半島政策과 韓半島非核化", 남북한 비핵화와 통일기반조성, 전북대학교 사회과학연구소 통일문제세미나 책자, 1992. 10. 2.

이상만, 21세기 통일환경의 변화전망과 통일정책의 방향, 전국대학통일문제연구소협의회, 「통일연구논집」 제3집, 2000.

이상민, 「소련관료정치론」, 법문사, 1986.

李相栢, "賤者隨母考," 「震檀學會」, 第25·26·27 合輯, 1964.

이상우, 김학준 외 4인, 「분단과 통일 그리고 민족주의」, 박영사, 1984.

이성구, "한국정치와 좌익이데올로기 문제", 한국정치학회, 「한국자본주의와 좌파 이데올로기」 제5회 한국정치 세계학술회의, 1995.

이세기, 「통일조국의 미래」, 청천, 1992.

이신행 편, 「80년대 한국 대학생의 정치의식: 토론 없는 시대의 토론」, 전예원, 1989.

李泳禧, 「分斷을 넘어서」, 한길사, 1984.

이우정, "남북한 평화정착의 접근과 갈등요인", 원광대학교 통일문제연구소, 「통일문제논집」 제4집, 1985.

———, 「권력승계와 정당성: 사회주의체제의 정치변동」, 신양사, 1997.

이우진·김성주 공편, 「현대한국정치론」, 사회비평사, 1996.

이은호 편저, "통일 직후 남북베트남의 통합시도과정," 「전환기의 통일문제」, 대왕사, 1990.

———, 「남북한 국제정치」, 서울프레스, 1992.

李 珥, 「栗谷集」(韓國의 思想大全集 12), 동화출판공사, 1972.

이재봉, "김정일체제의 출범과 대외정책 전망", 원광대학교 통일문제연구소, 「통일문제논집」 제18집, 1998.

이재석 역(안쏘니 D. 스미스 著), 「세계화 시대의 민족과 민족주의」, 남지, 1997.

이정복, "인도차이나 3국의 정부와 정치 : 베트남, 캄푸치아, 라오스", 「東南亞政治論」, 법문사, 1983.

이정식, "남북의 분단과 그 현실," 「한국사시민강좌」, 제5집, 1989.

이종석, "북한의 대남정책과 남북관계 전망", 통일부(남북회담사무국) 주최, 남북기본합의서와 남북관계 발전 전략, (남북기본합의서 발효 7주년 및 통일부 창설 30주년 기념 세미나) 주제논문, 1998. 12. 19.

———, "대북 포용정책의 평가와 과제", 1999년도 전국 대학통일문제연구소 협의회 중부권 학술회의논문집(통일환경의 변화와 남북한 관계 전망), 호서대학교 통일문제연구소, 1999년 11월 1일.

이주천, "클린턴 행정부의 대북정책", 원광대학교 통일문제연구소, 「통일문제논집」 제17집, 1997.

이창헌, "북·미 베를린 협상타결과 '페리보고서' 이후 남북한관계 전망", 1999년도 한국국제정치학회 호남지회 연례 학술회의 논문집, 1999년 12월 15일.

이춘근, "북한 핵의 문제 : 발단, 협상과정, 전망", 세종연구소, 1995.

이태영, "東西獨關係에 비추어 본 한국통일의 諸問題", 「통일문제논집」, 제7집, 원광대학교 통일문제연구소, 1987.

———, "독일통일과 한반도 통일" (제2주제 발표논문), 「조국평화통일의 모색」, 조국평화통일 불교인협의회, 1991년 3월 14일.

———, "동구의 대변혁과 민족주의", 원광대학교 행정대학원, 「최고관리논집」 제1집, 1992.

———, “서독의 對동독 화해 · 협력과 통일”, 전국대학통일문제연구소협의회, 「통일연구논집」 제2집, 1999.

이택휘, “韓末의 斥邪衛正論議,” 「한국정치연구」, 서울대학교 한국정치연구소, 1987.

이학수, “한국정부의 對북 교류협력정책 사례연구”, 전국대학통일문제연구소협의회, 「통일연구논집」 제2집, 1999.

이한기, 「國際法學(下)」, 박영사, 1973.

———, “韓國統一問題와 UN의 기능”, 「大韓國際法學會論叢」, 通卷 第39 · 40 合號, 1976.

———, 「箕堂 李漢基博士 華甲紀念論文集」(대한국제법학회논총 통권 제41, 42호), 1977.

이항로, (全胃熙 對譯), 「華西集」, 대양서적, 1973.

이항재, “韓國과 中共간의 관계개선을 위한 방안”, 「정책과학논총」, Vol. 3, 전주대학교 정책과학연구소, 1987.

이호재, 「核의 세계와 韓國核政策」」, 법문사, 1981.

———, 「韓國外交政策의 이념과 현실」, 법문사, 1986.

———, 오택섭, 최상룡, 안문석, 「韓國人의 平和意識과 統一觀」, 법문사, 1989.

———, 「한반도의 핵무기와 세계질서」, 나남, 1991.

이홍구, 김학준, 안변준, 진덕규, 이상우, 「분단과 통일, 그리고 민족주의」, 박영사, 1984.

임종철, “통일한국의 경제체제와 산업구조”, 한국정신문화연구원편, 「통일한국의 미래상과 삶의 양식」, 한국정신문화연구원, 1991.

전경수, 「베트남일기」, 뿌리문화사, 1993.

전득주, 「분단국통일의 재인식」, 대왕사, 1989.

———, 박준영, 김성주, 김호섭, 홍규덕 공저, 「대외정책」, 박영사, 1998.

전용헌 역(H. B. 데이비스 저), 「마르크스주의와 민족주의」, 박영사, 1990.

———, “남북한 체제협력 방안”, 원광대학교 통일문제연구소, 「통일문제논집」 제11집, 1991.

전인영, “북 · 미 베를린 협상타결과 남북 관계 전망”, 1999년도 전국대학통일문제연구소협의회 호남지역 학술회의 논문집(「통일환경의 변화와 남북한 관계」), 원광대학교 통일문제연구소, 1999년 10월 21일.

, “평화공존정책에 대한 북한측 선택과 대응방안”, 민주평화통일자문회의, 「자문건의총람」(1998년도), 1999.

전홍택, “북한 경제력-실상과 전망,” 「북한, 언제까지 버틸 수 있나」, 서울신문사, 1997.

정기동, 「근대공유사상연구」, 전남대학교 대학원 박사학위논문, 1994. 12.

정대화 역(In K. Hwang), 「중립화통일론」, 신문학사, 1988.

정석홍, 「남북한 비교론」, 사람과 사람, 1997.

정연선, “남북한 통일방안 新考”, 원광대학교 통일문제연구소, 「통일문제논집」 제11집, 1991.

정용석, “카터행정부의 대외정책과 미국내 영향”, 「통일정책」, 제3권, 제3호, 평화통일연구, 1977.

———, “統一安保外交와 民族主義”, 원광대학교 통일문제연구소, 「통일문제논집」 제1집, 1982.

———, 「분단국통일과 남북통일」, 다나, 1992.

정일영 편, 「韓國外交 半世紀의 再照明」, 나남, 1993.

정구종, “GNP 1.5%, 세계 3위의 일본군사비”, 「일본평론」, 제1집, 1990. 5.

정종문, “남북관계 전망”, 「통일문제논집」 제15집, 원광대학교 통일문제연구소, 1995.

정태영, 「조봉암과 진보당」, 한길사, 1991.
조규하, 이경문, 강성재, 「남북의 대화」, 한얼문고, 1972.
조병륜, "통일의 토대로서의 인간의 존엄성 확립방안", 전국대학통일문제연구소협의회, 「통일연구논집」 제2집, 1999.
조순승, "평민당의 통일방안," 「평민당 정책 자료집」, 1989.
조영환, "북방교류시대와 우리", 원광대학교 통일문제연구소, 「통일문제논집」 제14집, 1994.
조재현, "第3次 印支戰爭研究", 경희대학교 대학원 박사학위논문, 1992.
조정남, 「러시아 민족주의 연구」, 고려대학교 출판부, 1996.
조해경, "1990년대의 한반도 주변정세와 통일전망", 원광대학교 통일문제연구소, 「통일문제논집」 제9집, 1989.
주정연, 「한국정치행정의 이해」, 창원대학교 출판부, 1998.
———, "김대중 정부의 대북 포용정책의 평가와 전망", 1999년도 제20차 원광대학교 통일문제연구소 학술회의 주제논문책자(「전환기의 대북 정책과 주변국과의 관계」), 1999년 11월 19일.
진덕규, "한국민족주의 미래구도 : 통일을 위한 민족주의 이념의 정향", 「통일연구논총」 제2집 1호, 1993.
陳龍山(中國 吉林省 東北亞研究所長), "조선반도 남북통일에 관한 논의", 전국대학 통일문제연구소협의회, 「통일연구논집」 제2집, 1999.
진희관, "전환기의 대북정책과 주변국과의 관계", 원광대학교 통일문제연구소, 「통일문제논집」 제19집, 1999.
차기벽, 「민주주의의 이념과 역사」, 한길사, 1980.
菖成煥, "中國·臺灣의 統一努力과 UN", 「통일문제연구」, 통일원, 1991, 가을호.
채경석 외 공저, 「北韓學概論」, 법문사, 1995.
——— 역(로저 W. 코브/찰스 D. 엘더), 「민주주의와 정치참여」, 동성사, 1984.
———, "남북한 교류협력과 지방정부의 대응", 전국대학통일문제연구소협의회, 「통일연구논집」 제3집.2000.
채중묵, "近代朝鮮의 開國政策과 外勢의 侵入," 「극동논총」, 제3집, 전북대학교, 1975.
———, 「韓國外交史」, 형설출판사, 1986.
천관우, 「近世朝鮮史研究」, 일조각, 1979.
최문형, 「列强의 東아시아정책」, 일조각, 1979.
최병학, "북한의 군사력 현황에 관한 연구," 「북한 통일연구논문집」(5) : 군사 및 행정, 법제분야, 통일원, 1991.
최봉윤, 「민족통일운동사: 민중적 통일운동의 전개를 위하여」, 한백사, 1988.
———, 노승우, 「民衆主體 中立化 統一論」, 전예원, 1988.
최성철 편, 「국제사회와 북한의 인권」, 북한인권운동개선본부, 1996.
최수영, "남북경협의 실상과 전망", 영남대학교 통일문제연구소 제40차 통일문제국제학술회의(제40차 주제논문), 1995, 9. 1.
최 영, 「현대핵전략론」, 일지사, 1977.
최영표, "남북 학교체제의 통합상 제기문제분석", 전국대학통일문제연구소협의회, 「통일연구논집」

제2집, 1999.
崔益鉉, "持斧伏闕擲柶議疏," 최창규, 「韓末憂國名上疏文集」, 서문당, 1975.
최장집, 「한국민주주의의 조건과 전망」, 나남, 1996.
최종기, 「소련외교정책론」, 법문사, 1988.
최평길, "한국의 정치와 학생운동", 한국정치학회, 「한국의 정치변동과 학생 및 노동자」, 제5회 한국정치세계학술회의, 1995년 7월 20일~21일.
쿠나제 駐韓러시아대사, "북・러 조약폐기에 따른 러시아의 대한반도 정책," (연설문), 「코리아 포럼」, 1996, 10.
하경근, 「現代中東政治論」, 법문사, 1985.
———, 「後進國政治論」, 법문사, 1972.
하용출, "북한의 對러시아정책," 「북한의 외교정책」, 서울프레스, 1995.
한기식(한승조), "소련의 극동정책과 한국통일", 「한국통일과 체제 재통합」(고려대학교 아세아문제연구소, 1972.
한배호, 「日本近代化研究:변증법적 모델의 적용」, 고려대학교 아세아문제연구소, 1975.
———, "미국의 아세아정책과 한미관계", 「한국・미국・일본」, 亞細亞政策研究院, 1977.
———, 「한국의 정치」, 박영사, 1984.
———, 「한국의 자본주의와 민주주의」(石湖 韓培浩博士 華甲紀念論文集), 법문사, 1990.
——— 편저, 「현대한국정치론Ⅱ」, 오름, 1996.
———, 이상우, 최상룡, 「한국・미국・일본」, (亞政研究叢書 제11집)
한승조, "대립하는 統一方案의 收斂可能性," 「통일문제연구」, 제7집, 목포대학교통일문제연구소, 1989.
———, 「한국민족주의와 정치발전」, 법문사, 1976.
———, 「한국민주주의 —이론과 실제—」 형설출판사, 1984.
한영춘, "중국과 대만의 통일방안", 「전환기의 통일문제」, 민병천 편, 대왕사, 1990.
한용원, "金日成 死後 북한의 체제변화와 통일정책 전망", 원광대학교 통일문제연구소, 「통일문제논문집」 제14집, 1994.
한우근, 「開港期 商業構造의 變遷」, 한국문화연구소, 1970.
한종수, "동독의 붕괴와 독일통일", 호남정치학회, 「호남정치학보」 제6집, 1994.
———, "독일통일의 전개과정과 교훈", 원광대학교 통일문제연구소, 「통일문제논집」 제14집, 1994.
———, 「유럽연합(EU)과 한국」, 동성사, 1998.
한흥수 편, 「한국정치 동태론」, 오름사, 1996.
허만호, "휴전체제의 등장과 변화," 「韓國戰爭과 休戰體制」, 한국정치외교사논총 제16집, 1997.
허재일, 정차근, 「해방전후사의 바른 이해」, 평민사, 1991.
현인택, 「한국의 방위비」, 한울, 1991.
———, "북한의 대일본정책", 「북한의 외교정책」(양성철, 강성학 공편), 서울프레스, 1995.
홍규덕, "미국 베트남 관계정상화과정과 요인분석", 「한국과 국제정치」 경남대학교 극동문제소, 1991.
홍성필, "탈북자와 난민문제", 「시민과 변호사」 2000년 7월호.
홍순남, "南北예멘의 통일정책과 UN", 「통일문제연구」, 제3권 3호, 1991, 가을.

홍순창,「韓末의 民族思想」, 탐구당, 1975.
홍순호,「國際協力論」, 학문사, 1998.
洪以燮, "丁若鏞의 政治經濟思硏究", 한국연구도서관, 1959.
황병덕, "통일한국의 정치이념", 민족통일연구원, 1994, 12.
황병무,「新中國軍事論」, 법문사, 1992.
黃嗣永,「黃嗣永帛書」, 정음사, 1975.
황오연, "중국의 대남북한정책 전망", 원광대학교 통일문제연구소,「통일문제논집」제17집, 1997.
황장엽,「북한의 진실과 허위」, 통일정책연구소, 1998.
黃玹 (李章熙 역),「梅泉野錄」, 대양서적, 1973.

경남대학교 극동문제연구소,「새 정부의 통일·대북정책의 향방」98-1(NO, 12), 1998. 1.
고려대학교 민족문화연구소, 大典會通(國譯),
고려대학교 아세아문제연구소 편, 舊韓末外交文書, 日案 ; 明治 23年 7月 9日, 11日, 18日
고려대학교 아세아문제연구소, 舊韓國外交文書, 第10卷, 美案 1, ; 第11卷, 美案 2, ; 第19.
고려대학교 아세아문제연구소 공산권연구실 편,「한국통일과 국제정세」, 1972.
국가안전보장회의 정책기획실,「한국안전보장논총 제9집」, 1978.
국민윤리학회 편,「현대급진사상비판」, 형설출판사.
———— 편,「정치교육」(국민윤리학 연구③), 형설출판사, 1983.
———— 편,「국민윤리」, 형설출판사, 1983.
국토통일원 統一硏修所,「민주통일」, 1976.
————,「분단국 통합사례연구」(연구자료집), 1986.
———— 조사연구실, "統一예멘共和國 合意過程事例硏究", 분단국통합사례연구, 국토통일원, 1986.
————, 時事情報資料, 統一安保敎育, 제3집, 1988.
————, 예멘 統一關係資料集, 통일국가헌법안 全文, 1990.
대통령자문21세기위원회,「2000년에 열리는 통일시대」, 동아일보사, 1993.
民族統一硏究院,「統一獨逸의 分野別 實態硏究」(硏究報告書 92-01), 1992. 5.
————,「예멘통일의 문제점」(제 12회 국내 학술회의 발표논문집), 민족통일연구원 세미나 시리즈 , 1994.
————,「통일한국의 경제체제」(연구보고서), 민족통일연구원, 1994.
민주평화통일자문회의,「1998년도 자문건의 총람」, 오성사, 1999.
서울대학교 한국정치연구소·대한상공회의소 한국경제연구센터,「21세기 한국의 정치와 경제 -남미, 일본, 유럽과의 비교연구-」, 한국컴퓨터산업(주), 1992.
세종연구소,「국가전략」 제1권 제1호(1995년 봄, 여름), 광일문화사, 1995.
————,「주변 4개국의 북한인식과 우리의 대응방향」, (정책과제 보고서 97-01), 1997, 6.
원광대학교 개교 50주년 기념사업 학술분과 編,「21세기 한민족의 전망」, 원광사, 1997.
報勳處硏修院,「통일을 위한 獨立運動史 再照明」(한국보훈정책연구총서 3), 1994.

朝鮮農會編, 「朝鮮農業發達史」, 서울, 景仁文化社, 1989.
中央選擧管理委員會, 「大韓民國政黨史」, 寶晋齊, 1968.
震檀學會, 韓國史(最近世篇), 을유문화사, 1963.
哲宗實錄, 哲宗 13年 3月 25日, 5月 6日.
통일부 통일정책실, 「98 통일백서」, 정문사, 1999.
統一院, 남북한교류 협력동향, 제4호, 1991.
———, "전독 총선에 관한 참고자료", 「독일통일 실태자료집 : 비경제분야」, 1992.
———, 「南北基本合意書 解說」, 통일원 통일정책실, 1992.
———, 「남북교역추진현황 1988-1996」, 1996. 12.
한겨레신문사, 한반도 통일국가의 체제구상, (해방 50주년 기념 학술대회 논문집), 1995.
한국기독교사회문제연구원(CISJD), 「21C의 한국교회와 기독교인의 통일의식」, (기사연 창립 15주년 기념연구보고서), 1994. 12. 15.
한국기독교 사회문제연구원 통일연구위원회, 「분단 50년의 구조와 현실」, (기사연 통일리포트 1), 민중사, 1994.
한국기독교협의회 인권위원회, 「1970년대 민주화운동(전 5권)」, 「1980년대 민주화운동(전3권)」 동광출판사, 1987.
한국비교경제학회 편, 「비교경제연구」(학회논총 제5호), 박영사, 1997.
韓國言論硏究院, 「독일통일과 언론」('90 언론연구원 연구서⑩), 태창문예인쇄사, 1990.
韓國政治外交史學會 편, 「甲申政變硏究」, 평민사, 1985.
——————— 편, 「현대한국정치사」, 집문당, 1996.
———————, 「남북한 관계와 러시아」, (韓國政治外交史論叢 제19집), 1998. 6.
韓國政治學會, 「民族共同體와 國家發展」(第一回 韓國政治世界學術大會), 1989.
—————, 「세계질서의 변화와 한반도통일」, (제4회 한국정치세계학술회의), 1994.
—————, 「통일한국의 새로운 이념과 질서의 모색」(제3회 한국정치 세계학술대회논문집), 1993.
韓國學文獻硏究所編, 魚允中全集(韓國近代史上叢書), 亞細亞文化社, 1979.
한독정치연구회 엮음, 「현대정치이론과 체제변동」, 전예원, 1997.

2. 외국문헌

Alfred K. Richeson, "Evolution of Chinese Nuclear Strategy", *Military Review*, Vol. 53, No. 1, Jan. 1973.
Algelo Panebianco; translated by Marc Silver, *Political Parties: Organization and Power*(Cambridge, Cambridge University Press), 1988.
Allan J. Cigler / Burdett A. Loomis, *American Politics: -Classic and Contemporary Readings*(Boston, Houghton Mifflin Company), 1989.
Andre Beaufre, *Dissuasion et Strategie* (Paris : Armand Colin), 1964.
Andrew Gyorgy and George D. Blackwood, *Ideologies in World Affairs*(Waltham Mass.:

Blaisdell Publishing Co.), 1967.
Arend Lijphart, "Democracy in Plural Societies", *A Comparative Exploration*(New Haven : Yale University Press), 1977.
Bui Duc Tuyen, Editor-In-Chief, *Vietnam, The Blazing Flame of Reforms*(Hanoi, Statistical Publishing House), 1993.
Charles Allen Clark, *Korean Church and the Nevius Methods*(New York : Fleming and Revell), 1930.
Charles Wright Mills, *The Power Elite*(New York, Oxford University Press), 1959.
Carol Barner Barry / Cynthia A. Hody, *The Politics of Change -The Transformation of the Former Soviet Union-*(New York, St. Martin's Press), 1995.
Charles Dunbar, "The Unification of Yemen : Process, Politics and Prospects", *Middle East Journal*, Vol. 46, No. 3, Summer 1992.
Chong-Sik Lee, *The Politics of Korean Nationalism*(Berkeley : University of California Press), 1963.
Choy Bong-Youn, *Korea : A History*(Ruth Vermont and Tokyo : Charles E. Tuttle Co. 1971.
Claude A. Buss, *The United States and The Republic of Korea : Background for Policy*(Hoover International Studies; Stanford Univ. Press), 1982.
Colin Leys, *Politics in Britain*(London. Heinemann Educational Books Ltd.), 1984.
Dae Sook Suh & Chae Jin Lee ed., *Political Leadership in Korea*(Seattle and London, University of Washington Press), 1976.
Daryl M. Plunk, "Countering the North Korean Threat and Coping with its Crisis : An American Perspective," *North Korea, How Much Longer They Can Sustain*
Dave Eliot with others, *The Politics of Nuclear Power* (London : Pluto Press), 1978.
David P. Conradt, *The German Polity*(New York & London, Longman), 1982.
Dennis Philips, *Ambivalent Allies: Myth and Reality in the Australian-American Relationship* (New York : Penguin Books), 1988.
Dolf Sternberger, "Legitimacy", *International Encyclopaedia of the Social Sciences* (The Macmillan Company & The Free Press), 1979.
Edward Hallett Carr, *Nationalism and After*(London, Melbourne: Macmillan), 1968.
Eric Watkins, "Yemen Perseveres with Democracy", *The Middle East*, May 1992.
Evgeni M. Primakov, "Soviet Policy toward the Arab-Israel" in William B. Quandt, ed., *The Middle East*(Washington D. C.:The Brookings Institute), 1988.
Foreign Relations of the United States, *The Conference at Malta and Yalta*, 1945, (Washington D. C. : U. S. Government Printing Office), 1955.
Friedrich, C. J., *Trends of Federalism in Theory and Practice*(New York: Praeger), 1968.
George E. Deleury, ed., *World Encyclopedia of Political System & Parties*, second edition, Vol.II (New York : Facts on File Publication), 1987.

George M. McCune and John, A. Harrison eds., *Korean American Relations: Documents Pertaining to the Far Eastern Diplomacy of the United States* (Berkeley: Univ. of California Press), 1951.

George Mc T. Kahin, *Intervention : How America Became Involved in Vietnam*(New York : Knopf), 1986.

Geraint Parry, *Political Elites*(London, George Allen & Unwin Ltd.), 1969.

Gert-Joachim Glaessner (translated from the German by Colin B. Grant), *The Unification Process in Germany -From Dictatorship to Democracy-*(London, Pinter Publishers), 1992.

Ghassan Salame, "Inter-Arab Politics : The Return of Geography", in William B. Quandt ed., *The Middle East* (Washington D. C. : The Brookings Institute), 1988.

Giovanni Sartori, *Parties and Party Systems: A Framework for Analysis*(Cambridge, Cambridge University Press), 1976.

Gregory Henderson, *Korea : The Politics of the Vortex*(Harvard University Press), 1968.

Grodzins, M., *The American System: A New View of Government*(Chicago: Rand McNally), 1966.

Guy F. Erb & Valeriana Kallab, *Beyond Dependency -The Developing World Speaks Out-*(Washington, D. C., Overseas Development Council), 1977.

H. B. Hubert, *The Passing of Korea*(New York : Hillary House), 1962.

Hans Kohn, *The Idea of Nationalism: A Study in Its Origins and Background*(New York: Macmillan co., 1969.

————, "Nationalism," *International Encyclopedia of the Science*, Vol. 11 (The Macmillan Co., The Free Press), 1979.

Hans J. Morgenthau, *Politics among Nations - the Struggle for Power and Peace* (New York, Alfred A. Knopf), 1967.

————————, "34 America's Anti-Revolutionary Foreign Policy", in Don L. Mansfield & Gay J. Buckley, ed., *Conflict in American Foreign Policy*(New Jersey : Prentice-Hall, Inc), 1985.

Harry M. Johnson, "Ideology and the Social System", *International Encyclopaedia of Social Science*. vol. 7, 1977.

Harry S. Truman, *Memoirs* I(Year of Decisions)(New York: Doubleday & Co.,), 1965.

Harold M. Vinacke, *A History of Far East in Modern Times*(New York: F. S. Crofts and Co.) 1936.

International Encyclopaedia of the Social Science, Vol.5(The Macmillan Company & The Free Press 1979), "Federalism".

Ito Takayuki, "The Genesis of the Cold War : Confrontation over Poland, 1941-1944", in Yonosuke Nagai and Akira Iriye (eds.), *The Origins of the Cold War in Asia*(New York and Tokyo), 1977.

James A. Nathan / James K. Oliver, *United States Foreign Policy and World Order* (Boston Toronto, Little, Brown and Company), 1985.

James B. Palais, *Politics and Policy in Traditional Korea* (Cambridge, Massachusetts : Harvard University Press), 1975.

James C. Thomson, Jr., "33 A Series of Miscalculations", in Don L. Mansfield Gary J. Buckley ed., *Conflict in American Foreign Policy*(New Jersey : Prentice-Hall, Inc), 1985.

James Irving Matray, *Reluctant Crusade : American Foreign Policy in Korea, 1940-1950*(Honolulu : University of Hawaii Press), 1985.

James N. Rosenau, Kenneth W. Thompson, Gavin Boyd, *World Politics*(London : The Free Press), 1976.

John F. O. Leary, "Nuclear Energy Public Policy Issues", in Robert J. Katter and William A. Vogely, *Energy Supply and Government Policy*(New York and London : Cornell Univ. Press), 1976.

John M. Swomley, Jr., *American Empire: the Political Ethics of Twentieth-century Conquest*(New York, The Macmillan Company), 1970.

John P. Mackintosh, *The British Cabinet*(London, Stevens & Sons Limited), 1977.

John Plamenatz, *Ideology*(London : Pallmall Press Ltd), 1970.

Karl Pieragostini, *Britain, Aden and South Arabia*(London : Macmillan Academic and Professional, Ltd.), 1991.

Kim Hak-Joon, *Whither Path for the Two Koreas in the 21st Century : War, Peace or Unification?*, Jimoondang Publishing Company, 1998.

Kim Il Sung, *Report to the Sixth Congress of the Worker's Party of Korea on the Work of the Central Committee*(Pyongyang : Foreign Language Publishing House), 1980.

Lawrence S. Kaplan, *Recent American Foreign Policy; Conflicting Interpretation,* (Homewood, Ⅲ. : The Dorsey Press), 1968.

Liesl Graz, "Yemen Weathers the Storm," *Middle East, International*, No. 398, 19. April 1991.

Lloyd G. Reynolds, *The Three Worlds of Economics*(New Haven and London, Yale University Press), 1971.

Locke, Hume, and Rousseau, *Social Contract*(essays)(London. Oxford University Press), 1971.

M. Frederick Nelson, *Korea and The Old Order in Eastern Asia*(New York : Russell & Russell), 1967.

Mao Tse Tung, "On Practice", in Arthur P. Mendal (ed.), *Essential Works of Marxism* (New York : Bandam Books), 1965.

Mary Hawkesworth and Maurice Kogan ed., *Encyclopedia of Government and Politics*, volume(I) (II)(London and New York: Routledge) 1992.

Mark F. Imber, *The USA, ILO, UNESCO and IAEA*(London : The Macmillan Press, Ltd.), 1989.

Masatoka, "Japan's Nuclear Option", in G. Kemp, R. L. Pfalthraff, Jr. and U. Ra'anan, ed., *The Superpowers in a Multinuclear World*(Lexington, Mass. : Lexington Books), 1974.

Melvin Gurtov / Byong-Moo Hwang, *China under Threat: the Politics of Strategy and Diplomacy*(Baltimore: Johns Hopkins Press), 1980.

Michael C. Sandusky, *America's Parallel*(Alexandria Va.: Old Dominion Press), 1983.

Michael J. Malbin ed., *Money and Politics in The United States*(Washington D. C. American Enterprise Institute for Public Policy Research), 1984.

Michael Pinto - Duschinsky, *British Political Finance 1830-1980*(Washington and London, American Enterprise Institute for Public Policy Research), 1981.

Monte R. Bullard, "Japan's Nuclear Choice", *Asian Survey*, Vol. 14, No. 9, Spring 1974.

Morton A. Kaplan, "International Systems", in David Shills, ed., *International Encyclopedia of the Social Science*(New York : The Macmillan Company and The Free Press), Vol. 15.

Nathan White, "Japan Security in Korea", *Asian Survey*, Vol. XIV, April 1976.

Norman Miners, *The Government and Politics of Hong Kong*(Hong Kong:Oxford University Press) 1981.

Paul Kattenburg, *The Vietnam Trauma in American Foreign Policy, 1945-1975* (New Brunswick, No Transaction Books), 1980.

Peter Harris, *Hong Kong—A Study in Bureaucratic Politics*—(Hong Kong, Singapore, Kuala Lumpur: Heinemann Asia), 1980.

Philippe C. Schmitter, "Still the Century of Corporatism", *The Review of Politics*, Vol. 36. No. 1. Jan. 1974.

Pierre Gallois(with A Forward by Raymond Aron; translated from the French by Richard Howard), *The Balance of Terror : Strategy for the Nuclear Age* (Boston: Houghton Mifflin), 1961.

Qimao Chen, "China-Korean Peninsula Relations in The 21st Century", *Korea in The 21st Century*(Chongju University Press), 1977.

R. N. Berki, *Socialism*, (New York, St. Martin's Press), 1975.

Ralph A. Cossa, "Security Goals And Military Strategy of The U. S and Japan : Mutual Defense Treaties And Their Impact on Regional Security, (Chapter 4)," *The Search for Peace and Security in Northeast Asia Toward the 21st Century*by ed. Tae-Hwan Kwak(Seoul, Kyungnam University Press), 1997.

Ralph Miliband, *The State in Capitalist Society*(New York, Basic Books, Inc.), 1969.

Raymond Aron, *Peace and War: A Theory of International Relations*(New York · Washington, Frederick A. Praeger, Publishers), 1969.

Robert A. Divine, ed., *The Johnson Years, Volume Two -Vietnam, the Environment, and Science-*(Lawrence, University Press of Kansas), 1987.

Robert D. Putnam, *The Comparative Study of Political Elites*(New Jersey Prentice-Hall, Inc.), 1969.

Ronald H. Chilcote, *Theories of Comparative Politics: the Search for a Paradigm Boulder*(Colorado, Westview Press), 1981.

Roy C. Macridis, *Contemporary Political Ideologies -Movement and Regimes-*(Boston Toronto, Little, Brown and Company), 1983.

――――――, ed., *Foreign Policy in World Politics*(Englewood Cliff, New Jersey : Prentice-Hall), 1985.

Shahram Chubin ed., *Security in the Persian Gulf I : Domestic Political Factors* (New Jersey : International Institute for Strategic Studies), 1981.

Sidney Hook, *Revolution, Reform, & Social Justice: Studies in the Theory and Practice of Marxism*(New York, New York University Press), 1975.

Siobhan Hall, *Yemen : The Politics of Unity* (Gulf Report Special Issue)(London : Gulf Centre for Strategic Studies), October 1991.

Sir Brian Flowers, "Nuclear Power", *Bulletin of the Atomic Scientists*, March 1978.

Sung-Chul Choi ed., *Understanding Human Rights in North Korea*(Seoul: Center for the Advancement of North Korean Human Rights), 1977.

T. B. Miller with Rabin Ward, ed., *Current International Treaties*(New York, New York University Press, 1984.

Tae-Hwan Kwak ed., *The Search for Peace and Security in Northeast Asia Toward the 21st Century*(Seoul, Kyungnam University Press), 1997.

Tae-Woo Kim, "Reduction of U. S.-Soviet Tactical Nuclear Weapons : Impact on Korean and Global Nuclear Security", in Yu-Nam Kim (ed.), *Soviet Russia, North Korea and South Korea in the 1990's* (Seoul : Dankook Press), 1992.

Thomas R. Dye & L. Harmon Zeigler, *The Irony of Democracy: An Uncommon Introduction to American Politics*(Belmont, California: Dux Bury Press), 1972.

United States Department of State, *Foreign Relations of the United States, The Conference at Malta and Yalta, 1945*(Washington D. C. : United States Government Printing Office), 1969.

United States Department of State, *Foreign Relations of the United States (1952-1954)*, Vol. XV. Part 2, 1984.

Ursula Braun, "Yemen : Another Case of Unification", *Aussen Politik, German Foreign*

Affairs Review, Vol. 43, Quarterly Edition, No. 2(Hamburg : Inter Press Verlag), 1992.

V Solodovnikov, V. Bogoslovsky translated from the Russian by A. Bratov, *Non-Capitalist Development -An Historical Outline-*(Moscow, Progress Publishers), 1975.

Vladimir P. Lukin, "On Scenarios of North Korea's Change," *North Korea, How Much Longer They Can Sustain*(Seoul, The 3rd Seoul Shimun International Forum), 1977.

Vu Tuan Anh ed., *The Role of the State in Economic Development: experiences of the Asian countries*(Hanoi, Social Science Publishing House), 1994.

Wilfred L. Kohl, *French Nuclear Diplomacy,* (N. J.: Princeton Univ. Press), 1971.

William E. Wright ed., *Comparative Study of Party Organization*(Columbus, Ohio, Charles E. Merrill Publishing Co.), 1971.

William Safran, *The French Polity*(New York, David Mckay Company, Inc.), 1977.

Wolfgang G. Friedmann, Oliver J. Lissitzyn, Richard Crawford Pugh, *International Law*(St. Paul, Minn. West Publishing Co). 1969.

Yang Un-Chul ed., *The Political Economy of Korean Unification*, The Sejong Institute, Seoul, 1998.

Young-Sun Ha, "Nuclearization of Small States and World Order : The Case of Korea," *Asian Survey*, Nov. 1978.

Young Whan Kihl, *Politics and Policies in Divided Korea : Regimes in Contest* (Boulder and London, Westview Press), 1984.

Yves R. Simon, *Philosophy of Democratic Government*(Chicago, The University of Chicago Press), 1951.

3. 신문 및 잡지

廣葉月刊(臺灣), 1987年, 8月號.

국민일보, 1994년 5월 1일

동아일보, 1990년 9월 6일

———, 1993년 4월 26일자, 2면.

———, 1994년 5월 15일, 7면

———, 1994년 6월 14일자

———, 1997년 10월 10일

———, 1999년 5월 15일 A2.

———, 1999년 5월 17일

———, 1999년 5월 18일 1면
———,, 1999년 5월 19일 1면, 2면
明報月刊(홍콩), 1987, 9月號.
세계일보, 1999년 5월 17일 1면, 3면, 5면
———, 1999년 18일 2면
———, 1999년 5월 19일 1면, 4면
———, 1999년 5월 20일
聯合報(臺北), 1988년 11월 22일
————, 1988년 11월 30일
人民日報(北京), 1981年 9月 30日
—————, 1982年 12月 4日.
—————, 1984년 1월 15일, 5월 23일.
朝鮮日報, 1991년 11월 9일
———, 1992년 3월 10일
———, 1999년 5월 13일
———, 1999년 5월 17일
———, 1999년 5월 18일
———, 1999년 5월 21일 1면, 4면
中國時報(臺北), 1989년 7월 26일
중앙일보, 1993년 12월 28일
———, 1994년 5월 3일, 4면.
———, 1994년 6월 7일
———, 1994년 6월 8일
———, 1994년 6월 11일
———, 1994년 6월 17일
———, 1999년 5월 15일 2면
中央日報(臺北), 1989년 7월 29일
세계일보, 1992년 3월 14일, 4월 1일.
시사저널, 1994년 3월 10일
한겨레신문, 1993년 3월 14일.
한겨레신문, 1993년 10월 6일.
한겨레신문, 1994년 5월 7일

찾 아 보 기

ㄱ

ㄴ

ㄷ

ㄹ

ㅁ

ㅅ

ㅇ

ㅈ

ㅊ

ㅋ

ㅌ

ㅍ

ㅎ

김용욱(金容郁)

- 1943년 전북 익산 출생
- 중앙대학교 법정대학 정치외교학과 · 동 대학원 졸업
- 고려대학교 대학원 정치외교학과 졸업(정치학 박사)

경력

- 원광대학교 사회과학대학 학장 · 행정대학원장 역임(1987~88, 1991~93)
- 원광대학교 부설 통일문제연구소 창설 · 동 연구소 소장(1975년~현재)
- 고려대학교 정치외교학과 교류교수(1982)
- 미국 UC Berkeley대학 교환교수(1988~89)
- 중앙대학교 정치외교학과 강사 및 고려대학교 아세아문제연구소 연구원(1968~1971)
- 원광대학교 법학과 전임강사(1973), 행정학과 교수(1976), 정치외교학과 교수(1983)
- 외무고등고시 위원 및 각종 시험위원
- 지역개발평가교수(전북 1974~78) 및 새마을 연구교수(1975~78)
- 민주평화통일자문회의 위원 · 상임위원(1991~현재)
- 대한국제법학회 평의원(1973~78)
- 한국행정학회 이사(1979~90)
- 한국정책학회 운영위원, 한국국제정치학회 상임이사 · 호남지회장
- 아시아 · 태평양 정치학회(APPA) 방콕창립회의 참여(1984)
- 호남정치학회장(1985~86)
- 한국정치학회 平生會員, 부회장 · 운영기획특별위원장(1994 · 95)
- 한국정치외교사학회 平生會員, 부회장(1995~96)
- 전국 대학통일문제 유관 연구소 협의회 회장(1997~2000. 5) 역임
- 새천년 통일 한국포럼 공동대표(현)
- 향토발전 시민회의 공동대표(현)
- 현 원광대학교 사회과학대학 정치외교학과 교수

저서

- 근대 한국정치론(이리 : 원광사, 1974)
- 민족주의 · 민주주의(서울 : 박영사, 1979)
- 국가와 윤리(이리 : 원광대 출판국, 1980)
- 국제환경과 한국정치(서울 : 법문사, 1986)
- 조선시대 정치체계(이리 : 원광대 출판국, 1988)
- 한국현대정치론(Ⅰ)(공저, 서울 : 나남, 1990)
- 한국현대정치론(Ⅱ)(공저, 서울 : 오름, 1995)
- 한국근대정치사의 쟁점(공저, 서울 : 집문당, 1995)
- 한민족의 평화통일론(서울 : 대왕사, 1995)
- 한국현대정치사(공저, 서울 : 집문당, 1997)
- 한국통일과 분단국 통합론(서울 : 전예원, 1998)
- 한민족 통일과 분단국 통합론(서울 : 전예원, 2000)
- 정치학 -비교정치적 논의-(근간)

역서

- 정책형성과정(서울 : 과학정보사, 1986)
- 미국대통령의 정책결정과정(이리 : 원광대 출판국, 1988)

논문

- 전후 '힘'의 정치 하에서의 국가이익의 향방(중앙대 정경논총 제2집, 1970)
- 조선조 儒教의 통치기능(한국행정학회보 제7호, 1973)
- 한국민주주의의 장래(한국정치학회 · 재미 한국정치학자회 제1회 합동학술회의, 1975)
- 중소분쟁과 공산주의의 지역화(대한국제법학회논총, 제22권, 제1,2호 합병호 1977)
- 비동맹국과의 협력증진 방안(한국국가안보논총 제9집, 1978)
- 조선조 정치체계구조와 변혁(한배호 박사 화갑기념논문집, 1991)
- 북한의 체제변화와 한국의 통일전략(한국정치학회 연례학술대회, 1994)
- 21세기 한국사회의 비전과 정치학의 과제(한국정치학회 특별기획운영위원회주관, 1996) 등 한국정치학회, 한국정치외교사학회, 한국행정학회를 비롯한 여러 학회, 연구기관 및 대학논문집에 연구논문 200여 편 게재